왜 지금 난민 : 난민의 출현과 인식

■ 필자소개(집필순)

　김진선(金秦仙, Kim JIn-sun) : 제주대학교 탐라문화연구원 학술연구교수

　김주표(金埈杓, Kim, Jun-pyo) : 제주내학교 탐라문화연구원 학술연구교수

　김치완(金治完, Kim, Chi-wan) : 제주대학교 철학과 교수

　서영표(徐榮杓, Seo, Young Pyo) : 제주대학교 사회학과 교수

　김동윤(金東潤, Kim, Dong-yun) : 제주대학교 국어국문학과 교수

　장창은(張彰恩, Jang, Chang-eun) : 제주대학교 사학과 부교수

　전영준(全暎俊, Jeon, Young-joon) : 제주대학교 사학과 교수

　양정필(梁晶弼, Yang, Jeong-pil) : 제주대학교 사학과 교수

　고성만(高誠晩, Koh, Sung-man) : 제주대학교 사회학과 조교수

왜 지금 난민 : 난민의 출현과 인식

초판 1쇄 발행　2021년 03월 31일
초판 2쇄 발행　2022년 09월 30일

집필자　김진선, 김준표, 김치완, 서영표, 김동윤, 장창은, 전영준, 양정필, 고성만
발행인　쿰다인문학사업단
발행처　제주대학교 탐라문화연구원
　　　　등록 1984년 7월 9일 제주시 제9호
　　　　63243 제주특별자치도 제주시 제주대학로 102(아라일동 제주대학교)
　　　　전화 064)754-2310　　홈페이지 www.tamla.jejunu.ac.kr

펴낸이　신학태
펴낸곳　도서출판 온샘
등　록　제2018-000042호
주　소　서울시 용산구 한강대로 208-6 1층
전　화　(02) 6338-1608　팩스　(02) 6455-1601
이메일　book1608@naver.com

ISBN　979-11-971705-6-0　　93910
값 33,000원

탐라문화학술총서 25
쿰다난민연구총서 01

왜 지금 난민 : 난민의 출현과 인식

제주대학교 탐라문화연구원
'쿰다'로 푸는 제주 섬의 역사와 난민 사업단

도서출판 온샘

　　1990년대 후반 이후 외국인 이주 노동자 숫자가 급격히 늘어나고 국제 결혼 증가로 인한 결혼이주민이 많아지면서 우리나라도 본격적인 다문화 사회로 진입했다. 그러나 종족 통합 신화를 단일민족 신화로 이해해온 한국인의 정서와 문화는 이러한 변화를 따라가고 있지 못하다. 외국인에 대한 혐오 감정을 날것 그대로 표현하는 사람들이 많을 뿐 아니라, 서로 다른 종교와 문화를 가진 사람들이 함께 살아 갈 수 있는 제도적 뒷받침도 부족하다. 2018년 발생한 예멘 난민 문제는 형식적인 이념상으로는 다문화 사회로 진입했지만 실질적으로는 타자를 환대하고 함께 살아가는 데 필요한 것들이 갖추어지지 않은 한국사회의 단면을 드러내는 대표적인 사건이다.

　　'품다'는 뜻을 가진 제주어 '쿰다'를 핵심어로 하는 연구의 출발 지점은 예멘 난민의 갑작스러운 출현에 의해 자각된 혐오와 적대의 문화를 성찰하는 것이다. 우리 역사에 등장한 이래 늘 타자로서 자기소외를 경험해야 했던 제주 섬의 역사를 돌이켜보는 것이 그 도구가 된다. 제주 섬은 타자의 타자로서, 근대 이후 요구되는 이상적 삶의 모델을 시험해볼 수 있는 일종의 테스팅 그라운드로 기능할 수 있기 때문이다.

　　역사 속에서 반복적으로 출현하는 혐오와 질시가 낳은 갈등, 전쟁, 학살은 그것들을 극복하는 장구한 드라마를 연출하기도 한다. 한반도 역사에서 오랫동안 변방 또는 경계였고 육지 사람들에게는 타자였던 제주 섬의 관점에서 역사를 되짚어 보는 것은 힘의 논리와 정복의 논리로 가득 채워진 기존의 역사 속에서 그러한 드라마를 찾아내려는 노력이다.

2019년 한국연구재단 인문사회연구소지원 사업에 선정된 이후 공동의 주제에 대한 연구와 학술대회를 진행하였다. 우리 연구원의 「'쿰다'로 푸는 제주 섬의 역사와 난민」은 되풀이 되는 시대적 과제에 대한 질문을 제기한다. 학문 분과와 연구 관심에 따라 조각 나 있는 이주, 난민, 혐오, 사회적 갈등, 혼종, 공존의 문제를 '서로 다른 창'으로 자리매김하는 것이 시대의 직면 과제에 대하여 우리가 제기하는 새로운 질문이다.

2021년 3월
제주대학교 탐라문화연구원장 전 영 준

세계는 난민의 시대를 아직도 끝내지 못하고 있다. 근대 국민국가의 형성 이후 인류는 각기 한 나라에 소속되어야 했다. 국적이 없으면 인권은 인정받지 못한다. 뿌리뽑힌 채 떠돌아야 하는 난민들에게 인권이란 허상일 뿐이었고 또 현재까지 그러하다.

세계 1, 2차 대전 이후 민족국가의 독립과 함께 현대적 의미의 난민 문제가 출현한다. 인종, 종교, 이념의 갈등에서 비롯된 현대적 난민의 시초는 이스라엘 국가 선언이라고 볼 수 있다. 이스라엘 국가는 민족 정체성을 부르짖으며 시오니즘에 근거하여 팔레스틴 영토를 점령하고 유대민족이 아닌 다른 민족을 유대교가 아닌 이슬람교를 이스라엘 국가 영토 바깥으로 추방하였다. 이스라엘 국가의 팔레스틴 점령은 세계대전 이후 최초의 테러이기도 하다. 미얀마 군부 쿠데타의 인화점 역시 국가 영토 내의 타 종교 타 민족에 대한 테러이다.

2018년 제주를 찾았던 예멘 출신 난민들의 배경 역시 이와 다르지 않다. 난민은 끊임없이 세계 곳곳에서 출현하고 있으며, 난민을 쿰는(품는) 국가는 세계의 눈치를 보며 자국의 이익에 치중하고 있는 형편이다. 난민에 대한 연민, 관용, 포용은 공식적으로만 존재하는 것처럼 보인다. 실제적 환대의 부재는 떠도는 난민들의 길을 막고 삶의 터를 잡지 못하게 하고 있다.

우리는 예멘 출신 난민들이 국민국가 경계의 틈새를 뚫고 들어왔던 제주 섬에 살고 있다. 예멘 난민의 집단적 출현을 맞닥뜨리며, 난민 혐오와 난민 환대의 상반된 반응을 경험하면서, 한국 정부의 예멘 난민 출도 금지

조치와 제주도정의 예멘 출신자 노비자 입국 대상 제외 조치를 지켜보면서, 우리는 제주 섬의 쿰다 문화를 돌이켜보게 되었다. '쿰다'는 제주어로 '품다'를 의미하지만, 단순한 환대가 아니라 터를 잡고 살아가는 모습을 지켜보며 궨당으로 받아들이는 과정을 의미한다. 제주 사람들은 이질적인 타인을 동질화하는 것이 아니라 이질적 모습이 함께 섞여 살아갈 수 있을 때까지 기다리는 무관심으로 환대한다.

이것이 우리가 "쿰다로 푸는 제주 섬의 역사와 난민"을 공동의 연구 주제로 삼아 난민 문제와 씨름하게 된 이유이다. 이 연구 총서는 2019년 탐라문화연구원 한국연구재단 인문사회연구소 지원사업으로 진행되었던 쿰다로 푸는 제주 섬의 역사와 난민 사업단의 연구 성과이다. 대부분 학술지에 먼저 발표된 논문들을 편집하였다.

1부 '난민'으로 본 우리에서는 '한국 사회에서의 난민 인식의 문제'를 성찰하고 '다문화 사회의 정체성 트러블과 제주의 쿰다 문화'를 소개한 후 '난민의 출현과 대응에 대한 철학의 문제들'과 '현대사회의 공포와 불안, 그리고 혐오: 난민이 문제가 되는 사회'에 대하여 고찰한다. 또한 '정치적 난민과 월경의 문학: 김시종의 경우'를 통해 4.3 항쟁으로 난민의 길을 떠났던 제주 사람들을 기린다.

2부 '난민'으로 읽는 타자에서는 '삼국시대 난민의 발생 배경과 동향'과 '10-12세기 고려의 발해난민 수용과 주변국 동화정책' 그리고 '조선전기 제주도 출륙 포작인, 문명 전환기의 유민 혹은 난민'을 통해 난민에 대한 역사적 실증을 시도한다. '국민국가의 틈새에서—대만 2.28 사건의 외국인 수난자를 사례로'는 앞에서 언급하였던 현대적 난민 출현의 한 사례로 이해될 수 있을 것이다.

연구 총서 출간을 준비하던 봄의 첫 자락에 우리는 미얀마 쿠데타 소식을 접해야 했다. 벚꽃이 흐드러지고 비바람에 흩날려 떨어지는 모습이 미얀마의 짧은 민정과 군부의 재등장처럼 느껴져 가슴이 아팠다. 벚꽃이 지고 초록으로 피어날 벚나무의 무성한 푸른 잎처럼 미얀마 민중의 민주주의가 무성해지길 비는 마음 간절하다. 미얀마의 난민들과 예멘의 난민들 그리고 국민국가의 테두리 안에서 존재를 인정받지 못하고 난민 상황에 처한 소수자들에게 이 책을 바친다.

2021년 3월 저자 일동

차 례

1부: '난민'으로 본 우리

한국 사회에서의 난민 인식의 문제

Ⅰ. 머리말

탈냉전 이후에도 난민 발생은 급속하게 증가하고 있으며, 각 대륙에서 발생하는 민족과 종교 분쟁뿐만 아니라 이상 기후와 천재지변으로 인한 환경 난민도 증가하고 있다. 기술적으로 이루어진 세계화는 보편적 가치의 확대 보다 오히려 국익을 위해서 자본의 논리에 충실할 수 있는 지평을 확장하고 있다.[1] 슬라보예 지젝은 난민의 폭발적 증가는 "글로벌 자본주의의 동력과 군사개입"에 있다는 점을 지적했다.[2]

현재 난민 개념은 국제법상의 정의, 즉 1951년 난민협약과 1967년 난민의정서를 기본으로 한다. 하지만 법적으로 난민의 지위를 인정받는 이러한 '협약난민' 개념은 난민이 유럽 안에서 국제적 문제로 대두되면서 규정된 것으로 난민 문제가 세계적으로 확산되는 상황에서 한계를 지니고 있다. 이 때문에 유엔난민기구에서는 다양한 형태로 발생하는 난민들을 포함할 수 있도록 개념을 확장하고 있으며, 일부 지역에서는 난민 발생의 지역

---

1 단적으로 '테러와의 전쟁'이란 명분으로 벌어진 미국 주연의 블록버스터는 아프가니스탄에서 200만 명, 이라크에서 150만 명의 난민을 발생시켰다(이상철, 「난민(難民, Refugee)」, 『제3지대』 27·28, 2011, 12쪽).
2 슬라보예 지젝 지음, 김희상 옮김, 『새로운 계급투쟁』, 자음과 모음, 2016. 여기서는 오창은, 「난민의 세계화와 현대성의 파국」, 『문학과학』 88, 2016, 40쪽에서 재인용.

적 특성을 고려한 난민 선언을 채택하고 있다.

'어려운 이웃'을 보호한다는 시각에서 인간 존재에 대한 '보편적 시각'으로 난민에 대한 인식이 확장되고 있다. 하지만 국가주권과 인권에 대한 해석과 역사적 경험에 따라 온도차가 손재한다. 왜냐하면 민족, 종교, 지역적 차이는 역사 문화적 고유성을 띠게 했으며 그 과정에서 인식적 특성을 형성했기 때문이다. 그래서 민족-국가의 성원으로서 '우리'라는 틀에서 난민은 보호해야 하는 대상으로만 규정하기보다 더 포괄적인 인식틀에서 접근할 필요가 있다. 보호의 대상으로만 접근하는 것은 난민에 대한 인식을 왜곡시키거나, 보호의무자로서 기존 공동체의 정치적, 경제적 부담으로 작용하여 오히려 난민에 대한 부정적 인식을 강화할 수 있기 때문이다. 따라서 역사적 논의와 현재 진행 중인 논의들의 인식은 어떻게 형성되고 어떤 특성을 갖는지 살펴보고, 난민에 대한 한국인의 인식과 국제적 범주에서의 인식 변화에 대한 이해와 난민 개념에 대한 철학적 고찰을 통해 난민에 대한 인간적이면서 규범적 인식의 접합 가능성을 찾아보고자 한다.

난민을 어떤 시선으로 바라보고 인식하는가? 여기서 난민은 개념으로서의 난민과 사실로서의 난민 혹은 난민이라고 불리는 타자로 구분해 볼 수 있다. 즉, 타자로서 난민의 출현과 그것에 대한 인식의 문제로 구분해 볼 수 있다. 난민은 우리가 난민이라는 개념으로 규정하기 이전에 존재하며, 여기서 존재한다는 것은 의식의 대상이기 이전에 존재의 차원에서 '있다'는 것이다. 존재의 의미, 즉 '거기에 무엇이 있다'에서 '거기에 있는 무엇은 난민이다'로 규정되는 것은 다른 차원의 문제이다. 이는 우리가 고민해야 하는 존재의 의미적 차원이다. 의미적 차원은 언어로 표현되며, '난민'이라는 언어적 발화는 의식 앞에 존재하는 타자가 난민이라는 의미를 획득하는 행위이다.[3] 그렇다면 난민의 본질은 무엇인가? 감각을 통해 경험할

---

3 이한우에 따르면, 눈앞에 존재하고 있는 그것의 의미를 바꾸고 이름마저 바꾸는

수 있는 난민의 총체로서의 특성은 무엇인가? 이것은 우리가 경험하는 난민의 공통적 요소를 가리킨다. 그런데 세계에 존재하는 것은 다른 존재와의 연계에서 표현되기 때문에 난민의 본질은 그것과 연계 가능한 틀, 즉 범주에서 설명될 수 있다.[4] 개념은 우리가 세계를 인식하는 도구이자, 존재에 대한 의식의 산물이다. 우리는 개념으로 존재를 인식하고, 또한 그러한 인식들이 개념이 구성된다. 타자를 지각할 때 우리의 눈이 대상을 관찰하게 된다. 이때의 감각은 의식을 반영하여 '~의 시각'에서 인지하게 된다. 난민을 어떤 시각에서 바라보게 되는가는 곧 어떤 범주에서 보는 가이며, 범주에서 오류가 발생하지 않는다면 논리적 인식이 가능할 것이다. 하지만 우리가 실제 경험하는 세계는 논리적이지만은 않다. 그래도 우리는 경험에 의지하여 인식하고 추론하며 반복적 경험을 통해서 무엇이 옳은지, 어떤 선택을 해야 하는지 알게 된다. 즉 과거의 경험으로부터 미래의 것을 아는 것이다.

라파엘 페르버는 논리가 아닌 어떤 정당한 근거를 통해서 현재의 지식을 미래에도 유효하게 만드는가라는 흄의 질문에 대해 규범이라고 답한다. 규범은 우리가 무엇을 가정하고 지금까지 입증된 가정을 바탕으로 무엇을 해야 하는지 말해 주는 것이며, 그것의 정당성은 개연성이 아니라 그것에 따를 때의 이점에 있다.[5] 규범은 인간이 생존에 유용한 것을 요구하는 근

것은 행위이며, 행위가 그것의 의미를 결정한다. 행위의 주체는 인간이며, 어떤 행위는 그것이 놓이는 사회적 맥락에 따라 의미가 정해진다. 결국 어떤 대상은 인간 행위의 사회적 맥락에서 의미가 결정된다(이한우, 『한국은 난민촌인가』, 책세상, 2002, 29쪽).

4 사물은 존재하는 것이고, 사실은 존재하는 것의 연계이며, 존재하는 것의 연계는 일정한 가능성의 틀 안에서 일어난다. 존재하는 것의 연결 가능성은 범주를 통해서 제약을 받는다. 예를 들면, '난민은 인간이다'라고 말할 수 있지만 '난민은 머그컵'이라고 말할 수 없다(라파엘 페르버 지음, 조국현 옮김, 『철학적 기본 개념』, 동문선, 2002, 114~115쪽).

5 라파엘 페르버, 위의 책, 2002, 63쪽.

본적인 생존의 충동에 의해 정당성을 갖는다. 인간은 규범을 통해서 제도를 만들고 사회 공동체를 형성하고 유지했다. 개개의 언어 공동체는 각자의 문화를 형성하며 규범과 제도를 만들었지만 완전히 이질적인 것은 아니었으며, 근대 국민국가 성립과 함께 보편적 규범에 의해 제도가 만들어졌고, 근대 국가는 인간의 자유와 권리라는 기본원칙을 표방하면서 전 세계를 휩쓸었다. 그 결과 순수한 인간으로서 기본적 권리는 국가의 국민에게만 온전히 허락되었고, 보편적 규범은 인간에 대한 보편적 기능과 의의를 상실하고 오히려 포용/배제의 논리에 이용되었다. 국가와 권리, 국민과 인간의 분열은 인간을 국경을 사이로 '고유한 성질'을 갖는 타자로 단절시켰다. 이 지점에서 난민은 인간이지만 고유한 성질을 갖는 국민에서 배제됨으로써 인간의 기본적 권리도 위태로운 경계로 내몰리고 있다.

II. 난민 개념의 국제적 형성과 발전

난민을 지칭하는 'refugee'는 17세기 말 종교적 탄압과 박해로 인해 망명한 이주민들을 지칭하기 위해 사용되었다.[6] 고대에서도 히타이트, 바빌로니아, 아시리아, 고대 이집트 등 중동의 초기 거대제국이 번성하던 시기인 3,500년 전 기록에도 있을 만큼 오랜 역사를 지니고 있다.[7] 20세기 이

---

6 1933년에 발행된 옥스퍼드 사전에는 난민(refugee)을 "종교적 박해(religious persecution)나 정치적 문제(political troubles)로 인하여 외국에 피난처(refuge)를 구하는 자로서 원래는 1685년의 낭트칙령 폐지로 인해 영국으로 온 프랑스 신교도(French Hugunot)"를 일컫는 말로 정의하고 있다(김미림, 「難民問題와 UNHCR의 역할-베트남과 캄보디아의 사례 연구」, 숙명여자대학교 석사학위논문, 1995, 4쪽 참조).

7 손사라, 「예멘 난민에 대한 뉴스프레임 분석: 〈조선일보〉와 〈한겨레〉를 중심으로」, 한양대학교 석사학위논문, 2019, 16쪽.

전에도 난민이 존재했고, 용어가 사용되었다. 하지만 국제적인 '문제'가 되지는 않았다. 유럽지역 안에서 또는 다른 대륙으로의 이주는 비교적 널리 이용되었고, 특별한 원칙이나 제약은 없었다. 자국에서 살기 어려운 경우 주변국으로 이주해 정착할 수 있었고, 난민들은 새로운 기술이나 노동력을 제공하는 역할을 했기 때문에 난민들의 이동이나 이주에 특별한 제약이 없었다. 따라서 난민에 대한 국제적 규범의 필요성은 거의 인식하지 못했다.[8]

20세기 들어 난민의 증가에 따라 난민의 이동과 유입을 통제해야 하는 상황에서 유럽의 각국은 난민 보호에 관한 부담을 분담하는 논의를 시작했다. 두 차례의 세계대전을 거치면서 유럽은 국제적인 난민 구호와 귀환에 노력을 기울이게 되면서 난민에 대한 인식이 심화 된다. 1920년대부터 난민보호를 위한 국제적 규범들이 마련되기 시작했는데, 초기에는 특정한 지역에서 정치적 변란의 결과로 발생한 난민의 처리를 위하여 일정한 집단 전체를 '법률적' 범주를 통해 난민으로 규정하는 방식을 취하다가 차츰 '사회적', '개별적' 요소를 난민 개념의 핵심으로 이해하게 되었다.[9]

제임스 해서웨이는 난민 개념의 발전을 세 시기로 나누어 3단계로 설명한다.[10] 첫 번째 시기(1920-1935)는 자국 밖에 있으면서 국제법상 자국민 보호원칙의 적용을 받지 못하는 사람은 모두 난민에 포함되었다. 이 시기의 난민 개념은 일반적 정의가 내려진 것은 아니었고, 특정한 난민 집단을 위한 것이었다. 1926년 '난민의 신분증명서 발급에 관한 규정'에 나온 러시아 난민에 대한 정의는 "러시아 출신의 자로 소비에트 정부의 보호를 현재 누리고 있지 않던 가, 또는 과거에서부터 누리고 있지 않은 자이고 동시에 다른 국적을 취득하고 있지 않은 모든 자"[11]였다. 두 번째 단계인 사

---

8 정인섭·황필규 편, 『난민의 개념과 인정절차』, 경인문화사, 2011, 138쪽.
9 정인섭·황필규 편, 위의 책, 2011, 138-139쪽.
10 제임스 해서웨이의 난민 개념 발전에 대한 설명은 김성수가 요약한 내용을 참고함(정인성·황필규 편, 위의 책, 2011, 139-140쪽 참조).

회적 요건의 시기(1935-1938)에는 '사실상' 자국의 보호를 받지 못하는 모든 사람이 난민에 포함되었다. 1938년 독일 출신 난민의 지위에 관한 협약에서 '법률적 또는 사실상'이라는 문구가 추가되었고, 독일 밖에서 거주한 독일인과 독일에서 실어온 '무국적자'도 난민 개념에 포함되면서 난민 개념이 확대되었다. 세 번째 단계(1938-1950)는 소위 '협약난민'이라고 하는 난민 개념이 정립된 시기이다. 난민을 집단이 아닌 개인을 단위로 개인적 결단에 따라 자유와 안전, 정의를 찾아 자신이 원래 소속하던 국가를 이탈한 사람을 의미하게 되었다. 이때부터 난민 개념의 핵심은 난민신청자 개인의 속성(인종, 언어, 혈통, 민족 등)이나 신념(종교적, 정치적, 사회적 신념)과 원 소속국의 정치적 현실 사이에 존재하는 불일치에 있는 것으로 이해되었다.[12]

난민협약을 거쳐 1967년 난민의정서에서 시간적 제약과 유럽이라는 지역적 제한을 제거함으로써 보편적 국제규범이 되었고, 난민 개념 또한 일반개념으로 적용될 수 있게 되었다. 다만, 박해의 이유를 5가지, 즉 인종, 종교, 국적 또는 특정사회집단의 구성원신분 또는 정치적 견해로 국한 시키고 있어서 자연재해, 정치적 변란, 외국 군대의 침입, 식민지배 등 여러 난민 발생의 원인은 협약난민 개념에서 제외되었다.[13] 이러한 난민 개념은

---

11 김미림, 앞의 논문, 1995, 6쪽.
12 1951년에는 집단적 난민 개념을 고수하려고 하는 소련 등 사회주의권 국가들의 반대에도 불구하고 '개인' 본위로 난민협약이 체결되었다. 이는 개인의 정치적 자유와 권리를 기반으로 정치적 이념 등의 이유로 공산권 국가를 이탈한 경우 난민으로 규정할 수 있게 되었다. 반면, 이 난민협약에서는 사회적, 경제적 권리를 난민 개념에 포함시키지 못했다(정인섭·황필규 편, 앞의 책, 2011, 143쪽). 마이클 왈쩌는 난민에 대한 상호부조의 원칙을 제안하면서 인종, 이데올로기상의 친근성도 정치적 경계선을 넘어서는 연대를 산출할 수 있다고 했다. 이런 점은 우리 공동체에서 어떤 원칙을 구현하고자 할 때 그리고 다른 지역에 있는 이들도 이런 원칙을 옹호하도록 격려하고자 할 때 두드러지게 나타난다(마이클 왈쩌 지음, 정원섭 외 옮김, 『정의와 다원적 평등—정의의 영역들』, 철학과현실사, 2017, 101쪽).

유럽에서 이념적 대립 하에서 시민적, 정치적 권리를 바탕으로 만들어졌기 때문에 개념의 범위가 협소하다. 따라서 실제 적용에 있어서 해석의 융통성이 필요하며, 협약 전문의 맥락에 따라 인도적 차원에서 해석해야 한다. 무국적자의 경우 처음 난민 문제를 논의할 때는 자국의 보호를 받을 수 없다는 사실이 핵심이었기에 난민에 포함되었다. 하지만 협약 체결 당시에는 법률적으로 국적국의 보호가 존재하지 않는 무국적자와 사실상 국적국의 보호를 받지 못하는 난민으로 구분되었다.[14] 단, 무국적자는 무국적이라는 이유로 박해를 받는 경우 난민 인정이 가능했다.

난민 문제는 유럽에 국한된 문제가 아니라 세계적인 문제임에도 불구하고 국제적 규범에서의 난민 개념은 포괄적으로 정의되고 있지 못하기 때문에 아프리카, 라틴아메리카 등 난민 문제가 심각한 지역에서는 난민 발생의 지역적 특성을 반영해 난민 인정 범위를 확장해서 정의하고 있다.[15] 하지만 선언의 형식이기 때문에 조약과 같은 법적 구속력이 없다. 유엔난민기구는 난민 보호 차원에서 난민 개념 확대를 위한 노력을 하고 있다. 협약난민에서 내부적 난민은 제외되어 있지만[16] 유엔난민기구에서는 분쟁과

---

13 정인섭·황필규 편, 앞의 책, 2011, 144쪽.

14 정인섭·황필규 편, 앞의 책, 2011, 158쪽.

15 아프리카 연합기구(Organization of African Unity, OAU)는 1969년 아프리카 난민 문제에 있어서 특정 쟁점에 관한 협약을 체결하면서 제1조 제2항에서 "외부의 침략, 점령, 외국의 지배 또는 원 소속국의 일부나 전체의 공공질서를 심각하게 교란시키는 사건으로 말미암아 원 소속국 밖에서 피난처를 찾기 위해 상거주지를 떠나게 된 사람"을 난민의 범주에 포함시켰다. 라틴 아메리카 국가들의 연합체인 아메리카 국가기구(Organization of American States, OAS)도 1984년 카르타헤나 난민선언에서 난민개념 확대의 필요성을 언급함. 난민의정서에서 인정되는 난민 이외에 "일반화된 폭력, 외국의 침략, 내전, 대규모 인권침해 또는 기타 공공질서를 교란시키는 중대한 상황에 의하여 생명, 안전, 자유가 위협받는 사람"을 난민의 범주에 추가했다(정인섭·황필규 편, 앞의 책, 2011, 144-145쪽 참조).

16 난민협약 제정 당시 난민보호에 투입될 수 있는 국제사회 역량이 부족하여 내부적 난민문제까지 국제적 보호의 범위에 포함시키지 못했다. 또한 내부적 난민을 보호

폭력으로 국경을 넘지 않고 국내에 머물러 있는 경우, 자연재해 등으로 집을 잃거나 거주지를 이탈한 사람들을 국내실향민(국내유민)으로 구분한다. 분쟁이나 일반화된 폭력으로 난민의 대량이동이 발생하는 경우 개별적으로 심사하기 전에 '사실상 난민'으로 인정하고 있다.[17]

유엔난민기구를 비롯한 난민 발생 국가들에서는 난민 개념을 더욱 포괄적으로 적용해 위기에 처한 사람들을 도우려고 하지만 일부 국가들의 상황은 오히려 반대인 경우가 적지 않다. 미국은 멕시코와의 국경에 더 높고 견고한 장벽을 설치하며 이주자에 대한 노골적 비난을 숨기지 않고, 유럽에서도 이민 반대를 외치는 극우 정당이 득세하고 있다.[18] 2015년 가을 헝가리는 1억 유로를 들여 세르비아와의 국경선에 이주자들을 막기 위해 철조망 담을 쳤고, 2016년 1월 덴마크는 난민이 도착하면 경찰관이 그/녀들을 수색해 값나가는 재산을 압수하고 그것으로 그/녀들의 숙박비를 지불할 수 있도록 하는 법안을 통과시켰다.[19] 자국민을 보호하기 위해 국경을 강화해 이주자, 난민을 막으려 할뿐 그/녀들에 대한 인간적 존중은 찾아보기 어렵다. 모든 나라가 이런 것은 아니지만 한국은 또한 이러한 혐의를

대상으로 삼을 경우 국적국의 자국민에 대한 보호의무가 희석되는 결과를 초래할 수 있다는 우려가 반영되었다. 가장 본질적인 것으로서 국적국에 대한 주권침해의 가능성이 제기되기 때문이다(정인섭, 황필규 편, 앞의 책, 2011, 152- 153쪽).

17 그 외 협약난민은 아니지만 유엔난민기구에서 인정하는 경우 '위임난민'의 지위를 갖는다. 유엔난민기구 한국 대표부 홈페이지(https://www.unhcr.or.kr/unhcr/main/index.jsp.) 참조.

18 박경태, 「한국사회와 난민: 난민과 환대의 책임」, 『문화과학』 88, 문화과학사, 2016, 60쪽.

19 제니퍼 웰시 지음, 이재황 옮김, 『왜 나쁜 역사는 반복되는가』, 산처럼, 2017, 28- 29쪽. 제니퍼 웰시는 이런 모든 사태의 전개는 자유롭고 공정한 선거라는 최소한의 요건으로 규정한 정부가 여전히 세계 정치지형을 지배하고 있지만, 인권 존중과 법에 의한 통치라는 자유민주주의를 구성하고 있는 다른 두 가지 중요한 요소는 상당히 부족한 상태임을 보여주고 있다고 지적한다(제니퍼 웰시 지음, 이재황 옮김, 위의 책, 2017, 32쪽).

완전히 벗을 수 있을까? 북으로는 휴전선이 있고 삼면이 바다이기에 더 견고하게 '국경'을 세우지는 않을 것 같다. 하지만 물리적 영역의 경계가 아닌 심리적 국경 – 시간적(역사적), 공간적(삶의 터전), 문화적(정체성)으로 축적되어 형성된 마음에 새겨진 경계 – 은 어떠한가? 신자유주의 시대 자본과 노동은 국경 없이 넘나들고 있다. 하지만 존엄하고 자유와 권리를 가진 인간은 물리적, 심리적 경계에 자유롭지 않다.

Ⅲ. 한인(韓人) 정체성과 난민 인식

1. 고려의 '통합'과 조선인

난민이 어떤 문제라는 것 자체가 '출현'과 '인식'을 의미하는 것이다. 그래서 문제의 기원을 찾아보는 것은 의미 있는 작업이다. 이는 역사적 접근인 동시에 우리와 함께해 온 문제임을 자각하는 것이다. 박영한은 한국인들이 난민 문제에 미숙한 태도를 보이는 이유로 한국사에서 다문화에 대한 이해가 부족했기 때문이라고 한다. 한국의 난민 문제는 역사적으로 위만이 조선으로 귀화한 것에서부터 구한말 외국인이 한반도에 정착한 사례 등에서 알 수 있듯이 늘 곁에 있었다.[20] 백제와 고구려의 멸망으로 한반도에 통일 국가가 성립되었다는 것을 강조하지만 그 이면에는 엄청난 수의 난민[21]

---

20 박영한은 역사적으로 한 국가의 해체가 난민 발생의 시작이라는 점을 주목한다. 위만이 연나라의 정치적 불안 때문에 고조선으로 망명했고, 고조선의 고위 관료였던 역계경도 고조선의 붕괴 직전에 부락집단과 함께 진국(辰國)으로 망명했다. 진국은 삼한(三韓)의 전신이자 백제와 신라의 뿌리이며 현재 남한지역의 기원이다. 신라 통일 이전에 한반도에 존재했던 여러 군소 국가들의 멸망 이후 역사가 고대 한국의 난민사라고 할 수 있다(박영한, 「한국중세시대에 보이는 난민들」, 『다문화콘텐츠연구』 30, 중앙대학교 문화콘텐츠기술연구원, 2019, 75-76쪽).

이 발생했다는 사실이 있다. 이후 신라가 멸망하고 고려로 통합되면서, 발해 유민이 상당수 고려로 망명했다. 고려 초기에는 통합에 관심을 두었고, 백제와 신라, 고구려 구분 없이 단일 민족체로 한반도 지역 내 '고려인'이라는 인식을 형성시키고자 했다. 발해 유민에 대해서도 '삼한일통(三韓一統)'의 동족의식으로 받아들였다. 이러한 의식은 조선을 거치면서 민족-국가 정체성을 확립하면서 포용보다는 배타적 성격을 띠게 되었다.

고려에는 이주, 귀화와 관련해 외국인의 일시적 체류를 허가하는 '거류(居留)'가 있었다. 거류는 외교나 무역을 목적에 두고 일시적으로 고려에 체류한 것을 가리킨다. 송(宋)나라 사신이나 상인들은 길게 1년까지 체류할 수 있었고, 국경 지역의 군소 부락의 추장들도 거류의 주 대상이었는데, 머무는 기한이 15일 이내였다. 거류 기간은 능력에 따라 결정되었고, 능력이 출중하면 관직을 주어 체류 기간을 연장하거나 귀화를 권유하기도 했다. 고려에 정착하는 귀화나 이민을 '투화(投化)'라고 기록하고 있다. 고려는 외국인의 귀화와 이주를 긍정적으로 인식했다. 북방지역 발해인과 여진인, 거란인은 북방지역의 노동력과 개간지 확보와 차후 북방진출을 위한 준비이자 국경 방위를 위한 것이었다. 송인은 고급 인력 확보 차원에서 선진문물의 원활한 유통에 기여하도록 했다.[22] 또한, 고려는 투화인 우대 정책을 시행하고 있었기 때문에 고려에 귀화한 외국인들이 고려인이라는 정체성 보다는 투화인이라는 정체성을 유지했다. 여진, 거란 계통의 투화인은 토지를 분배받고, 세금과 요역을 면제해주었고, 한인(韓人)과 몽골 계통이라는 이유로 고려의 관리가 될 수 있었다. 인종적, 종족적 구별로 인해 고려인과 다른 대우를 받았다. 하지만 고려 말기에는 고려인의 민족적 인

---

21 여기서 난민의 의미는 "생활이 곤궁한 사람들, 전쟁이나 천재지변으로 곤궁에 빠진 이재민을 말하며 또한 사상적, 정치적 이유로 인한 집단적 망명자"를 가리킨다(박영한, 위의 논문, 2019, 78쪽).
22 박영한, 앞의 논문, 2019, 81-82쪽.

식이 뚜렷해지면서 투화인에 대한 차별이 짙어지기 시작해지면서 투화인이 고려인 자격을 얻기가 쉽지 않게 되었다.[23]

고려 초기 통합의 키워드는 한반도 지역 내 사람들뿐만 아니라 국경 밖의 외국인에 대한 우호적 태도로 나타났다. 특히, 고려사에서 난민이라 할 수 있는 발해 유민에 대한 포용 정책은 고구려의 후예라는 혈통적 인식과 함께 경제·정치적 필요에 따라 적극적으로 이루어졌다. 원 간섭기를 거쳐 여말선초에는 한인(韓人)과 비한인을 구분하는 움직임이 나타나면서 외국인에 대한 인식도 변화를 맞게 된다. 한반도 북쪽으로 여진을 정벌하고 남쪽으로는 왜구를 토벌하는 과정에서 여진 부락민이나 왜구들은 생계에 어려움으로 투항하여 귀화하는 경우가 많았다. 조선에 귀화하는 이들을 향화인(向化人)이라고 했는데, 조선인과 다르게 2등 국민으로 취급되었지만 귀화하는 경우 고려와 마찬가지로 경제적 혜택을 제공하는 등 지원을 아끼지 않았다. 조선에 귀화한 향화인들은 난민의 성격이 강했으며, 이들은 조선인으로 교화시켜야 하는 대상으로 인식되었다. 그래서 향화인은 능력이 뛰어나다고 해도 신분적 한계가 뚜렷했다.[24]

고려의 통합을 거쳐 한인이라는 종족의식은 조선에서 유학의 세례를 받으면서 문화적으로 우월한 조선인으로 변화되었다. 조선 초기에는 외국인에 대한 차별적 인식이 바탕에 깔려있었지만, 난민의 수용과 정착에 관용적인 태도로 지원했다. 하지만 점차 차별에 더 무게를 두게 되면서 향화인들은 하위계층으로 자리 잡게 되었다.[25]

---

23 박영한, 앞의 논문, 2019, 83쪽.
24 박영한, 앞의 논문, 2019, 89쪽.
25 박영한, 앞의 논문, 2019, 96-97쪽.

2. 해방 이후 내부적 난민의 양상

해방 이후 1948년 한반도에 대한민국 정부가 수립되었다. 남한 단독정부였으며, 미군정에 의해 통치되는 군정국가였다. 38선 이북에는 조선민주주의인민공화국 정부가 수립되면서 남과 북의 대치 상황이 되었다. 남한 정부는 상해임시정부를 계승한 자유민주주의를 표방하는 국가였다. 국가의 성립으로 38선 이남의 주민들은 국민으로서 정체성을 보장받아야 했다. 하지만 국경 안에서도 내부적으로 배타적인 대상들이 상존했다. 김준현은 국가가 탄생했지만, 그 국가의 국민으로 실질적으로 편입되지 못한 인민들을 '내적 난민'이라고 정의한다.[26] 그는 '내적'이라는 의미를 국경 안에 있지만, 난민에 준하는 상태라는 의미와 물질적인, 혹은 외면적으로 드러나는 차원에서가 아니라 정신적인, 혹은 내면적인 차원에서 난민 상태가 이루어졌다는 의미로 사용한다.[27] 김준현은 내적 난민이라는 표현의 근거를 당시 해방기 국민국가 형성기인 '48년 체제'의 헌법과 실천의 괴리에서 찾고 있다. 그는 실질적으로 위력을 발휘했던 것은 헌법이 아니라 국가보안법이지만 그 과정은 은밀하게, 혹은 정식적으로 공포되지 않은 상태에서 이루어졌다고 말한다. 즉 48년 체제는 자유민주주의 국가를 지향하는 헌법을 제정 공포했지만 실질적으로 국가정체성을 규정하는 것은 반공주의, 냉전의 국내화 과정이었다.[28] 이어서 그는 상상된 국가와 실재하는 국가

---

26 김준현, 「'48체제'와 38선 이남의 내적 난민들 – 상상/실재의 국가 사이를 가로지르는 '내러티브'로서의 난민에 대하여」, 『돈암어문학』 32, 돈암어문학회, 2017, 243쪽.

27 김준현은 난민은 국경 또는 전선을 넘나듦이 조건이기 때문에 국경 안에 내부적으로 존재하는 난민을 지칭하기 위해 '내적 난민'이라는 기호를 사용한다. 그는 "'내적 난민'이란 (38선을 포함하는) 국경/경계 안에서 정신적/내면적인 차원으로 발생한 난민 상태, 혹은 그 상태에 놓인 사람들을 지칭하는 기호이다."라고 말한다(김준현, 위의 논문, 2017, 139-140쪽).

사이의 거리가 발생하는 데 그치지 않고, 선언된 국가와 실제로 작동하는 국가 사이의 거리가 발생한 것이 48년 체제의 국가정체성과 관련된 중요한 특성이라고 지적한다.[29] 이러한 체제에서 문제가 되는 것은 원래부터 38선 이남에 거주하던 사람들이다. 그/녀들은 국민으로서 주체적으로 국가체제를 선택하고 만들어갈 기회를 박탈당하고, 선언된 국가의 헌장을 믿으면서도 실제로는 실재 작동하는 국가의 선택을 받기를 기다려야 하는 객체적 상태에 놓여 있었다.[30] 즉 국가를 구성하는 주체성을 보장받지 못하고, 국가의 정식적인 구성원이 아니라 구호나 감시의 대상인 '난민'이 된 것이다.

내적 난민이 내부적이고 내면적인 차원의 난민을 지칭한다면, 나라 잃고 타국에서 거주하다 귀환했지만, 국민으로 소속되지 못하는 경우도 있었다. 김예림은 난민은 국경 바깥으로의 투기(投棄)라는 월경적 사태에 처한 국제 난민으로부터 국경 내부의 실향민과 이재민 등과 같은 '내국 난민'에 이르기까지 여러 경우를 포함한다고 말한다.[31] 국경 바깥에 거주하던 난민들은 국적 또는 국민이라는 정체성을 담보할 수 있는 증명 없이는 무의미한 존재, 즉 쓰레기와 같았다. 내국 난민에서 주목하는 것은 해방기 귀환 현상과 귀환자이다.[32] 해방기 한반도 밖에 있던 조선인 이주자 집단은 사

---

28 박찬표, 「민주주의의 관점에서 본 48년 체제의 특성과 유산」, 『시민과 세계』 14, 2008, 22쪽. 여기서는 김준현, 앞의 논문, 2017, 246쪽에서 재인용.

29 김준현, 앞의 논문, 2017, 246쪽.

30 김준현, 앞의 논문, 2017, 258쪽.

31 김예림, 「'배반'으로서의 국가 혹은 '난민'으로서의 인민: 해방기 귀환의 지정학과 귀환자의 정치성」, 『상허학보』 29, 상허학회, 2010, 339쪽 참조.

32 김예림은 내국 난민은 자신의 국적국 영토 내에서 결코 보호받지 못한 채 국민과 시민의 변경을 떠도는 유랑자로 존재했고, 해방기 귀환자의 많은 수가 국제적인 난민 됨을 피해 고국으로 돌아왔으나 결국에는 내국 난민으로 단순 치환되는 경험을 해야 했다고 지적하면서 이러한 양상은 단지 성격을 조금 달리하는 난민을 생산했을 뿐인 국가라는 기계를 비판적으로 사유하는 데 유효할 것이라고 보았

실상 난민 상태에 처해 있었다. 즉 고국의 영토 경계 바깥에서 고국으로부터 어떠한 보호나 보장도 받을 수 없는 상황에 놓여 있었다.[33] 그런데 남한 영토 내부로 들어온 귀환자들이라고 처우가 바로 개선된 것은 아니었다. 정치저, 경제적 이유로 그/녀들에게 최종적으로 주어진 장소는 '거리'였다. 김예림은 거리를 '주변화된 집단이 생존하는 공간'이자 '극한 상황에 몰린 이들이 정치화되는 공간'이라고 본다. 그리고 거리를 떠도는 귀환자 집단을 통해 영토와 거리의 틈에서 가능했던 삶에 주목한다.[34] 귀환자들은 우선 국민이나 시민이 아닌 '인민'으로 분류된다.[35] 그/녀들은 귀환과 함께 국가의 국민으로 '소속할 권리'를 상상했겠지만[36], 국민이 될 수도 인민에게 주어지는 삶의 양태 중 가장 어둡고 공포스러운 가능성인 난민이 될 수도 있었다.[37] 귀환자 또는 전재민(戰災民)들로 인해 인구가 폭증하고 식량, 빈곤, 실업 문제 등이 심각해졌고, 그/녀들에 대한 구호대책은 제대로 마련되지 않았다. 법과 제도에서 대책을 논의했지만 별다른 정책 마련 없이

다(김예림, 위의 논문, 2010, 339쪽).

33 김예림, 앞의 논문, 2010, 349쪽.

34 김예림, 앞의 논문, 2010, 356쪽.

35 여기서 인민과 국민의 의미는 일반적으로 국민이 주권국가의 법적, 제도적 절차에 의거하여 신분 및 권리와 의무를 공인받고 있는 정치 공동체를 의미한다면, 인민은 일정한 지역에 속하여 그 사회의 규약에 제약받는 포괄적인 피치자 집단을 일컫는다(김예림, 앞의 논문, 2010, 337쪽). 조르조 아감벤은 인민을 "동일한 하나의 용어가 구성적인 정치적 주체를 가리키는 동시에, 권리상은 아니더라도 사실상 정치로부터 배제된 계급도 가리키는 것"이고 한다(조르조 아감벤 지음, 김상운·양창렬 옮김, 『목적없는 수단』, 난장, 2009, 38쪽).

36 김예림은 국가나 국민이 주체의 유일한 상상지평, 기대지평이 되는 상황 자체를 역사화하여 이해할 필요가 있음을 강조한다. 그래야만 국가화 과정이 필연적으로 수반하는 배타성과 억압성에도 불구하고 국가를 욕망하고 국민으로 소속되기를 열망했던 자들의 현실, 의식 그리고 정동에 접근 가능해질 것이다. '소속할 권리'를 향한 주체의 욕망과 요구는 신중하게 사유될 필요가 있다(김예림, 앞의 논문, 2010, 335쪽).

37 김예림, 앞의 논문, 2010, 338쪽.

흐지부지 되었다. 귀환자들은 거리에서 정착하지 못하고 떠돌았고, 난민의 형상으로 일제강점기 식민지 공간에 수용되었다. 자신의 고국으로 돌아왔지만 어떤 권리도 보장받지 못하는 존재가 되었고, 그러한 상태에서 권리를 요구하는 정치적 주체로 변화할 수 있는 가능성이 생성되었다.[38] 귀환자들은 자신들의 비참한 처지를 개선하기 위해 각종 행위에 참여하고, 이들의 요구는 좌익과 우익의 정치 집단이나 활동가와 연결되어 '거리의 정치'로 이어졌다. 하지만 정부수립 이후 귀환자의 권익을 위해 활동한 조직과 단체들이 등록 취소된다. 취소는 적어도 귀환자들의 집단이 자신들을 대표한 무엇인가를 상실하고 권리로부터 소원한 상태에 있음을 의미했다.[39]

해방 후에 이어진 전쟁으로 사회적, 경제적 상황은 더욱 악화되었다. 박숙자는 전후의 혼란한 사회상과 경제적 궁핍을 보여주는 사회 현상 중에 '부랑자'에 주목한다. 부랑자는 사실 '월남인', '이촌민', '영세민', '고아' 등으로 당시 불가피하게 발생한 사회 현상이다. 그런데 '부랑하는' 행위를 이념적, 정치적 수준에서 단속함으로써 '국민/비국민'의 경계 속에서 자신을 검열하는 존재론적 불안을 겪게 된다. 이들은 국가가 명명한 부랑자의 표상에서 자유롭지 못한 채 국가가 지정한 비국민의 영역에 배치되면서 국민/비국민의 프레임 속에서 고통을 스스로 단속해야 하는 존재로 변신한다.[40] 해방 후 수많은 사람이 가난과 실직, 실향으로 자기 자리를 잃고 거리를 부유하는 부랑자가 되었다. 이는 사회가 처한 위기였지만 국가는 단속과 강제수용으로 관리했다. 자신들의 상실과 위기를 드러내지도 못하고 '국민'으로 자신을 정체화하며 단속과 격리 수용을 모면해야 했다.[41] 이들은

---

38 김예림, 앞의 논문, 2010, 359-362쪽.
39 김예림, 앞의 논문, 2010, 363~365쪽.
40 박숙자, 「해방후 고통의 재현과 병리성-반공체제 속 '부랑자'와 '비국민'」, 『한국문학이론과 비평』 76, 한국문학이론과 비평학회, 2017, 98쪽.
41 여기서 말하는 '국민'은 주체적 구성원으로 국민이 아니라 '비국민'이라는 낙인찍히지 않기 위한 흉내 내기이다. 국가가 이산과 이별, 탈향과 실직으로 배회하는

인민으로서 상실과 위기 속에서 고통받는 사실상 난민이었다. 하지만 난민이라는 것이 들통나면 비국민으로 낙인찍혀 수용되었다.[42]

해방 이후 정부 수립과 전쟁, 그리고 군사정권으로 이어지면서 다양한 내부적 난민이 출현하였다. 이들 한인(韓人) 난민들이 공통으로 알려주고 있는 것은 한국이 정상적인 국가로서 작동하지 못했다는 것, 더 나아가 국가라고 하는 근대성의 공고한 토대에서는 필연적으로 비국민, 즉 난민이 출현할 수밖에 없다는 점이다. 근대 국민국가 체제에서 외부적 상태와 내면적 차원 모두에서, 정체성과 실존적 삶에서 국가에 의지하는 것은 너무나 당연한 것처럼 보이지만 사실상 그것은 한 국가 안에서 인간으로 삶을 살기 위해 국민 또는 시민으로서 권리와 삶을 선택하는 것이다. 선택은 그것이 아무리 자유로운 선택일지라도 다른 것의 포기를 의미한다. 본래 인간의 권리와 생명을 국가에 저당 잡히고 주종관계를 승인하는 것, 즉 순수한 인간이기를 포기하는 것이다.

Ⅳ. 국가와 인권의 범주에서 난민 인식

1. 난민 인권과 소수자 차별

난민 문제의 해결을 위한 논의에서 대표적으로 언급되는 것이 인권이

자들은 '부랑하는 자'로 '비국민'으로 호출했기 때문이다(박숙자, 위의 논문, 2017, 109쪽).

42 부랑자들은 우범 인물로 처리대상이었으며, 5.16 이후 강제수용이 강화되어, 넝마주의와 부랑아들은 근로재건단에 편입시키고, 정신병자들은 국립정신병원에서 관리하고, 윤락여성은 시립부녀자보호지도소로 보냈다. 또한, 고아와 신문팔이들은 선감학원에서 교육시켰다. 국가가 국민을 직접 재건, 정화시키기 위한 정책을 시행했다(박숙자, 앞의 논문, 2017, 93-94쪽).

다. 난민은 박해와 공포로 인해 불가피하게 삶의 터전을 떠나올 수밖에 없는 사람들이기 때문에 난민 문제는 사람다운 삶을 영위할 수 있는 인간의 기본적 권리의 문제로 접근할 필요가 있다.[43] 여기서 인권은 비역사적이고 보편적 권리이다. 따라서 인간이라면 어떤 공동체건 상관없이 기본적인 자유와 권리를 보장받을 권리가 있으며 이러한 권리는 정치적, 사회적 영역까지도 확장될 수 있다.[44] 다시 말해서 인권은 보편적 규범으로서 정책적 고려의 대상이 아니라고 보는 것이다. 하지만 인권을 보편규범으로 존중하면서도 실제로는 국가 사회 안에서 다양한 이유로 제한하고 있다. 즉 인권이 주권에 의해서 제한 될 수 있다는 것이다. 이런 의미에서 난민의 인권은 국가의 주체인 국민적 합의의 대상이 될 수 있는 것처럼 보인다. 하지만 인권은 인간의 권리가 존중받지 못했을 때 말해질 수 있으며, 권리를 존중받지 못한 '소수자'를 위한 실천적 발화이다. 인권이 소수자에 대한 것이고, 소수자들이 주장하는 것이기에 다수자의 합의로 결정된다는 것은 모순적이다.[45] 그런데 인권을 소수자의 문제로만 제한할 수 있는가? 인권을 보편적 권리로 담보해주는 토대는 무엇인가?

박경태는 "신체적 또는 문화적 특징 때문에 사회의 다른 성원에게 차별을 받으며, 차별받는 집단에 속해 있다는 의식을 가진 사람들"이라고 소수자를 정의한다.[46] 소수자는 내부의 식민지이다. 마치 식민지가 선진 자본주의 국가들의 제국주의적 확장에 따라 주권을 상실하여 종속적인 지위에 놓인 것과 마찬가지로, 소수자들도 내부의 식민지가 되어 다수자의 이익을 위해 착취당하고 차별받는다. 소수자의 이러한 차별은 소수자가 열등한 특

---

43 김대근·강태경·이일, 『난민심사제도의 개선 방안에 관한 연구』, 한국형사정책연구원, 2017, 291쪽.
44 Charles R. Beitz, *The Idea of Human Rights*, Oxford University Press, 2011, 1쪽. 여기서는 김대근·강태경·이일, 위의 책, 292쪽에서 재인용.
45 김대근·강태경·이일, 위의 책, 2017, 280-281쪽.
46 박경태, 앞의 논문, 2016, 53쪽.

징을 가지고 있다는 믿음으로 정당화된다.[47] 여기서 핵심은 '소수'라는 숫자에 있는 것이 아니라 '차별'에 있다. 이러한 차별은 사람들 사이에 발생하는 것이지만 그 토대를 제공하는 것은 국가이다. 근대 국가는 고유한 성질을 갖는 국민을 탄생시켰고, 국민은 다른 국가의 국민과 구별을 나타냄과 동시에 내부적으로 다른 존재들과 구별된다. 이러한 내부적 구별이 곧 소수자의 탄생이나 차별과 연결된다.[48] 즉, 근대 국민국가의 성립이 국민/비국민 프레임으로 차별받는 집단을 양산했다는 것이다. 그런데 현실적으로 소수자가 인권을 보장받을 수 있는 공간 역시 국가이다. 이 때문에 인권 문제는 국가의 법률적, 정책적 영역과 완전히 분리될 수 없다. 이 점은 역설적으로 난민 인권이 국가 차원에서 보편적으로 보장될 수 있도록 국제적 연대와 체제 구성이 필요하다는 것을 시사한다. 왜냐하면 어느 국가의 국민이든 난민이 될 수 있으며, 그러한 상황에서 인간의 기본적 권리를 보장받기 위해서는 다른 국가의 존재가 필요하기 때문이다.

2. 베트남 보트피플 수용과 인식

2018년 제주 예멘 난민들의 출현에 대한 인식과 반응은 매우 상반되면서 격렬했다. 마치 '국민'과 '인권'이 서로 대치하는 것 같았다. 국가가 존중하고 지켜야 할 것은 보편적 규범이 아니라 국적을 가진 국민이라고 할 수 있다. 하지만 국민도 여전히 인간인 한에서 인권을 무시해서도 안 된다. 민족-국가에서 인권이 존재하지 않는다면 언제든지 억압적이고 전체주의적으로 변질될 수 있기 때문이다.[49]

---

47 박경태, 앞의 논문, 2016, 54쪽.
48 박경태, 앞의 논문, 2016, 55-58쪽.
49 김민수, 「벤하비브(S. Benhabib)의 시민권 정치에 대한 연구 – '민주적 반복'을 중심으로」, 고려대학교 석사학위논문, 2006, 13쪽.

1975년에 공산화된 월남에서 약 천오백여 명의 피난민이 한국으로 입국하였다. 그중 75년 말까지 국내 정착한 내국인 외 977명이 국외로 이주하면서 구호활동이 마무리됐다.[50] 이후 1977년부터는 베트남 보트피플이 국내로 유입되었다. 유입이 장기화 되자 부산에 월남난민구호소를 설치해 수용했으나 임시 상륙자로 분류해 관리했다. 그/녀들은 법적으로 존재하지 않는 사람들이었고, 단 한 명의 국내 정착도 허용되지 않았다. 정인섭은 베트남 보트피플을 국제사회에서 분담하여 각국이 일정한 수의 베트남인들의 정착을 허용했지만, 한국은 구조된 베트남 보트피플을 수락할 제3국이 나올 때까지 몇 년이고 무기한 수용소에 수용했고, 이러한 비인도적 정책에 대해서는 시민사회에서도 비판을 제기하지 않았다고 지적했다.[51] 한국에서 난민 문제를 법적 문제로 주목한 것은 1993년 난민협약 가입 이후부터이고, 그전에는 국내 출입국관리법 체제상 난민이라는 개념조차 없었다.[52] 한국은 마지막 베트남 보트피플을 제3국으로 보낸 1993년 난민협약에 가입했고, 2000년 유엔난민기구의 집행이사국이 된 이듬해야 비로소 1명의 신청자에게 협약상의 난민지위를 인정했다.[53]

2018년 예멘 난민은 국가적 이슈가 되었고 난민 반대의 목소리가 거세게 일어났다. 베트남 보트피플의 경험에서 보자면 국민적 관심 자체가 난민을 문제로 인식하고 있다는 것이고, 그러한 인식이 어떤 지경에 있는지

---

50 정인섭·황필규 편, 앞의 책, 2011, 28~29쪽. 노상학은 당시 '월남난민'을 국민적 차원에서 환영하고 부산여고에 수용 시설을 마련하여 보호했다고 한다. 또한 그들에 대한 지원과 한국 사회에 적응하는 문제 등에 대한 제안도 하고 있다(노상학, 「월남난민들의 오늘과 내일」, 『기독교사상』 23(8), 대한기독교서회, 1979, 53-55쪽). 다만, 75년에는 한국에서 군함을 보내서 입국한 경우이고, 상당수가 한국인 및 그 가족이었다.
51 정인섭·황필규 편, 앞의 책, 2011, 31-32쪽.
52 정인섭·황필규 편, 앞의 책, 2011, 24쪽.
53 정인섭·황필규 편, 앞의 책, 2011, 38쪽.

자각하는 기회가 되었다.[54] 논쟁의 핵심은 국민과 난민의 대립이었지만 특히, 무슬림에 대한 편견과 혐오가 크게 작용했다. 난민을 반대하는 입장에서 난민은 아무도 신경을 쓰지 않는 이방인 또는 구성원으로 여겨지지는 않는 타자, 더 나아가 혹시라도 '우리'를 위협할 수도 있는 근본 모를 낯선 존재로 여겨진 듯하다.[55] 난민이 낯선 타자로서 단지 불안과 두려움을 조장하는 존재로 읽히는 것이다. 그런데 난민은 '우리에게 우리가 누구인가를 묻는 존재'이다.[56] 낯선 타자는 우리가 어떤 존재인지 그/녀들에 대한 인식을 통해 드러내도록 하는 존재이다. 타자에 대한 의미를 결정하는 것은 타자가 아니라 타자에 대한 (주체의) 행위에 있으며, 행위는 사회적 맥락에서 의미가 결정된다. 즉 난민에 대한 말과 행동은 우리 사회의 공동체적 인식(틀)을 반영한다.

난민에 대한 긍정적 인식을 제고 할 수 있는 견해들이 제시되고 있지만 실제로 국민의 인식에 변화를 가져올 수 있을지는 의문이다.[57] 조르조 아감벤의 주장처럼 국가와 인권을 넘어서, 상상지평을 확장하는 것이 필요하지만 쉽지 않다. 이용승은 "인권의 보편성이 국경에 갇혀있듯 우리의 상상 또한 국경에 의해 제한된다. 우리는 좀처럼 국경을 넘어 인간적 연민, 나아

---

54 이용승은 제주 예멘 난민 사태와 관련하여 "한국 정부가 다문화사회를 표방하면서 다문화정책을 시행한 지 12년이 지났다. 그러나 우리 안의 인종, 문화 다양성에 대한 관용도 그동안 우리 사회의 노력이나 학계의 연구가 무색하리만치 낮은 수준이라는 점을 이번 사건은 여실히 보여주었다"고 말했다(이용승, 「난민은 누구이고, 우리의 태도는 어떠해야 하는가?」, 『민족연구』 72, 2018, 174쪽).
55 박경태, 앞의 논문, 2016, 48쪽.
56 박경태, 앞의 논문, 2016, 52쪽.
57 이용승은 난민 수용을 주장하는 근거들로 인도적 차원에서 보편적 인권, 과거 국제적 도움에 대한 보답, 국제적 위상 또는 국격에 맞다 는 것, 이익의 관점에서 다양성은 국가 발전에 이롭다는 것, 난민 발생의 구조적 통찰을 통해 난민을 발생시키는 체계를 향한 적대에 기초한 협력, 소통, 연대하는 것 등으로 정리하면서 효력에 대해서는 회의적으로 평가한다(이용승, 위의 논문, 2018, 177-178쪽).

가 연대를 확장하지 못한다"고 하면서, 안타까운 현실이지만 현재에서 수행해야 하는 것은 난민을 수용해야 할 의무를 공정하게 수행하고, 이 문제에 대한 '의무로서 말하기'를 실천해야 한다고 제안한다.[58] 민주주의가 절차적 정당성과 담론에 기초하고 있음을 생각해 본다면 당연하면서도 필수적으로 수행해야 하는 것이다.

V. 자연상태의 난민 개념과 인식

1. 벌거벗은 생명으로서 인간

앞서 난민 문제를 인권의 차원에서 접근하는 것에 대해 언급하면서 국가와 국민과의 문제를 다루었다. 인권은 모두의 인권이지만 그것이 권리로서 행사되기 위한 토대는 국가나 국민 또는 법률적 인정이다. 그런데 조르조 아감벤은 오히려 난민 개념을 인권 개념으로부터 해방할 것을 주문한다. 그에 따르면 난민은 국민국가에 기반한 어떤 권리로 보호해야 하는 대상이 아니며, 난민 그대로 고려돼야 한다. 오히려 난민은 국민국가의 원리를 근본적으로 흔들고 범주상의 혁신을 위한 터를 닦아주는 한계 개념이라고 보았다.[59]

조르조 아감벤은 인간이라는 존재 자체가 실존한다는 가정에 기초하고 있는 인권 개념은 인간이라는 순수한 사실을 제외한 모든 것을 상실한 사람들과 처음 대면하자마자 파산할 것이라는 한나 아렌트의 말을 인용하면서, 어느 한 국가의 시민권이라는 형태를 갖지 못하면 국민국가 체계에서

---

58 이용승, 앞의 논문, 2018, 179쪽.
59 조르조 아감벤 지음, 박진우 옮김, 『호모사케르 – 주권 권력과 벌거벗은 생명』, 새물결, 2008, 259-260쪽.

소위 신성하고 양도불가능한 인권은 모든 후견인을 상실한다고 역설했다.[60] 국민국가 체제에서 인간은 태어난 즉시 국민이 된다. 인간으로 '출생'과 시민의 '권리'가 단단하게 결합 돼 있는 것이다. 난민의 출현이 국민국가의 질서에서 석성스러운 요소를 내표하는 까닭은 인간과 시민의 동일성, 출생과 국적의 동일성을 깨뜨림으로써 주권의 원초적인 허구/의제를 위기에 빠뜨리기 때문이다.[61] 앞서 살펴봤던 '귀환자', '전재민', '부랑자' 등은 국가의 국민으로 소속할 권리를 박탈당한 사람들이었다. 바꿔 말하면 이들은 한국이란 국가에서 실존했지만, 정상적인 국민(시민)으로 삶을 영위하지 못했다. 인간으로서 권리를 박탈당하고 벌거벗은 채로 비참하게 생존하는 생명이었다.

'4차 산업시대'는 기술로 세계가 하나 되는 세계화의 시대이다. 이 시대의 키워드로 '공유'가 있다. '소유'에서 '공유', 또는 소유에서 '사용'으로의 이행이다. 내가 필요한 것을 내가 모두 소유할 필요도 할 수도 없으며, 또 소유의 목적이 '어떤 목적을 위한 사용'에 있다면, 굳이 소유할 필요 없이 사용할 수만 있으면 된다. 국가는 영토라는 공간을 소유하고 있다. 그런데 반드시 영토가 있어야 하는가? 다른 나라와 영토를 공유할 수 없을까? 조르조 아감벤은 "두 국민국가가 불확실하고 위협적인 경계선으로 분리되는 대신 두 정치공동체가 똑같은 지역에서, 일련의 상호 간의 바깥영토를 통해 절합되어 상대 공동체로 서로 엑소더스하는 것"을 상상한다.[62] 그가 말하는 것은 영토를 공유한다기보다는 비영토성이다. 국가와 영토는 분리 가능한가? 영토는 국가가 소유할 권리를 갖는 공간이다. 이 공간은 국민들의

---

60 또한 그는 이러한 점은 1789년 프랑스혁명의 인간과 시민의 권리선언이라는 제목 자체의 모호함 속에 함축되어 있다고 말한다(조르조 아감벤, 앞의 책, 2009, 29쪽 참조).

61 조르조 아감벤, 앞의 책, 2009, 32쪽.

62 조르조 아감벤, 앞의 책, 2009, 35쪽.

삶의 터전이자 사회 공동체가 형성되는 토대이다. 그런데 이 공간은 국민만의 삶의 터전이 아니라 애초에 모두의 것이며, 그러한 상상지평에서 국경에 의한, 인간에 대한 포용/배제의 논리를 재고해 볼 수 있을 것이다.

2. 영토의 배타적 소유 권리 문제

'땅'의 소유권 문제를 가지고 보다 근원적인 차원에서 난민 문제를 조명할 수 있다. 김광식은 난민 문제를 인권이 아니라 국경의 문제라는 맥락에서 논의한다.

> "난민이란 무엇인가? 난민이란 기본적인 인권을 누리지 못해 자기 삶터를 떠나 다른 나라가 소유할 권리를 가지고 있는 땅의 테두리 안으로 들어왔거나 들어오려고 하는 사람이다. 난민의 권리란 무엇인가? 기본적인 인권을 누리지 못해 자기 삶터를 떠나 다른 나라가 소유할 권리를 가지고 있는 땅의 테두리 안으로 들어올 권리이다. 난민 문제란 무엇인가? 난민 문제란 난민의 권리와 땅을 소유할 나라의 권리를 놓고 다투는 문제이다."[63]

그는 난민의 '소속할 권리'와 국가의 '소유할 권리' 사이에 정당성 문제를 제기한다. "국경은 나라 땅의 테두리이고, 나라 땅은 나라가 소유한 땅이다. 더 정확히는 나라가 소유할 권리가 있는 땅이다. 땅을 소유할 권리는 점유의 권리, 사용권, 수익권, 처분권 등 전부의 권리이며 더 나아가 다른 나라를 배제하는 배타적 권리로 이해된다."[64] 무엇보다 핵심은 '배타적 권리'라고 하는 점이다. 삶의 터전인 땅의 소유 권리가 과연 정당한가? 나라

---

63 김광식, 「삶터, 모두를 위한, 누구를 위한 것도 아닌: 난민과 국경에 대한 철학적 성찰」, 『사회와 철학』 37, 사회와철학연구회, 2019, 28쪽.
64 김광식, 위의 논문, 2019, 28쪽.

땅이라고 하는 영토를 나타내는 국경은 과연 정당한 근거를 갖는가? 만약 정당하지 못하다면 배타적·독점적으로 소유할 권리는 부당한 것이라 할 수 있다. 자연상태에서 땅에는 주인이 없었다. 자연상태에서 거주하던 큰 나무 밑이나 동굴에 '위험'이 생기면 다른 곳으로 이동(이주)할 수 있었다.

그런데 주변에 거주할 곳이 누군가에 의해 '출입금지' 됐을 때 소유할 권리의 문제가 제기되었다. 즉 땅을 소유할 권리는 다툼이 발생했기 때문에 생겨난 것이다. 누구도 땅을 소유할 권리를 허락하지 않았기 때문에 땅에 대한 소유권을 주장하는 것은 그 땅에 대한 결정에 참여할 다른 사람의 권리를 박탈한 것과 마찬가지다. 인간이 인간다운 것은 무엇보다 "자기 삶의 방식을 스스로 선택하고 결정할 권리를 가진 자율적 존재"[65]이기 때문이다. 자기 땅이 없이 다른 사람의 땅에서 노동하며 살 수밖에 없다면 그것은 자기 삶의 방식을 자기 스스로 결정할 권리를 잃은 것이나 다름없다. 설사 그 땅에서 더 많은 효용 가치를 생산해 나눠준다고 해도 말이다.[66] 김광식은 모든 사람은 '난민'이라는 관점에서 논의한다. 과거의 난민 또는 그 자손과 미래의 잠재적 난민을 포함하여 인간 모두를 난민이라고 하는 것이다. 이를 통해서 난민 문제를 자기 문제로 받아들여 연대의식을 갖게 하고, 난민 문제가 근본적으로 모두의 것이며, 땅을 독차지하고 배타적으로 소유할 권리를 내세우는 불평등에서 비롯된 문제라는 보다 근본적인 원인에 대해 성찰하도록 한다.[67] 결국, 다른 이들을 배제하는 독점적인 주인이 없다는 것을 환기함으로써 난민을 배제하는 배타적 논리의 근거 없음을 보이고자 한 것이다.

---

65 김광식, 앞의 논문, 2019, 45쪽.

66 김광식, 앞의 논문, 2019, 33-49쪽. 김광식은 루소의 『인간불평등기원론』의 이야기 방식을 변용해 논의를 전개한다. 반론을 제기하는 대화 상대는 소유할 권리의 정당성을 주장하는 로크와 노직의 논리이다.

67 김광식, 앞의 논문, 2019, 30쪽.

땅의 소유권 문제의 핵심에는 최초의 소유할 권리를 발명한 천재적인 누군가와 그의 말을 믿는 사람들이 있다. 누군가 소유 권리를 주장하는 것은 타자가 소유할 권리를 빼앗는 것이다. 그런데 누구의 것도 아닌 땅이 누군가의 소유가 되면서 땅에 대한 권리를 상실한 사람들은 땅의 소유권을 가진 자에게 복종하게 된다. 이것은 '원초적 폭력', 또는 '원초적 수탈'에 기원하는 주종관계의 시작이라고 할 수 있다.[68] 이러한 권력 관계는 개인과 집단을 넘어서 근본적으로 국가라는 토대 위에서 유지되고 재생산된다.

VI. 맺음말

한국은 역사적으로 난민에 대한 경험이 적지 않다. 고려와 조선, 그리고 근대 국민국가를 거치면서 다양한 형태의 난민이 출현했다. 일제강점기와 해방 이후 한국인은 자기 역사와 땅으로부터 유리된, 앞이 막막한 난민이었고,[69] 해방기 정부수립과 체제 유지 과정에서도 가난하고 자기 자리를 잃고 거리를 떠도는 사람들은 온전히 국민으로 인정받지 못한 인민 또는 자신을 다른 사람들과 구분하여 입증시켜줄 기표가 사라진, 빗금 그어진 주체인 난민이었다.[70] 실제 작동하는 국가에 복종하고 순응하지 않으면 언제든 비국민으로 분류되어 모든 권리를 박탈당했다. 민주주의 국가의 성원

---

68 강신주는 "주종 관계는 원초적인 폭력, 즉 원초적인 수탈을 통해서 피통치자들을 결핍 상태로 만들고, 수탈한 것을 제한적이나마 수탈당한 자들에게 재분배 함으로써 피통치자들의 결핍 상태를 심화시키면서 유지하는 것"이라고 했다(강신주, 『철학 VS 철학』, 오월의 봄, 2016, 656쪽). 또 그는 주종관계가 '결핍의 발생'을 통해서 작동하는데, 문제는 결핍된 존재로 만든 자에게 결핍을 채워주길 바라게 된다는 것이라고 지적했다(강신주, 위의 책, 2016, 655쪽).

69 이한우, 앞의 책, 2002, 33쪽.

70 이상철, 앞의 논문, 2011, 9쪽.

으로서 자율적 시민으로 인정받지 못하고 '인민으로서 가장 어둡고 공포스러운 상태'로 내몰리거나 우려와 불안 속에서 자기 검열하는 감시와 단속의 대상이 되었다.

이러한 상황은 국내로 들어온 낯선 타자들에 대한 태도에서도 크게 다르지 않았다. 그/녀들은 우선적으로 비호의 대상이 아니라 감시와 단속의 대상이 되었다. 이들에 대한 혐오와 반대는 난민 인정 심사를 받는 것 자체에 대한 반대로 나타났다. 그 배경에는 그/녀들에 대한 잘못된 인식과 난민에 대한 충분한 이해의 부재가 있었다. 난민으로 인정된다는 것은 박해의 위험으로부터 이탈해 비호국에서 인간의 기본적 권리와 자유를 누리며 거주할 수 있는 자격을 얻는 것이다. 이는 민족국가 공동체의 성원으로서, 즉 국민으로 인정한다는 것과는 다른 것이다. 국가의 성원으로 받아들이는 것에 대한 반대는 민족-국가 공동체 성원의 자기결정권의 표현이라고 할 수 있다. 하지만 난민 인정은 그것보다 근본적 차원에서 인간적 존중의 문제이다.

예멘 난민 사태에서 한국의 난민법과 난민 심사 관련 내용의 개정하거나 폐지하자는 주장에 대해 수많은 사람이 동의했고, 정부는 엄격한 심사를 통해 '허위 난민'을 가려내겠다고 답변했다.[71] 실제로 2018년 5월 이후 7월까지, 2개월간 난민법 개정법률안 및 폐지안이 8건 발의됐는데, 난민 심사 강화와 체류지역 제한 등 난민 보호보다는 정부규제를 강화하는 내용이었다.[72] 한국은 난민협약 가입국이기 때문에 난민 인정자와 인도적체류자 뿐만 아니라 난민신청자도 보호할 의무가 있다. 이 때문에 난민을 보호하기는 하지만 협약난민의 범위를 협소하게 해석하고 난민 심사 및 인정절차 또한 엄격하게 적용하여 난민 인정률이 매우 낮은 편이다.

---

71 이용승, 앞의 논문, 2018, 174쪽.

72 Jeong Hwa Hong, Eun Hye Kim, "A Review of Refrgee Policy in South Korea-Focused on Yemeni Refugee in Jeju", *Crisisonomy* vol. 15 No. 4, 2019, 54쪽.

박경태는 엄격한 심사를 거쳐 '가짜 난민'을 가려내겠다는 것에 대해 몇 가지 문제를 제기한다. 우선 박해를 피해 다른 나라로 떠나면서 난민 심사에 필요한 준비를 하는 것이 어렵기에 난민신청자가 입증하는 것으로 판단하는 문제가 있다. 두 번째, 심사를 까다롭게 하는 것이 좋다는 인식 뒤에 숨어 있는 사고방식, 즉 난민을 포함한 이방인들이 적을수록 좋다는 가정이다. 다문화주의를 표방하는 한국 사회에서 이방인을 제한하려 한다는 것은 모순적이다. 세 번째, 이주가 일반화되고 난민은 세계적으로 발생하고 있으며 규모는 더욱 확대되고 있다. 그런데 이방인 또는 난민의 숫자를 통제할 수 있다는 가정의 타당성에 문제가 있다.[73] 보다 근본적으로 가짜 난민이라는 표현 자체가 우리 앞에 출현한 낯선 타자를 이웃으로 또는 적어도 순수한 인간으로 대하는 것이 아니다. 우리 앞에 난민은 실존하는 사실이며 이들에 대한 인식과 판단은 법적으로 난민 지위를 인정하는가에 국한되지 않는다. 오히려 난민에 대해 '가짜/진짜' 프레임을 적용하는 것은 마치 우리와 동일시 될 수 있는 '좋은' 이웃은 포용하고 우리와 동일시 될 수 없는 '나쁜' 이웃은 배제하려는 것과 다르지 않다.[74]

난민 인정 심사의 핵심적인 부분은 박해에 있다. 무엇을 박해로 볼 것인지는 문화적 맥락과 필연적으로 관련된다는 점을 주의할 필요가 있다.[75] 보편적 규범과 문화상대주의의 해묵은 논쟁도 여전히 고려될 필요가 있다. 난민의 법률적 개념이 문화와 관련된 내용을 포함하고 있으며, 난민 인정 여부를 판단하는 과정은 박해 사실에 얽힌 '문화적 차이'를 어떻게 해석하

---

73 박경태, 앞의 논문, 2016, 63-64쪽 참조.
74 한유석은 '좋음/나쁨'의 이분적 카테고리로 난민을 판단하고 포용/배제하는 것의 문제를 지적한다. 여기서 '좋음'은 윤리적 가치판단이기 하나 절대적 선이나 도덕이 아니라 주체다움 또는 주체와 동일시 될 수 있는 가능성을 가리킨다(한유석, 「'좋은' 난민, '나쁜' 난민: 태국 북부 지역의 벌거벗은 타자들」, 『동남아연구』 29-3, 2020 참조).
75 김희강, 「난민은 보호받아야 하는가?」, 『담론 201』 18-3, 2015, 21쪽.

고 인정하는가와 관계된다. 따라서 난민 인정과 수용에 있어서 문화에 대한 이해가 필수적이다. 즉 난민 인정은 완전히 법적인 것만이 아니라 문화적 과정이라는 점을 인식함으로써 낯선 타자에 대한 긍정적 통찰이 가능할 것이다.[76] 법적으로 난민 지위를 인정받는 것만으로는 실제 삶에서 다른 사람들과 동등한 이웃이 되지 않는다. 국민국가의 포용/배제의 논리를 넘어서 문화적 심리적 국경에 얽매이지 않고 낯선 타자인 난민을 인식해야 할 필요가 있다. 먼저 눈앞의 타자를 살아 숨 쉬는 생명으로서 대할 때 비로소 자유와 권리에 대한 인간적 가치를 담은 규범이 가능하며, 난민이 '친근한' 타자로서 이웃이 될 것이다.

(김진선)

---

76 김슬기, 「문화적 타자의 공동구성과정으로서 난민인정절차」, 서울대학교 석사학위논문, 2012, 2-3쪽.

다문화 사회의 정체성 트러블과
제주의 쿰다 문화

I. 머리말: 하나의 현상, 상반된 인식

2018년 한국사회에서 가장 뜨거웠던 사회적 논쟁은 제주특별자치도의 무사증제도를 통해 제주공항으로 입국한 예멘 난민에 대한 것이었다. 2019년 제주사회에서 가장 뜨거웠던 이슈는 제주도의회 강성의 의원이 발의한 "제주도 양성평등기본조례안 전부개정안"을 두고 나타난 상반된 반응이었다. 2020년 우리의 눈과 귀를 사로잡고 온 신경을 곤두세우고 있는 것은 코로나19이다.

이러한 사회 현상을 마주하는 우리의 인식은 양 갈래로 나뉘어있다. 난민법을 준수하고 난민들을 평화와 희망의 메시지로 품어야 한다는 의견이 있는가 하면[1], 난민법과 제주도 무사증 제도는 난민 유입을 가속화할 것이고 난민으로 인하여 부정적인 사회문제가 크게 발생할 것이라는 의견이 있었다[2]. 양성평등기본조례안이 성평등한 사회를 향해 나아가는 진일보한 법제화가 될 것이라는 기대[3]에 반해 동성애 반대에 대한 처벌 시도라며 비판

---

1 김지우, 「제주 갑작스런 예멘인 '러쉬'」, 제주신문, 2018.05.03. 기사(http://www.jejupress.co.kr/news/articlePrint.html?idxno=86789).

2 김관모, 「제주난민대책도민연대, 난민법 전면 재검토 촉구」, 제주투데이, 2018.05.31. 기사(http://www.ijejutoday.com/news/articleView.html?idxno=209493).

하는 두려움도[4] 있었다. 코로나19 역시 두 사례처럼 혐오 기제로 작동되고 있음이 확인되고 있다.

예멘 출신의 난민신청자들이 제주로 입국하였을 때, 발 빠르게 이들을 돕기 위해 나선 이들 중에 2002년부터 제주외국인근로센터를 운영하던 장청(대한예수교장로회 청년연합회) 출신의 기독청년들이 있었다. 2006년에 사단법인 제주외국인평화공동체를 만들고 '다문화가족지원센터', '외국인근로자지원센터', '이주여성상담소', '이주여성쉼터' 등을 운영해오다가 2018년도 6월에 '제주난민지원센터'를 개소하고 예멘 난민 친구들을 위한 피난처를 운영하게 된다.[5] 그럼에도 불구하고, 이런 선한 사마리아 사람들조차 사두개인과 바리새인들의 눈치를 보아야 했다. 한 활동가는 예멘 난민에 대한 지원 반대, 혐오 등 여러 가지 갈등 요인이 많아서 센터의 규율을 위해 비인권적으로 친구들을 대한 적이 많았다고 자책할 정도이다[6]. 왜 그래야 했을까? 제주지역 기독교 지도자들이 이슬람에 대한 근본주의적 반감을 예멘 난민에게 투영하고 혐오를 조장하였기 때문이다.

예멘 난민에 대하여 극도의 경계심으로 그들을 가짜 난민으로 몰아세우며 혐오적 감정을 표출했던 집단의 중심에,[7] 양성평등기본조례안에 발 벗고 나서서 반대하였던 세력들의 중심에,[8] 코로나19를 우한 폐렴이라고 지속적으로 발화하고 한국사회 유행이 시작되던 시기에 확진자가 집중되었

---

3 김재훈, 「일부 기독교 세력의 훼방 부당...제주 양성평등조례안 개정 통과 시켜야」, 제주투데이, 2019.12.19.기사(http://www.ijejutoday.com/news/articleView.html?idxno=221477).

4 김정호, 「제주 양성평등기본조례안 상정 두고 찬반 기자회견」, 제주의소리, 2019.12.19.기사(http://www.jejusori.net/news/articleView.html?idxno=309919).

5 제주특별자치도 제주학연구센터·국가인권위원회 제주출장소, 『제주 인권활동가 이야기, 사람과 사람』, 한그루, 2020, 167-188쪽.

6 제주특별자치도 제주학연구센터·국가인권위원회 제주출장소, 위의 글, 167쪽.

7 김지우, 앞의 글. 김관모, 앞의 글.

8 김재훈, 앞의 글, 김정호, 앞의 글.

던 대구에 대하여 지역 혐오 감정을 부추겼던 중심에, 코로나19의 한국사회 대유행 진원지로 지목되었던 신천지에 대하여 이단 사이비의 사회문제로 조명했던 중심에, 이태원발 확진자들에 대하여 동성애 클럽 운운하며 성소수자들에게 책임을 돌리던 그 중심에[9] 누가 있었던가? 다름 아닌 개신교 기독교인들이었다. 예멘 난민에 대하여 이슬람 종교 문화에 대한 공포심을 조장하고, 양성평등기본조례안에 대하여 동성애를 죄악시하면서 청소년들의 성적 문란을 초래하게 될 것이라고 주장하며, 신천지에 대하여 이단 선언을 공식화하면서, 개신교 기독교인들은 혐오대상화의 주체로 자리 잡았다.

개신교 기독교인들을 혐오 주체로 인식하고 이에 대하여 논하는 것은 이 글에서 건너뛰고자 한다. 모든 개신교 기독교인들이 그러하지는 않았기 때문이다. 개신교 기독교인들 역시 앞의 사례들에 대하여 양 갈래 반응을 보이고 있었다. 하지만, 기독교가 단일한 신앙 정체성을 강조하면서 자신들의 신념과 다른 이들을 이단 사이비로 공격해왔음을 부인하기는 어렵다. 집단을 강하게 결속시키는 종교적 신념체계는 단일 정체성을 강화하기 위해 이단을 설정하고 이들에 대하여 혐오적 반응을 활성화시키는 경향이 있다.

단일 정체성 강화는 중심을 세우는 일이지만 배제의 기준이 되기도 한다. 글머리를 '하나의 현상, 상반된 인식'이라고 달았지만, 이 글은 상반된 인식을 통합할 방법을 모색하기 위한 것은 아니다. 상반된 인식의 한 축에서 작동하고 있는 혐오의 근원을 짚어내기 위한 것이다.

혐오적 반응을 활성화시키는 단일 정체성에 대하여 비판하는 것이 논의의 시작점이다. 정체성을 키워드로 하는 대부분의 선행연구들은 정체성 혼란을 지양하고 정체성 확립을 지향함으로써 다중 정체성 상태를 병리화하

---

9 백상현, 「이태원 클럽 방문자 코로나19 확진... 동성애자들의 생각은?」, 국민일보, 2020.05.08.기사(http://news.kmib.co.kr/article/view.asp?arcid=0014558245).

고 있다. 이 글은 이러한 경향에 문제를 제기한다. 다중 정체성을 인정하지 않고서 다문화 사회가 가능하지 않을 것이라고 생각하기 때문이다. 단일 정체성을 강조하는 것이 차별과 혐오의 기제가 될 수 있다고 우려하기 때문이나. 단일 정체성의 상소는 다중석 상황에 직면하는 다눈화 사회의 개인들에게 트러블이 될 수 있다. 정체성들의 충돌을 와해시킬 수 있는 장치가 필요하다. 이 논문은 정체성을 본질로 전제하는 것을 거부하고 단일 정체성과 보편성에 대하여 비판적 탐구를 수행하고 있는 버틀러(Judith Butler)에게 이론적 작업을 기대고 있다. 버틀러는 정체성에 대한 고정된 인식을 와해시키면서 정체성이 다중적으로 구성된다고 강조한다.[10] 버틀러의 구성적 정체성 모델의 사례로 제주 사람들이 외지인을 받아들이는 방식을 제주어 '쿰다'에서 짚어보려고 한다. 개별성을 인정하며 마을공동체로 살아가는 제주 사람들의 일상생활을 쿰다 문화로 설명하고 이를 다문화 사회의 대안적 사례로 제시하고자 한다.

II. 단일 정체성 비판

정체성(identity)을 라틴어와 희랍어 어원대로 동일성과 같음의 의미로 이해할 때,[11] 정체성 확립은 이질적인 경험들을 통합하고 단일화시키는 과정으로 나타날 수밖에 없다. 정체성을 인간 자신의 내부 속에 존재하는 동일성의 지속적인 유지와 어떤 본질적인 특징을 타인과 지속적으로 공유하는 것으로 이해하더라도,[12] 다름의 수용은 통합 가능한 것만을 취하게 될

---

10 Judith Butler, 조현준 옮김, 『젠더 허물기』, 문학과지성사, 2015. Judith Butler, 조현준 옮김, 『젠더 트러블』, 문학동네, 2018.
11 양승태, 「국가정체성 문제와 정치학 연구: 무엇을 어떻게: 하나의 거대 연구 기획을 위한 방법론적 시론」, 『한국정치학회보』 40-5, 2006.

것이다. 설사 그 정체성이 공간과 경계를 뛰어넘으며 변화한다고[13] 하더라도, 그 과정에서 이전의 정체성은 버려야 할 대상이 되고 새로운 정체성은 주체적으로 취하고 습득해야 하는 필수조건으로 자리매김 되어야 한다. 정체성은 상황의 변화에 따라 달라질 수 있는데도, '정체성의 이주' 상황에서 정체성의 변화를 비정상화의 정상화로 분석하는 것은[14] 동일함의 지속이라는 정체성 이해의 틀을 유지하는 것이며, 서로 다른 정체성의 공존을 부인하는 것이다. 서로 다른 정체성이란 처음부터 충돌가능성과 갈등상황을 내포한다.

정체성을 개인적 차원이 아닌 사회적 차원으로 확장했을 때도 마찬가지이다. 사회적 차원의 정체성에 대하여 막스 셸러는 총체인격 개념으로 논의를 시작한다.[15] 막스 셸러의 총체인격은 구성원 개개인에 의존하지 않고 오히려 그 인격의 구성원 개인이 바뀔 수 있는, 개인의 가입과 탈퇴가 자유로운 개념이다. 개인들은 총체인격들의 신념이 경쟁적이거나 상충되지 않을 경우에 한하여 두 개 이상의 총체인격에 가입할 수 있다.[16] 하지만 여기에는 두 가지 문제점이 노출된다. 하나는 경쟁적이고 상충적인 총체인격들의 충돌이 불가피하다는 점이다. 또 하나는 그가 대안으로 제시한 총체인격의 점진적 증가라는 것이 결국 정복 논리일 수밖에 없다는 것이다. 정-반-합의 합으로 나아갈 때, 배제되어야 할 것은 정에서든 반에서든 존재하

---

12 Erik Homburger Erikson, "The Problem of Ego Identity," *Journal of the American Psychoanalytic Association*, 4, 1956; 강채연, 「북한이탈주민들의 '정체성의 이주' 패러다임에 관한 연구」, 『다문화사회연구』 11-2, 2018. 13쪽에서 재인용.

13 강채연, 위의 글, 13쪽.

14 강채연, 위의 글, 31쪽.

15 금교영, 「막스 셸러의 총체인격(Gesampreson) 소고」, 『인간연구』 34호, 2011, 54쪽.

16 금교영, 위의 글, 63쪽.

기 마련이다.[17]

다시 개인적 차원으로 돌아가서, 정체성은 개인의 인격을 통합하는 요소로 이해되고 있다. 인격은 라틴어와 희랍어 어원에서 얼굴과 가면을 의미한다.[18] 인간 인격은 구성 관계의 특성상 통합적 개체이며,[19] 인격적 존재는 1차적 욕구에 곧 바로 순응하는 '즉각적인 삶'을 살지 않고 반성적 자기평가 능력을 통해 1차적 욕구를 평가하여 응할 것인지 말 것인지를 결정할 수 있는 의지적 힘을 행사한다.[20] 김남호는 지속적으로 인격 동일성(personal identity)에 기인한 문제에 천착하지만 해답을 찾아내지는 못하였다고 고백한다.[21] 서로 다른 존재가 동일한 공간을 점유하고 있다는 관점은 심리학적인 문제로 넘기고 논의를 중단[22]하였기 때문이다. 중단된 김남호의 논의를 확장하여 단일 정체성 이론에 문제를 제기해야 할 필요가 있다.

인격 또는 정체성을 지속성 또는 항상성이라는 측면에서 접근하게 되면 단일 인격, 단일 정체성만을 인정하게 된다. 강채연(2018)과 금교영(2011)이 변화의 가능성을 열어놓기는 하지만 단면적으로는 단일한 것이어야 한다. 항상성의 상실은 다중인격 장애(multiple personality disorder) 또는 해리성정체감 장애(dissociative identity disorder)로 규정된 채 치료의 대상으로 취급된다.[23] 다중 정체성은 비정상인 것이고, 단일 정체성만이 정상

---

17 이렇게 발생된 '배제'를 버틀러는 '구성적 결여'로 분석한다. Judith Butler, Ernesto Laclau, Slavoj Zizek, 박대신·박미선 옮김, 『우연성 헤게모니 보편성 – 좌파에 대한 현재적 대화들』, 도서출판 b, 2009, 195쪽.

18 김남호, 「구성적 인격 이론과 인격적 삶의 서사적 구조성」, 『철학연구』 제150호, 2019, 2쪽.

19 김남호, 「인격, 인간인격, 그리고 인격 동일성」, 『인간연구』 34호, 2017, 206쪽.

20 김남호, 앞의 글, 2019, 13쪽.

21 김남호, 위의 글, 2019, 14쪽.

22 김남호, 앞의 글, 2017, 207쪽.

23 전혜선, 「다중인격 장애와 대상관계 이론 –영화 〈23개의 인격〉(Spilt)을 중심으로」,

인 것으로 인정된다. 단일 정체성 이론이 다문화 사회에 해법을 줄 수 없는 이유가 여기에 있다. 단일 정체성 확립이라는 입장에서 다른 정체성과 다중 정체성이 배제의 대상으로 설정되고 나아가 혐오의 근거로 작동되기 때문이다. 심리스릴러 장르에 해당하는 한 편의 영화와 한 편의 드라마에서 단일 정체성의 정상화를 조롱하고 거부하는 상상을 살펴볼 수 있다.

2003년 4월에 개봉한 제임스 맨골드 감독의 영화 〈아이덴티티 Identity〉에서 주인공 말콤은 사형수로 수감 중에 정신과 의사로부터 다중 인격을 가진 해리성 정체감 장애로 진단을 받는다. 변호사를 통해 사형집행 전날 밤 판사에게 재심을 요구하고 결국 사형집행을 면제받아 정신과 의사와 함께 교도소로 이송된다. 이 전체의 틀 안에서 말콤의 분열된 정체성들이 서로 맞닥뜨린 상황이 액자소설처럼 편집된 것이 영화의 주된 이야기이다. 의사는 말콤의 의식 안에 분열된 자아를 한 장소에 불러 모아놓고 어떠한 일이 벌어지는지를 탐색한다. 말콤의 의식 속에서 분열된 자아는 모두 13이다. 11은 살아있는 자아이고 2는 죽어있는 자아이다. 의사는 진료 중에 파악해 두었던 선한 인격인 에드워드를 불러내어 상황을 물어본다. 13의 자아가 서로 충돌하여 죽어나가고 시체가 사라지는 상황을 전해 들으며 의사는 하나의 인격만 남아있어야 한다고 주문한다. 살인자 인격이 사라졌음이 인정되어야 사형을 면할 수 있다는 것이다. 다시 말콤의 의식 속으로 들어간 에드워드는 여성인격인 패리스만 남기고 자신도 살인자 인격과 함께 죽음을 맞이한다. 그렇게 영화는 해피엔딩이 되는 듯하지만, 죽었다고 생각되었던 사라지고 숨겨진 어린 아이 티모시의 인격이 나타나 패리스를 죽인다. 또한 티모시의 인격이 대표한 말콤은 정신과 의사와 호송차량의 운전자를 죽인다. 이 영화에서 정신과 의사의 치료가 실패한 이유는 다중 정체성들을 하나씩 없애나가는 방식을 치료법으로 사용함으로써 단일 정

『스토리앤이미지텔링』 제16집, 2018, 283-289쪽.

체성을 유지할 수 있다고 믿었기 때문이다. 살인자 인격은 적절한 순간에 몸을 숨겼다가 다시 등장한다.

2015년 1월 7일부터 2015년 3월 12일까지 MBC에서 방영한 20부작 드라마, 〈킬미, 힐미〉에서는 다른 방식으로 다중 인격이 처리된다. 7의 인격 중 가장 치열하게 충돌하고 상충되는 두 인격이 서로 만날 수 없는 상황에서 메모를 남기며 소통하기 시작한다. 타협을 통해 각자의 성격을 존중하기로 하고 서로가 지켜야 할 최소한의 것들을 합의해나가면서 한 몸 안에 두 인격이 공존하게 되는 것으로 결말을 맺는다. 정체성들이 정치적 타협을 이루어낸 것이다.

사실 다중 정체성은 이제 개인의 내부에서 발생하는 해리성 장애만으로 이해할 수 없게 되어 있다. 사이버 공간을 통해 한 개인이 다양한 다중 정체성을 표명하고 있기 때문이다. 인터넷을 사용하는 대부분의 사람들이 여러 개의 ID를 가지고 현실세계에서와는 전혀 다른 사회적 역할을 수행하기도 하고, 다양한 인간관계를 형성하면서 계속적으로 새로운 자아의 모습들을 만들어간다.[24] 특히 리니지 게임의 경우 한 사람이 다중 캐릭터를 설정할 수 있도록 되어 있어서 한 환경 안에서 몇 개의 대리자들을 동시에 움직이게 하는 경험을 하기도 한다.[25] 백은미는 자아 정체성이 본래 단일적이지 않고 다중적이며, 이 다중적인 자아의 상태는 부동적으로 고정된 실재들이 아니라는 점을 확인하면서도,[26] 다중적인 자아 정체성이 유연하게 통합되지 못하고 파편화되고 분산되는 것은 상당히 위험하다고[27] 경고한다. 대안으로 제시하고 있는 것은 도덕성이며[28], 그런 의미에서 다중 정

---

24 백은미, 「사이버 시대의 다중 정체성 형성에 대한 종교의 역할과 과제 모색」, 『기독교교육정보』 13호, 2006, 147쪽.
25 백은미, 위의 글, 151쪽.
26 백은미, 위의 글, 155쪽.
27 백은미, 위의 글, 159쪽.
28 백은미, 위의 글, 162쪽.

체성 형성에 종교가 도움을 줄 수 있을 것으로 기대하고 있다.[29] 자아의 부분들을 함께 모으고 엮는 자아의 통합이 필요하다는 백은미의 대안은 다중 정체성들의 이질적이고 상충적인 충돌을 다소 가볍게 처리하고 있다. 실제로 다중 정체성들의 충돌 현장은 치열하다.

III. 다중 정체성의 다문화 사회

근대의 정치공동체인 국민국가라는 틀 속에서 '국민적 정체성'에 절대적 우위를 둔 채,[30] 그 하위 집단인 학교, 마을, 회사, 동아리 차원의 단일 정체성들이 설계되고 강화되어왔다. 초등학교가 국민학교였던 시절 1학년에 입학하면 국민교육헌장을 달달 외우면서, '민족 중흥의 역사적 사명을 띠고 이 땅에 태어났'음을 자아정체성, 국가정체성, 민족정체성으로 확립해야 했던 기억은 세계화 시대 다문화 사회에 살고 있는 지금도 의식 저변에 자리 잡고 있지 않은가? 민족을 이념으로 단일 정체성을 강화하는 것이 중앙집권적 독재를 가능하게 하는 조건이었던 것이다.

배제의 정치는 단일 정체성의 강화에서 비롯된다. 세계화 시대에 영토의 경계를 넘어서는 다양한 정체성들이 서로 경합하고 중첩하는 과정에서 배제의 정치가 작동된다.[31] 새로운 다중적인 정체성들이 하나의 공간에 모여드는 것은 지구적 자본주의가 확장되는 과정에서 발생하는 당연한 결과이다. 자본주의 초기 이질적인 개인들이 도시에 모여들었던 것과 같은 상황이다. 농촌사회에서 사회적 연대를 가능하게 했던 동질성은 이질적 개인들로 구성된 도시사회에서 작동될 수 없었다. 국가의 경계를 넘어 지구촌

---

29 백은미, 위의 글, 164-173쪽.
30 홍태영, 「세계화와 정체성의 정치」, 『국제관계연구』 14-1, 2009, 144쪽.
31 홍태영, 위의 글, 161쪽.

을 하나의 자본주의 체제로 묶어낸 자본주의의 지구적 확장은 개별 국가들 안에서 사회적 연대를 가능하게 했던 동질성의 힘을 약화시키는 결과를 가져오고 있다. 그럼에도 불구하고 근대 국민국가에서 강화된 단일 정체성들은 영토의 경계를 넘어선 다문화 사회에서조차 포섭과 배제의 정치를 통해 보편적 정체성을 자처하며 힘의 논리를 들이민다. 영토의 경계 안과 밖에서 주류 정체성에 의해 배제된 소수자 정체성들의 저항에 부딪치면서도 수그러들지 않는다. 정체성들이 이른바 정체성 정치[32]의 무대에서 갈팡질팡하고 있는 것이다.

트럼프는 취임한 후 줄곧 미합중국의 정체성과 그 이익(interests)을 보호하겠다며 정체성 정치를 외쳐왔다. 트럼프식의 정체성 정치는 집단 내 단일 정체성을 구축하고 집단 외 정체성들을 배제하는 방식으로 작동되었다. 부딪치는 정체성들의 현장 한 가운데에서, 나의 정체성에 포섭되든지 배제당하여 적이 되든지 선택하라는 것이 트럼프의 정체성 정치이다. 트럼프식 정체성 정치는 임전무퇴의 단결을 목표로 한다. 하지만, 정체성 정치가 출현하게 된 계기는 배제와 차별에 대한 저항의 몸부림이었다. 정체성 정치가 소수자성에서 출발하였음에도 불구하고, 트럼프식의 정체성 정치가 가능한 이유는 정체성을 통합된 단일 정체성으로만 이해하고 받아들이도록 교육해왔기 때문이다.

---

32 정체성의 정치는 이해의 정치(politics of interests)와 대비되며, 그 대안으로 계급 정치를 보완하는 용어로 사용되어왔다(신광영, 「계급과 정체성의 정치」, 『경제와사회』 35호, 1997, 45쪽; 최 현, 「한국 사회 진보의 주체 : 민중, 노동자계급, 시민, 다중과 정체성 집단」, 『경제와사회』 86호, 2010, 115-116쪽). 여전한 계급 정치를 주장하며, 정체성 정치를 그 보완물로 설정하느냐(신 광영, 위의 글, 1997: 47-48쪽), 계급 분석을 토대로 하되, 고통받고 저항하는 살아 움직이는 현실 속의 주체들에 대한 분석도구로 정체성 정치를 사용하느냐(최 현, 위의 글, 2010, 116-119쪽) 하는 논쟁이 무의미하게 느껴질 정도로 수많은 정체성들의 정치가 부딪치고 있는 게 현실이다.

다문화 사회의 정체성 교육과 관련한 논의에서도 마찬가지의 문제가 발생한다. 다문화 가정 아동의 경우 두 개의 정체성이 공존하는 가운데 개인의 정체성 확립에 어려움을 겪게 되므로, 초등학교 도덕 교과의 가치 교육을 기반으로 공동체 교육과 전통 예절 교육을 통해 자아정체성이 확립되어야 한다[33]는 식이다. 개별성 보다는 보편성에 바탕을 둔 높은 수준의 도덕성을 다문화 교육의 지향점으로 삼고, 배려와 존중의 태도를 교육하기 위한 수단으로[34] 다문화교육을 활용하자고 한다. 하지만, 본래적 인간 의식에 내재된 인간에 대한 존중과 배려, 사회정의에 기반한 보편적 가치에 대한 지향적 의식을 자극하고 촉진하는 의식화 교육[35]은 다문화 사회 이전에도 계속되어온 교육의 목표이다. 다문화 교육의 목적이 합의가 아니라 차이를 통해 지속적으로 커뮤니케이션을 하는 것이라고[36] 전제하지만, 현대사회를 기능적으로 분화된 사회로 보는 루만의 체계이론을 따라[37] 문화정체성 확립과 문화체계의 계속적인 존속을 유지하도록 하는 기능에 일차적인 관심을[38] 둔다. 심지어 정의 담론을 선한 삶에 대한 논의로 전환하자고[39] 제안한다. 이미 사회는 다중 정체성의 다문화 사회이건만, 달라진 것은 없다. 포섭하는 보편적 단일 정체성 확립이 다문화 사회에서 노출되는 사회문제를 해결할 수단으로 강조되고 있는 것이다. 그 사회문제들은 다문화 사회이기 때문에 발생한 것들이 아니라는 사실은 은폐되고 만다. 다문화 사회

---

33 배상식, 「다문화교육에서 아동의 자아정체성 문제: 초등 도덕교과를 통한 해결방안 모색」, 『철학연구』 122호, 2012, 177-185쪽.
34 조태윤, 「의식화과정과 다문화 교육」, 『다문화사회연구』 9-2, 2016, 128쪽.
35 조태윤, 위의 글, 151쪽.
36 조태윤, 「니콜라스 루만의 체계이론적 관점에서 본 다문화교육의 방향」, 『다문화사회연구』 10-1, 2017, 214쪽.
37 조태윤, 위의 글, 196쪽.
38 조태윤, 위의 글, 217쪽.
39 최종렬, 「낸시 프레이저의 정의론과 다문화주의: 동등한 참여 규범의 사용」, 『현상과인식』 39-4, 2015, 222쪽.

이지만 다문화 사회가 아니다. 다문화 사회라는 상황에서 통일된 단일 정체성을 확립해야 한다는 단일 정체성 확장 사회이다.

단일 정체성의 강조는 혐오의 근거가 되기도 했던 계몽주의적 인식론을 바탕에 깔고 있다. 다문화 사회의 어려움으로 지석되는 커뮤니케이션, 소통의 문제는 하버마스의 공론장과 낸시 프레이저의 정의론에서 이미 강조된 바 있다. 소통의 장과 관련하여, 하버마스가 시민권을 가진 시민들이 참여하는 공론장으로 해법을 제시한 것에 대하여, 프레이저는 하버마스의 공론장에 대해 정당성과 유효성의 문제를 제기한 바 있다. 참여자격을 당면 문제에 직면한 당사자들에게 확대함으로써 정당성의 문제를 해결하고 초국적인 공적 권력의 창출을 통해서 유효성의 문제를 해결하자며 하버마스의 공론장을 확장하자고 하였다.[40] 하지만 무페는 하버마스의 자유롭고 제약받지 않는 소통이라는 규제적 이상이 실현된다고 하더라도 자유주의를 포기하지 않고 문제의 해결방안을 찾고자 하는 한 문제의 핵심을 뚫고 나갈 수 없음을 지적하며, 계몽의 인식론적 관점이 현재의 정치경제학적 공간을 이해하는 데에 걸림돌이 되고 있음을 분명히 한다.[41]

현재 우리 사회가 시행하고 있는 다문화 교육, 다문화 정책은 계몽주의의 인식론에 바탕을 두고 있다. 한국 사회 전통을 중심으로 한국 사회에 들어온 다른 문화들을 포섭하는 형태이다. 다문화 정책 프로그램은 결혼이주 여성들(며느리)에게 한국의 전통문화를 가르치지만, 결혼이주 여성을 품은 가족들(시댁식구들)에게 며느리의 문화를 이해시키지는 않는다. 다문화 사회로의 변화는 우리 앞에 놓여있는 현실이다. 그리고 다양한 문화 정

---

40 Nancy Fraser, 김원식 옮김, 『지구화 시대의 정의: 정치적 공간에 대한 새로운 상상』, 그린비, 2010, 146쪽; 김석준·김준표, 『도박사회학』, 경인문화사, 2016, 56-57쪽, 209쪽에서 재인용.

41 Chantal Mouffe, 이보경 옮김, 『정치적인 것의 귀환』, 후마니타스, 2007, 21-25쪽. 김석준·김준표, 위의 책, 57쪽에서 재인용.

체성들이 마주치는 이 현실의 문제는 기존의 정체성 확립을 지향하는 교육으로는 풀리지 않는다. 다문화 사회에서 정체성들의 갈등이 빚는 문제는 계몽주의적 차원으로 해결되지 않는다. 다문화 현상으로 비롯된 각국의 다문화 정책들이 정치이데올로기와 결합되어 있기[42] 때문이다.

IV. 정체성 트러블

다문화 사회의 현장이든, 사회적 약자 소수자의 인정 투쟁의 현장이든, 단일 정체성은 그 자체로 문제적이다. 젠더가 버틀러(Judith Buthler, 2018)에게 트러블이었던 것처럼, 다문화 사회의 다중 정체성들에게 단일 정체성 역시 마찬가지로 트러블이다. 지배적인 이성애틀 안에서 여자의 기능을 해야만 여자라고 한다면, 게이에게 그리고 레즈비언에게 젠더는 트러블일 수밖에 없다.[43] 마찬가지로 다른 국가에서 이주해온 소수자들인 결혼이주민, 외국인노동자, 체류경과외국인노동자, 그리고 난민에게 새로운 정착지 국가 공동체의 단일 정체성을 요구하고 변화를 강요하는 것은 트러블일 수밖에 없다. 이는 부딪치는 정체성들의 헤게모니로 해결될 수 있는 문제가 아니다.

베트남계 호주-미국인 작가 남 리(Nam Le)의 데뷔작 「더 보트」는 난민의 눈으로 아시아계 미국문학을 진단한다. 그들의 국가 상실 경험이 아시아계 미국문학의 규범적 언어를 넘어서 있기에 정체성 정치는 한계에 부딪칠 수밖에 없다.[44] 에스닉 문학이 잘 팔리는 이유는 타자를 향한 포르노그

---

42 진시원, 「다문화주의에 대한 이데올로기적 검토」, 『다문화사회연구』 11-1, 2018, 162; 195-197쪽.
43 버틀러, 위의 책, 2018, 50쪽.
44 임경규, 「벌거벗은 생명으로서의 아시아계 미국인: 남 리의 『더 보트』와 정체성

래피적 응시가 텍스트의 해석을 지배하기 때문이며,[45] 이는 궁극적으로 미국의 지배 이데올로기에 저항해야 하는 에스닉 문학의 정체성과는 반대의 방향으로[46] 전개된다. 세계시민주의의 인도주의 윤리는 인간과 비인간, 시민과 난민 사이의 간극을 더욱 확장하는 결과를 가져올뿐더러 난민을 벌거벗은 생명이라는 비루함의 영역 속에 영원히 유폐시키고 만다.[47]

다문화 가족, 난민, 성소수자를 비롯한 사회적 약자들을 배려한다는 말은 바로 이러한 인도주의 윤리의 실천 덕목이다. 배려의 이면에는 타자에 대한 포르노그래피적 응시와 주체를 담보하기 위한 전향 요구가 자리하고 있다. 이는 결국 너의 정체성을 포기하고 우리의 정체성을 확립하라는 일종의 폭력이다. 근대 국가의 국민 정체성을 넘어 세계화 시대 지구촌 시대가 되어가는 다문화 사회의 현장에서 정체성이 어느새 트러블이 되어버린 것이다.

버틀러가 젠더 트러블을 인식하고 해결하기 위해 쏟아낸 고민들은 정체성 트러블에도 그대로 적용될 수 있을 것이다. 사실, 버틀러는 젠더 트러블 문제를 정체성에 대한 논의로 시작하여 정체성 개념을 흔들고 정체성의 의미를 정치적인 것으로 배열하는 방식으로 풀어내고 있다. 버틀러는 정체성이 자기 동일적이고, 언제나 똑같이 지속되며, 통일되어 있고, 내적으로 일관되어 있다는 전제가 무엇에 근거한 것이냐고[48], 정체성이 경험에 관한 기술적(descriptive) 특질이 아니고 규범적 이상으로 제시되어야 하는 이유가 있느냐고[49] 질문한다. 정체성을 미리 고정되어 있다고 보는 인식에 반대하면서, 고정되거나 근원적인 법을 전제하지 않는 구성적 동일시의 역사

정치의 한계」, 『다문화사회연구』, 2018, 47쪽.

45 임경규, 위의 글, 52쪽.
46 임경규, 위의 글, 53쪽.
47 임경규, 위의 글, 71쪽.
48 버틀러, 위의 책, 2018, 114쪽.
49 버틀러, 위의 책, 115쪽.

를 되짚어보겠다는[50] 것이다. '나'와 '타자'를 인식론적 대립 속에 세우는 담론적 전통은[51] 이분법 자체가 구성되는 담론의 장치를 감춘 채[52] 작동되는 어떤 전략적 움직임에[53] 불과하다. 정체성은 오히려 하나의 효과, 즉 생산된 것이나 산출된 것으로 새롭게 개념화[54] 되어야 하며, 해체되고 구성되어야 한다. 버틀러가 말하는 정체성의 해체가 정치성의 해체를 의미하는 것은 아니다. 정체성의 정치는 정체성이 표명되는 관점 자체가 정치적이라는 것을[55] 드러내는 것이어야 한다.

단일 정체성 개념은 다사카에게도 트러블로 인식된다. 다중 정체성을 비난하며 '이중 인격자', '다중이'라는 말이 생겨났지만, 다사카는 오히려 「사람은 누구나 다중인격」이라고 말한다. 사람은 누구나 자신 안에 여러 개의 인격이 존재하며, 이 인격들을 적절하게 관리하는 것이 창조적인 사람의 모습이라는[56] 것이다. 그는 다중 정체성을 다양한 재능과 연결시키며,[57] 상황에 따라 다양한 자신을 연출할 수 있는[58] 다중인격 관리자가 될 것을[59] 권유한다.

이와 같이 개인의 내면에도 정체성 정치가 작동하고 있다. 다문화 교육 현장에서 단일 정체성 확립을 위한 교육을 개인적 차원에서의 정체성 정치 훈련으로 대체하고, 이를 토대로 혐오의 현장에서 정체성 정치를 실현할

---

50 버틀러, 위의 책, 212쪽.
51 버틀러, 위의 책, 354쪽.
52 버틀러, 위의 책, 355쪽.
53 버틀러, 위의 책, 355쪽.
54 버틀러, 위의 책, 360쪽.
55 버틀러, 위의 책, 363쪽.
56 다사카 히로시, 김윤희 옮김, 『사람은 누구나 다중인격』, 인플루엔셜, 2016, 12쪽.
57 다사카 히로시, 위의 책, 23쪽.
58 다사카 히로시, 위의 책, 26쪽.
59 다사카 히로시, 위의 책, 48쪽.

수는 없는 것일까? 정체성은 그것이 다중 정체성을 병리화하고 단일 정체성을 의미해야 한다는 정치적 발화의 순간에 차별의 근원이 되고 혐오를 발생시킨다. 그러므로 차별의 근원이 무엇인지, 정체성 동일화 작업은 정당한 것인지, 배제된 타자는 어떻게 우리가 될 수 있는지를 끊임없이 묻고 또 물어야 한다.

정체성 동일화 작업에서 발생되는 차별과 배제 그리고 혐오는 '일군의 두려움과 불안이 출현하고 이 두려움과 불안에 하나의 이름이 소급적으로, 또한 자의적으로 귀속되고, 저 두려움과 불안의 묶음은 단일한 사물이 되고, 그 사물은 교란하는 게 무엇이든 그것에 대한 원인 혹은 근거로 기능하게'[60] 되면서 발생한다. 내부의 사회적 문제들로 인한 불안과 두려움을 자신의 것으로 인정하지 못하고 이 두려움과 불안의 원인이라고 지목할 희생양을 나와 다른 우리와 다른 정체로 설정하고 집단 혐오를 발생시킨다는 의미이다. 외부에서 들어오는 타자가 희생양으로 지목되는 경우, 내부의 사회적 문제들이 그 이전부터 존재하던 것이든 그 이후에 발생한 것이든 하는 것은 문제가 되지 않는다. 소급적으로 희생양이 설정되기 때문이다. 타자에 대한 혐오는 차별과 배제에 기인하고, 차별과 배제는 두려움과 불안에서 비롯된다. 그리고 그러한 사회적 심리의 밑바닥에 다중 정체성을 인정하지 못하는 단일 정체성이 자리하고 있다. 버틀러가 지적하였던 정체성 트러블은 어떻게 해결될 수 있을까? 버틀러에게 정체성 트러블은 그 자체가 구성적 과정이며, 트러블 자체가 정체성 수행의 현장이요 동력으로 이해된다. 이질적인 것을 이질적인 것으로 두고 애써 동질화시키지 말자는 것이다. 이러한 제안의 실천 사례를 제주 섬의 쿰다 문화에서 찾아볼 수 있다.

---

60 버틀러, 라클라우, 지젝, 앞의 책, 2009, 49쪽.

V. 제주의 쿰다 문화

제주 섬 사람들은 육지에서 들어와 마을에 살게 된 외지인을 적극적으로 환대하지 않는다. 이로 인해 제주 사람들은 배타적이라고 판단되기도 하고, 제주 사람들의 배타성은 4.3의 역사가 남긴 상처라고 해명되기도 한다. 하지만 적극적 환대 없이 무관심한 제주 사람들의 반응은 그 나름대로 타자를 받아들이는 과정이다.

제주어에 '드르쿰다'라는 말이 있다. 품는다는 의미이다. 하지만 '쿰다'는 제주어 사전에만 남아있고[61] 일상생활에서 거의 쓰이지 않는다. '쿰다'라는 말 대신 다른 말이 '쿰다'를 의미하며 사용되었기 때문이다. '드르쿰다'의 반대말처럼 보이는 '드르싸다'[62]라는 말이 있다. 쿰다(품다)가 안으로 품어 안는다는 뜻이라면, 싸다는 밖으로 내친다는 뜻이 될 것이다. 제주에서 제주어 '싸다'의 용례는 '내치다, 내보내다'는 뜻으로 사용될 때 보다, '드르쌍 내불라'는 말로 사용될 때 그 뜻이 더 잘 표현된다.

제주 사람에게 제주어에 '쿰다'라는 말이 있느냐 그 말이 무슨 뜻이냐고 묻는다면, '쿰다'와 대립쌍을 이루는 것으로 이해될 수 있는 '싸다'라는 말이 있느냐 그 말이 무슨 뜻이냐고 묻는다면, 얼른 대답하기 힘들어할 것이다. 그러나 '드르쌍 내불라'는 말이 있느냐고 묻는다면 질문이 끝나기도 전

---

61 제주특별자치도 제주문화예술재단 편, 『제주어사전』, 일신옵셋인쇄사, 2009, 835쪽에는 '쿰다'의 뜻이 '품다'라고만 적혀있다.

62 『제주어사전』, 2009, 267쪽에는 '두루싸다'를 '적당히 싸다'라고 설명하고 있으며, '드르싸다'는 말은 소개하지 않고 있다. 하지만, 제주 사람들의 생활에서는 '두루쌍 내불라'는 발음과 '드르쌍 내불라'는 발음이 함께 공존한다. '싸다'의 의미를 두고 토론의 여지가 있지만, '적당히 싸서 내버려두라'는 의미보다 '한 켠에 던져두고 내버려두라'는 의미에 가깝기에 '두루싸다'보다 '드르싸다'가 바른 표현일 것으로 짐작된다. '드르'의 경음 발음인 '뜨르'가 '벌판'을 뜻한다는 것에 근거하여 '드르'를 해석하자면 '넓게 펼치는, 팔을 뻗어 거리가 멀어지는 범위' 정도를 뜻하는 접두어로 이해할 수 있다.

에 아주 잘 안다는 대답을 듣게 될 것이다. 현재도 사용하고 있는 말이기 때문이다. '드르쌍 내불라'는 말은 보통 '거시지 마랑 드르쌍 내불라'는 식으로 사용된다. '건드리지 말고 신경끈 채 가만히 내버려두라'는 의미이다. 제주어 '쿰다'는 '드르쌍 내불라'는 말로 대체되어왔다고 볼 수 있다.

'드르쌍 내불라'는 말은 대개 이런 경우에 사용된다. 가족 중에 한 형제가 밖에서 무슨 일이 있었는지 잔뜩 상기된 얼굴로 분을 삭이지 못하고 식식대고 있을 때, 무슨 일이 있었느냐고 물으며 관심을 표하며 다가가는 형제더러 어머니가 '거시지 마랑 드르쌍 내불라'고 소리친다. '괜히 신경 건드리지 말고 모른 척 내버려두라'는 것이다. 세대 차이는 예나 지금이나 마찬가지여서 자식이 하는 일들이 부모 입장에서 영 맘에 들지 않을 때가 많다. 자식에게 너 왜 그렇게 하느냐며 야단치는 아버지에게도 어머니는 '거시지 마랑 드르쌍 내붑서'라고 한다. '가만히 내버려두고 지켜보면 알아서 잘 할 텐데 왜 야단치고 그러느냐'는 것이다. '드르쌍 내불라'는 말은 '괜히 참견하지 말고 그냥 지켜보라'는 의미로 제주 사람들의 일상생활에서 사용되고 있다. 이것이 제주사람들의 '쿰'는(품는) 방식이고, 제주의 '쿰다 문화'[63]이다. 이러한 제주의 쿰다 문화는 마을에 새로운 외지인이 들어왔을 때 마을 사람들이 보이는 태도에서도 찾아볼 수 있다.

제주 사람들은 마을에 새로 들어온 외지인을 '드르쌍 내분다'. 행여 누군가가 그 사람에게 접근하여 이것 저것 호구조사를 하며 관심을 표명하려

---

[63] 제주 문화에 대한 선행연구는 주로 제주인의 정체성과 제주정신(강봉수, 「제주정체성으로써 '제주정신'에 대한 연구 성과와 제주문화문법」, 『제주도연구』 50집, 2018).이나 제주신화(허남춘, 「제주 서사무가에 담긴 과학과 철학적 사유 일고찰 – 일반신본풀이를 중심으로」, 『국어국문학』 148호, 2008).을 다루어왔으며, 제주의 문화를 '쿰다 문화'로 읽어낸 연구는 없었다. 하지만, 사라져가는 제주어 중 하나인 '쿰다'를 문화콘텐츠화하려는 시도는 찾아볼 수 있다. 제주대학교 제주문화콘텐츠 창의인재양성사업단(2015-2019)의 문화유산콘텐츠분과에서 마을 소개 책자 시리즈를 편찬하면서 '쿰다, 제주의 역사를 품다'라는 제호를 사용했었다.

고 다가갈라치면 옆에 있는 다른 사람들이 '거시지 마랑 내불라', '드르쌍 내불라'고 한다. 괜히 건드리지 말고 가만 두라, 관심 끄고 그냥 두라는 것이다. 무슨 사정으로 우리 마을에 들어왔는지 모르지만, 괜히 관심이 쏠리는 것을 의식하며 마음 쓰게 하지 말자는 일종의 배려이다. 마을에 들어온 외지인에게 보이는 이 첫 반응은 외지인에 대한 배척으로 보일 수도 있겠지만, 사실은 외지인이 새 터전에 자리 잡기까지 기다리는 마음이다. 관심으로 배려하지 않고 무관심으로 배려하는 방식이 제주의 '드르쌍 내불멍' '쿰'는 문화이다.

그렇게 모른 척 모르는 척 별 관심을 두지 않은 채 '드르쌍 내부는' 기간이 짧게는 두어 달 길게는 서너 달 이상 흘러간다. 그동안, 외지인은 마을의 길을 익히고 옆집 사람들이 몇 시에 일어나서 일을 나가는지 언제 돌아오는지 등을 알게 될 것이다. 마을 사람들도 이 외지인의 일상을 조금씩 알게 되고, 상견례가 없었지만 얼굴을 인식하는 정도가 된다. 별 무리 없이 자리 잡고 생활하게 될 무렵 관심도 주지 않던 한 올레(같은 올레: 집으로 들어가는 골목길) 사람들이 밭에 갔다 오는 길에 물외를 따왔다며 물외(노꽉) 한 바구니를 슥 건넨다. 올레를 같이 쓰지 않지만 가슴 높이 정도의 얕은 돌담을 경계로 둔 옆집 사람이 지슬(감자) 한 바구니를 돌담 위로 건네준다. 그때 부르는 말이 '삼춘'(삼촌), '조캐'(조카), '성님'(형님), '아시'(동생)이다. 호칭이 삼춘으로 조캐로, 성님으로 아시로 불리면서 차츰차츰 외지인은 마을 안에서 마을사람들과 괜당이 되어간다.

괜당은 조직화된 실체가 아니라 개인마다 서로 다르게 가지고 있는 관계망이다.[64] 다른 마을에서 시집을 온 여자는 처음에는 바다에 들어갈 자격을 갖지 못하다가 시간이 지남에 따라 바다에 들어갈 '벗'을 가지게 되고

---

64 김창민, 『호적중초와 19세기 후반 제주도 마을의 사회구조』, 도서출판 역락, 2020, 131쪽.

이에 따라 점진적으로 바다에 들어갈 자격을 가지게 되면서[65] 궨당이 된다. 전혀 친인척 관계가 없는 사람일지라도 삼촌으로 부르는 등 부계혈연의식을 고집하지 않고 폭넓은 궨당관계가 맺어짐으로써 마을공동체 의식을 형성하게 된다.[66] 혈연이어서 궨당이 아니라 함께 힘을 나눌 구성원들이어서 궨당이기에, '동네궨당,' '갑장궨당'이라는 표현까지 등장한다[67].

이질적인 개별자들이 함께 어우러져서 살게 되는 제주 사람들의 쿰다 문화를 이해할 수 있게 해주는 또 다른 사례는 시어머니와 며느리의 관계에서도 찾아볼 수 있다. 구체적인 예로 제주시 삼도동의 이순손(1921년생) 할머니가 전해준 말을 들 수 있다. '우리 시어머니들이 참 존다. 현구 어머니도, "아이고 니 서방 [얻엉] 갈 때랑, 날 돌앙 걸라 날 돌앙 걸라." 옥두 어머니도 경혜나서'[68]("아이고 네가 서방 얻어서 갈 때에는, 나를 데리고 가 달라 나를 데리고 가 달라." 옥두 어머니도 그렇게 말했었고). 첫 남편인 현구의 어머니도 두 번째 남편인 옥두의 어머니도 며느리인 이순손 할머니에게 다른 남자 만나서 시집갈 때 자기도 같이 가서 함께 살자고 말했다는 것이다. 제주 사람들의 공동체는 이렇게 이질성을 불편해하지 않는다.

육지에서 제주로 들어와 살게 된 사람들도, 예멘에서 제주로 입국한 사람들도, 모두 이러한 제주의 쿰다 문화를 경험하게 된다. '드르쌍 내부는' 전입 초기의 과정에서 제대로 자리를 잡지 못하고 떠나는 사람들은 외지인에 대한 제주 사람들의 배척이 심하다고 자신의 경험을 이야기 할 것이고, 그 과정을 지나서 서로 '드르쿰는' 궨당이 된 사람들은 제주가 제2의 고향이라고 고백하게 될 것이다. 2018년에 제주로 들어온 예멘 난민들은 한국

---

65 김창민, 위의 책, 49쪽.
66 김혜숙, 『제주도 가족과 궨당』, 제주대학교 출판부, 1999, 456쪽.
67 김창민, 앞의 책, 265쪽.
68 제주도 여성특별위원회, 『제주여성의 생애, 살암시난 살앗주』, 도서출판 각, 2006, 37쪽.

정부의 예멘 난민 제주 봉쇄 조치가 해제된 후 육지로 흩어졌다. 그들을 만나 어떻게 지내고 있는지 안부를 확인한 사람들이 전해준 바에 따르면, 제2의 고향인 제주로 돌아오고 싶다고 대부분 말한다고 한다. 일거리를 찾아 육지로 해외로 나간 제주 사람들이 고향인 제주로 돌아오고 싶다고 말하는 것과 같은 의미일 것이다.

'드르쌍 내불멍' '드르쿰는' 제주의 쿰다 문화는 서로 다른 정체성들이 만나서 처음 부딪치게 되는 충돌을 개의치 않는다. 외지인을 '드르쿰은' 이후에도 정체성 동일화 작업은 요구되거나 이루어지지 않는다. '질루 질썩'(각자 자기 방식대로 자기의 몫을) 살아가는 것이 인생이라고 생각하고 있기 때문이다. 제주 사람들은 같은 가족, 같은 궨당이라고 하더라도 개인적으로 살아가는 방식이 다르기에 이러쿵저러쿵 참견하고 간섭하려고 하지 않는다. 그렇기에 제주의 마을에 정착하여 그 마을 사람들과 궨당이 되어 살고 있는 외지인들은 본래 자신의 문화에 기반한 정체성을 포기하지 않고 새로운 터전인 제주 문화의 정체성과 함께 선택적으로 표현하며 살아갈 수 있다.

개체의 존중과 공동체에 대한 신뢰[69]가 제주사회에 뿌리 깊은 다문화 요소이다. 이를 제주 송당 마을의 백주또 신화를 통해 살펴보면 다음과 같다.

> 백주또는 아들 열 여덟, 딸 스물 일곱을 둔 어머니다. 그녀는 아이들이 크자, '이제 다 컸으니 네 살 자리를 찾아 좌정해라.' 라고 말한다. 결국 이 아들, 딸들은 제주 곳곳으로 뻗어나가 각자 마을을 세우고 본향신이 되어 자신들의 마을을 관장하며 살아간다. 이들 모두는 자신의 개성을 보장받으며 '질로 지만씩'(각자 자기 나름대로, 자기만큼씩) 살아간다. '질로 지만씩 살아야 허주.'라는 말은 '다른 사람에게, 심지어 부모나 형제끼리라도, 지나치게 기대거나 또는 간섭

---

69 김정숙, 「제주신화에 내재된 다문화 요소」, 『교육과학연구』 18-1, 2016, 56쪽.

하지 말고 각자 자기 나름대로 살아가는 것이 잘 사는 것'이라는 제주사람들의 일상적 표현이다.[70]

이와 같이 제주 사람들은 이질성을 불편해하지 않으면서, 서로를 크게 간섭하지 않고 각자 자기 나름대로, 서로를 궨당으로 품으며 살아왔다. 나는 그러한 생활양식을 제주의 쿰다 문화라고 표현해보았다. 제주사람들의 쿰다 문화는, 우리가 되는 과정에서 남아있게 된 (혹 배제된) '잔여'가 버려지고 묻히는 것이 아니라 살아있게 되는[71] '드르쌍 내불멍' '드르쿰엉' 살아가는 다중 정체성들의 생활양식이며, 그렇기에 다문화 사회의 대안적 사례라고 할 수 있을 것이다.

VI. 맺음말

이 글에서 주장하려고 했던 것은 두 가지이다. 하나는 개인적 차원에서, 단일 정체성 확립을 교육받았던 시대를 뚫고 다중 정체성을 인정하자는 것이다. 다른 하나는 사회적 차원에서, 통합되어 단일 문화를 이루는 단일 정체성 집단들이 경계를 넘나드는 다문화시대에, 다양한 다중 정체성들의 평등한 정치를 모색해보자는 것이다. 사회적 차원에서 부딪치는 다중 정체성들의 평등한 정치가 개인적 차원의 다중 정체성을 인정하지 않고서 가능할 수 있겠느냐는 문제의식에서 출발한 논의는 단일 정체성 이론을 비판하고 다문화 사회의 다중 정체성을 인정할 수 있는 이론적 도구로 버틀러를 짚어내는 데에 이르렀다.

---

70 김정숙, 위의 글, 56-57쪽.
71 버틀러, 라클라우, 지젝, 앞의 책, 204쪽.

버틀러는 단일한 보편으로 통합되지 않고 남겨진 잔여, 그 이질성이 트러블임을 고백하면서, 동시에 그 트러블이 트러블인 상태에서 정체성 정치를 추구할 방법을 모색한다. 버틀러의 고민을 예상이나 했던 것처럼, 마치 그에 대한 응답인 것처럼, 제주 사람들은 이질성을 '드르쿰고'(품어안고) 살아왔다. 제주의 쿰다 문화는 이질성을 불편해하지 않으면서 이질적인 이주자들을 '드르쌍 내분다'(간섭하지 않고 내버려둔다). '드르쌍 내불멍'(건드리지 않고 내버려두면서) '질루 질썩'(각자 자기 방식대로 자기 몫을) 살아가는 과정을 통해 벗이 되고 궨당이 되어 '드르쿰는다'(품어간다).

단일 정체성 이론을 비판하며, 버틀러에게 기대어 다중 정체성이 공존하는 다문화 사회의 모델을 제주의 쿰다 문화에서 찾고자 했던 이 연구는 제주 문화에 대한 깊이있는 논의를 거치지 않았다는 한계를 지니고 있다. 그럼에도 불구하고 사라져가는 제주어 '쿰다'를 하나의 문화적 표상으로 불러내어 논의의 장을 열었다는 데에 의의를 둘 수 있을 것이다. 연구의 과정에서 갈등의 해결방안이나 혐오의 근원으로 지목되고 있는 종교적 신념체계와 같은 문제들을 비켜 지나온 것도 한계로 지적될 수밖에 없다. 제주 문화에 대한 폭 넓은 연구자료를 더 깊이 공부하여 '쿰다 문화'에 대한 연구를 심화시키는 작업과 함께 후속 연구 과제들로 남겨둔다.

(김준표)

난민의 출현과 대응에 대한 철학의 문제들

I. 머리말: 난민에 대한 철학적인 질문의 전제

아시아 국가 최초로 2012년 2월 10일에 제정되어, 2013년 7월 1일부터 시행된 우리나라의 난민법 제2조 제1호에서는 난민(難民)을 이렇게 정의하고 있다.

> "난민"이란 인종, 종교, 국적, 특정 사회집단의 구성원인 신분 또는 정치적 견해를 이유로 박해를 받을 수 있다고 인정할 충분한 근거가 있는 공포로 인하여 국적국의 보호를 받을 수 없거나 보호받기를 원하지 아니하는 외국인 또는 그러한 공포로 인하여 대한민국에 입국하기 전에 거주한 국가(이하 "상주국"이라 한다)로 돌아갈 수 없거나 돌아가기를 원하지 아니하는 무국적자인 외국인을 말한다.[1]

근대의 "난민"은 양차 세계대전 과정에서 발생했다. 1차 세계대전의 막바지에 유럽 국가들이 무너지고, 유럽의 인구와 영토가 재편되면서 약 4백만 명의 유럽인들이 조국을 떠나는 대규모 이주가 일어났다. 그 앞에는 국민국

---

[1] 『난민법』[시행 2016. 12. 20.] [법률 제14408호, 2016. 12. 20., 일부개정] 제1장 총칙 제2조(정의).

가의 모델에 따른 평화조약에 의해 새롭게 형성된 국민조직의 인구 중 1/3이 일련의 사문화된 국제조약에 의해 보호받아야 하는 소수민족이라는 대혼란이 펼쳐져 있었다.[2] 이렇게 해서 유럽 난민 문제가 발생하자 국제연맹에서 고등판무관을 임명하는 등, 국제연합(UN) 출범 이전부터 이미 초국가적, 국제적인 문제로 다루었다. 1945년 국제연합 출범 후에는 유엔 구호 및 재건기구(UNRRA; United Nations Relief and Rehabilitation Administration)와 국제난민기구(IRO; International Refugee Organization) 등 관련 기구가 설치되었고, 국제연합 난민고등판무관 사무소(UNHCR; United Nations High Commissioner for Refugees)도 설치되었다.[3]

오늘날 우리가 마주하게 된 난민의 출현은 근대 국민국가의 분할 또는 새로운 탄생과 연동하는 '경계 밖으로 쫓겨난 삶', 곧 이산(離散, Diaspora)을 배경으로 한다. 이 지점에서 난민 문제는 공간과 삶의 양식에 대한 철학적인 질문을 불러일으킨다. 이산이 일상적으로 발생하는 상황에서도 우리는 소유에 얽매인 삶, 곧 '경계에서 벗어나 자유롭게 살아가는 삶'의 양식으로 유목(遊牧, Nomad)을 갈망한다. 하지만 신자유주의 현실에서 이 경계 없는 자유로운 삶의 양식은 자본을 소유한 소수의 예외자들에게만 허락되는 유토피아다. 그러므로 그들의 타자(他者)인 우리는 이산하는 난민일 수밖에 없는 스스로를 소외시켜야 비로소 그 이상향에 다가갈 수 있다. 이러한 부조리가 우리로 하여금 난민의 출현과 대응에 대한 철학적인 질문을 던지게끔 하는 것이다.

철학적 질문은 인문학의 정체성을 반영한 "되물음"이다. 시장경제와 자본주의를 근간으로 하는 근대의 경제구조하에서 "경제학적으로 표현하면

---

2 하용삼·배윤기, 「경계의 불일치와 사이 공간에서 사유하기-G.아감벤의 국민, 인민, 난민을 중심으로」, 『대동철학』 62집, 대동철학회, 2013, 93쪽.
3 홍정화·김은혜, 「한국 난민정책의 한계와 대안-제주 예멘 난민 사례를 중심으로」, 『Crisisonomy』 15-4, 위기관리 이론과 실천, 2019, 47-62쪽.

인문학은 학문의 성격상 경쟁성(rivalry)과 배제성(excludability)를 내포하지 못하기 때문"[4]에, "인문학이 사회적 맥락(contaxt)을 구비하여야 하고 동시에 정책(policy)을 통해 실행되어야 한다."[5]는 처방은 현실적이지도 않을뿐더러 무용하다. 그런데 역설적이게도 통렬한 자기 고백과 처방으로 포장된 이 비현실적이고 무용한 주장은 철학적 질문을 불러일으킨다는 점에서 현실적이고 유용하다. 철학적 질문은 "우리가 믿고 또 물음에 답하는 것의 의미와 뜻에 대한 태도"[6]를 요구하는 것이지, 답변을 요구하지는 않는다. 그러므로 "인문학은 왜 경합성과 배제성을 내포하는 상품이 되어서는 안 되는가?"를 되묻는 것은 인문학의 정체성을 확인하는 것이다.

철학적 질문, 곧 되물음은 다양한 질문을 연쇄적으로 불러일으킨다. "인문학, 경합성, 배제성, 상품 등의 개념이 지시하는 것은 무엇이고, 어떻게 인식할 수 있으며, 실재하는 것이기는 한지", "경합성과 배제성을 갖춘 상품이 되어야만 한다는 논거에는 어떤 것들이 있는지", "그러한 인식과 추론, 판단과정은 과연 적절한 것인지", "그렇다면 그것들은 타당하고 적절한 것인지" 등등 수많은 연관된 질문들이 제기된다. 그리고 이러한 질문들은 늘 질문하는 처음으로 돌아온다. 소크라테스의 말처럼 알 수 있는 것이라곤 "모른다"는 사실일 뿐인, 대답이 필요 없는 되물음이요, 선언이기 때문이다. 이것이 에머리히 코레트(Emerich Coreth)가 말한 "인간학적 순환"이다.[7]

이 연구는 "'쿰다'로 푸는 제주 섬의 역사와 난민"을 주제로 한 철학 분야의 토대 연구에 해당한다.[8] 난민의 출현과 대응, 상실은 근대 이후 "본질

---

4 박경하·이석희, 「인문학의 사회적 실현: 정책과제를 중심으로」, 『제7회 인문학학술대회:사회 속의 인문학』, 이화여자대학교 인문학연구원, 2003, 62쪽.

5 박경하·이석희, 위의 글, 65쪽.

6 Moritz Schlick, 안종수 옮김, 『연관된 철학의 문제들』, 고려원, 1992, 77쪽.

7 Emerich Coreth, 진교훈 옮김, 『철학적 인간학』, 종로서적, 1986, 3-18쪽.

8 2019년 인문사회연구소 지원사업에서 제주대학교 탐라문화연구원은 "'쿰다'로 푸는 제주 섬의 역사와 난민"이라는 연구주제로 선정되었다. '쿰다'는 '품다', '포

적인 통일성 대신 차이에 주목하면서 다양성들의 상호협력적 변화들을 강조"[9]해 왔다는 모더니즘의 기획과 신자유주의 세계화에 대해 되묻는 계기를 제공한다. 난민의 출현을 통해서 우리는 "낯선 것, 다른 것에 대한 '혐오'"가 인류역사상 어느 시대보다 더 공고함을 절감하고 있고, 그래야만 한다. 과거와는 달리 혐오가 이데올로기에 따라 집단적으로 형성된 감정으로서, 모욕적인 배제의 언어표현이라는 정해진 양식, 왜곡된 연상과 이미지, 혐오감정을 정당화하는 인식의 틀, 훈련되고 양성되는 과정 등에 의해 만들어졌다는 것을 잘 알고 있음에도 불구하고, 근대적 개인의 혐오는 오히려 더 강화되고 있기 때문이다.[10]

II. 월경(越境), 타자의 출현

국제연합 난민고등판무관 사무소(UNHCR)가 발표한 자료에 따르면 2018년말까지 국내외로 강제적 이주를 당하거나 난민으로 지내는 사람은 전 세계 총 7,144만명에 이른다. 이 수치는 최근 꾸준하게 증가추세를 보이는데, 이제는 아시아 지역 출신 보호대상자는 물론 아시아 지역 비호국가도 큰 비중을 차지하게 되었다. 하지만 지금까지 아시아 지역에서 난민 문제는 중요한 관심사가 아니어서 관련 국제조약과 의정서에 모두 가입한

용하다'를 뜻하는 제주어로, 제주 예맨 난민 문제로 촉발된 난민 문제를 둘러싼 우리 사회의 여러 문제를 제주의 '포용' 정신으로 해결하고자 하는 문제의식을 담고 있다. 이 연구의 목적은 난민의 출현과 대응과 관련된 철학의 문제들을 검토하는 것이다.

9 김세서리아, 「디지털 노마드(Digital Nomad)시대, '포용(inclusion)의 정치학'을 위한 유교적 시론」, 『유학연구』 제46집, 충북대학교 유학연구소, 2019, 451-474쪽.

10 김용환, 「혐오와 관용의 관점에서 "이방인(난민)" 바라보기」, 『가톨릭철학』 31집, 한국가톨릭철학회, 2018, 8쪽.

국가가 현재 한국, 중국, 일본, 필리핀, 캄보디아 등 5개 국가에 불과할 정도이다. 그래서 난민 문제를 주로 불법 이주 문제와 연계하여 다루어 왔다.[11] 2013년 아시아 국가로서는 처음으로 난민법을 채택하여 시행하고 있는 우리나라도 2018년 초 예멘 난민 500여 명의 출현과 대응과정에서 확인되듯이 난민 문제 대응은 아직 선언적인 수준에 머물러 있다.

근대국민국가가 출범한 후 우리나라 최초의 난민 출현은 베트남 전쟁 이후인 1977년 9월 교민과 함께 철수한 베트남 난민들을 수용하는 베트남 난민보호소가 부산에 설립된 때로 볼 수 있다.[12] 법적으로 난민제도가 운용되기 시작한 것은 1994년으로, '난민의 지위에 관한 협약(1992년)'과 '난민의 지위에 관한 의정서(1993년)'에 가입함으로써 국내법적 효력을 가지게 되면서부터이다.[13] 하지만 이렇게 아시아 지역 국가에 비해 일찍 난민 대응체제가 구축되었음에도 불구하고, 2001년까지 난민 지위를 인정받은 사람은 정작 한 명도 없었다.[14] 이런 사정으로 우리나라는 "장기간에 걸친

11 임진희, 「난민문제에 대한 중국의 인식과 관련 정책 연구: 유럽 난민문제를 중심으로」, 『現代中國硏究』 20-3, 현대중국학회, 2018, 115-152쪽.

12 박종일 외, 「난민의 발생과 국민국가의 대응: 난민수용 논란을 통해 본 한국의 이주자정책」, 『민주주의와 인권』 13-1, 전남대학교 5.18연구소, 2013, 223쪽. 참전국이었던 한국은 현지의 피난민을 한국으로 疏開하였는데, 베트남인 910명, 중국인 31명, 필리핀인 1명이 교민들과 함께 부산항에 도착했다. 이들은 한국에 정착하지 못하였는데, 1989년까지 입국한 베트남 보트피플들은 전원 제3국으로 송출되었다.

13 소윤정·정은배, 「한국 교회와 국내 난민 선교」, 『성경과 신학』 87권, 한국복음주의신학회, 2018, 67-68쪽.

14 한국에서 난민제도가 운영된 1994년부터 2019년까지 난민 신청자는 철회한 사람을 포함하여 대략 5만 명 정도이며, 난민 지위를 인정받은 사람은 950명, 인도적으로 체류자격을 가진 사람은 2000명 정도 수준이다. 특히 2013년 9월 1일 난민법이 시행된 이후로 2013년 1,574명, 2014년 2,896명, 2015년 5,711명, 2016년 7,542명, 2017년 9.942명으로 매년 급증하고 있는 추세다. 관련 내용은 〈유경동, '평화를 위한 난민 신학」, 『신학과 사회』 33-2, 21세기기독교사회문화아카데미, 2019, 33쪽〉과 〈소윤정·정은배, 위의 글, 65쪽〉을 참조하였다. "난민 지위를

북아프리카 국가들과 시리아 내전으로 발생한 난민 문제"가 유럽연합국가의 정치적 지형까지 바꾸어 놓은 급박한 사태와는 무관한 듯이 보였다.[15]

그런데 지난 2018년 6월 1일 말레이시아를 경유한 예멘 난민 500여 명이 제주도의 부사증 제도를 이용해 입국하면서 여론의 집중을 받게 되었다. 예멘 난민의 출현은 2015년 유럽 난민 위기 상황과 무관하지 않다. 2015년 이후 유럽연합의 난민 정책이 봉쇄적으로 변화하자, 유럽으로 이동하기 어려워진 예멘인들은 같은 이슬람 종교권인 말레이시아행을 택하였다. 그런데 말레시아의 체류심사기간인 90일이 지나도록 난민 인정을 받지 못하면서 제3국으로 이동해야 할 상황에 놓였다. 이런 상황에서 2017년 12월 말레이시아와 제주를 운항하는 직항편이 열렸고, 무사증제도를 이용하여 제주도에 도착한 다음 난민신청을 하는 예멘인이 급증하였다.[16] 이로써 그동안 이민자 증가로 인한 다문화사회 담론 초기 수준에 머물러 있던 우리는 유럽발 난민 문제에 제대로 직면하게 되었다.

아시아 지역 국가가 이제야 국제적인 난민 문제에 제대로 직면하게 된 이유는 후발 신생 근대 "국민국가"이기 때문이다. 특히 우리나라는 제국주의 침탈과 함께 "국민국가(nation state)"의 이중성을 겪어야 했다. 해방 이전 대한민국임시정부의 투쟁은 정치·사회적 주체인 민족으로서 "nation"을 형성하는 과정이면서, 민족에 의해 근대국가인 "state"를 형성하려는 노력이었다. 이와는 달리 제국주의 총독부에서는 "nation"을 근대적 개인으로 형성하면서 "국가 없는 민족"의 식민지근대화를 추진했다. 해방과 함께 제국주의에 대항하는 저항적 주체였던 민족(nation)과 식민지근대화를 경험한 근대적인 개인(nation)이 민주주의 국가 건설의 과정에서 결합될 담

인정받은 숫자는 미미한 수준"이지만, 신청 건수가 예멘 난민을 "난민의 출현"이라고 말할 만큼 적었던 것은 아니다.

15 김용환, 앞의 글, 21쪽.
16 홍정화·김은혜, 앞의 글, 53-54쪽.

론 공간이 열렸지만, 냉전체제구축으로 좌절되었다. 이러한 상황 때문에 근대 "국민국가" 대한민국은 근대적 개인으로부터 정당성을 부여받지 못한 채 "국민 없는 국가'로 출범해야 했다.[17]

현대 정치철학의 이론에 따르면, 근대 국민국가는 국민(nation)과 난민, 시민과 인간, 그리고 "삶의 형태(form of life)"와 "벌거벗은 생명(naked life)"을 나누는 경계다. "물리적 경계"와 연동하는 국가의 "의미로서 경계" 안의 "국민-시민"은 국가에 의해서 인권이나 생존권을 보장받고, 귀속성과 정체성을 보존할 수 있기 때문이다.[18] 이것이 17세기 베스트팔렌조약 이후 유럽에 등장하여 전 세계로 확대된 "국민국가질서(nation-state system)"이다. 이 질서에 따르면 국가는 "통합된 국민(nation)"으로 이루어져 있으며 국민의 주권을 모아 외부의 간섭으로부터 자유로운 통치 권한을 지닌다(내정불간섭의 원칙). 그리고 개인은 국가로부터 사회적 정치적 권리를 부여받고 보호받게 된다.[19]

국민국가질서에 따라 물리적으로 견고하게 구축된 국가경계를 위태롭게 넘는 사람들이 근대 이후 난민이다. 이들의 월경(越境)은 단순히 국경이라는 "물리적 경계를 넘은 행위"가 아니라 그것과 연동하는 "의미로서 작용하는 경계를 넘은 행위"이다. 왜냐하면 "국가의 '물리적 경계'가 미리 그곳에 확정되어 있듯이, 국가의 '의미로서 경계'가 이미 국민의 내면에 각인되어" 있기 때문이다. 이를 위해 국가는 공권력을 이용하여 비국민(식민지

---

17 홍태영, 「4·19와 국민국가의 계기」, 『문학과 사회』 23-1, 문학과 지성사, 2010, 247-248쪽.

18 하용삼·배윤기, 앞의 글, 94쪽. 이 글에서 인용한 "삶의 형태(form of life)"와 "벌거벗은 생명(naked life)"은 아감벤(G. Agamben)의 용어로, 각각 "한 개인이나 집단에 고유한 살아가는 방식이나 형태를 의미하는 비오스(bios)"와 "모든 생명체(동물, 인간 혹은 신)에 공통되는 살아 있다는 단순한 사실을 표현하는 조에(zoē)"를 뜻한다.

19 박종일 외, 앞의 글, 200쪽.

의 인민)을 국민으로 동화시키거나 국민 중의 일부(유대인, 팔레스타인인, 집시 등)를 비국민으로 배제하면서 다른 국가의 사람들을 타자(비국민·난민·무국적자, 미개인 등)로 만든다. 그와 동시에 동화될 수 있는 국민이나 배제하고 남은 국민에게 경제적으로 더 나은 미래를 약속한다. 이때 비로소 국민은 스스로 '물리적 경계'에 상응하는 '의미로서 경계'를 내면화하고, 국가에서 지정한 타자를 차별·적대하게 된다.[20]

근대 국민국가의 허락 없이 그 경계를 넘는다는 것은 배타적 충성의 원리를 저버리는 것이면서 "의미로서 경계"를 거부하는 것이다. "국가 없는 민족"의 기억을 가진 근대적 개인으로부터 정당성을 부여받지 못한 채 "국민 없는 국가" 형태로 출범한 대한민국에서는 이 점이 무엇보다도 강조되었다. 정당성을 부여받지 못한 국가권력이 지속적으로 국민을 동원하기 위한 정당성을 냉전 질서의 압도적인 규정력에서 확보하고자 하였기 때문이다. 그 결과 개인에 대한 국민의 우위에 이어, 국민에 대한 국가의 우위 현상, 곧 국가권력에 의한 국민의 독점이 만연했다.[21] 국민 없는 근대 국민국가가 제시하는 자유민주주의 체제가 근대적 개인의 자유보다 우선하는 이 기이한 현상은 국가폭력과 그에 맞서는 항쟁의 역사를 만들었다. 예컨대 제주4·3은 아직 태동기에 있던 국가권력이 자행한 폭력이요, 4·19혁명은 민주주의 주체로서 등장한 시민이 부당한 국가권력에 맞선 혁명이었다.

"국민 없는 국민국가" 대한민국을 둘러싼 국가폭력과 항쟁의 과정에서는 수많은 난민이 발생했다. 멀리는 제국주의 강점기에 전 세계에 이산했던 조선난민(朝鮮難民)을 비롯하여, 제주4·3을 전후한 재일제주인 및 재일조선인, '48년 체제' 이후 38선 이남의 내적(內的) 난민[22], 한국전쟁시기 난

---

20 하용삼·배윤기, 앞의 글, 88-91쪽.
21 홍태영, 앞의 글, 249-255쪽.
22 김준현, 「'48체제'와 38선 이남의 내적 난민들」, 『돈암어문학』 제32집, 돈암어문학회, 2017, 237-263쪽. 난민은 월경(越境)을 전제로 한다. 따라서 '내적난민'이

민과 제3국행 반공포로, 그리고 해외입양 전쟁고아, 개발독재와 군부독재, 그리고 외환위기를 겪으면서 발생하고 있는 도시난민 등 "국민 없는 국가"로부터 보호받지 못한 다양한 형태의 난민이 발생했다. 경계 안에서 이렇게 난민이 끊임없이 재생산되었기 때문에, 경계 밖에서 출현하는 난민은 주의를 끌지 못했을 뿐 아니라, 인지되지도 못했다. 실제로 한국 정부가 최초로 난민을 인정한 것은 2000년 유엔난민기구의 집행이사국으로 선출된 직후인 2001년이 되어서다.[23]

이 점은 근대 국민국가 대한민국의 "물리적 경계"와 그것을 내면화한 "의미로서 경계"가 얼마나 공고한지를 반증한다. 그러나 "조국 근대화"를 완수할 방법으로 산업화를 기치로 내건 개발독재와 군부독재가 무너지면서 때마침 불어닥친 글로벌리제이션(Globalization)의 요구 때문에 이 경계는 흔들리기 시작했다. 1986년 아시안게임과 1988년 올림픽을 유치하면서 군부독재시절인 1983년 제한적인 해외여행자유화 조치가 취해진 것도 이를 반영한 것이다.[24] 문민정부에 이르러서 세계화는 군부독재시절까지 공고히 지켜온 "의미로서 경계"를 새롭게 하는 이른바 "신한국 창조"를 실현하는 방법으로 제시되었고, 본격적으로 추진되었다.

본래 경계를 따라 일정하게 구획되는 공간은 용도와 목적을 내세운다. 이 용도와 목적에 따라 공간은 팽창 '혹은/그리고' 압축되는 경향을 보인다. 근대 국민국가의 경계가 확정된 후 가속화된 서구 근대의 산업화 혹은

라는 기호는 형용모순이라고 할 수 있다. 하지만 월북이나 전향 등과 다른 측면에서 국가로부터 소외된 채 '구호'나 '감시'의 대상이 된 이들을 '내적 난민'으로 표현하였다.

23 박종일 외, 앞의 글, 204쪽. 우리나라 최초의 난민 1호는 에티오피아 출신으로, 본국에서 반정부 활동을 한 혐의로 1997년에 한국에 들어와서 난민신청을 한 지 7년이 지나서야 난민인정 판결을 받았다.

24 1983년 1월 1일 만 50세 이상의 국민을 대상으로 1년간 200만 원을 예치하는 조건으로 연 1회에 유효한 관광 여권을 발급하였다. 전면 자유화는 1989년 1월 1일에 시행되었다.

근대화 과정은 글로벌통합성(globality)을 성취하기 위해서 공간의 경계를 세계 전체로 밀어내고 팽창시키면서, 공간의 효율적 작동을 위한 압축을 동시적으로 진행해왔다. 이러한 공간의 팽창 '그리고' 압축은 "근대의 기획"을 완성시키겠다는 목적을 드러낸다. 이 과정에는 시간의 공간화가 수반된다. 근대적 문명을 선도하는 영역인 서구 선진 근대 국민국가와 이를 따라가기 위해 자기 기율을 실현해야 하는 전근대적 영역인 아시아, 아프리카, 라틴아메리카 후발 근대 국민국가를 나누는 위계화가 진행되는 것이다. 이것을 가능하게 하는 장치가 국제통화기금(IMF), 세계무역기구(WTO), 유럽통합(EU), 자유무역협정(FTA) 등의 이른바 국제기구들이다.[25]

공간의 팽창 혹은/그리고 압축, 시간의 공간화를 통한 위계화 덕분에 글로벌시대에 이르러 죽은 노동인 자본은 국가경계를 자유롭게 넘나들고 있지만, 살아있는 노동인 노동자는 목숨을 걸고 국경을 넘었다고 하더라도 똑같은 이유로 난민 혹은 불법체류자가 된다. 1997년 외환위기를 통해서 우리는 이러한 부조리를 온몸으로 겪었다. 외환위기의 직접적 원인은 우리 경제가 단기외채에 대한 의존도가 높은 데 비해 외환 보유고가 턱없이 부족했던 데 있다. 그 바탕에는 세계경제의 패러다임이 변화하면서 고도성장 요인이 소멸했는데도 불구하고 '정부주도 성장위주' 경제 모델을 지속함으로써 경쟁력이 하락한 상황이 놓여 있었다. 이렇게 1980년대 개방이 가속화되면서 미국 주도의 세계표준(global standards)을 중심으로 탈자본주의 시장경제질서가 재편되었음을 제대로 파악하고 적극적으로 대처하지 못한 대가는 혹독했다. 그동안 유지해왔던 삶의 방식을 부정하고, 이미 하나의 시장이 된 지구적 상황에 신속하게 적응해야만 했던 것이다.[26]

2015년이 유럽연합을 넘어 '세계 최악의 난민 위기의 해'로 손꼽히는

---

25 하용삼·배윤기, 위의 글, 87-88쪽.
26 김치완, 「문화적 형식으로 '재현'된 2010년대 근대해항도시 제주의 표상」, 『島嶼文化』 제48집, 목포대학교 도서문화연구원, 2016, 160-161쪽.

이유는 "5년을 넘은 시리아 내전과 함께 2003년 미국 주도의 이라크 침공으로 발생된 난민, 아프리카의 수단 등 몇몇 실패국가를 탈출하는 사람들이 급증했기 때문"[27]이라고 보는 것이 일반적이다. 유럽 난민 문제는 대개 국제정치적, 지리적, 지정학적, 역사적, 종교적 요인이 복합적으로 작용하여 발생한다. 그런데 2015년 난민 위기를 초래한 서아시아, 아프리카 지역의 내전과 불안정한 정세에는 글로벌시대 공간의 팽창 혹은/그리고 압축, 시간의 공간화를 통한 위계화가 공통적으로 작용했다는 분석도 있다. 이 분석에 따르면, 장기간 종족·종교·독재·부패 등에 의한 내란과 내전이 빈발하던 해당 지역 국가들에 미국을 위시한 서구가 현지실정을 감안하지 않은 채 세계표준, 곧 서구 중심의 근대 국민국가질서를 이식하려고 한 탓에 이전보다 더 불안정한 지역으로 전락하게 되었다는 것이다.[28]

2015년 유럽연합의 난민 위기와 2018년 제주 예멘 난민 문제는 연동된다. 서구 중심의 근대 국민국가질서의 이식실험은 유럽 난민의 대규모 출현을 초래하였고, 그에 따른 유럽연합의 대응은 2018년 제주 예멘 난민 문제의 원인이 되었다. 세계대전을 겪으면서 근대 국민국가질서를 확립하고, 그에 따른 난민의 출현을 충분히 경험했던 유럽연합으로서도 감당하기 어려울 만큼 대규모 난민이 발생했다는 사실은 근대 국민국가의 경계 만들기와 경계를 따라 팽창 혹은/그리고 압축하는 공간, 그것에 연동하는 시간의 공간화와 위계화가 지금도 세계 곳곳에서 동시다발적으로 진행 중이라는 증거다.

본래 난민의 출현은 "전지구적 과정이지만, 또한 공간적으로, 시간적으로, 영역별로 상이하게 확산"[29]되는 신자유주의 세계화의 산물이다. 근대

---

27 안병억, 「유럽연합 난민정책의 대내외적 변화: 2015년 난민위기를 중심으로」, 『민족연구』 68권, 한국민족연구원, 2016, 5-6쪽.

28 임진희, 앞의 글, 128-131쪽.

29 최병두, 「데이비드 하비의 지리학과 신자유주의 세계화의 공간들」, 『한국학논집』

국민국가 내에 형성된 축적의 위기를 공간적으로 조정하기 위해서 추진된 유럽통합이 유럽 난민 문제를 겪으면서 위기에 봉착한 것은 신자유주의 세계화의 과정이자, 한계다. 하지만 이 한계가 신자유주의의 종말로 직결되지 않는 이유는 아직도 신자유주의 세계화가 다발적으로 진행 과정 중에 있기 때문일 것이다.

III. 봉쇄(封鎖), 타자의 배제

난민의 발생을 비정상적인 상황으로 보는 이유는 근대 국민국가질서를 지탱하고 있는 "모든 개인은 한 국가의 국민이고 오직 한 국가의 국민이어야 한다"는 배타적 국민 구성의 원칙이 허물어질 수 있다는 위기의식 때문이다. 이러한 위기의식은 글로벌화나 일부 신생 국민국가의 실패에 따른 난민의 대규모 발생 등과 같은 사유로 "물리적 경계"와 그와 연동되는 "의미로서 경계"가 약화될 수 있고, 결국은 경계에 대한 국민국가의 통제를 허물어뜨려 글로벌 혼란의 시기를 초래할 수도 있다는 우려로 이어진다. 하지만 대부분의 유입국가에서 엄격한 인정절차를 유지하고 있어서, 급증 추세 대비 인정비율이 상대적으로 낮다.[30] 따라서 긍정적이건 부정적이건 근대 국민국가의 경계에 대한 통제가 허물어지는 상황이 벌어지지는 않고 있다. 그런데도 "의미로서 경계"를 내면화한 "근대적 개인"들은 불안감을 떨쳐낼 수가 없다.

유럽연합에서 난민 신청자는 2013년 40만 명에 이르기까지 해마다 소폭 증가세를 기록하면서 큰 증가세를 보이지 않았다. 그런데 시리아 내전

제42집, 계명대학교 한국학연구원, 2011, 28쪽.
30 박종일 외, 앞의 글, 228-229쪽.

이 격화되면서 2014년에는 62만여 명으로 50% 정도 늘어났다. 2015년에는 두 배 이상 증가해 132만여 명 정도로 늘어났다. 2014년에서 2015년의 유럽연합 난민 신청자의 국적은 시리아 출신이 제일 많고, 아프가니스탄, 이라크 순인데, 이들 나라는 2014년 대비 4배 가까이 급증세를 보였다. 한편 유럽연합 28개 회원국에서 "처음으로 난민을 신청한 사람의 수"는 경제력과 외교력을 기준으로 한 주요 4개 회원국 가운데 독일이 가장 많고, 영국이 가장 적다.[31]

유럽연합의 난민 정책은 1997년 암스테르담 조약 이후 자유·안보·사법 영역(Area of Freedom, Security, and Justice: AFSJ)에 포함되어 있는데, 2009년 12월에 발효된 리스본조약에서는 유럽연합의 목표를 평화촉진에 이어서 AFSJ의 형성이라고 선언했다. 그만큼 유럽연합에서 난민 문제의 대응을 중요하게 인식하고 있다는 말이기도 하다. 솅겐협정(Schengen agreement, 1990)에 따라 유럽연합 회원국의 경계가 사라지면서, 비회원국과 국경을 맞댄 회원국들의 국경이 모든 회원국의 공동국경이 되었기 때문이다.[32] 유럽연합의 난민 정책은 이 점을 전제로 한다. 그래서 유럽연합의 난민 정책을 대표하는 더블린 협약에서는 회원국 중 첫 도착지(country of first entry)가 난민 지위 신청 접수의 책임을 갖는다고 정하였다. 그렇지 않으면 제3국 국민이 유럽연합 역내에 도착해 여러 회원국에 난민 지위를 신청하는 '난민 쇼핑(venue shopping)'이 일어날 뿐 아니라, 비회원국과 국경을 맞댄 회원국들의 부담이 커질 것이 예상되었기 때문이다.[33]

문제는 2015년 유럽 난민 위기를 기점으로 하여, 더블린 협약의 '도착

---

31 2005년에서 2015년까지 유럽연합 난민 신청 증감 추이, 유럽연합에서 난민 신청자의 국적(2014년과 2015년 비교), 유럽 난민 신청자 추이(처음 신청자 기준) 관련 도표는 〈안병억, 앞의 글, 7-9쪽〉을 참조할 것.

32 안병억, 위의 글, 11쪽.

33 최진우, 「난민위기와 유럽통합」, 『문화와 정치』 3-1, 한양대학교 평화연구소, 2016, 126쪽.

국가 우선 원칙'이 이른바 '안전한 제3국(safe third country)' 및 '안전한 출신국가(safe country of origin)'로 바뀌고 있다는 점이다. 여기에 따르면, 난민이 유럽에 당도하기 전에 경유한 국가가 난민신청이 가능한 안전한 국가라면 그 나라에서 난민신청이 이루어져야 하는데, 출신국가가 안전한 국가라면 유럽연합 회원국은 난민신청을 거절할 수 있다. 그리고 유럽연합은 총 17개 국가와 '재입국협정(Readmission Agreement)'을 체결해 유럽으로 진입한 난민이라 하더라도 재입국협정 체결국인 제3국으로 이송할 수 있도록 하고 있다. 재입국협정이란 유럽연합으로 들어오는 난민 또는 불법이민자를 출발지나 경유지로 이송할 수 있도록 유럽연합과 제3국이 맺은 협정이다. 일방적인 추방은 출신지나 경유지 국가가 협력하지 않으면 절차적 어려움이 발생할 우려가 있지만, 재입국협정은 상호 의무에 대한 약속을 전제로 시행되기 때문에 사실상 추방의 용이성을 목적으로 한 협정이라고 비판된다.[34]

난민 정책의 이러한 변화는 2015년 유럽 난민 발생 규모가 유럽연합의 기존 공동난민정책으로 대응할 수 있는 수준을 넘어섰다는 인식에서 비롯되었다. 특히, 관용적 정책 덕분에 단기간에 많은 신청자가 유입된 독일은 비용분담 차원에서 공동난민정책의 개혁을 적극적으로 추진했다. 그래서 유럽연합은 체류 중인 12만 명의 난민을 회원국의 경제력과 인구에 따라 강제로 배분하는 데 합의하였다. 이와 함께 그리스와 이탈리아 해안지역에 난민 핫스팟(Hotspot)을 설치했다. 이곳에는 유럽난민지원센터(European Asylum Support Office: EASO), 프론텍스, 유럽 경찰협력기구(Europol), EU사법기구(Eurojust)의 전문가들이 파견되어 해당국 관계자들을 지원했다. 그리고 250만 명이 넘는 중동 난민을 받아들인 터키에 경제지원을 하는 대신, 난민의 유럽 유입 저지와 일자리 제공을 요청했다.[35]

---

34 최진우, 앞의 글, 126-127쪽.

2015년 유럽 난민 위기 당시 유럽연합의 난민 대응은 크게 네 가지로 정리된다. 독일의 '환영문화(Wilkommenkultur: culture of welcome)'와 메르켈 수상의 '개방정책(open-door policy)'으로 나타난 관용적 태도, 집행위원회가 추진했던 난민할당제, 앞서 두 가지 태도에 저항하는 경유지 국가 중부유럽 국가들의 장벽 설치, 그리고 이른바 '부적격 난민'들의 송환에 대한 터키와의 합의 등이다. 이 가운데 더블린 협약의 '도착국가 우선 원칙'을 유보했던 메르켈 수상과 독일의 적극적인 난민수용 조치는 국제사회로부터 인도주의적 처사라는 평가를 받았다. 하지만 난민 유입의 규모가 너무 크고 증가 속도가 너무 빨라, 발표 후 두 달여만인 10월 21일부로 더블린 협약의 재적용을 선언하는 것으로 퇴보했다. 그리고 메르켈 수상과 집권 기민당은 관용적인 난민정책 때문에 독일 내에서 정치적인 대가를 치러야 했다. 그뿐만 아니라 난민 16만 명의 분산수용을 위한 난민할당제는 체코, 슬로바키아, 루마니아, 헝가리 등 중동부 유럽 회원국들의 반대에 부딪혔다.[36]

중동부 유럽 회원국들의 주장은 근대 국민국가의 난민 대응이 가진 본질적인 한계를 드러내고 있다. 먼저, 서유럽 회원국에 비해 중동부유럽 회원국은 상대적으로 국내상황이 좋지 않은데 동일한 기준을 강요해서는 안 된다는 점을 주장했다. 다음으로는 사회주의 체제에서 벗어난 지 10년 전후인 중동부 유럽 회원국의 난민 수용 능력이 한계점에 달했다는 점을 주장했다. 그리고 일시적 난민 할당이 난민 위기의 근본적인 해결책이 되지 못하므로, 강대국이 실질적인 해결책을 강구해야 한다고 주장했다. 이 주장에 따르면 시리아 난민 문제의 근본 해결은 시리아 내전의 종식일 수밖에 없다. 마지막으로, 이들 대다수는 코소보와 마케도니아 학습효과를 우

35 안병억, 앞의 글, 13-16쪽.
36 최진우, 앞의 글 128-129쪽.

려했다. 곧, 유입 인구 증대에 따른 민족간 구성 분포 변화로 인한 지역 내 주민족과의 갈등과 충돌을 우려했던 것이다.[37]

현실적인 한계에 부딪혀 수정된 공동난민정책이었던 만큼 유럽연합을 가능하게 하는 원리인 보조성(subsidiarity)과 비례성(proportionality) 원칙을 재확인하고 있는데도 불구하고, 중동부유럽 회원국에서 이러한 반대의 목소리가 터져 나왔다는 것은 난민의 대규모 발생이 근대 국민국가의 물리적 경계와 그에 연동하는 의미로서 경계를 약화시킬 수 있다는 우려를 제대로 반증하는 사례. 그뿐만 아니라, 회원국 간에 비관세 장벽을 제거해 단일시장을 형성하자는 단일유럽의정서(Single European Act: SEA) 협상 때부터 지금까지 '하나 된 유럽', 곧 경계가 허물어진 새로운 공동체에 대한 기대가 쉽게 실현될 수 없다는 것을 증명하기도 한다. '인도주의적 동기와 독일의 과거사에 대한 참회의 마음, 그리고 난민수용을 통한 경제 활력 기대'라는 배경을 가진 난민 문제에 대한 "메르켈 수상의 지극히 개방적이고 관용적인 접근"이 좌절된 것은 "상황에 따른 현실적 대응일 뿐"이라고 보기에는 본질적인 태도의 문제가 크기 때문이다.[38]

난민 문제에 대한 인식은 보편적인 인간 존엄성을 전제로 한다. 유럽연합이 출범할 즈음의 유럽 정상들은 난민에 대한 거부가 유럽의 자유주의적 전통에 모순되기 때문에 인도주의에 기초한 좀 더 개방적인 유럽연합을 건설하겠다는 의지를 표명했다. 하지만 도의적인 차원에서 난민을 수용한다는 것은 사실상 비국민, 비유럽연합인, 곧 타자(他者)로 인식한다는 말과 같다. 그래서 난민을 적극적으로 포용하기보다는 일시적으로 수용하는 정책을 고수해온 것이다.[39] 그리고 난민이 수용국의 국가 안보 및 주권의 문

37 김철민, 「EU 난민 위기에 대한 중동부유럽의 관점과 전략」, 『EU연구』 제43호, 한국외국어대학교 EU연구소, 2016, 35-42쪽.
38 최진우, 위의 글, 127-128쪽.
39 국민호·양연희, 「유럽의 반 난민정서 강화와 영국 비호신청자의 참상」, 『디아스

제와 밀접하게 연계될 때 난민 유입은 수용국 국민들의 불안함과 반감을 부추기게 된다. 문제는 정치권이 이러한 부정적 여론에 기다렸다는 듯이 민감하고 신속하게 반응한다는 것이다. 그 결과 2015년 유럽 난민 위기를 처리하는 과정에서 목도되듯이 근대 국민국가의 경계는 오히려 더욱더 강화되고 봉쇄된다.

난민 문제는 보편성과 동일성에 기반을 둔 근대 국민국가의 문제점을 드러내는 계기로, 경계를 약화시키는 기제로 작용해야 한다. 타자로서 출현한 난민은 그동안 근대 국민국가가 '타자'에 대한 사유의 거부 속에서 끊임없이 동일화 과정을 수행해온 사실을 주의환기시키기 때문이다. 난민의 출현과 대응과정에서 목격되는 '근대성과 국민국가'의 위기는 근대성의 과정에서 억압되고 배제되었던 타자들에 대한 인정, 그리고 공존의 필요성을 절감하게 한다. 철학적으로 말하면, "동일성의 지배" 철학을 무너뜨리고 타자에 대한 무조건적 환대의 의무를 주장함으로써 타자의 존재를 통한 새로운 주체성, 진정한 주체성의 계기가 마련된 것이다. 그리고 이것은 국민적 정체성에 기반을 둔 국민국가라는 공동체와 그 틀 속에서 '민족적' 민주주의라는 방식을 통해 구현된 민주주의를 극복하고, 타자를 환대나 관용의 객체가 아닌 우리와 함께 "여기 지금" 거주하고 있는 주체로서 정당한 권리를 향유하는 존재임을 인정하는 데로 확장되어야 한다.[40]

하지만 이러한 기대나 당위와는 달리, 유럽연합의 중동부유럽 회원국 대응에서 확인되듯이 '물리적 경계'와 그에 연동하는 '의미로서 경계'는 이전 수준으로 봉쇄되면서 오히려 강화되고, 타자로서의 난민은 관용의 대상에서 배제되고 혐오의 대상이 된다. 이 점은 유럽연합보다 난민 대응 정책의 역사가 짧은 우리나라의 경우에서 좀 더 극단적으로 드러난다. 제주 예

포라연구』 13-1, 전남대학교 글로벌디아스포라연구소, 2019, 107-108쪽.

40 홍태영, 「타자의 윤리와 환대 그리고 권리의 정치」, 『국제·지역연구』 27-1, 서울대학교 국제학연구소, 2018, 93-105쪽.

멘 난민이 주목받게 된 것은 갑작스러운 예멘 난민들의 대거 입국 때문만은 아니었다. 그 사건을 계기로 정부의 난민 대응에 대한 국민들의 우려와 불안이 증폭되었기 때문이었다. 그동안 언론을 통해서 유럽 난민 문제를 지속적으로 접했고, 법적·제도적 장치가 마련된 지 오래되었음에도 불구하고, 정작 난민 대응에 대한 사회적 공감대가 이루어지지 못하였다는 말이다.

예멘 난민 수용 여부를 두고 사회적 갈등이 고조되면서 2018년 6월 13일 청와대 국민청원 및 제안 게시판에 올라온 '난민 신청 허가 폐지' 청원은 5일 만에 22만 건의 동의를 기록했다. 난민 수용을 반대하는 측에서는 급증하는 난민 탓에 국내 치안이 우려되는 것은 물론 무사증제도와 난민법을 악용하는 사례가 있다고 주장했다. 이에 비해 찬성하는 측에서는 우리나라가 아시아 최초로 난민법을 제정한 국가이므로 인도주의를 우선해야 한다고 반박했다. 이런 상황에서 제주의 난민심사관과 전문통역직원 부족으로 예멘 난민 심사에만 6개월 이상이 소요될 것이라는 예상이 나왔다. 찬반 여론은 뜨거웠고, 2018년 6월 예멘 난민 심사를 앞두고 법무부는 정책적 미비점과 제도적 한계를 인정했다. 하지만 이러한 법무부의 입장이 무색하게도 2018년 5월부터 7월까지 발의된 8건의 난민법개정법률안 및 폐지안 대부분은 난민에 대한 보호보다는 정부규제를 강화하는 방향을 골자로 하는 안이었다.[41]

예멘인 난민 신청자 484명에 대한 한국 법무부 제주출입국·외국인청의 처분이 집행된 것은 2018년 12월 14일이었다. 이 날 2명은 난민 인정, 412명은 인도적 차원으로 국내 체류를 허가, 56명은 단순 불인정, 14명은 출국 등으로 직권 종료되었다고 발표했다.[42] 지금까지 우리나라의 난민 인정

---

41 홍정화·김은혜, 앞의 글, 54쪽.
42 임진희, 앞의 글, 118-119쪽.

율 4%에도 턱없이 못 미치는 숫자였다. "그들이 소지한 통신기기와 한국 난민제도에 대한 높은 정보력으로 인해 '의도된' 피난이라는 의구심을 받고 있었다."[43]는 것은 난민 인정 사유의 판단 기준이 얼마나 엄격한지를 잘 보여주는 사례다. 아울러 2018년 12월 5일 기준 2차 심사시 인도적 체류허가를 받았던 362명 중 251명이 전국 각지에 흩어져 체류 및 취업하고 있는 것으로 확인되었지만, 출입국관리법을 적용하여 심사시간 중 예멘 난민의 출도제한조치를 시행함으로써 인권침해 논란을 불러일으킨 것도 난민 대응에 대한 우리의 열악한 상황을 잘 보여준다.

난민 대응 정책에 관한 철학적 문제로는 관용과 환대, 포용 등을 손꼽을 수 있다. 관용은 타자의 입장과 권리를 용인하는 것이며, "타자 배제를 배제할 것을 목표"로 한다. 하지만 데리다(Jacques Derrida, 1930-2004)의 레비나스(Emmanuel Levinas, 1906-1995) 비판적 독해가 그러했던 것처럼, 관용마저도 "타자를 향한, 타자에 대한 관심과 배려를 포함하는 것이면서도" "주권의 오만함이 묻어" 있다는 점에서 비판받을 여지가 있다. 이에 비해 환대는 주체가 타자를 손님으로 맞이하는 자세를 의미한다는 점에서 타자적인 관점에 좀 더 가까이 다가간 개념이다. 그런데 환대는 이름과 출신을 묻는 주인의 질문에 손님이 답하면서 "스스로 자신을 보증하고 환대받아야 할 권리를 확보하도록 강요하는 것"처럼 느껴질 수 있다는 점에서 비판받을 여지가 있다. 그래서 데리다는 타자를 환대하는 데 상호성을 요구하지도, 이름을 묻지도 말며, 타자 스스로 환대에 필요한 조건들을 말해야 할 것도 요청하지 말 것을 강조했다.[44]

독일의 환영문화와 메르켈 수상의 개방정책으로 나타난 관용과 환대는 2015년 유럽 난민 위기에 대처하는 유럽연합의 공동난민정책은 물론, 유

---

43 홍정화·김은혜, 앞의 글, 55쪽.
44 김세서리아, 「디지털 노마드(Digital Nomad)시대, '포용(inclusion)의 정치학'을 위한 유교적 시론」, 『유학연구』 제46집, 충북대학교 유학연구소, 2019, 456-457쪽.

럽통합의 심화를 촉진하는 전기를 마련할 수 있는 실험이었다. 두 달여 만에 철회했어야 했고, 자국민의 따가운 질타를 받아야 했으며, 유럽연합의 결속력이 중동부유럽 회원국에서부터 흔들리기 시작했지만, 이 실험이 실패로 끝난 것은 아직 아니다. 독일의 유럽(das deutsche Europa)을 우려한 유럽 회원국과 신자유주의 세계화의 한계에 직면한 내부의 반발은 극복될 수 있고, 극복되어야 할 것이기 때문이다. 물론 유럽 난민 위기의 대응이 제주 예멘 난민 사태를 초래한 것도 사실이다. 하지만 무엇보다도 이 모두가 신자유주의의 세계화가 초래한 모순이고, 신자유주의의 세계화가 심각한 한계에 달했다는 징표임에도 불구하고, 여전히 타자의 배제가 강화되고 있는 방향으로 나아가고 있다는 점에 주목해야 한다. 그래서 관용과 환대를 넘어선 대응이 요청되는 것이다.

Ⅳ. 추방(追放), 타자의 상실

난민 인정을 둘러싼 논쟁의 근원에는 그것이 "철저히 시대적 과정과 구조 속에서 일어났지만", "개인의 결정 역시 중요한 역할을" 한다는 사실이 있다. 이 사실 때문에 경제적 목적을 쫓아 온 이주민인지, 전쟁과 정치적 박해를 피해서 온 난민인지를 결정하기가 쉽지 않다. 그래서 "과연 개인이 외부적인 환경과 구조의 제약 없이 합리적 선택과 결정을 내릴 수 있는가?"라는 질문은 우리를 경계를 넘는 난민과 근대 국민국가질서에 대한 "지루하고도 결론 내기 어려운 논쟁의 늪으로 빠뜨릴 수 있다." 이 지점에서 우리는 2015년 유럽 난민 위기 때 관용적 태도를 보였던 독일에 주목해 볼 수 있다. 전후 독일은 잃어버린 독일영토와 점령지로부터 추방된 추방난민의 '귀환', 동독인들의 '탈출', 지중해연안 국가들로부터의 '노동이민', 동구권 현실사회주의 붕괴 이후의 정치적 동요와 민족적 분쟁으로 생겨난

'정치적·경제적 난민' 등 다양한 형태의 난민을 겪었기 때문이다.[45]

2차 세계대전 막바지 독일인 가운데 동유럽과 남유럽 독일 점령지에서 피난길에 오른 난민(Flüchtlinge)과 포츠담 회담 결과로 추방당했던 피추방민(Vertriebene)은 대략 1천 2백에서 1천 4백만 명으로 추산된다. 소련점령지역과 동독에 정착한 피추방민들은 "이주민(Umsiedler)"으로 불리다가 "신시민(Neue Mitbürger)"으로 불리면서 서서히 잊혀갔다. 당시 동독정부에게 신시민은 동구권 사회주의국가들과의 우호 관계를 고려한 사회통합을 상징했지만, 이들 대부분에게 동독은 서독으로 가는 중간 기착지였다. 그래서 1/3에 해당하는 7백 12만 3천명이 1946년부터 1961년까지 동독을 떠나 서독에 정착했다. 전후 어려운 사정에 처해 있던 서독인들은 이들을 낯선 이방인으로 여겼다. 설상가상으로 탈동독자들의 문제까지 겹치면서 사회통합은 요원해 보였다. 하지만 전후 역동적인 경제재건에 필요한 인력난을 이들이 메우면서 사회통합이 신속하게 진행되었고, 신화적인 성공을 거둔 것으로 평가되었다.[46]

피추방민의 서독행과 사회통합에는 '독일문제(Deutsche Frage)'가 연결고리로 작동되었다. '독일문제'는 중세 이래 천 년 동안 독일을 하나로 묶어왔던 신성로마제국이 나폴레옹에 의해 1806년에 해체되자, 독일인을 하나로 묶는 새로운 정치적 틀이 무엇이어야 하는가라는 질문과 함께 시작된 문제이다. 주변국과는 달리 자연 경계를 갖지 못한 '개방적 경계'라는 특수성과 국민국가질서의 '의미로서 경계'가 작용한 것이다. 이 문제가 지금까지도 유지되고 있는 이유는 유럽의 세력 균형(balance of power)을 좌우하는 중요한 문제이기 때문이다. 1806년에 최초로 제기된 '독일문제'는 프로이센-프랑스 전쟁에 승리한 비스마르크(Otto Eduard Leopold von Bismarck,

45 이용일, 「추방, 탈출, 난민: 독일문제와 이주(1945-1998)」, 『역사와 세계』 38, 효원사학회, 2010, 91-97쪽.
46 이용일, 위의 글, 99-101쪽.

1815-1898)가 1871년 독일제국(das Deutshe Reich/Kaiserreich)을 선포함으로써 해결된 것으로 보였다. 하지만 이렇게 해서 탄생한 독일 국민국가가 주변국가들과 투쟁하면서 독일의 경계선을 확정하는 과정에서 '독일문제'가 다시 대두되었고, 전후 피추방민의 서독행과 사회통합에도 작동한 것이다.[47]

전후 피추방민과 서독인에게는 독일의 패전과 그에 따른 강제추방, 곧 구조로서 '독일문제'가 난민의 출현 및 대응과 관련한 주요한 요인으로 작용했지만, 사회통합과 관련해서는 전후 복구를 위한 노동시장의 탄력성 확보라는 경제적인 요인이 컸다. 이것은 추방이 거의 종결된 1950년에 30만 명에서 40만 명에 달하는 독일인이 폴란드에서 추방당하지 않은 원인에서도 확인된다. 그것은 "휴머니즘적인 배려라기보다" 그들의 대부분이 "폴란드 경제가 재건을 위해 필요했던 고급인력들"이었다.[48] 이후 동서독 분단과 함께 시작된 체제경쟁 속의 탈동독 현상, 1960년대 대규모 노동 이민, 전체 동구권 사회주의 몰락의 시발점이 되었던 동독인들의 탈출과 동유럽 난민 이주 과정에서 '독일문제'와 경제적인 요인은 난민과 이주민들에게 관용적인 태도와 정책을 펼치는 근거가 되었다. 타자인 난민과 이주민들이 경제부흥의 주체로서 기능한 것이다.

냉전 시대 동·서독정부는 "두 개의 민족, 두 개의 국가"를 내세우면서 유럽의 세력 균형을 좌우한다는 측면에서의 '독일문제'에 대한 주변국의 우려를 종식시키려고 하였다. 하지만 그러한 태도는 독일통일과정에서는 걸림돌로 작동했다. 그래서 1990년 9월 체결된 '2+4협약(Zwei-Plus-Vier-Vertrag)'과 두 달 후 체결된 '독일-폴란드 국경협약(deutsch-polnische Grenzvertag)'을 통해 "통일 후에도 '평화 교란자'가 되지 않고 1945년 이

---

47 정효숙, 「'독일문제'는 해결되었는가?-'독일문제'의 과거와 현재」, 『역사와 세계』 50, 효원사학회, 2016, 65-70쪽.
48 이용일, 앞의 글 100쪽.

후 그래왔던 것처럼 유럽공동체의 충실한 일원으로 남으리라는 점을 납득"
시켜야만 했다. 특히, 미국의 요구를 수용하여, 동부 국경 유지가 "유럽의
평화를 위한 중요한 기여"임을 인정하고, 동부지역과 관련한 일체의 영토
주장을 포기했다. 이렇게 해서 "통일과 자유를 완성"한 독일통일로, 국민국
가 독일의 정체성 문제는 해결되었다.[49] 적어도 2010년 그리스 금융위기까
지는 말이다.

통일 전 서독 사회에서는 과거 역사 인식에서 출발한 반민족주의(反民
族主義, Antinationalismus) 정서 때문에 동서독의 통일마저도 보수반동으
로 여기는 분위기가 강했다. 2010년 구제 금융을 받기 위해 독일 의회의 결
정을 기다려야 했던 그리스인들은 이런 반민족주의 정서를 토대로 한 통일
독일을 상대로 '히틀러', '나치', '제3제국' 등 날선 비난을 쏟아냈다. 조지
소로스(George Soros, 1930-)는 유로존 위기가 EU를 '독일제국(a German
Empire)'으로 만들 것이라고 전망했는데, 유럽 안에서도 '제4제국'의 도래
를 언급하면서 독일의 팽창을 경계하는 목소리가 높아졌다. "오더-나이세
경계(Oder-Neiße-Grenze)"가 아니라 독일 자본의 유럽 지배를 염려한 것
이다. 독일은 사업가와 정치가를 앞세웠을 뿐이지 여전히 침략자로 여겨졌
다. 이렇게 '독일문제'의 핵심이 근대 국민국가의 물리적 경계가 아니라,
팽창 혹은/그리고 압축하는 신자유주의 세계화의 공간으로 옮겨갔을 뿐
본질은 그대로이며, '경제적 단호함'과 '군사적 자제'의 독특한 결합이야말
로 권력의 새 얼굴이라는 비판이 일었다.[50]

2015년 유럽 난민 위기에 중동부유럽 회원국이 반발한 것도 바로 이러
한 우려를 기반으로 했다. 곧, "메르켈은 남유럽에 긴축과 구조조정을 요구

---

49 정효숙, 앞의 글, 83쪽. 여기에 따르면 2+4협약에서는 통독 후 독일의 NATO 잔
   류, 독일 군대 규모 제한, 핵확산금지조약, 동부 영토 문제 등이 규정되었고, 독일-
   폴란드국경협약에서는 오더-나이세 경계를 침범불가(unverletzlich)로 확정했다.
50 정효숙, 위의 글, 85-87쪽.

하며 선생님처럼 엄격하게 굴었고, 그에 대한 반발이 '히틀러 메르켈', 그리고 EU 안에서 독일의 세력이 너무 커졌다는 불만으로 나타났다."[51] 유럽 난민 위기 때 독일이 난민수용에 적극적이었던 현실적인 이유는 경제적인 요구가 컸다. 독일 연금체제의 붕괴를 방지하고, 초고령·저출산 사회의 위기를 타개하고, 유로화 체제에서 제조업 경쟁력과 수출호조를 지속하려면 이주외국인 전문 인력이 필요했다. 2013년 기준 독일 경제의 지속성을 유지하려면 3천 200만 명의 이민자가 필요하다는 분석도 한 몫 했다. 독일로 유입되는 이민자 문제는 이렇게 해서 독일의 정치경제적 이해와 인도주의, 그리고 역사적 경험에 대한 상쇄 심리가 맞물린 이상적인 해법으로 여겨졌다.[52]

독일 정부의 이런 계산에 찬물을 끼얹은 것은 독일 내부의 반발과 극우주의의 등장이었다. 난민의 대량 유입에 따른 전통적인 공포감이 증대되는 가운데, 2016년을 전후하여 이슬람 테러조직이 일으킨 테러는 유럽 사회의 공포를 최고조로 끌어올렸을 뿐만 아니라, 반난민·반이슬람을 외쳐온 각국의 극우주의자들이 결집하게 하였다. 특히 독일에서 발생한 세 차례의 테러가, 그 동기는 다르지만 모두 다 외국계이거나 난민이었다는 점은 독일 국민을 공포와 경악에 빠지게 했다. 물론, 사태가 여기에 이른 데는 난민을 포함한 이주민의 다수가 빈곤층으로 전락하였다는 요인이 크게 작용했다. 유럽 난민, 이민자의 2세, 3세가 급진적 이슬람 근본주의에 빠질 개연성이 높아졌기 때문이다. 여기에 이민자들의 문화적 가치에 대한 동질성 결여와 공통된 정서의 결여가 유럽의 반난민 정서를 더욱 부채질하는 요인이 되었다.[53]

이런 일련의 과정과 문제점은 뒤늦게 국제적인 난민 문제와 조우한 우

---

51 정효숙, 위의 글, 90-91쪽.
52 김춘식, 「유럽 난민 문제와 독일 극우주의의 부활」, 『독일연구』 33, 한국독일사학회, 2016, 169-170쪽.
53 국민호·양연희, 앞의 글, 106쪽.

리에게서도 발견된다. "제주 예멘 난민 사태에서 가장 놀라운 사실" 가운데 하나로 "보수 정치인, 근본주의 기독교, 청년, 여성들 간의 감정적 연합"이 형성되었다는 점이 손꼽힌다. 특히, 그 속에서 '한국 여성'이 "우파 정치인과 일부 보수적인 기독교의 보호자로서의 우월적 위치"를 구성하는 "수동적 기호"로 활용되거나 "한국 남성 보호를 요청하는 수동적 대상"으로 재현되고 있다는 것은 "우익적·식민주의적 배제를 재생산한 것"으로 볼 수 있다. 이러한 상황에 이른 이유는 인터넷 반다문화(反多文化) 담론이 '성범죄자로서의 이주 노동자'와 이에 대한 상호구성적 대립항으로 '겁탈 당하는 한국 여성'을 동원함으로써 꾸준히 형성해온 우익적 불안과 위기감을 2018년 예멘 난민에 그대로 투사했을 뿐만 아니라 이를 다양한 방식으로 강화하면서 더 광범위하게 확산했기 때문이다.[54]

이 점은 여론 조사결과에서도 확인된다. 2018년 8월 난민에 관한 여론 조사에 따르면, "전체적으로는 난민에 대한 우호적 인식(50.7%)이 적대적 인식(44.7%)보다 높았지만, 제주도 예멘 난민을 받아들이는 것에 대한 생각을 묻자 찬성 35.8%, 반대 61.1%로 결과가 뒤집혔다." 이 가운데서도 20-30대, 여성, 보수당 지지자층에서 반대 여론이 높았던 까닭은 경제적 불확실성이 가장 크게 작용한 것으로 분석된다. 난민 수용이 심각한 취업난을 가중시킬 것이라는 막연한 불안감은 유럽의 난민 수용 반대주의자의 주장과 같은 맥락이다. 이들은 난민을 포함한 이민자들을 자신들의 일자리를 빼앗고 "평화적인 정복사업"을 하는 적으로 간주한 것이다.[55]

우리나라의 반난민(反難民) 여론은 난민협정 체결과 발효 이후 '입국은 잘 허가하면서도, 난민 지위를 인정하고 배려하며 보호하는 데 인색한 나라'라는 이중적인 평가와 일맥상통한다. 우리나라의 힘든 신청절차를 겪으

---

54 전의령, 「타자의 본질화 안에서의 우연한 연대: 한국의 반다문화와 난민반대의 젠더정치」, 『경제와 사회』 제125호, 비판사회학회, 2020, 360-401쪽.
55 김용환, 앞의 글, 23쪽.

면서 우울증과 자살 충동에 시달린다는 난민 신청자들은 물론, 난민 지위를 취득한 이들조차도 "한국 사람들은 난민 문제에 관심을 갖지 않기 때문에 난민이 누구인지, 난민이 왜 한국에 왔는지, 난민들이 무엇을 필요로 하는지 모른다"고 말하고 있다. 타자로 배제되고 있을 뿐 아니라, 일상에서 추방당하고 있는 난민들의 이러한 주장은 역설적이게도 제주 예멘 난민 반대 여론이 내세운 주요한 논거에서도 확인된다. 취업이나 다른 목적으로 난민을 가장하는 이른바 "가짜 난민"에 대한 우려, 가짜 난민 생계비 유지 지원으로 인한 경제적인 손실, 중동과 아프리카 지역 출신 무슬림 신청자의 테러 및 범죄 불안 등은 우리가 아직 겪어보지 못한 유럽발 난민 위기 때 발생한 사건들을 확대 재생산해 낸 가짜뉴스에 불과하다.[56]

난민 반대 여론의 근거는 "글로벌 극우로서의 반다문화"라는 말을 실감하게 한다. "냉전·반공주의에 기반을 둔 '산업화 세력'과 탈냉전·자유주의에 기반을 둔 '민주화세력'", 또는 "한국식 '우파'와 '좌파'"라는 기존의 적대관계가 드러나지 않기 때문이다. 대신 경제적 글로벌라이제이션에 의해 추동되는 노동과 민족의 이동, '임금의 하향 평준화' 및 부의 양극화를 문제 삼는다. 반다문화적 여론에서 다문화정책은 "자본가들의 의익을 대변하고 있는 반면, 서민과 근로자들에게는 불리한 정책"일 뿐만 아니라 "기존의 불평등한 사회구조를 유지 강화시키는 정책"으로 규정된다. 이 불평등한 사회구조는 "노동, 고용, 외채, 주책 등 한국 사회의 전반적인 문제들"을 포함하는데, 이 상황에 대한 서민적 "불만과 좌절감" 또는 "상대적 박탈감"을 제기하는 것이다. 이것은 신자유주의 자본이 재생산해온 사회적 양극화에 대한 불만을 이주노동과 다문화정책에 대한 비난을 통해 드러내는 것이다.[57]

---

56 소윤정·정은배, 앞의 글, 70-73쪽.
57 전의령, 「인터넷 반다문화담론의 우익 포퓰리즘과 배제의 정치」, 『경제와사회』 제116호, 비판사회학회, 2017, 400-402쪽.

그런데 이러한 비난이 신자유주의 세계화의 한계지점에서 지배적인 키워드가 된 '민생'의 정치 속에서 터져나오고 있다는 점에 주목해야 한다. 근대 국민국가가 신자유주의적 세계화 속에서 국가 기능을 포기하고 자본의 대행인 역할에 집중하는 '국가 없음'의 상황에서 민생은 역설적으로 더욱더 중요한 틀로서 작용하는 것이다. 이러한 '민생의 정치'가 (재)생산하는 국가는 국민의 생명 또는 생존과 안전을 관리하고 증진 시키는 주체로서, 이것은 근대 국민국가의 출발점이다. 대한민국이라는 근대 국민국가 안에서 한국인의 생계, 안전, 재생산이 가장 우선되어야 한다는 분노는 아렌트(Hannah Arendt, 1906-1975)가 국민의 권리라고 말한 "권리를 가질 권리"조차 요원해 보이는 "국가 없음"의 상황에서 '국민으로서 보호받을 권리'를 요구하는 것처럼 보인다. 하지만 특권적 타자와 그 특권의 부당함을 상상하고, 더 나아가 타자를 완전히 추방하였을 때 궁극적으로 가능한 것으로 그려진다는 데서 '민생의 정치'는 보편 타당성을 결여하고 있다.[58]

근대 국민국가의 '의미로서 경계'는 근대 국민국가질서에 의해 미리 사유된 결과물을 국민의 의식에 각인시킨 것이다. 아감벤이 말한 '삶의 형태(form of life)'를 가지려면 '의미로서 경계'를 국민국가질서에 의해 미리 사유되기 전, 곧 선험적(transzendental) 주관성에서 사유해야 한다. 국가가 나를 대신해서 사유한다면 자본주의적 국가에 의한 폭력과 경제 발전에 대한 약속에 따라 정치 권력과 자본의 사유 결과물로서 '나'의 사유가 비국민 또는 난민을 적이나 나의 일자리를 위협하는 사람으로 규정하게 한다. 곧, '물리적 경계'에 상응하는 '의미로서 경계'를 내면화하고, 타자를 차별하고 적대하는 것이다. 여기에서 벗어나려면 '우리' 혹은 '나'가 공동체적 사유를 의심하면서 괄호에 넣고, 공동체들의 경계 혹은 사이 공간에서 타자·난민으로서 '사유하기'를 실천해야 한다.[59]

---

58 전의령, 위의 글, 416-418쪽.

반다문화, 반난민 극우주의자, 또는 우익 포퓰리즘의 주장은 타자·난민으로서 '사유하기'의 기회를 상실하게 한다. 타자의 상실은 주체의 소외, 격리, 나아가서는 상실을 뜻한다. 심각한 한계에 봉착해 있는 신자유주의 세계화가 근대 국민국가의 역할을 더욱 강화하는 방식으로 작동하는 이유는 공간적으로, 시간적으로, 영역별로 상이하게 확산되면서 '의미로서 경계'를 끊임없이 상기시키기 때문이다. '의미로서 경계'를 넘나드는 타자의 월경이 신속하고 대규모일수록 봉쇄와 구축(驅逐)의 요구는 더욱더 강렬해진다. 그러므로 관용주의 관점에서 이 문제에 접근하기보다는 우리들이 사실상 타자로서 배제되고, 추방되고 있음을 직면하고 공감할 수 있는 '사유하기'를 실천해야 한다.

V. 맺음말: 면역(免疫, im-munitas)의 시간과 난민

최초 발생국인 중국에 이어 한때 확진자 세계 2위를 기록했지만, 신속한 역학조사와 강력한 방역 조치로 2월 18일 이후 61일만인 4월 19일 신종코로나바이러스감염증-19(COVID) 확진자가 한 자리 수를 기록하면서 'K방역'이 세계적으로 주목받기 시작했다. 언론 보도에 따르면 "해외 언론은 한국의 코로나 19 방역 성공 요인으로 '투명성, 열린 소통, 민관 협력'을 꼽은 것으로 나타났"고, "지도력(리더십)과 시민정신에 대해서도 주목했다."[60] 한편에서는 "유럽 일부 언론들은 한국 방역 시스템의 핵심인 3T(Test, Trace, Treat)와 관련해 사생활 침해 우려가 있다는 지적을 내놨"는데, 외

---

59 하용삼·배윤기, 앞의 글, 88-93쪽.

60 조용철, 「해외 언론이 본 한국 코로나 19 방역 100일 키워드 '투명성, 열린소통, 민관협력'」, 파이낸셜뉴스, 2020.05.01.기사(https://www.fnnews.com/news/202005011450232322).

교부 장관은 독일공영방송인 도이체 벨레(Deutsche Welle)와의 인터뷰에서 같은 취지의 질의에 "환자의 사생활 보호와 대중의 안정 사이의 균형이 필요하다"면서 "개인 정보 보호 문제 제기는 맥락에서 벗어나 있다고 일갈"했고, "사생활은 중요하지만 절대적 권리는 아니다"라면서 "법의 테두리 안에서 사생활을 제한할 수 있고, 우리는 강한 법체계가 있다"고 반박했다고 한다.[61]

취임 3주년을 맞은 대통령의 대국민연설과 기자회견에서 "우리의 목표는 '세계를 선도하는 대한민국'"이고, "선도형 경제로 포스트 코로나 시대를 개척하겠다."는 포부를 밝힐 수 있었던 근거는 "이미 우리의 방역과 보건의료체계가 세계 최고 수준임을 확인했다."는 자신감이었다. 이러한 자신감을 바탕으로 "혁신 벤처와 스타트업이 주력이 돼 세계를 선도하는 '디지털 강국'으로 대한민국을 도약시키겠다"면서 "시스템반도체, 바이오헬스, 미래차 등 3대 신성장 산업을 더욱 강력히 육성하여 미래먹거리를 창출하겠다"는 구체적인 방안도 제시되었다. 현장 문답에서는 이를 "디지털 뉴딜"로 표현하며 의지를 드러냈다. 관련 보도 제목이 고용보험의 획기적 확대인 만큼, 코로나19 위기를 고용 안전망 강화의 기회로 삼는다는 포부도 분명히 했다.[62]

이른바 "#덕분에 챌린지"를 통해서, 이 위기를 돌파해나가고 있는 것이 현장의 의료진과 방역당국, 그리고 시민들의 적극적인 협조 "덕분"이라는 점이 주의환기 되고 있지만, "K방역" 관련 기사에서는 "보편성과 동일성에 기반을 둔 근대 국민국가질서"라는 낯익은 향기가 강하게 배어 나온다.

---

61 임철영, 「'K방역' 외교 나선 강경화... 해외 공관장과는 '포스트 코로나' 논의」, 아시아경제, 2020.05.15.기사(https://view.asiae.co.kr/article/20200515084647 91777).

62 김평화·김성휘, 「文 포스트코로나 첫발 "전국민 고용보험 기초 놓겠다"」, 머니투데이, 2020.05.11.기사(https://news.mt.co.kr/mtview.php?no=20200510172476 66651).

"법의 테두리 안에서" "인권"이 제한되더라도 잘 참아준 의료진과 방역 당국, 그리고 시민들의 적극적인 "#덕분에", 국가는 "생존권"을 보장해줄 수 있고, 위기를 기회로 삼아 경제 활성화를 완수해내겠다는 약속도 할 수 있게 되었다는 논리이기 때문이다. 이러한 논리에 따라 만여 명이 넘는 확진자의 신상과 동선이 증상 발생이 있기 하루 전부터 격리일까지 낱낱이 공개되는가 하면, 확진자가 속출한 지자체와 종교단체는 바이러스의 온상과 사이비범죄집단으로 공격당했고, "사회적 거리 두기" 종료를 앞두고 확진자가 대거 발생한 클럽과 방문객은 뜬금없는 성소수자 논란에 휩싸이기도 했다.

바이러스감염증의 세계적 유행 상황에서는 개별 국가가 확산속도와 규모를 제어할 책임이 있고, 그래서 미국과 일본, 그리고 브라질 등을 제외하고 세계 각국 정부의 지지율이 급등하고 있다. 이는 "신종 코로나에 대한 두려움 속에서 일단 지도자와 정부가 내놓는 대책을 지지하고 따르는 '결집효과(Rally round the Flag effect)'에 따른 것"이다.[63] 신종 코로나에 대한 두려움은 "1만 달러 이하로 인간 게놈 전체의 배열 순서를 정리하고, 휴대폰을 지상 어디에서나 사용할 만큼 거대한 텔레커뮤니케이션 기반시설이 조만간 구축될 시대에 우리가 살고 있긴 하지만, 놀랍게도 판데믹과 그 원인인 병원균에 대해 아는 것은 거의 없는 실정"에서 비롯되었다.[64] 이런 사태를 과장하고, 단순화시켜 말하면, 우리의 방역 조치가 중세보다 나은 부분은 우리 몸을 축구장 크기라고 할 때, 축구공 가죽 하나쯤의 크기에 불과한 바이러스가 병의 원인이라는 것을 알고 있다는 사실 하나뿐일 수도 있다.

로베르토 에스포지토(Roberto Esposito)는 "점점 더 증가추세에 있는

---

63 김다영, 「獨메르켈 지지율 79% 伊콘테 71%…코로나가 그들을 띄웠다」, 중앙일보, 2020.04.16. 기사(https://news.joins.com/article/23756090).

64 Nathan Wolfe, 강주헌 옮김, 『바이러스 폭풍의 시대』, 김영사, 2015, 26-27쪽.

이민자들의 흐름이 우리 사회에 퍼지고 있는 주요 위험 중 하나로 간주된다는 사실은, 내가 보기에 전혀 가당치 않은 것이긴 하지만, 면역이라는 물음이 맡고 있는 중심적 역할을 또 다른 영역에서 보여"준다면서, "우리의 생명을 보호하는 데 필수적인 면역은 어떤 문턱을 넘어가게 되면[어떤 지점에 이르면], 결국 생명을 부정하게 된다"고 경고했다. "자신의 고유한 정체성을 향해 강박적으로 나아가는 자기면역적 정체(regime)에 내맡겨진 세계, 곧 인간의 삶은 자신의 복잡성 속에서", "외부의 적뿐 아니라 자신의 신체 또한 파괴하는 것으로 치달을 것"이기 때문이다. "이런 상황에서 유일한 해법은 '자기'가 자기 자신 말고는 다른 것을 결코 보지 않은 채 스스로를 반영하고 있는 거울을 깨버리는 것이다."[65]

에스포지토에 따르면 난민의 출현은 근대국가가 "면역적 강박 속에서 전지구적 세계[mondo globale] 혹은 세계의 전지구성(globalité)을 정복하려 들기 때문에" 발생한다. 그리고 그것은 "자기 자신의 외부를 결코 관용하지 않으며 외부라는 관념 자체를 배제하며 〈일자〉−모두[l'Uno-tutto]의 논리를 위협할 수 있는 이질성(caractère étranger)을 전혀 허용하지 않는 경계선의 폐쇄, 곧 봉쇄적 대응으로 이어진다." 그래서 "확실히 우리는 '베스트팔렌 모델'로 더 이상 돌아갈 수 없"는데도 근대 국민국가의 국경은 봉쇄되고, 난민은 추방된다.[66] 이것을 가속화하는 "전지구화는 면역 체계가 자기 자신에게 결정적으로 갇혀 버렸음을 나타"내는데, "자신과 동일화된 세계(문자 그대로 '세계화된[mondializzato]' 세계) 속에서 개인적·집단적인 삶을 규제한다는 유일한 원칙에 이르게 된 것"을 뜻한다. 이렇게 해서 완전히 면역화된 세계는 "바깥이 없는 세계"로서 "정의상 안[내부]이 없다."[67]

---

65 Roberto Esposito, 김상운 역, 「면역화와 폭력」, 『진보평론』 제65호, 진보평론, 2015, 312-322쪽.

66 Roberto Esposito, 김상운 역, 위의 글, 318-320쪽.

67 Roberto Esposito, 김상운 역, 「면역적 민주주의」, 『문화과학』 제83호, 문화과학

근대화가 자기 면역화를 밀어붙인 과정이라는 에스포지토의 통찰은 타자, 곧 난민 문제와 바이러스 감염증의 세계적 확산을 경험하고 있는 우리에게 관련된 철학적 질문을 던지게 한다. 난민 문제는 보편성과 동일성에 기반을 두고 소유, 자유, 주권 등 근대적 가치를 외부로부터 지켜내는 동시에 자기 내부의 갈등을 중화시키려고 하는 자기 면역화 메커니즘에 대한 반성의 계기와 시간을 제공한다. 그 시간을 통해서 우리는 무누스(munus; 의무/전염병)에서 면제된 예외를 공유하는 공동체(communitas)가 아니라, 경계 밖을 인정하고 무누스에 노출된 면역(immunitas)에 이르는 길을 열어야 한다. 그러므로 이참에 선진 근대 국민국가가 제시하는 보편성과 동일성에 누구보다 잘 순응할 방법을 모색하고 만족해할 것이 아니라, 그동안 그렇게 내면화해온 '의미로서 경계'의 문제점에 대해 타자로서 '사유하기'를 실천해야 할 것이다.

(김치완)

사, 2015, 404-405쪽.

현대사회의 공포와 불안, 그리고 혐오: '난민'이 문제가 되는 사회

Ⅰ. 머리말

우리나라에도 난민은 있었다. 간혹 한국 정부의 까다로운 난민심사 기준이 논란이 될 때 언론에 보도되기도 했다. 특정한 개인들의 극적인 삶이 조명되기도 했다. 하지만 난민이 사회적 문제가 되지는 않았다. 한국에서 난민은 있지만 '보이지 않는' 사람들이었다.[1] 이렇게 '있지만 보이지 않는' 존재가 가시화된 계기가 2018년 제주에 들어온 예멘 사람들이었다. 500여 명 예멘인의 갑작스러운 출현이 난민의 존재를 인식하게 만들었다. 그런데 난민의 갑작스러운 인지 그 자체가 '문제'가 되지는 않았을 것이다. 우리 사회의 일부이지만 관심 대상 바깥에 있었던 난민들의 처우와 지위에 대해 진지하게 생각하면서 그들의 존재를 '인정'하는 계기일 수도 있었기 때문이다.[2]

---

1 한국의 난민신청과 인정 추세에 대해서는 『2020 난민인권센터 통계자료집』을 참고하라. https://drive.google.com/file/d/1iG-0MLTMtEBcz2gDccerOKcygCTe HSZk/view (2020년 8월 31일 접속)

2 갑작스러운 난민의 출현은 우리(사회)를 돌아볼 수 있는 계기가 되었어야 했다. 필자는 이런 입장을 「갑작스러운 타자의 출현, 우리를 돌아볼 수 있는 계기」, 『진보평론』 77호, 2018에서 제시했다. 세일라 벤하비브(Seyla Benhabib)는 조금 더 적극적인 주장을 제시한다. 그녀는 타자와의 대면을 통한 우리 자신에 대한 끊임

불행히도 한국인들은 자신들의 삶터에서 쫓겨나 도움을 청하는 사람들을 밀어내려고 했다. 편견에 가득 찬 시선으로 그들을 잠재적인 범죄자 취급했다. 허구적인 '난민'의 모습을 마음 속에 그려놓고 거기서 벗어난다는 이유로 진정성을 의심했다. 이슬람을 적대시하는 종교적이고 문화적인 편견도 노골적으로 표현되었다. 이해하고 공감해야 한다는 목소리는 표현의 자유를 앞세운 소란스러운 혐오의 목소리 속에 묻혀 버렸다.

이런 반응은 매우 '비합리적'이다. '사실(fact)'에 대한 이해(understanding)가 편견에 의해 원천 봉쇄되었다. 사실은 언제나 다양한 해석(interpretations)에 열려 있기 때문에 서로 다른 견해가 경합하는 것은 당연하다. 그것이 다원적 민주주의(plural democracy)의 핵심이다. 하지만 여기에는 전제가 있어야 한다. 다원적 해석은 서로 소통 가능 해야하고 사실과의 대조를 통해 비판되고 수정될 여지를 차단하는 정도까지 허용될 수는 없다. 예멘 난민들에 대한 한국사회의 반응은 처음부터 사실 따위에는 관심조차 없었다는 점에서 기준에 한참이나 미달하는 것이었다. 사실에 관심이 없는 편견은 매우 단단해서 쉽게 깨지지 않는다. 그들을 삶터에서 내몬 지구적 차원의 원인을 이해하려고 하지 않은 채 혐오의 감정만을 표출한 것이다.[3]

하지만 따져 물어야 할 것은 한국사회의 문화적 편견과 편협함이 아니다. 그런 접근은 '예멘인'을 편견으로 대하는 것과 다르지 않다. 한국의 '국민성'과 '민족성'은 원래 그렇게 배타적이고 편협하다는 또 다른 고정관념에 이를 뿐이다. 이런 접근은 '상호이해'와 '공존'의 여지를 생각할 수 없게

없는 문제제기에 주목한다. '우리'가 겪게 되는 이질적인 요소들과의 접촉을 통해 기실 '우리' 또한 생각만큼 동질적이지 않다는 것을 깨달을 수 있다는 것이다. 그 반대는 파국적이다. '우리' 안에 존재하는 이질성을 부정하기 위해 외부의 타자를 적으로 구성할 때 파시즘과 전체주의로 치닫게 될 가능성이 높아진다는 것이다. 이 논문은 이러한 벤하비브의 지적에서 출발했다. 세일라 벤하비브, 『타자의 권리 – 외국인, 거류민, 그리고 시』, 이상훈 옮김, 철학과 현실사, 2008, 205쪽.

3 Zygmunt Bauman, *Strangers at Our Door*, Polity, 2016, 44쪽.

만든다. 그래서 질문은 현재 상태를 기정사실로 인정하는 것이 아니라 비판적으로 설명하고 변화시킬 수 있는 방향으로 향해야 한다. 왜 우리는 낯선 이를 '손님'이 아니라 '침입자'로 대하게 되었을까? 무엇이 비합리적인 편견이 합리적인 상호이해의 노력을 압도하게 만들었을까?

지그문트 바우만(Zygmunt Bauman)이 난민을 다루는 책에서 지적한 것처럼 낯선 사람들과의 '친밀한' 접촉은 그 자체로 서로 다른 범주의 사람들이 가진 '지평들의 융합'(a fusion of horizons)을 가능하게 한다. 편견은 서로가 대면하고 이야기하고 토론하는 것을 통해 극복될 수 있는 것이다.[4] 그런데 지금 우리들의 마음상태는 '접촉' 자체를 거부하고 있다. 그렇다면 우리가 찾아야 하는 것은 서로 대면하고 이야기하고 그럼으로써 지평들이 융합할 수 있는 길이다.

그 길을 찾기 전에 먼저 해결되어야 할 문제가 있다. 현재의 사회적 조건이다. 민족성과 국민성으로 고정된 것이 아니라면 마음상태는 특정한 문화적, 역사적 조건의 효과로 구성되는 것이다. 이것은 '난민 이전의 난민 문제'라고 명명될 수도 있다. 예멘인들을 우리를 찾아온 타자로서 환대하기 보다는 위협적인 존재로 밀어내는 태도는 그들이 찾아오기 이전 우리 안에서 길러진 '혐오의 감정'에서 생겨난 것일 수도 있다. 이미 우리들은 위협으로 가득 찬 일상을 경험하고 있다. 거리를 스쳐지나가는 불특정 다수의 사람들은 시선이 미치지 않은 곳에서 나를 공격할 지도 모르는 위협으로 간주된다. CCTV의 감시만이, 자동차라는 철갑만이 나를 보호할 수 있는 수단이 되어버린 '위협사회'에 살게 된 것이다. 옆에 존재하는 사람들은 연대와 협력을 위한 '동료'가 아니라 경쟁에서 내가 이겨야 하는 대상이거나 '나'에게 활용 가능한 자원일 뿐이다. '그들'은 '나'를 위협하고 그런 태도는 '그들'에 대한 공포를 강화한다.[5] 바우만이 '유동하는 공포'(liquid

---

4 Bauman, 위 논문, 2016, 18쪽.

fear)라고 불렀던 것이 일상이 되어 버린 것이다. 공포는 "흘러 다니고, 스며들고, 새나가고, 흘러나온다."[6] 우리의 일생은 공포와의 계속된 싸움이 되어버렸다.[7] 타자는 경쟁에서 승리해서 '나'의 시기(결코 존경이나 존중이 아니다)의 대상이 되거나, 패배한 '내'가 경멸의 시선으로 내려다 볼 약자일 뿐이다.[8]

이런 마음의 상태는 결코 '낯선 이방인'을 환대할 수 없다. 우리 모두는 '마음의 난민'이고 그래서 '내부적 난민'을 만들어내 차별하고 배제하고 쫓아내고 있었던 것이다.[9] 도대체 우리는 왜 이런 상태에 처하게 되었는가? 이 질문은 현상으로서의 난민 이면의 구조적인 원인을 탐구하도록 한다. 현상은 언제나 복합적으로 얽혀 있는 다양한 관계들의 효과(effects)로 드러난다. 복합적인 인과관계를 파악하지 못하면 현상으로 '드러난' 사건들 사이의 연관관계만을 보게 되고, 따라서 원인을 진단하고 제거하지 못한 채 문제를 '관리'하는 것에 멈추어 더 이상 앞으로 나가지 못할 수도 있다. 현상을 설명할 수 있는 깊은 구조를 해명해야 하는 것이다.[10] 그리고 이러

---

5 Zygmund Bauman, *Liquid Fear*, Polity, 2006, 132쪽.
6 Bauman, 위 논문, 2006, 97쪽.
7 Bauman, 위 논문, 2006, 8쪽.
8 Bauman, 앞 논문, 2016, 12-13쪽.
9 필자는 「난민을 관리하는 정치 또는 난민에 의한 '난민정치'」, 『문화/과학』 88호, 2016에서 한국사회의 단면을 소묘했다.
10 현상으로 드러나는 사건들 사이의 관계로부터 대상을 설명하려는 입장은 경험주의(empiricism)로 불린다. 사회적 사실을 양적으로 측정될 수 있는 지표로 환원하고 원인을 설명하기보다는 가설을 감각적 경험에 기초한 증명과정을 통해 법칙으로 정립하려고 한다. 이에 대한 철학적 논쟁은 매우 격렬하게 전개되어 왔다. 이론적 실재론(theoretical realism)과 포스트모던 상대주의(post-modern relativism)로부터의 비판이 가장 주목받아 왔다. 이 글에서의 입장은 이론적 실재론으로 현상의 토대로 작용하는 복합적 구조를 찾아내는 것을 목표로 한다. 테드 벤턴(Ted Benton)과 이언 크레이브(Ian Craib), 『사회과학의 철학』, 이기홍 옮김, 한울아카데미, 2014를 보라. 이론적 실재론을 둘러싼 논쟁의 요약은 서영표, 「비판적 실재론과 비판적 사회이론—사회주의, 여성주의, 생태주의의 분열을 넘어서」, 급

한 설명과 이해는 정치적 실천과 개입으로 나가야 한다.

Ⅱ. 공포와 혐오에 대한 이론적 가설

난민문제를 설명하기 위한 열쇠말은 공포(fear)와 혐오(hate)다. 공포라는 실존적 문제가 혐오라는 집단 심리로 드러나는 과정을 해명하고, 공포가 혐오가 아닌 연대와 공감의 '원료'가 될 수 있음을 논증해야 한다. 공포가 혐오의 짝이 될지 아니면 연대의 원료가 될지는 미리 정해진 것이 아니라 정치적 실천에 의해 달라질 수 있다. 그리고 공포를 연대의 정치로 향하도록 만들기 위해서는 공포-혐오를 지탱하고 있는 '인간'에 대한 잘못된 이해를 비판적으로 검토해야 한다. 아래의 가설은 이러한 이론적 논증의 출발점이다.

첫째, 난민을 사회적 문제로 이해하기 위해서는 '혐오'라는 사회적 현상을 설명해야 한다. 난민으로 드러난 혐오의 정치는 새로운 현상이 아니다. 역사 속에서 수없이 반복적으로 나타났다. 우리가 고려해야 할 것은 역사적 특수성(historical specificity), 즉 정치적, 경제적, 지리적, 문화적 요소들이 동시에 영향을 끼치며 나타나는 '동시대의' 역사적 현상으로서의 난민과 혐오의 연관이다. 바우만의 지적처럼 대규모 이주는 근대 그 자체의 특징이지만 그것을 넘어 특정한 사람들을 혐오의 대상으로 만드는, 즉 잉여인간(redundant people)을 만들어내고 있는 삶의 양식은 우리시대의 독특한 현상이다.[11]

둘째, 혐오의 정치가 가지는 역사적 특수성을 읽어내는 것은 곧 사회적

진민주주의 연구모임 데모스,『급진민주주의리뷰 데모스 2011 No.1 – 민주주의의 급진화』, 2011. 데모스를 보라.

11 Bauman, 앞 논문, 2016, 2-3쪽.

위기의 양상을 분석하는 것이다. 왜냐하면 혐오의 정치는 사회적 위기의 시대에 강화되는 불안, 공포, 불만으로부터 에너지를 얻기 때문이다. 그런데 근대 자본주의 사회에서 위기의 근저에는 경제적 문제가 놓여 있다. 자본주의 위기론을 둘러싼 복잡한 논쟁은 논외로 하더라도 우리가 경험적으로 확인할 수 있는 자본주의의 역사는 불황과 호황의 반복적 사이클의 연속이었다. 불황의 시기에는 사회적 불안, 선동, 혐오가 분출했고, 종국에는 대량살상을 동반한 전쟁이 터지곤 했다.[12]

셋째, 자본주의가 계급대립과 착취에 토대를 두고 있음에도 유지될 수 있는 것은 자본주의적 상품-화폐 관계가 만들어내는 평등과 공정성의 신화(myth) 때문이다. 하지만 이것은 위기가 닥쳐오면 위협받는다. 따라서 상품과 화폐의 물신성(fetishism)과 짝이 되는, 국가라는 이름의 정치적 공동체 안의 동등한 시민권이라는 이데올로기가 동원되어야 한다.[13] 시장과 국가에서의 평등과 공정성이라는 신화는 서로를 보완한다. 이것만으로도 충분하지 않다. 형식적으로 보장된 정치적 민주주의마저도 경제적 불평등에 의해 무력화되고, 정치가 대중의 의견을 반영하지 못한다는 것이 극명하게 드러날 때에 의지할 수 있는 이데올로기들이 있어야 한다. 민족, 인종, 종교가 그러한 역할을 수행한다. 에릭 홉스봄(Eric Hobsbawm)의 주장처럼 사회가 '실패할' 때 민족과 인종은 얼굴을 내밀게 되는 것이다.[14] 민

---

12 자본주의가 안고 있는 모순을 설명하는 글들은 많다. 그중 가독성이 높은 것들을 소개하면 다음과 같다. 데이비드 하비(David Harvey), 『자본의 17가지 모순 – 이 시대 자본주의의 위기와 대안』, 황성원 옮김, 동녘, 2014, 테리 이글턴(Terry Eagleton), 『왜 마르크스가 옳았는가 – 이토록 곡해된 사상가가 일찍이 있었던가?』, 황정아 옮김, 길, 2012. 자본주의 역사에 대한 조금 더 전문적인 내용은 지오반니 아리기(Gionvani Arrighi), 『장기 20세기 – 화폐, 권력, 그리고 우리시대의 기원』, 백승욱 옮김, 그린비, 2014를 보라.

13 에티엔 발리바르(Etienne Balibar), 『마르크스의 철학』, 배세진 옮김, 오월의 봄, 2018, 180-180쪽.

14 Bauman, 앞 논문, 2016, 63-64쪽.

족, 인종, 종교, 그리고 국가는 '순수한 정체성' 또는 '일체감'을 불러낸다. 문제가 되는 것은 그러한 '순수한' 정체성과 일체감은 애초에 존재하지 않기 때문에 그것을 침범한다고 가정된 '적' 또는 '그들'이 지목되고 나서야 얻어질 수 있다는 것이다. 혐오와 증오가 동원될 수밖에 없다.[15]

혐오가 '동시대'의 역사적 현상으로 나타날 때 서로 다른 역사성(historicity) 또는 시간성(temporality)을 가지는 민족, 국가, 인종, 종교가 얽혀들게 된다. 중요한 것은 민족, 국가, 인종, 종교는 서로 뒤섞여 있기 때문에 결코 순수한 상태로 존재할 수 없음에도 불구하고 순수한 정체성으로 표상된다는 것이다.[16] 그리고 그것이 가능한 것은 인간의 무의식이 회피할 수 없는 심리적 불안정과 신체적 취약성이 초래하는 불안과 공포 때문이다. 불안과 공포는 상호의존과 유대를 통해서도 극복될 수 있다. 하지만 계급사회의 착취와 억압은 혐오와 증오로 전치되어(displaced) 착취 받고 억압받는 사람들 사이의 내적 분할과 반목으로 나타난다. 이러한 분할과 반목을 조장하고 관리하는 것이 자본과 권력의 정치적 실천의 핵심이다.

이런 관점에서 난민은 새롭게 읽힌다. 우리에게 난민은 특정한 사람들

---

15 혐오와 증오는 민족, 국가, 인종, 종교 등 외부의 '적'뿐만 아니라 내부의 적도 만들어 낸다. 당연한 권리를 주장하는 페미니즘을 남성성과 질서를 위협하는 것으로 공격하는 것, 성적소수자를 악마화하는 것처럼 '우리' 안의 혐오는 불만과 좌절이 비판적 힘을 잃고 낭비되는 통로다. 여성혐오에 대해서는 정인경, 「포스트 페미니즘 시대 인터넷 여성혐오」, 한국여성연구소, 『페미니즘연구』, 16-1, 2016을 보라. 하지만 자본과 권력의 입장에서 체계적인 위기에 의해 초래된 불만과 불안, 공포를 특정한 대상으로 향하게 하는 것은 효과적인 정치 전략이다. 넓게 퍼져 있는 불안과 공포는 자본과 권력이 두려워하는 대중이 출현할 수 있는 토대가 된다. 따라서 이 불안과 공포는 특정한 집단을 향해 분출되어야 한다. Bauman, 앞 논문, 2016, 33쪽.

16 '정치의 종교화'가 초래하는 '확실성'과 '자기 확신'은 매우 위험하다. Bauman, 앞 논문, 2006, 112-113쪽.

의 이동이라는 사회적 사실로 받아들여지지 않는다. '난민들'이 문제가 아니라 우리가 그들을 바라보는 시선, 원초적인 공포의 감정으로부터 혐오와 증오를 유발하는 사회적 조건이 문제인 것이다. 그러한 사회적 조건은 신자유주의라는 이름으로 강요된 시장맹신주의에 의한 사회적 효과 없이는 설명하기 어렵다.

신자유주의라는 이름으로 불리는 우리가 살고 있는 시대에서는 누구나 피할 수 없는 '신체의 취약성'과 '심리적 불안정성'이 승자만이 모든 것을 가져가는 무한경쟁에 의해 더욱 심각한 불안과 좌절로 악화되고 있다. 사람들이 느끼는 불안과 공포가 증폭하고 있는 것이다.[17] 이러한 취약함과 불안정성은 타자와의 연대, 연대를 통한 서로 간의 인정에 의해서 완화될 수 있지만 우리가 살고 있는 시장맹신주의 사회는 '연대'와 '상호인정' 그리고 그것을 통해 만들어지는 자기존중을 원천적으로 봉쇄하고 있다. 이렇게 봉쇄된 연대와 상호인정은 종교적 광신과 극단적 정치적 열망을 통해서 왜곡된 형태로 얻어진다.[18] 이것이 바로 극우적 포퓰리즘(populism)과 혐오의 정치가 움터 나올 수 있는 토양이다.[19]

우리 사회가 안고 있는 문제를 해결하기 위해서는 시장맹신주의와 그로부터 파생된 경쟁주의를 완화하고 소통과 상호이해의 물질적 기반을 조성하는 사회운동으로 나가야 한다. 그럴 때에만 '광신'과 '극단주의'가 약화될 수 있다. 불만과 좌절이 표현되고 인정과 존중의 통로가 열릴 때 토론과 숙의는 가능해지고 사회적 합리성은 증진될 수 있다. 그런데 스스로를 광신과 극단주의의 반대편에 있다고 생각하는 사람들은 사회적 문제를 구

---

17 바우만은 다른 생명체들과 달리 인간이 과거에 경험에서 침전된 '파생적 공포'(derivative fear)를 가지고 있으며 이것은 위험에 대한 취약함과 불안한 감정 상태로 특징지어진다고 이야기한다. Bauman, 앞 논문, 2006, 3쪽.

18 Bauman, 앞 논문, 2016, 34쪽.

19 포퓰리즘 현상에 대해서는 서영표, 「포퓰리즘의 두 가지 해석 – 대중영합주의와 민중 민주주의」, 『민족문화연구』 63, 고려대 민족문화연구원, 2014를 참고하라.

조적인 차원에서 인식하지 못한다. 결과는 태극기와 성조기를 앞세워 광장에 집결하는 광신과 극단주의의 열광 말고는 인정받고 존중받을 통로가 없는 사람들을 모조리 '사회의 적'으로 돌린다. 현상의 근저에 존재하는 원인을 따져 묻지 않고 경험적으로 확인된 사실에 곧바로 반응한다. 원인을 알 수 없기에 '타자'를 혐오의 대상으로 낙인찍는 것에는 태극기 아래의 '그들'과 다르지 않다. 분석, 비판, 토의, 이해의 과정은 없다. 오직 소멸되어야 할 '적'이 있을 뿐이다. 그러나 '혐오'는 '혐오'를 통해 극복될 수 없다. 혐오를 조장하고 혐오를 보호막으로 삼는 체계 자체를 변화시키지 않고서는 혐오가 유일한 자긍심과 (왜곡된) 인정의 통로가 되는 악순환을 막을 수 없다.

따라서 사회적 문제로서의 난민이 해결되기 위해서는 지배적 이데올로기가 뿌리 내리고 있는 장소들, 즉 물질적 장치(apparatuses)들 안에서 인권과 인도주의, 민주주의의 기본 원리를 우리 스스로의 일상, 언어, 관행과 대조하고 비판하는 실천으로 나가야 한다. 취약성과 불안정성이 연대의 정치로 발전하기 위해서는 이러한 물질성을 변화시키는 현실적인 개입이 있어야 한다. 그리고 혐오의 선동을 통해 추구되는 자기만족과 정체성은 결코 목표를 얻을 수 없다는 사실에 대한 자각이 연대를 향한 정치의 출발점이 될 수 있다.[20] 현대사회는 만족을 목적으로 하지 않고 불만을 지연시키려는 다양한 수단들로 가득 차 있다.[21] 만족을 줄 수 없는, 그래서 지켜질 수 없는 약속들은 그 자체로 저항의 지점들을 형성한다.

연대가 동료인간에 대한 사랑이라면 '유동하는' 공포의 시대 사람들은 혐오를 통해 왜곡된 '만족'을 추구한다. 그리고 그것을 가능하게 하는 것은

---

20 Bauman, 앞 논문, 2016, 19쪽.
21 Bauman, 앞 논문, 2006, 8쪽.

신자유주의적 자본주의 이데올로기가 유포한 극단적 개인주의다. 결국 직접적인 문제가 되는 것은 타자에 대한 무관심이다. 공감능력을 상실해 가고 있는 것이다.[22] 이런 조건에서 타자에 대한 무관심을 극복하고 연대(사랑)의 관계를 만드는 것은 시장맹신주의가 지배하는 착취질서에 저항하는 것이다. 그리고 착취에 대한 저항은 그것을 정당화하는 담론(지배이데올로기)과 경제적, 정치적 현실 사이의 격차가 체험되는 '탈구'(dislocation)로부터 시작될 수 있다. 물질적 체험이 이데올로기를 초과할 때 매끄러웠던 현실의 표면에는 주름과 균열이 생긴다. 그러한 주름과 균열이 신체와 무의식의 보존열망과 만날 때 혐오와 증오가 아닌 연대의 가능성이 열리게 되는 것이다. 우리의 신체, 무의식, 사회적 관계, 정체성은 계속해서 긁히고 있으며 흔들리고 있다.

III. 타자와 공포, 그리고 대중-철학적 회고

인간이 살아간다는 것은 공포(두려움, fear)와의 대결이다. 그것은 죽음에 대한 공포일 수도, 자연재난에 대한 공포일 수도, 또는 사고에 대한 공포일 수도 있다.[23] 이 중 가장 근본적인 공포 중에 하나는 아마도 낯선 이, 타자(the others)에 대한 공포일 것이다. 타자는 익숙하지 않고, 예상할 수 없으며, 불안을 초래하는 존재이기 때문이다.[24] 그런데 타자에 대한 공포는

---

22 Bauman, 앞 논문, 2006, 78쪽.
23 인간뿐 아니라 모든 살아 있는 생명체는 공포를 가진다. 이러한 공포는 생존에 필수적이기까지 하다. (Bauman, 앞 논문, 2006, 2-3쪽.) 이러한 공포 가운데 죽음에 대한 공포가 가장 원초적이다.(52쪽.) 그러나 오직 인간만이 아직 오지 않은 죽음의 불가피함을 알고 평생 그것을 의식하고 산다. 인간의 느끼는 공포는 독특하다.(50쪽.)
24 Bauman, 앞 논문, 2016, 7-8쪽.

역설적이다. 인간은 타자와의 소통과 연대 없이는 생존할 수 없다. 인간을 '정치적 동물'이나 '사회적 존재'로 규정하는 것은 이러한 이유 때문이다.[25] 결국 생존은 타자들과 함께 '우리'일 때만 가능하지만 동시에 인간은 그들을 두려워한다.

토마스 홉스(Thomas Hobbes)가 공리주의-합리주의-자유주의의 철학적 토대 위에 가정한 자연 상태(natural conditions)의 인간들은 이러한 역설을 계약(contract)으로 해결했다. 이기적이고 합리적인 인간들의 '만인에 대한 만인의 투쟁 상태'를 계약으로 중지하고 그러한 계약을 보증할 강력하고 절대적인 주권자(sovereignty)를 도입했다.[26] 그런데 홉스의 해결책 역시 또 다른 역설을 불러온다. 모두를 공멸하게 할 투쟁 상태를 종식시키는 사회적 유대와 연대는 그 유대와 연대의 범위를 설정하게 된다. 그 바깥에 존재하는 또 다른 유대와 연대의 공동체들은 경쟁과 투쟁의 대상이 되어 버린다.[27] 그리고 공동체에 속하지 못한 사람들은 존재 자체를 부정당한다.

홉스의 길을 계속 따라갈 필요는 없다. 인간은 홉스가 가정한 것처럼 원자로 고립된 합리적 계산자들이 아니며, 자연 상태 같은 것은 실제 역사에 존재하지 않았다. 다만 홉스로부터 인간은 공동체를 형성해야 하지만 공동체 안에는, 그리고 공동체들 사이에는 언제나 '다른 편'에 대한 공포가 자리하고 있다는 통찰은 받아들일 수 있다. 즉 인간은 결코 그것으로부터 자유로워질 수 없기에 공포는 얼굴을 달리하면서 우리 곁에 함께 한다는

---

25 생명체의 진화과정에서 협동의 중요성에 대해서는 표트르 크로포트킨(Pyotr Kropotkin), 『만물은 서로 돕는다 – 크로포트킨의 상호부조론』, 김영범 옮김, 르네상스, 2005를 보라.

26 토마스 홉스, 『리바이어던』, 최공웅/최진원 옮김, 동서문화사, 2009, 149-150쪽.

27 사회적 연대의 '홉스적 길', '스미스적 길', '뒤르켐적 길'을 '맑스적 길'의 비교에서 대해서는 서영표, 「저항적 연대와 사회변혁 – '적대 없는' 연대에서 '적대를 통한' 연대로」, 『로컬리티인문학』 14, 부산대 민족문화연구소, 2015 참조.

것이다. 홉스의 절대적인 주권자 리바이어던(Leviathan)도 타자에 대한 공포를 완전히 종식시킬 수 없다.

홉스에게서 얻을 수 있는 또 다른 생각은, 공포가 반드시 폭력을 동반한 투쟁으로만 귀결되는 것이 아니라면, '합리적인'(rational) 판단은 폭력의 길이 아닌 협력의 길을 선택할 수 있다는 것이다. 그런데 여기서 우리는 또 한 번 홉스와 갈라서야 한다. 합리적인 판단은 이상적으로 가정된 합리적 주체의 계산에 따른 것이 아니라 '정치'적 실천을 통해 성취되어야 하는 것이기 때문에, 즉 공포/폭력은 한 번의 합리적 계약에 의해 종식되는 것이 아니기 때문에, 공포는 우리 곁에 항상적인 위험으로 도사리고 있다. 공포의 항상적인 존재를 부정하는 것은 도리어 공포가 예기치 못한 폭력적 방식으로 표출되는 것을 조장할 수도 있다.

여기서 홉스와 갈라서서 자유와 평등의 기본권을 보장받기 위해서는 정치적 공동체의 참여가 있어야 한다는 장 자크 루소(Jean Jacques Rousseau)의 길을 따라나서게 된다.[28] 평등과 자유를 향한 여정은 멀고 험한 길이다. 그리고 결코 최종목적지에 도달할 수 있다는 헛된 희망을 품어서는 안 된다. 평등과 자유는 항상적인 민주주의의 민주화라는 과정을 통해 앞으로 전진 할 뿐이다.

피할 수 없는, 그리고 결코 소멸할 수 없는 공포와 함께 살아야 한다는, 그리고 그 공포가 드러나는 합리적인 길과 폭력적인(비합리적인) 길이 항상 공존한다는 조건은 '공포-유대'의 무수히 많은 변이들(variations)을 만들어 낸다. 그런데 이렇게 많은 변이들을 만들어 내는 또 하나의 결정적 요소가 아직 고려되지 않았다. '계급적대'와 '계급투쟁'이 그것이다. 인류가 살아왔던 거의 모든 사회는 (원시시대 압도적인 자연의 공포에 맞서야

---

28 Louis Althusser, *Politics and History*, Verso, 2007의 2부를 보라. 특히 123쪽, 131쪽, 142-143쪽을 보라.

했던 '미숙한' 인류를 예외로 한다면) 계급적인 분할과 착취를 통해 유지되었다. 언제나 소수의 지배계급이 사회적 부의 대부분을 독점하고 그것으로부터 발생하는 불만을 힘으로 눌러왔다. 여기서 힘은 단지 물리적인 폭력만을 의미하지는 않는다. 종교에 기댄 권력의 신성화와 그러한 신성한 힘의 절대성의 신화(myth) 앞에 피지배자들은 복종했다. 결코 순수할 수 없지만 순수하다고 선언된 공동체들 사이의 '순수하기 위한' 투쟁도 이데올로기적 통제 도구의 목록에서 빠진 적이 없다. 이제 공포로부터 자유로워져 안전해지고 싶은 열망은 신성한 권력 앞의 복종으로 왜곡된다.[29] 그리고 그렇게 만들어진 신화를 위해 기꺼이 목숨을 내어던진다. 민족과 국가의 이름으로, 하지만 이름을 박탈당한 채, 곳곳의 기념물을 통해서만 기억된다.[30]

인간 사회에 항상적으로 존재하는 '공포의 역학'은 정치의 중요한 단면이자 원재료다. 그리고 공포는 경제적인 것과 정치적인 것과 뒤섞여 매우 복잡한 이데올로기적 기제를 출현하게 하는 토대가 된다. 상대적으로 안정적인 정치체는 지배계급이 계급착취를 정당화할 수 있다는 것을 의미하는데 여기에는 물질적 양보와 보상, 즉 최소한의 안전(security)을 보장하는 힘이 필요하다. 때때로 경제적 위기와 정치적 위기가 발생할 때 그 정도가 심각하지 않다면 외부의 적과의 적대를 통해 정치체를 유지하기도 한다. 하지만 이러한 상대적 안정은 말 그대로 '상대적'이다. 언제 깨어질지 모르는 위태로운 힘 관계에 의존하고 있을 뿐이다.

위태롭지만 상대적으로 안정적인 질서가 교란되는 것은 '착취'가 '착취'

---

29 바우만은 러시아 철학자 바흐친이 제시한 '거대한(우주적) 공포'(cosmic fear)에 근거해 현실의 세속적 공포, 즉 '공식적 공포'(official fear)가 통치의 방식으로 활용되는 것에 대해 이야기하고 있다. 신에 대한 공포는 거대한 공포는 권력을 유지하는 이데올로기로 작동한다. Bauman, 앞 논문, 2016, 50-51쪽; Bauman, 앞 논문, 2006, 94쪽.

30 Bauman, 앞 논문, 2006, 37쪽.

로 드러날 때, 그만큼 안전이 보장되기 어려울 때, 따라서 불만이 저항으로 모아질 때이고, 이럴 때 공포가 어떤 형태로 변형되고 어떤 방향으로 표출되는가가 정치의 관건이 된다. '착취'가 '착취'로 경험된다는 것은 체계의 위기(경제와 정치의 위기 또는 체계 통합의 위기)가 더이상 이데올로기적으로 봉합되기 어려운 정당성의 위기(이데올로기의 위기 또는 사회통합의 위기)와 겹쳐진다는 것을 뜻한다. 이때 정치체는 부정적 길(정치적 퇴행의 길)과 긍정적 길(정치적 진보의 길)의 기로에 서게 된다. 부정적 길은 정당화의 기제를 상실한 지배계급에 의한 국가를 통한 노골적 폭력의 표출이다. 국가는 권위주의적 통제의 강도를 높인다.

이러한 국가를 통한 폭력이 대중의 저항을 자극할 수 있다. 국가를 통한 노골적 폭력에는 대중을 가로지르는 종교(분파), 인종, 성별 등의 분할선을 따른 혐오의 선동이 동반된다. 공포의 대상인 대중은 그 안에서 분열되어 공권력이라는 이름의 국가를 통한 폭력에 동조하는 쪽과 그렇지 않은 편으로 분열되어야 한다. 따라서 국가와 자본의 입장에서 공포와 불안정은 완화되어서는 안 된다. 공포와 불안은 조작되고, 관리되고, 통제되어야 한다.[31] 유럽사회에서 무슬림은 혐오의 대상으로 조작되고, 경제적 위기와 사회의 해체에 의해 똑같이 고통받는 유럽인과 이주민 사이의 반목이 발생한다. 그리고 경제적 고통과 사회적 박탈에 더해 인종적 혐오에 시달리는 무슬림 청년들은 테러리즘으로 내몰린다.[32] 이때 체계의 적은 더욱 선명하게 '구성된다.' 테러리즘을 상대로 한 통제와 경계가 강화되고 민주주의와 인권은 유보된다.

---

31 Bauman, 앞 논문, 2016, 30쪽.
32 Bauman, 앞 논문, 2016, 37-38쪽.

Ⅳ. 우리시대 공포와 혐오- 포스트모던 시대의 혐오정치

3절에서 살펴본 공포와 정치의 연관은 정치적 공동체의 문제를 제기한다. 정치적 공동체의 형성은 애초부터 경계를 설정할 수밖에 없고 '이쪽'과 '저쪽', '우리'와 '그들'을 분할한다. 이러한 경계는 유동적이고 정치적 과정을 통해 구성되는 것이지만 공동체가 유지될 수 있는 힘을 '외부의 적'으로부터 얻어낸다. 외부적 경계는 내부적 분할과 갈등을 중립화시키는 이데올로기적 힘으로 작동한다.

여기서 문제는 외적 경계로 틀 지워진 공동체들 사이의 대립과 내부적 갈등의 정도가 언제나 같은 양상을 가지는 것은 아니라는 것이다. 예를 들어 우리가 여전히 터하고 있는 근대 세계의 공포는 전근대의 그것과 매우 다른 양상으로 정치의 장에 투입된다. 앞에서 언급했던(각주 29번) '공식적 공포'는 더 이상 신(god)이 가지는 '거대한(우주적) 공포'에 의존하지 않는다. 확실성은 사라지고 그 어떤 것도 신의 이름으로 보증되지 않는 세상에서 모든 책임은 개인에게 돌아간다. 공포는 일상에 스며들고 고립된 개인들은 불안하다.[33] 신자유주의 시대 이러한 양상은 극단으로 치닫는다.

공포가 일상에 스며드는 것은 고립된 개인들의 삶이 그만큼 불안정해지는 것을 의미한다. 토마스 홉스가 약속한 '주권권력에 의한 보호'는 더이상 가능하지 않다.[34] 자유로워진 것처럼 보이지만 확실성이 사라진 사회, 그리고 '거대한 공포'에서 연원한 도덕적 공동체마저 붕괴된 시대 개인들은 자신의 '쓸모 있음'을 증명하기 위해 부단히 노력해야 한다.[35] 그런데 '쓸모 있음'을 증명하는 노력은 끝이 없다. 그런 노력에도 불구하고 고립되고, 버려지고, 낙오될 지도 모른다는 생각은 공포감을 배가시킨다.[36] '유동적 근대

---

33 Bauman, 앞 논문, 2016, 55쪽, 58쪽; Bauman, 앞 논문, 2006, 6쪽.
34 Bauman, 앞 논문, 2016, 58쪽.
35 Bauman, 앞 논문, 2016, 59-61쪽.

사회의 삶'은 그 자체로 전쟁터인 것이다. 무엇인가를 얻었다고 생각할 때 그것은 단지 일시적인 승리일 뿐이다. 패배와 추방은 일상이 되어 버린다.[37]

1. 민주주의와 폭력

극단적 폭력(혐오)과 일상화된 폭력(혐오)의 구분을 통해 우리가 처한 현실을 살펴보자. 민주주의를 정상으로 놓고 그것에서 벗어난 것을 예외라고 가정하면 극단적 폭력은 예외적 상태라고 할 수 있다. 그런데 과연 민주주의라는 '정상'은 폭력과 혐오로부터 자유로운 것일까? 분명 노골적으로 혐오를 조장하고 폭력을 동원했던 나치즘과 파시즘은 민주주의와 구별된다. 그런데 폭력적인 나치즘마저도 매우 합리적인 체계에 의해서 유지되었다. 프랑크푸르트학파가 '도구적 합리성'이라고 불렀던 차갑고 냉정한 근대성이 나치즘 안에서도 구현된 것이다. 그 안에서 혐오를 구현하고 폭력을 행사했던 당사자들은 이렇게 합리적으로 짜여 진 체계의 톱니바퀴였다고 할 수 있다.[38] 한나 아렌트(Hannah Arendt)는 이런 모습의 단면을 '악의 평범성'(banality of evil)이라고 불렀다.[39] 우리의 질문은 민주주의적 정치체들은 이러한 도구적 합리성으로부터 얼마나 자유로운가에 있다. 예외적 상태가 극단적인 혐오와 폭력의 표출이라면 민주주의는 일상화된 폭력과 혐오의 양식인 것은 아닐까?

안토니오 그람시(Antonio Gramsci)는 민주주의의 '정상'을 지배계급의 양보와 피지배계급의 동의에 의해 권력이 유지되는 것으로 보았다.[40] 그러

36 Bauman, 앞 논문, 2006, 18쪽.
37 Bauman, 앞 논문, 2006, 49쪽.
38 Bauman, 앞 논문, 2006, 59-65쪽.
39 한나 아렌트, 『예루살렘의 아이히만』, 김선욱 옮김, 한길그레이트북스, 2006.
40 Antonio Gramsci, *Prison Notebooks*, Lawrence and Wishart, 1971. 헤게모니 개념의 해석에 대해서는 서영표, 「영국 신좌파논쟁에 대한 재해석: 헤게모니 개

한 권력의 작동방식을 '헤게모니적'(hegemonic)이라고 개념화했다. 그런데 이 헤게모니적 지배에서 폭력이 완전히 배제된 것은 아니었다. 파시즘과 같은 예외적 형태의 폭력은 특정한 집단을 '불순한' 외부의 '적'으로 낙인찍고, 그 결과로 동반되는 폭력은 강력한 방식으로 드러난다. 반면에 일상적 폭력은 넓게 산포되어 폭력의 대상이 되는 사람조차 자각하지 못하는 방식으로 나타난다. 폭력의 효과는 후자가 더 강력하다. 폭력의 대상이 폭력을 자각하지 못하고 내면화하기 때문이다.

조금 더 강한 테제를 제시해 보자. '우리시대의 폭력은 그것과 정반대를 상징하는 인권담론과 공존할 수 있다.' 이런 주장이 인권담론을 무력화하는 것은 아니다. 생산력주의와 성장주의가 지배하는 신자유주의 이후의 세계에서 인권의 핵심은 국가적 부를 키우는 것이다. 분배는 부차적이다. 다르게 표현하면 국가적 차원의 파이를 키우면 자동적으로 개인들의 복지도 향상될 것이라고 가정한다. 낙수효과(trickle-down effect)라고 불리는 것이다. 그런데 국가적 부의 성장은 국가들 사이의 경쟁에서 승리해야만 얻어질 수 있는 성취물이다. 지배계급은 여기서 매우 교묘한 트릭을 사용한다. 경제적 부는 잉여가치의 축적이며(자본가들은 이것을 이윤이라고 부르고 투자된 자본과 자신들의 노력의 대가라고 주장한다.), 잉여가치는 '살아있는' 노동의 착취에 의해서만 가능하다는 계급착취의 엄연한 사실을 민족적 경쟁의 뒤편으로 밀어 넣어 은폐하는 것이다. 국가와 민족은 사람들에게 너무나 당연한 현실이지만 지금의 국가와 민족은 삶의 공동체이기보다는 착취의 조건을 관리하기 위해 '강요된' 연대일 뿐인 것이다. 강요된 연대 아래 대다수 사람들의 삶의 질은 지속적으로 유예된다. 국가 전체의 성장을 위해서 최저임금은 억제되어야 한다. 이것은 일상화된 '폭력'이다.

___

념에 대한 상이한 해석」, 『경제와 사회』 80, 비판사회학회, 2008을 참고하라.

일상화된 폭력은 다양한 방식으로 분석되어 왔다. 테오도르 아도르노 (Theodore Adorno)와 막스 호르크하이머(Max Horkheimer)에게는 이성의 이름으로 자행되는 폭력이었다. 계몽주의는 폭주했고 추방하고자 했던 신화를 다시 불러들였다.[41] 루이 알튀세르(Louis Althusser)에 따르면 일상화된 폭력은 이데올로기적 국가장치를 통해 행사되는, 다시 말하면 물질성을 갖는 이데올로기적 힘이었다.[42] 미셸 푸코(Michel Foucault)가 규율권력과 통치성(governmentality)으로 설명하려했던 몸과 정신을 훈육하는 권력의 효과도 그러한 폭력이었다. 푸코 스스로는 그것을 폭력, 심지어는 억압이라고 부를 수 없다고 주장했지만 그가 폭력/억압을 괄호치고 권력을 '생산적'(productive)이라고 불렀던 이유는 일상화된 폭력을 드러내는 그의 방식이었다고 할 수 있다.[43] 일상적 폭력은 무의식과 몸에 새겨져 있으며, 그래서 일상과 분리될 수 없는 삶 자체인 것이다. 비록 다르게 행동할 수 있는 여지가 주어져 있지만 폭력은 세련된 방식으로 각인되어 있다. 그리고 피에르 부르디외(Pierre Bourdieu)가 폭력에 상징이라는 수식어를 붙여 '상징 폭력'(symbolic violence)라는 개념을 만들어 낸 것도 일상화된 폭력을 힘을 드러내기 위해서였다.[44]

---

41 테어도르 아도르노와 막스 호르크하이머, 『계몽의 변증법 – 철학적 단상』, 김유동 옮김, 문학과 지성, 2001.

42 Louis Althusser, *Lenin and Philosophy and Other Essays*, New Left Books, 1977에 실린 "Ideology and Ideological State Apparatuses"를 보라. 알튀세르의 이데올로기론에 대해서는 서영표, 『런던코뮌』, 이매진, 2009, 5장 1절 또는 서영표, 「사회운동이론 다시 생각하기 – 유물론적 분석과 지식구성의 정치」, 『민주주의의 인권』 13(2), 전남대학교 5.18연구소, 2013을 보라.

43 권력의 생산적 성격에 대해서는 미셸 푸코, 『성의 역사 1 – 지식의 의지』 이규현 옮김, 나남출판, 2010을 보고, 통치성에 관해서는 그래엄 버첼, 콜린 고든, 피터 밀러가 편집한 『푸코 효과 – 통치성에 관한 연구』, 이승철 외 옮김, 난장, 2014를 보라.

44 피에르 부르디외, 『상징폭력과 문화재생산』, 정일준 옮김, 새물결, 1997을 보라.

2. 상품화된 시장 사회의 폭력과 혐오

위의 이론가들이 활동했던 시대와 우리시대는 같지 않다. 우리 시대만의 종별성이 존재한다. 분명 우리가 통과하고 있는 시대는 40여 년에 걸친 신자유주의적 순환의 마디가 종식되고 새로운 순환으로 옮겨가는 격변기다. 지난 40여 년 동안 강요되었던 '시장의 효율성'은 의심받고 있다. 정치도 불신받기는 마찬가지다.[45] 그런데 국가와 민족이 가지는 힘은 여전히 강력하다. 미시적 차원에서 체험되는 공포가 혐오가 되고 그것이 여전히 건재한 국가와 민족과 만나 극우 포퓰리즘 현상이 만연하고 있다. 그런데 국제사회를 규제하는 규범은 민주주의와 인권이다.

조금 각도를 달리해서 볼 수도 있다. 하나의 순환이 끝나가고 위기가 도래한 상황에서 사회적 불만과 좌절의 정도는 높아지고 있지만 불만이 정치적 통로를 통해 부분적으로나마 해소될 길도 거의 막혀 버렸다.[46] 그런데 이미 당연한 규범이 되어버린 민주주의와 인권 담론은 대중이 조직적으로 저항하는 것을 규범에서 벗어나는 것으로 규정한다. 어쩔 수 없는 상황에서 집합적인 저항이 표출되고 나면 사후적으로 '민주주의적'이라는 수식어를 붙여주기는 하지만 낡은 질서를 타파하려는 저항행동을 앞서서 열어주지는 않는다. 불만과 좌절이 적절하게(지배적 질서를 위협하지 않는 방식으로) 통제되거나 불만과 좌절의 원인에 대한 오인에서 비롯되는 혐오와 증오로 '배설'되어야 한다. '우리가 알고 있는' 민주주의는 한계에 도달하고 혐오-증오의 정치에 빌미를 제공하게 된다.[47]

---

45 현재 위기의 분석에 대해서는 서영표, 「우리가 잃어버린 사회주의, 우리가 만들어야할 사회주의」, 『진보평론』 74, 2018을 보라.
46 서영표, 「변화를 향한 열망, 하지만 여전히 규율되고 있는 의식 - 2016년 촛불시위에 대한 하나의 해석」, 『마르크스주의연구』 14-1, 경상대 사회과학연구원, 2017.
47 Bauman, 앞 논문, 2016, 66-67쪽.

이렇게 보면 포스트모던으로 포장된 우리시대에 혐오는 민주주의와 썩 훌륭하게 공존할 수 있다. 형식적이나마 자유주의를 지탱했던 도덕적 다원성과 문화적 보수주의는 맹목적인 시장숭배에 의해 부서졌고, 자유주의의 허약함과 한계를 주장했던 사회주의는 구석으로 밀려났다.[48] 오직 경쟁, 이윤, 승리, 성공만이 도덕적으로 선한 것이고 이것을 성취할 수 있는 것만이 자유주의적 윤리다. 이런 사회에서 자유는 개인의 선택이고 그 대가는 예측할 수 없음, 불안정이다. '예측할 수 없음'은 더 강한 형태의 공포를 되돌려 준다.[49] 더구나 이러한 역사적 과정은 패배자를 동정하지 않는다. 시장의 윤리, 자본주의의 도덕성은 노력과 능력의 부족이라는 비난을 되돌려 줄 뿐이다. 문제는 절대 다수가 패배자라는 것이다.[50] 패배자는 자신보다 더 열악한 처지에 놓인 사람들을 경멸하고 혐오하면서 패배의 흔적을 지우려 몸부림친다. 낯선 자들, 이방인들이 그런 몸부림의 대상이 될 가능성이 높다.[51]

여기서 지배계급의 이데올로기적 장치들은 과거의 낡은 '이름, 전투구호, 의상'을 불러낸다.[52] 결코 그 이름과 동일시하지 않으며, 구호를 직접 외치지도 의상을 걸치지도 않는다. 착취의 대상이자 통치의 대상인 패배자

---

48 우리시대 문화의 뿌리 뽑힘과 부조리는 철학자들에게 깊은 고민거리를 안겨 주었다. 대표적인 사례로 악셀 호네트(Axel Honneth), 『물화-인정이론적 탐구』, 강병호 옮김, 나남, 2015; 『사회주의 재발명』, 문성훈 옮김, 사월의책, 2016; 찰스 테일러(Chalres Taylor), 『불안한 현대 사회 - 자기중심적인 현대 문화의 곤경과 이상』, 송영배 옮김, 이학사, 2019를 보라.

49 Bauman, 앞 논문, 2006, 11쪽.

50 신자유주의가 만들어 놓은 상품화된 사회의 주체성 비판에 대해서는 서영표, 「소비주의 비판과 대안적 쾌락주의 - 비자본주의적 주체성 구성을 위해」, 『공간과 사회』 32, 한국공간환경학회, 2009를 보라. Bauman, 앞 논문, 2016, 109-112쪽; 앞 논문, 2006. 124쪽.

51 Bauman, 앞 논문, 2016, 12-13쪽.

52 칼 맑스, "루이보나빠르뜨의 브뤼메르 18일", 『칼 맑스-프리드리히 엥겔스 저작선집』 2권, 최인호외 옮김, 박종철출판사, 1997, 287쪽.

들이 그 낡은 과거의 의상을 걸치고 낡은 구호를 외치도록 한다. 외국인, 여성, 성소수자, 장애인에 대한 차별과 혐오를 조장하는 온갖 환원주의와 본질주의가 창궐한다. 소위 '자유민주주의'의 테두리마저 벗어나 '사건의 요건'을 갖추면 처벌한다. 하지만 포스트모던한 상대주의는 어느 정도의 의견 차이는 인내할 수 있어야하며, 자유민주주의는 범죄요건을 갖추지 않은 생각을 규제할 수 없다. 혐오마저도 개인의 선택이라고 역공할 수 있는 '진정한' 다양성의 시대가 도래한 것이다. 더 나아가 혐오는 이미 산업이 되어버렸다. 혐오와 파괴의 충동이 상품화되어 이윤의 출처가 되고(일베 사이트의 클릭은 광고수익이며 n번방은 더 노골적으로 혐오와 파괴를 돈 벌이에 이용했지만 우리는 얼마나 나을까?), 그런 혐오와 파괴마저도 포스트모던한 다원주의의 이름으로 용인된다.[53] 이것이 우리시대 일상의 혐오, 혐오의 일상화다. 인권과 인도주의의 원칙이 강조되는 시대 우리사회는 넘쳐나는 가짜뉴스(fake news)를 걸러낼 합리적 토의와 숙의의 능력을 상실해 가고 있다. 껍데기만 남은 민주주의와 다원성이 이러한 혐오를 조장하는 문화와 나란히 조화롭게 공존하고 있다.[54]

지금은 기존의 질서에 누수가 생기고 낡은 정치세력들은 우왕좌왕하고 있는 시대다. 대중의 불만도 높다. 이런 조건에서 도널드 트럼프(Donald Trump), 자이르 보우소나루(Jair Bolsonaro), 보리스 존슨(Boris Johnson) 같은 극우 정치인들이 대중을 충동질하고 권력을 장악하고 있다.[55] 스스로를 '합리적'이라고 생각하는 기성정치엘리트들은 이들이 민주주의와 인권

---

53 바우만은 공포의 상업화에 대해서 이야기 한다. Bauman, 앞 논문, 2006, 144쪽.
54 인류가 성취한 민주주의와 다양성을 권위주의적 통제로 되돌리자고 주장하는 것이 아니다. 혐오를 조장하는 가짜뉴스를 키우는 자본주의와 사회적 불만이 민주적인 방식으로 표출되는 것을 가로막고 있는 낡은 대의정치에 대항하는 정치도 다원주의의 이름에 걸맞게 보장되어야 한다는 것이다.
55 Bauman, 앞 논문, 2016, 17쪽.

의 보편적 기준을 벗어나는 언행을 할 때 두서너 발 떨어져서 관조적인 논평을 내놓는다. 그런데 이러한 거리두기는 계산된 것이다. 거리두기의 효과는 극우정치인들이 위기의 조건에서 분출하는 더 많은 민주주의와 더 많은 분배를 요구하는 대중의 요구를 봉쇄하는 데서 전위대의 역할을 하도록 만드는 것이다. 조금 비껴 앉아 방조하는 것으로 그들을 돕고 있는 것이다. 한편으로 극우정치인들이 인종주의와 성차별주의를 조장하는데 협조하면서도(최소한 방조하면서) 짐짓 점잔을 빼면서 극우포퓰리즘의 '비합리주의'와는 차별적인 '합리적인' 구역을 확보한다.

대중의 요구가 자신들의 기득권을 침해하는 것을 허용하거나, 대중과 맞서서 돌아올 대중에 대한 공포보다는 극우정치인을 (선택하지는 않았지만) 허용하는 것이 더 효과적인 선택인 것이다. 극단적 형태의 혐오와 폭력과는 거리를 두지만 일상적인 폭력과 혐오는 굳건하게 유지하는 선택이다. '합리'와 '비합리'로 가장된 허구적 대립은 오직 선거의 장에서만 뜨거워질 뿐이다.[56]

신자유주의적 시장맹신주의가 씨 뿌리고 배양한 이기적 원자들의 악무한적 경쟁 상태는 사회적 약자들에 대한 혐오만 일상화 한 것이 아니다. 경쟁의 패배자인 '나'에 대한 혐오가 팽배한다. 손 잡아줄 동료가 없는 상태, 경쟁에서 이기는 것(아주 소수에게만 허락된 전리품) 말고는 길이 주어져 있지 않은 상태에서 맞닥뜨리는 패배자의 현실은 쇼핑, 게임, 약물, 섹스 중독을 통해 왜곡되거나(물론 자본에게는 돈이 되는 이윤의 출처이겠지만), 타자를 향한 비합리적 혐오를 쏟아냄으로써 망각되거나, 그것으로도 도저히 감당되지 않을 때 '자기파괴'의 죽음충동으로 치닫는다. 타자에 대

---

56 정치인들이 어떻게 공포를 정치적으로 활용하고 있는지에 대해서는 Bauman, 앞 논문, 2006, 148-149쪽을 보라.

한 혐오는 결코 '나'에 대한 사랑을 끌어낼 수 없다. 타자에 대한 혐오는 '나'에 대한 혐오라는 비극적 결론을 향해 폭주하는 것에 다름 아니다.

V. 공포의 긍정적 정치화 – 이론적 탐색

인간은 공포와 함께 살아간다. 불안은 인간의 숙명이다. 이러한 인간의 조건은 우리를 혐오-증오의 정치에 노출시킨다. 하지만 이미 앞에서 언급했듯이 공포와 불안은 사회적 연대와 유대의 열망이기도 하다. 혐오-증오는 왜곡된 방식의 연대와 유대일 뿐이다. 이러한 역설적 사실로부터 공포가 긍정적 방향으로 정치화될 수 있는 가능성이 열린다. 타자에게 악마(devil)가 되거나 낯선 이(것)에서 오는 두려움으로부터 완전히 해방된 성인(saint)이 되는 것 둘 다 우리의 선택지가 될 수 없다. 흔들리지만 삶을 지속하기 위한 실존적 요청으로부터 나오는 윤리적 판단의 요청은 결코 사라지지 않는다. 끊임없이 위협받는 삶의 조건과 실존적 고민은 그 자체로 정치의 과정이다.[57] 지속적인 윤리적 판단을 요청받는 과정으로서의 정치는 '나'와 '우리' 대한 존재론적 질문을 제기한다. 우리는 인간과 세계를 다르게 볼 수 있는 권리를 획득해야 하는 것이다. 삶을 고통스럽게 하는 사회의 기제를 해명하고 비판하는 사회학적 분석이 필요한 이유이기도 하다.[58] 아래에서는 이러한 권리 획득을 위해 필요한 최소한의 방향전환을 '관개체성의 인간학'에서 찾으려 한다.[59]

---

57 Bauman, 앞 논문, 2016, 80-83쪽.
58 Bauman, 앞 논문, 2006, 174쪽.
59 바우만은 비트겐슈타인(Ludwig Wittgenstein)과 가다머(Hans Georg Gadamer) 를 인용하면서 '무조건적인 합의'(unconditional agreement)가 아닌 '상호이해'(mutual understanding)에 이르는 대화를 강조하고 있다. Bauman, 앞 논문, 2016, 112~113쪽. 이러한 대화가 가능하기 위해서는 근대적인 '인간'을 해체하

1. 관개체성(transindividuality)의 인간학

근대적 합리성이 가정하는 합리적인 개인, 그리고 그들 사이의 계약으로 존재하는 정치체는 처음부터 관념의 산물이었다. 모든 개인(그리고 개체)은 복합적이어서 정체성을 유지하는 것은 항상 '과정'(processes)일 뿐이며 고정된 정체성을 가지지 않는다. 이렇게 복합적인 개인(개체), 과정으로서만 살아갈 수 있는 존재들 사이의 관계로 나타나는 전체도 당연히 복합적이다. 인간은 '과정'으로서만 정체성을 가지며 복합적이라는 것은 곧 똑같이 복합적인 다른 개체들과의 관계 속에서만, 그리고 그 개체들의 관계로 존재하는 전체 안에서만 존재할 수 있다.[60] 당연히 인간은 신체, 무의식, 정념, 정서, 감정, 이성의 복합체이다. 다시 말하면 인간은 물질적 관계들 사이에 끼어 있는 정념, 정서, 이성의 복합체이며 타자들과의 관계 속에서만 존재하는 관개체적(trans-individual) 존재이다.[61]

사회질서, 특히 국민국가를 유지하기 위해 상상에 의해 만들어지는 공동체는 이러한 물질적이고 인간적인 관계들을 고정된 것으로 표상함으로써 사람들이 수동적 정념에 사로잡히게 한다. 곧 인과관계를 파악하지 못하고 개인들은 조건, 대상, 타자, 그리고 스스로를 오인하고 개인(개체)을 보존하기 위한(생존하기 위한) 필요(needs)가 충족되는 길을 막는다. 여기서 오는 슬픔과 분노의 정서는 혐오와 증오를 통해 만족과 기쁨을 얻으려

되 포스트모던 상대주의와는 거리를 두는 위치설정이 필요하다.

60 발리바르, 앞 논문, 2018, 110-112쪽, 323쪽.

61 관개체성에 대해서는 에티엔 발리바르, 『스피노자와 정치』, 그린비, 2005를 참고하라. 이 책의 프랑스어본과 영어본, 국역본은 논문 구성에 차이가 있다. 정정훈, 「인권의 인간학 : 상호주관성인가 관개체성인가?」, 『문화/과학』 100, 2019도 참고할 수 있다. 관계를 통해서만 존재한다는 것은 존재의 기초가 "개체라는 개념 내에 개체 자신의 다른 개체들에 대한 의존관계를 항상 이미 포함하고 있는 그런 기초"라는 것이다. 발리바르, 앞 논문, 2018, 324쪽; 앞 논문, 2005, 213-214쪽.

하지만 그 결과는 우울이다.[62] 이는 신체와 무의식에 갇혀 있는 죽음충동을 '충동질'하고 주체와 타자, 그리고 관계들과 공동체를 파괴하는 힘으로 작동한다. 이데올로기적 상상은 '상상적'(imaginary)이기 때문에 표면이 매끄럽고 내용은 균질적이다. 이렇게 만들어진 상상의 공동체는 언제나 혐오와 증오를 내포할 수밖에 없다. 매끄럽고 균질한 것은 사람들의 몸과 무의식, 사회적 관계들과 마찰을 일으키기 때문이다. 가족, 장소나 역사를 공유한 공동체, 종교공동체가 이런 종류의 상상의 공동체다.[63]

앞 절에서 이미 언급했듯이 지배체제에 위협이 되는 대중의 힘은 이렇게 분절된다. 혐오와 증오는 원했던 완결성을 성취할 수도 없고 그 완결성을 통해 얻고자 했던 만족도 가질 수 없기 때문에 우울하다. '만족'은 우리 모두가 불완전하고 그래서 타자와 연대할 때만 주어지는 것이기 때문에 상상의 정체성은 늘 결핍으로 고통 받고 우울에 시달릴 수밖에 없다. 여기서 자본주의는 '중독'(addiction)을 통해 사람들을 얽어맨다. 가장 기본적인 것이 소비주의다. 끊임없이 욕망을 만들어내고 욕망은 끊임없는 소비를 낳는다. 경제적 성장은 집단에게 주문이 되어 모두가 거기에 집착하게 한다. 필요충족과는 무관한 지표상의 경제적 성장을 마치 '나'의 삶의 질 향상과 직결되는 것처럼 느낀다. 이것도 중독이다. 어지러울 정도로 급속하게 발전하는 기술적 성장도 일종의 중독이다. 자동차는 개인을 강하게 만드는 것처럼 보인다. 스마트폰은 개인을 똑똑하게 만드는 것처럼 보인다. 하지

---

62 발리바르, 앞 논문, 2005, 126-128쪽에서 정념 속에서의 불안정과 불확실성, 그리고 증오에 대해서 이야기하고 있다.

63 상상의 공동체는 '주인에 대한 공포'에 의해 만들어진다. 이런 공동체 안에서 "개인들은 동일한 정서들 속에서 교통하며, 유사한 매혹과 혐오감을 경험하지만, 진정으로 공통적인 대상을 가지지 못한다. 따라서 매우 요란하기는 하지만 실질적으로 교류되는 것은 최소에 그치는 이러한 교통에서 사회 상태는 그저 명목적으로만 '자연 상태'와 구분될 뿐이다." 발리바르, 앞 논문, 2005, 142쪽. 홉스가 제시한 리바이어던으로서의 주권체가 이런 것이었다.

만 실상은 개인이 가지고 있는 능동적 힘을 거세하고 의존적으로 만든다. 점점 더 기계에 의존하는 사이보그가 되어가지만 '나'의 통제력은 갈수록 취약해진다.

상상적 공동체와 중독으로 봉합되어 있는 우울과 좌절은 해소되는 것이 아니라 축적된다. 그리고 이러한 축적이 체계의 위기와 만날 때 폭발한다. 그람시적 의미의 헤게모니는 정치적, 경제적, 이데올로기적 차원에서 언제든 깨질 수 있다. 그런데 이데올로기는 상상적이지만 물질적이며, 그래서 일상적이어서 매우 강력하지만 그 강도만큼 스스로 받아들인 질서가 착취에 기반하고 있다는 것이 인지될 때 발생하는 탈구(dislocations)도 강력할 수 있다. 탈구는 복합적 존재이자 관계적 존재, 그리고 자연적 존재인 인간을 고정된 협소한 합리성으로 틀 지우고 그것만을 정상으로 강요하는 이데올로기와 신체와 무의식이 마찰을 일으키면서 발생한다.[64]

그런데 이런 탈구의 계기는 슬픔과 기쁨의 정서가 불안정하게 공존하는 순간이기도 하다. 발리바르의 표현대로 지배이데올로기가 실제에서 실현되어야 한다고 믿을 때, 다시 말하면 이데올로기(상상적인 것)가 담고 있는 보편성과 현실 사이의 격차를 인식할 때 반역하게 되지만[65] 그 반역의 에너지는 능동적(기쁨)인만큼 수동적(슬픔)이라는 것이다. 오인된 완결성과 고정성에 의해 초래된 우울의 증상을 습관화된 대로 또 다른 순수한 정체성을 통해 해소하려는 경향이 사람들 안에 있다. 순수해야 하기 때문에 닫힌 공동체에의 소속을 통해 정체성을 얻으려한다는 것이다.

인간은 '우리'로 존재할 때만 '나'일 수 있지만 바로 그 '우리'가 관계로

---

64 탈구는 정치철학자 에르네스토우 라클라우(Ernesto Laclau)의 개념이다. 필자는 탈구 개념을 비판적 실재론의 입장에서 재해석하고 사회주의적 연대 구성의 계기로 해석했다. 이에 대해서는 서영표, 「라클라우가 '말한 것'과 '말할 수 없는 것'」, 『마르크스주의연구』 13(1), 2016을 보라.

65 Etienne Balibar, "The Non-Contemporaneity of Athusser," E. Ann Kaplan and Michael Sprinker eds, *The Althusserian Legacy*, Verso, 1993, 13쪽.

부터 단절시키는 이 역설을 어떻게 해결할 것인가? 우선 알튀세르가 제시하는 이데올로기의 물질성 테제에 주목해 보자. 이데올로기는 가족과 학교, 노동조합, 정당, 각종 동호회와 결사처럼 구체적인 물질적 장치들을 통해 행사되고 유지된다. 그것의 효과는 사람들이 지배적인 규범과 관행을 따라 행동하게 만든다. 주체성(subjectivity)은 '종속'을 내포한다.[66] 하지만 이러한 종속이 완결적이거나 영속적인 것은 아니다. 주체들은 이데올로기 안에서 반역과 저항의 계기를 함축하고 있기 때문이다.[67] 물질성을 갖는 장치들이 갖는 이데올로기적 효과는 언제든지 역전될 수 있다.

이러한 접근은 정신보다 신체를 강조한다. 여기서 신체에 대한 강조는 생물학적 신체뿐만 아니라 무의식의 중요성을 부각시킨다. 그렇다면 복종은 물질적 조건의 변화를 통해서만 역전될 수 있다. 의식의 성장은 개인의 수양에 국한될 수 없으며 물질적 장치들 안에서의 집합적 실천에 의해서만 변화될 수 있다는 것이다. 집합적 실천은 거시적 차원에서 물질적 조건에 의해 일방적으로 결정되지 않는다. 다른 사람의 신체와 상호작용하고, 무의식에 흔적을 남기며, 의식을 변화시키는 사람들 사이의 관계들, 그리고 이 모든 상호작용이 발생하는 공간 안에 존재하는 사물들 사이의 관계들을 통해서, 즉 관개체(개인)적으로(transindividually) 성취되는 것이다. 이는 관계성이라는 신체적 또는 무의식적 조건을 오인하게 하는 지배적 이데올로기 안에서 물질성을 자각하고, 고립된 또는 독립된 개체라는 이데올로기를 넘어 관개(인)체성, 즉 관계성을 회복하는 과정이다.[68]

---

66 Athusser, 1977. 자세한 논의는 발리바르, 앞 논문, 2018 3장을 보라.
67 필자는 알튀세르를 역사가 에드워드 톰슨(Edward P. Thompson)과 대질시키면서 이데올로기 안에서의 반역을 설명하려고 했다. 서영표, 앞의 책, 2009, 101-110쪽.
68 개체가 실존한다는 것은 항상 다른 개체들과의 관계를 통해서이다. 발리바르, 앞 논문, 2005, 222-223쪽.

2. 물질적 관계의 전복

이데올로기의 물질성은 바로 그 물질성 때문에 부드럽게, 즉 아무런 갈등 없이 유지될 수 없다. 장치들이 가지는 효과들, 효과들이 생산하는 행위양식들을 벗어나지 않지만 (언제나 이데올로기 안에 있지만) 이데올로기적 상상의 세계에 완벽하게 적응할 수 없는 생물학적 신체와 무의식이 있기 때문이다. 신체와 무의식은 이데올로기의 물질성이 각인되고 실현되는 곳이지만 그 물질성이 항상적으로 깨어지는 곳이기도 하다. 이데올로기와 신체/무의식의 간극은 곧 인간이 개인(개체)으로는 실존할 수 없다는 것을 드러내기도 한다. 인간은 관개체(인)적으로만 존재할 수 있다. 이것은 하버마스가 주장하는 의사소통합리성에 근거한 상호주관성보다 훨씬 넓은 개념으로 해석되어야 한다. 하버마스의 상호주관성 개념은 계몽주의적 이성보다는 약화되었지만 고정된 인간이성의 힘을 가정하고 있기 때문이다.[69]

관개체(인)성은 개인이 가지는 자율성과 상반되는 것으로 해석될 수 있다. 관개체(인)성의 관점에서 인간 주체는 절대적인 자율성을 가질 수 없기 때문이다. 따라서 신체/무의식과 이데올로기적 실재의 어긋남에서 발생하는 탈구들이 관개체(인)성의 회복으로 전진하는 과정은 결코 완결될 수 없다. 영속적인 학습의 과정인 것이다. 학습의 최종목적지가 개별 인간 주체의 완벽한 자율성일 수 없는 이유가 여기에 있다.[70]

이 학습은 공포가 폭력적으로, 즉 혐오와 증오를 통해 드러나게 하는 것의 원인이 착취이며 이것을 은폐하는 이데올로기로부터 연원한다는 것

---

69 이러한 하버마스에 대한 비판은 서영표, 앞의 책, 2009, 308-314쪽을 보라.

70 발리바르는 이것을 '역동적 평형'이라고 부른다. "만약 개체가 이를 재생하기 위해 자신과 '합치하는' 다른 개체를 발견하지 못한다면, 개체는 한마디로 말해 실존하지 못할 것이다. 따라서 마지막으로 우리는 개체의 완결된 개념은 고정되지 않은 역동적 평형을 표현하며, 만약 이 평형이 계속해서 재구성되지 않는다면, 이는 곧바로 파괴될 것이라고 생각할 수 있다." 발리바르, 앞 논문, 2005, 227쪽.

을 알아가는 과정이다. 따라서 학습은 구조적 모순을 인식하고, 모순과 분리할 수 없는 사회적 적대를 인정하고, 그 적대로부터 연대를 구성하는 능력을 얻는 과정이다. 또한 정치체 앞에 두려움에 떨며 복종하는 주체가 아니라 스스로가 실존적으로 가치 있는 세상의 중심이라는 걸 알아가는 과정이기도 하다. 관개체(인)성의 회복(언제나 그러했기 때문에 회복이라는 말이 적절하지 않을 수 있다.)과 실존적 자기중심성 역시 물질성을 가질 때만 성취가능하다. 시간의 재배열과 공간의 재배치가 필요하다. 시-공간의 정치라고 이름 붙여질 수 있을 것이다. 노동패턴, 노동시간, 도시계획, 건축, 에너지생산과 교통체계 등의 다양한 일상의 주제들이 정치의 의제로 들어온다.

3. 필요의 사회학과 지식의 정치학

대중은 '합리적'이다. 그러나 이 합리성은 합리적이라고 가정된 개인들의 합으로서의 합리성이 아니다. 한편으로 개인들은 이데올로기의 상상적 세계에 산다. 그리고 다른 한편으로 이러한 개인들의 모인 대중이 완벽한 합리성에 도달하는 것도 아니다. 합리성은 집단적인 숙의 과정을 통해 도달하는 잠정적인 합의로 다시 정의되어야 하는 것이다.

이렇게 새롭게 정의된 합리성은 '필요(needs)의 사회학'과 '지식의 정치'를 통해 발전될 수 있다. 필요의 인식은 관점(standpoints) 따라 다르다.[71] 복합적 실체 안의 복합적인 개인은 상상, 정념, 정서(이데올로기)를 통해 세상을 바라보며 자기 보존의 의지를 표출한다. 여성과 남성, 어린이와 노

---

71 필요(needs) 개념을 통한 권리담론 비판, 그리고 비판적 실재론(critical realism)과 비환원론적 자연주의(non-reductionist naturalism)의 입장에서의 대안담론 제시에 대해서는 서영표, 「도시적인 것, 그리고 인권」, 『마르크스주의연구』 9(4), 경상대학교 사회과학 연구원, 2012를 보라.

인, 이주노동자와 한국노동자는 서로 다른 관점에서 서로 다른 필요를 인식한다. 이데올로기 안에서 그렇게 한다. 관점은 이데올로기 안에서 만들어지지만 이미 고립된 개인이 아니라 집합적 주체로서 사회적 실천과 투쟁을 전제한다. 여성은 때로 집합적 주체로서의 여성의 필요와 상반된 선택을 할 수도 있는 것이다. 여기서 한 발 더 나아가 각각의 관점은 사회적 실천과 투쟁을 통해 다른 관점과의 소통으로 발전할 수 있다. 이 과정은 충족되지 않는 필요가 개인의 능력에 따른 어쩔 수 없는 숙명이 아닌 구조적 문제라는 인식에 이르게 된다. 개인이 아닌 집단은 합리적일 수 있는 것이다.

필요의 인식이 이데올로기적인 관점으로부터만 인식될 수 있다는 점과 더불어 행위주체들이 자신들의 충족되지 않은 필요를 표현할 때 호소하는 인권 또한 이데올로기적 차원을 갖는다는 점을 고려해야 한다. 필요는 인권과 연결되는데, 인권은 법과 권리의 문제이기 때문에 보편적 이데올로기의 성격을 갖는다. 사람들이 인권이라는 보편적 이데올로기에 호소하면서 각자의 필요를 표현하게 되지만 필요는 물질적이고 신체적인 차원을 갖는다는 점에서 자연적이면서 관계적이라는 것이다. 대중이 정치적 주체가 되는 것은 경험을 통한 지성의 개선과정이며, 그것은 의사소통을 통해 필요의 물질성, 자연성, 관계성을 깨달아 가는 과정이다. 이것은 '집합적 합리성의 증진'이라고 할 수 있다.

집합적 합리성의 증진이 지식의 정치학으로 연결되는 것은 필요의 물질성, 자연성, 관계성을 깨닫는 과정에서 지식과 정보가 핵심적인 역할을 하기 때문이다. 지식과 정보과 얻어지고 소통되며 확산되는 과정 자체가 정치적 쟁점일 수밖에 없으며, 지식의 민주화 없는 집합적 합리성의 성장은 가능하지 않다. 지식/정보와 자원이 주어지고 지식의 공유가 확산될 때 대중은 스스로를 두려워하지만 지배자를 두려워하지 않을 수 있다. 진정한 민주주의와 플라톤이 두려워한 우민정치의 차이는 바로 이점에 달려 있다.

대중의 열정이 대중 사이의 반목으로 귀결되거나 지배계급의 조작에 의해 폭력으로 표출되는 비극적 상태를 벗어나는 길은 대중이 정서, 감정의 지배로부터 이성적 판단으로 전진할 때에만 가능하다. 이러한 개선의 과정, 대중의 역량은 경제적 조건의 변화에 의해 주어지지 않는다. 그리고 어느 순간 완결된 것으로 나타날 수도 없다. 한편으로 앞에서 제기한 조건의 변화, 물질성, 따라서 몸과 무의식이 반응하고 집합적인 지성의 개선을 가능하게 할 정치적 개입이 필요하다. 다른 한편으로 이러한 개선은 갈등과 모순으로부터, 더 강하게 말하면 이데올로기로부터 결코 벗어날 수 없는 '과정'의 연속일 뿐이라는 것을 인정해야 한다.

Ⅵ. 맺음말

　　이 논문의 시작은 '난민'이었다. 그러나 난민에 대해서 천착하지 않았다. 머리말에서 언급한 것처럼 난민은 '우리를 들여다보는 계기'였고, 그 계기를 통해 들여다본 한국 사람들의 마음상태를 분석하는 것이 목표였기 때문이다. 신자유주의가 유포한 시장맹신주의와 경쟁, 성장의 신화에 붙들려 있는 황폐해진 우리들의 마음 상태를 진단하려 했다. 하지만 이러한 상태가 우리가 살고 있는 상식의 세계다. 희망적인 것은 상식의 세계가 위로부터 일방적으로 강요만 되는 것이 아니라 언제나 탈구와 저항의 계기를 함께 담고 있다는 사실이다.

　　이데올로기는 상식(common sense)의 세계를 만든다. 상식의 세계는 한편으로 과학과 이성을 다른 한편으로는 충동과 편견을 함께 담고 있다. 상식을 통한 실천적(practical) 지식 또는 암묵적(tacit) 지식이 없이는 이성은 공허하고 과학적 지식은 성립조차 할 수 없다. 이런 이유 때문에 충동과 편견에 사로잡혀 증오와 혐오의 폭력적 대결을 넘어서기 위해서도 상식의 세계로부터 출발해야 한다. 우리 시대 상식은 민주주의, 인권, 정의다. 그런데 민주주의, 인권, 정의는 사회적 불평등과 충족되지 않는 필요들을 오직 협소하게 정의된 제도적 틀 안에서만 제기하라고 명령한다. 그리고 다른 한편 이러한 제도적 절차를 통해서조차 해소되지 못한 불만이 있는 곳에서 혐오와 증오의 감정을 불어 넣는다.

상식의 세계가 가지는 이러한 특징은 상식을 현실에서 실현하려고 하는 정치적 실천에 급진적 성격을 부여한다. 상식은 우리 모두는 사회적 존재이며 각자는 그 자체로 존중받아야한다고 말한다. 사회적 연대 속에 스스로에 대한 자긍심을 갖는 것이 상식이 요구하는 것이다. 그리고 그것이 우리가 실현해야 할 인권의 '내용'일 것이다. 그리고 인권의 내용이 실현되는 것은 사회적 연대를 통해서이고 그 실현의 원리는 민주주의일 수밖에 없다. 대의제라는 허상 속에 끊임없이 유예되는 민주주의의 실현은 상식에 대한 호소인 것이다. 그럼으로써 우리는 생물학적 취약함으로부터 보호받고, 심리적 불안정, 죽음충동을 완화시킬 수 있을 것이다. 상식이 당연한 것으로 요구하는 것을 그 상식이 근거한 지배이데올로기는 불가능하다고 말한다. 우리는 그 반대편에 있어야 한다. 지배적 이데올로기가 불가능하다고 선을 그어버린 상식의 실현을 요구해야 하는 것이다. 그 출발이 관계체적으로만 파악될 수 있는 우리의 몸, 우리의 무의식, 우리의 유대다.

다시 한 번 확인하자. 자본주의 경제의 구조적 모순은 언제나 정치적 심급, 이데올로기적 심급(상징적 질서)과 복잡하게 얽혀 있다. 알튀세르의 표현대로 과잉결정 되어(over-determined) 있는 것이다. 그래서 위기는 응축될 수도, 전치될 수도, 그리고 폭발할 수도 있다. 지금의 코로나19가 초래한 팬데믹의 위기는 정치적 위기로 드러나고 있다. 전 세계적으로 정치적 권력의 정당성이 의심받고 있기 때문이다. 그런데 이 위기는 인종주의적이고 국가주의적인 포퓰리즘에 의해 전치될 수 있다. 혐오를 쏟아내고 있는 트럼프를 열광적으로 지지하는 유권자는 줄어들고 있지 않다.

코로나19가 진정되면 경제적 위기가 본격화 될 것이고 지배계급은 낡은 기준에서의 경제회복이라는 구호를 통해서 정당성위기를 돌파하려 할 것이다. 이미 구조화된 경제위기와 정치위기가 서로를 번갈아 가면 어정쩡한 상태에서 봉합하는 구실을 주고 있다. 여기에는 항상 미시적 수준의 상징적 폭력이 작동하고 있다. 그런데 이런 미봉책들은 정치적, 경제적, 이데올로기적 모순을 응축하는 효과도 가진다. 이제 서로가 서로를 땜질하고 각 심급의 모순을 전치하는 것이 한계에 다다를 수도 있다. 경제적인 모순이 체계 내에서 관리되지 못하면서 불평등과 착취가 맨얼굴을 드러낼 때, 이것은 피착취자들이 지배적 이데올로기가 말하던 평등과 정의, 민주주의가 실재와 괴리되는 때이기도 하다. 지배이데올로기를 가상이 아니라 실재로 믿는 역설적 상황의 도래라고 할 수 있다. 이런 탈구, 반역, 봉기의 계기(moment, 순간)은 과거의 정치적 기제로는 감당이 되지 않을 것이다. 정치적 심급에서의 모순의 격렬하게 표출 될 수 있다. 하지만 이런 반역의 순간은 구조의 모순에 의해 자동적으로 도래하지 않는다. 경제적 고통과 정치적 무기력은 더 절대적인 국가, 민족에 대한 충성과 타자에 대한 혐오로 치달을 수도 있다. 다른 한편으로 구조적 모순은 몸, 무의식, 친밀성의 미시적 수준에서 체험되고 탈구되어 상징적 질서를 깨고 나갈 수도 있다.

이러한 위기-전환의 시기에는 정치적 리더십이 요구된다. 실천적 지식의 차원에서 발생하는 탈구를 정치적으로 고양시킬 과학적 지식의 개입이 필요하다. 사회적 약자들이 고통의 구조적 원인을 인식하게 되고 그 구조적 모순을 향해 함께 싸우는 연대가 필요한 시대다. 지금 분명 역사적 전환의 시기고 모순은 응축되고 있다. 이제 '난민'은 갑자기 출현한 낯선 사람들로부터 우리 사회의 근본적 모순을 해결하는 정치의 문제로 되돌아온다.

(서영표)

정치적 난민과 월경(越境)의 문학: 김시종의 경우

Ⅰ. 머리말

김시종(金時鐘; 1929-)은 정치적 난민(難民)으로서의 역정(歷程)과 그에 따른 문학적 상상력의 승화를 잘 보여주는 인물이다. 그는 부산에서 태어나 제주에서 성장했다. 제주는 어머니의 고향이었다. 그는 아버지의 고향인 원산이나 자신이 태어난 부산이 아닌, 제주를 고향으로 여긴다. 우리나이로 스물이 되던 해 그는 4·3항쟁의 한복판에 있었다. 남로당 제주도당의 일원으로서 통일독립 항쟁에 참여했던 그는 제주를 탈출해야 하는 절체절명의 상황에 맞닥뜨린다.

한밤중의 온화한 바닷바람 속에서 흘러나온, 금생에서 이별하는 아버지의 말이었습니다. "다음 배 계획도 마련해뒀다. 모레 이 시간, 바위밭 근처로 배가 접근할 것이다. 그다음 조금 더 힘내서 견뎌라." 드디어 어선에 오를 때가 되어 아버지는 재차 고했습니다. 지금도 가슴을 파먹는 한마디입니다./ "이것은 마지막, 마지막 부탁이다. 설령 죽더라도, 내 눈이 닿는 곳에서는 죽지 마라. 어머니도 같은 생각이다."[1]

---

1 김시종, 윤여일 옮김, 『조선과 일본에 살다』, 돌베개, 2016, 223쪽.

김시종이 난민의 출발점에 선 순간이다. 그는 1948년 5월 말 제주우체국 화염병 투척 미수 사건으로 쫓기는 신세가 되었고, 오랜 도피생활 끝에 일본으로 탈출하기 위해 제주도 본섬 북쪽의 무인도인 관탈섬으로 건너가던 1949년 5월 26일의 상황이다. 그 작은 섬에 나흘 동안 대기하다가 밀항선에 합류한 그는 고토열도와 가고시마 해상을 지나 6월 5일 오사카에 노착함으로써 재일조선인으로서 첫발을 내딛게 되었다. "고향이/ 배겨낼 수 없어 게워낸/ 하나의 토사물로/ 일본 모래에 숨어들었던"[2] 것이다. 초[燭] 만드는 공장→비누공장 잡무계→민전 오사카본부 임시사무소 비상임(서클교실)→오사카문화학교 튜터·강사 등으로 재일 생활을 이어갔다.[3] 그 와중인 1950년 5월 26일 '꿈같은 일(夢たいなこと)'을 『신오사카신문(新大阪新聞)』에 발표한 이후 김시종은 70년 동안 일본어로 시를 써왔다. 『지평선(地平線)』(1955), 『일본풍토기(日本風土記)』(1957), 『니이가타(新潟)』(1970), 『이카이노 시집(猪飼野詩集)』(1978), 『광주시편(光州詩片)』(1983), 『화석의 여름(化石の夏)』(1999), 『잃어버린 계절(失くした季節)』(2010), 『등의 지도(背中の地圖)』(2018) 등의 시집은 모두 일본어로 쓴 것이다.

매끄럽지 못한 일본어로 시를 써 왔으니 특히 사적 감정이나 사념의 표출에 중점을 두는 일본의 현대시와는 동떨어진 것이 저의 시였습니다. 말하자면 70년 동안 저는 일본시단 밖에서 시와 관여해서 살 수밖에 없었던 것입니다. 예술의 원천이라 불리는 시의 세계에서조차 재일조선인인 저는 분명히 일본 시의 경계 밖에 놓인 조선인 시인이었습니다.[4]

---

2 김시종, 곽형덕 옮김, 『니이가타』, 글누림, 2014, 32쪽.
3 우체국 화염병 투척 미수 사건과 그에 따른 도피 생활, 그 이후 일본으로 가는 여정과 재일 생활에 대한 구체적인 상황과 행적 등은 『조선과 일본에 살다』에 상세히 기술되었다.
4 김시종, 「경계는 내부와 외부의 대명사」, 『4·3과 역사』, 제주4·3연구소, 2019, 65쪽.

김시종은 줄곧 일본어로 시를 써왔지만 일본 시단의 바깥에 있었다. 그렇다고 대한민국 시단이나 조선민주주의인민공화국 시단의 내부에 있었던 것도 아니다. 그는 경계인(境界人)이었고 그것이 그의 현실적인 삶을 힘들게 했지만, 바로 그 점을 오롯이 승화시킴으로써 경계를 넘나드는 상상력을 그의 시의 특장으로 과시할 수 있게 되었다. "해방된 조국에서 비'국민'으로 내몰려 '인민'으로 활동하다가 '기민'이 되어 숨어 다니다가 '난민'으로 현해탄을 건너 일본 사회를 '유민'으로 떠돌았"[5]지만, 경계인으로서의 자기세계를 확고히 구축해 나갔기에 월경(越境)의 문학으로 세계문학의 전범(典範) 자리에 서게 되었다는 것이다.

따라서 김시종의 시를 '재일조선인 시인'의 것으로만 읽어서는 안 된다. 4·3항쟁이 빚어낸 정치적 난민으로서의 면모를 중요한 기반으로 삼고서 재일조선인으로서의 실존 문제 등을 고찰해야 한다. 특히 절체절명의 순간들을 돌파해 나가는 가운데 의미 깊게 확산되는 월경의 상상력에 주목할 필요가 있다.

Ⅱ. 4·3항쟁의 정치적 난민

김시종은 "나라를 잃어서 난민이 된 게 아니라 국가에 의해서 난민이 발생"[6]한 경우다. 그는 단선반대 통일정부 수립을 외친 4·3항쟁에서 봉기를 주도한 남로당 제주도당 조직의 연락원으로 활동하다가 목숨 걸고 단신으로 탈출해야 했다. 해방공간에서 혁명을 도모했지만 뜻을 이루지 못한

---

5 윤여일, 「4·3 이후 김시종의 '재일'에 관한 재구성」, 『역사비평』 126, 역사비평사, 2019, 355쪽.

6 한보희, 「난민의 나라, 문학의 입헌(立憲)」, 『작가들』 59, 인천작가회의, 2016, 183쪽.

채 대한민국 정부수립 이후 정치적 난민의 길에 들어섰던 것이다. 그렇다고 그가 4·3항쟁의 제반 상황과 관련하여 아주 특별한 인물은 아니라고할 수 있다. "4·3사건을 전후해서 제주도에서 적어도 1만 명 이상이 일본으로 건너"[7]갔다는 견해가 있는바 그들 중 상당수는 정치적 난민으로 볼수 있기 때문이다. 4·3항쟁이 빚어낸 정치적 난민의 문제는 그 규모가 상당하지만 아직까지 무게 있게 다뤄지지 않았다. 김시종조차 자신이 4·3항쟁으로 인한 난민임을 내세우는 일은 쉽지 않았다.

나는 불과 칠 년 전까지도 4·3사건과의 관련을 아내에게조차 숨김없이 털어놓지 못했습니다. 그때까지 입을 굳게 다문 데는 두 가지 정도 큰 이유가 있었습니다. 우선은 자신이 남로당 당원이었음을 밝히면 '인민봉기'였던 4·3사건의정당성을 훼손할까봐 걱정되었습니다. 당시는 '인민'이라는 말에 공감이 큰 시대였습니다. 그런데 이승만 정권도, 그 정권을 떠받친 미군정도, 이후의 군사강권정권도 4·3사건을 '공산폭동사건'이라고 강변했습니다. 내가 나서면 그 억지주장을 뒷받침하게 될까봐 꺼려졌던 것입니다. 그리고 이유는 한 가지 더 있습니다. 일본에서 살아가는 데 집착한 자기보신의 비겁함이 작용했습니다. 내 고백은 불법입국했다는 자백인 셈입니다. 만약 한국으로 강제송환당한다면 내 생애는 그로써 끝날 군사독재정권이 삼십 년 가까이나 이어진 한국이었습니다.[8]

김시종은 오랫동안 자신의 4·3항쟁 관련 행적에 대해 침묵해 왔다고 했

---

7 문경수, 「4·3과 재일 제주인 재론(再論): 분단과 배제의 논리를 넘어」, 『4·3과 역사』 19, 제주4·3연구소, 2019, 96쪽.

8 김시종, 「한국어판 간행에 부쳐」, 『조선과 일본에 살다』, 5-6쪽. 한편 문경수는 "김시종이 4·3사건의 체험을 처음으로 공공장소에서 이야기한 것은 2000년 4월 15일 '제주도 4·3사건 52주년 기념 강연회'에서의 강연으로, 2000년 5월『圖書新聞』 2487호에 게재되었다."고 했다. 김석범·김시종(문경수 엮음), 『왜 계속 써 왔는가, 왜 침묵해 왔는가』, 이경원·오정은 옮김, 제주대학교출판부, 2007, 15쪽.

지만, 시에서는 저변의 곳곳에서 꾸준히 4·3항쟁을 표현하고 있었다. 공적으로나 일상에서는 의식적으로 입을 닫았다고 하더라도, 정서와 재현을 생명으로 삼는 문학에서 어찌 그 엄청난 경험의 자장(磁場)에서 벗어난 작품만을 쓸 수 있었겠는가.

> 울고 있을 눈이/ 모래를 흘리고 있다/ 나는 더 이상 견딜 수 없어/ 비명을 내질렀는데,// 지구는 공기를 빼앗겨/ 목소리를 내지 못했다// 노란 태양 아래/ 나는 미라가 됐다 (「악몽」 부분)[9]

첫 시집에 실린 작품으로, 1953년 11월에 창작한 것[10]이다. 당시 그는 현실에서 4·3항쟁을 말하지 못할 상황이었지만, 꿈에서라도 말하지 않고는 견딜 수 없었다. 그러나 꿈속에서 절규하듯 내지른 그의 호소는 목에서 발화되지 않았다. 4·3의 혁명 활동과 관련해서는 외형만 생존하는 사람일 뿐 그대로 말라죽은 미라와 다를 바 없었다. 더구나 이 시를 쓰던 때는 다른 방식으로나마 통일을 기대하던 한국전쟁마저도 끝나버린 상황이었다.

> 봄은 장례의 계절입니다./ 소생하는 꽃은 분명히/ 야산에 검게 피어 있겠죠.// 해방되는 골짜기는 어둡고/ 밑창의 시체도 까맣게 변해 있을 겁니다.// 나는 한 송이 진달래를/ 가슴에 장식할 생각입니다./ 포탄으로 움푹 팬 곳에서 핀 검은 꽃입니다.// 더군다나, 태양 빛마저/ 검으면 좋겠으나.// 보랏빛 상처가/ 나올 것 같아서/ 가슴에 단 꽃마저 변색될 듯 합니다.// 장례식의 꽃이 붉으면/ 슬픔은 분노로 불타겠지요./ 나는 기원의 화환을 짤 생각입니다만 ······// 무심히 춤추듯 나는 나비도/ 상처로부터 피의 분말을 날라/ 암술꽃에 분노의

---

9 김시종, 『지평선』, 곽형덕 옮김, 소명출판, 2018, 64쪽.
10 『지평선』에 수록된 시들은 모두 창작 시기가 명기되어 있다.

꿀을 모읍니다.// 한없는 맥박의 행방을/ 더듬거려 찾을 때, 움트는 꽃은 하얗습니까?// 조국의 대지는/ 끝없는 동포의 피를 두르고/ 지금, 동면 속에 있습니다.// 이 땅에 붉은색 이외의 꽃은 바랄 수 없고/ 이 땅에 기원의 계절은 필요하지 않습니다./ 봄은 불꽃처럼 타오르고 진달래가 숨쉬고 있습니다. (「봄」)[11]

    1953년 1월에 창작한 이 시의 현실에서는 진달래가 야산에 검게 핀다고 했다. 진달래는 한반도에 널리 피는 꽃이면서, 김시종이 주도한 재일조선인 시지(詩誌)의 이름으로서 그 창간호의 표제시에 "조선의 산하에 가장 많이 피는 꽃"이라는 주석이 달려있기에, 당시 진행 중이던 한국전쟁의 상황을 염두에 둔 작품으로 볼 수 있다. 일본 공산당원으로서 고국에서 벌어지는 전쟁에 대한 문학적 참여를 보여주는 시임은 분명하다.[12] 그러나 좀 더 면밀히 내면을 들여다보면 그것은 4·3항쟁에 연결됨을 알 수 있다. 진달래야말로 바로 4·3항쟁을 상징하는 꽃[13]이기도 하기 때문이다. "오름에 봉화가 피어오르는 것은 산이 진달래로 물드는 어느 날이다."[14] 이는 봉기가 임박한 1948년 3월 말 상황에서의 조직 통지문의 내용이었다. 바로 진달래가 제주의 산천에 물들 때인 4월 3일 새벽 한라산 자락의 여러 오름에 봉화가 오르면서 봉기가 시작되었다. 그 혁명이 끝내 성공하지 못했으니 진달래는 검게 피어나는 것이고, 무자년(1948) 이후 진달래 피어나는 봄은

---

11 김시종, 『지평선』, 106-108쪽.

12 송혜원, 『'재일조선인 문학사'를 위하여: 소리 없는 목소리의 폴리포니』, 소명출판, 2019, 188쪽. "일본 공산당원이며 민전 활동가였던 김시종의 첫 시집 『지평선』(1955)에도 조선전쟁에 관한 시가 많이 포함되어 있다. 「소나기」, 「쓰르라미의 노래」, 「봄」, 「굶주린 날의 기록」, 「거리는 고통을 먹고 있다」, 「가을의 노래」, 「여름의 광시」, 「정전보(停戰譜)」, 「당신은 이미 나를 차배(差配) 할 수 없다」 등이다."

13 4·3항쟁을 상징하는 꽃으로는 동백꽃이 꼽힌다. 동백꽃은 희생당한 제주도민의 상징으로서는 부족함이 없다. 하지만 봉기 시점 등을 기준으로 삼는다면 진달래의 상징성이 훨씬 두드러진다고 하겠다.

14 김시종, 『조선과 일본에 살다』, 185쪽.

장례의 계절이 될 수밖에 없는 것이다. 그렇다고 거기에 슬퍼하며 좌절하고만 있지는 않다. 태양빛을 받아 그 꽃은 본래의 붉은 색을 되찾게 될 것인바, 그것은 분노의 불꽃으로 되살아남으로써 혁명의 뜻을 새로이 이어갈 수 있다는 믿음이다. 당시 김시종은 한국전쟁을 의식적으로 염두에 두면서 「봄」을 창작했겠지만 그것은 그가 직접 경험하지 못한 역사적 사건이었다. 반면에 4·3항쟁이야말로 생사를 넘나드는 극한의 체험이었기에 전쟁의 상황도 그것을 바탕으로 상정하게 되었을 것으로 판단된다. 실제 4·3항쟁과 한국전쟁은 분단 과정의 모순이 극단적으로 폭발된 역사였다는 면에서 맥락을 같이한다.

> 나의 봄은 언제나 붉고/ 꽃은 그 속에서 물들고 핀다.// 나비가 오지 않는 암술에 호박벌이 날아와/ 날개 소리를 내며 4월이 홍역같이 싹트고 있다./ 나무가 죽기를 못내 기다리듯/ 까마귀 한 마리/ 갈라진 가지 끝에서 꼼짝도 하지 않는다.// 거기서 그대로/ 나무의 옹이라도 되었으리라./ 세기(世紀)는 이미 바뀌었다는데/ 눈을 감지 않으면 안 보이는 새가/ 아직도 기억을 쪼아 먹으며 살고 있다.// 영원히 다른 이름이 된 너와/ 산자락 끝에서 좌우로 갈려 바람에 날려 간 뒤/ 4월은 새벽의 봉화가 되어 솟아올랐다./ 짓밟힌 진달래 저편에서 마을이 불타고/ 바람에 흩날려/ 군경 트럭의 흙먼지가 너울거린다./ 초록 잎 아로새긴 먹구슬나무 밑동/ 손을 뒤로 묶인 네가 뭉개진 얼굴로 쓰러져 있던 날도/ 흙먼지는 뿌옇게 살구꽃 사이에서 일고 있었다. (「4월이여, 먼 날이여」 부분)[15]

진달래가 다시 등장하는 「4월이여, 먼 날이여」는 세월이 많이 흘러, 공개적으로 4·3항쟁의 조직원이었음을 밝히고 한국도 다녀간 뒤에 쓴 작품이다. '짓밟힌 진달래'의 한편에서는 마을이 불타고 군경 트럭의 흙먼지가

---

15 김시종, 이진경 외 옮김, 『잃어버린 계절』, 창비, 2019, 86-87쪽.

흩날리고 민중들이 학살되는 모습이 그려진다. '4월은 새벽의 봉화가 되어 솟아올랐다'는 부분에서 보듯, 4·3항쟁기의 양상이 재현되고 있음을 어렵지 않게 알 수 있다. 이 시의 진달래는 짓밟히긴 했어도 다시 붉게 피어난다. 4·3항쟁 참여 사실에 대해 더 이상 침묵하지 않는 그이기에 그날의 열정도 분명히 재생된다. 혁명의 꿈은 허망하게 사라진 것이 결코 아니었다. 여기에 이르기까지 4·3항쟁 관련 메시지는 김시종 작품의 저변에서 끊임없이 흘러왔다.

그 가운데 각별히 주목되는 시기는 1959년이다. 「나의 성(性) 나의 목숨」과 『니이가타』는 모두 그 해의 작품인바, 김시종은 이때 작정하고서 4·3항쟁을 담아낸 시를 썼던 것으로 보인다. 바로 그가 도일한 지 만 10년이 되던 해였기 때문이다. 우선 고래의 생태에 빗대어 쓴 「나의 성(性) 나의 목숨」은 모두 5연의 시인데, 그 3연에서 4·3항쟁을 그려낸다.

> 팽팽/ 하게 된 로프에/ 엉겁/ 조금씩 울혈하는 것은/ 매형인 김씨이다./ 26년의 생애를/ 조국에 걸었던/ 사지가/ 탈분할 때까지 경직되어 더더욱 부풀어 오른다./ "에이! 더러워!" 군정부 특별 허가의 일본 검이/ 해군비행 예과연습생을 막 끝낸 특경대장의 머리위로 포물선을 그리고 있을 때/ 매형은 세계로 이어지는 나의 연인으로 변해 있었다./ 깎여진 음경의 상처에서/ 그렇다. 나는 봐서는 안 될 연인의/ 초경을 보고 말았던 것이다./ 가스실을 막 나온/ 상기된 안네의 사타구니에 낮게 낀 안개./ 흘러내린 바지 위에 여기저기 스며들어서/ 제주도 특유의/ 뜨뜻미지근한 계절 비에 녹아 스며들고 있다. (「나의 성(性) 나의 목숨」 부분)[16]

---

16 재일에스닉잡지연구회 옮김, 『진달래·가리온』 5, 지식과 교양, 2016, 67-68쪽. 이는 『가리온』 2호(1959)에 수록되었던 작품으로, 1960년 간행 작업 중 중단된 시집인 『일본풍토기Ⅱ』에 수록하려던 작품이기도 하다. 한편 동선희는 제목 「わが性 わが命」을 「우리의 성(性) 우리의 목숨」으로, '義兄の金'을 '사촌형 김(金)'

제주도에서 매형 김씨가 처형되는 장면이 그려졌다. '군정부 특별 허가의 일본 검'이라는 표현은 4·3항쟁의 탈식민주의적 성격을 보여준다. 4·3항쟁의 진압 과정에서 나타난 처참한 폭력의 배경에 친일파 세력의 준동이 있었음을 암시하며,[17] 그것은 또한 친일파를 중용한 미군정의 점령 정책과 밀접한 연관이 있음도 보여준다.

장편시집 『니이가타』는 1970년에야 공식적으로 출판되었지만 김시종이 1959년에 완성해 두었던 작품이다.[18] 특히 이 시집에서는 현대사 흐름 속에서 4·3항쟁을 의미 있게 포착했다. 제1부 '간기의 노래'의 '1'과 제2부 '해명 속을'의 '2', '3'에서 충분히 확인된다.[19]

으로 각각 달리 번역하였다. 호소미 가즈유키[細見和之], 동선희 옮김, 『디아스포라를 사는 시인 김시종』, 어문학사, 2013, 86쪽 참조.

17 호소미 가즈유키, 위의 책, 86-87쪽 참조.

18 김시종은 "1970년 나는 뜻을 굳히고 그때까지 십 년 넘게 원고 상태로 끌어안고 있던 장편시집 『니이가타』를 소속기관에 자문하는 일 없이 세상으로 보냈습니다. 조선총련이 가하는 일체의 규제를 벗어던진 것입니다."라고 회고하였다. 김시종, 『조선과 일본에 살다』, 268쪽.

19 『니이가타』의 구조는 다음과 같이 정리된다.

각 부의 제목	각 부분의 내용	각 부분의 공간 배경
제1부 간기(雁木)의 노래	1. 4·3항쟁에서 도일까지	제주도→오사카
	2. 한국전쟁 시기의 일본	오사카
	3. 스이타(吹田) 사건	오사카
	4. 니이가타에 도착	오사카→니이가타
제2부 해명(海鳴) 속을	1. 우키시마마루(浮島丸) 사건	마이즈루(舞鶴) 앞바다
	2. 4·3항쟁	제주도
	3. 4·3항쟁과 그 이후	제주도
	4. 우키시마마루 인양	마이즈루 앞바다
제3부 위도(緯度)가 보인다	1. 북조선 귀국선	니이가타 귀국센터
	2. 총련과의 갈등과 일본형사의 종족검정	오사카
	3. 귀국하는 사람과 귀국 거부	니이가타 귀국센터
	4. 남겨진 자	니이가타(바다)

노랗게 변한/ 망막에/ 오랜/ 음화(陰畫)가 돼/ 살아있는/ 아버지./ 줄줄이 묶여/ 결박된/ 백의의 무리가/ 아가미를 연/ 상륙용 주정(舟艇)에/ 끊임없이/ 잡아먹혀 간다./ 허리띠 없는/ 바지를/ 양손으로/ 추켜잡고/ 움직이는 컨베이어라도/ 태워진 것 같은/ 아버지가/ 발돋움해/ 되돌아보고/ 매번/ 미끄러지기 쉬운/ 주정(舟艇)으로 사라진다./ 성조기를/ 갖지 않은/ 임시방편의/ 해구(海丘)에서/ 중기관총이/ 겨누어진 채/ 건너편 강가에는/ 넋을 잃고/ 호령그대로/ 납죽 엎드려/ 웅크린/ 아버지 집단이/ 난바다로/ 옮겨진다./ 날이 저물고/ 날이/ 가고/ 추(錘)가 끊어진/ 익사자가/ 몸뚱이를/ 묶인 채로/ 무리를 이루고/ 모래사장에/ 밀어 올려진다./ 남단(南端)의/ 들여다보일 듯한/ 햇살/ 속에서/ 여름은/ 분별할 수 없는/ 죽은 자의/ 얼굴을/ 비지처럼/ 빚어댄다./ 삼삼오오/ 유족이/ 모여/ 흘러 떨어져가는/ 육체를/ 무언(無言) 속에서/ 확인한다./ 조수는/ 차고/ 물러나/ 모래가 아닌/ 바다/ 자갈이/ 밤을 가로질러/ 콰르릉/ 울린다./ 밤의/ 장막에 에워싸여/ 세상은/ 이미/ 하나의/ 바다다./ 잠을 자지 않는/ 소년의/ 눈에/ 새까만/ 셔먼호가/ 무수히/ 죽은 자를/ 질질 끌며/ 덮쳐누른다./ 망령의/ 웅성거림에도/ 불어터진/ 아버지를/ 소년은/ 믿지 않는다./ 두 번 다시/ 질질 끌 수 없는/ 아버지의/ 소재로/ 소년은/ 조용히/ 밤의 계단을/ 바다로/ 내린다. (『니이가타』 제2부 부분)[20]

미 제국주의가 배후에서 항쟁세력을 탄압하는 양상이다. 1886년 8월의 제너럴셔먼호가 침입하면서부터 야욕을 드러낸 미국의 조선 침탈을 드러냄으로써 4·3항쟁이 제국주의의 탐욕에 맞선 것이었음을 말한다. 위의 인용 앞에는 "아버지가/ 버려두고 떠난/ 북쪽 포구 안쪽의/ 조부를/ 소년은/

(호소미 가즈유키가 작성한 도표(위의 책, 108쪽)를 일부 수정한 것으로, 남승원, 「김시종 시의 공간과 역사 인식: 제주에서 니이가타(新潟)까지」, 『영주어문』 32, 영주어문학회, 2016, 84쪽을 참조함.)

20 김시종, 『니이가타』, 95-100쪽.

삿갓과/ 담뱃대와/ 턱수염/ 만으로/ 선조를 이었다"는 부분이 있는데, 이는 원산이 고향인 아버지를 둔 김시종의 상황과 상통한다. 이 작품의 '나'와 '소년'은 "김시종 자신일 뿐만 아니라 제주도 소년 일반의 보편성을 지닌다."[21] 말하자면 "'나'와 '소년'은 김시종 시인의 삶을 자원으로 삼지만, 다른 행적이 섞여 들어가며 그의 개인적 행적에서 충분히 벗어난 어떤 '누군가'가 되어 우리에게 다가온다"[22]는 것이다. 소년은 4·3항쟁의 처참한 현장을 전하면서 그 의미를 부각시킨다.

> 피는/ 엎드려/ 지맥(地脈)에 쏟아지고/ 옛 화산인/ 한라를/ 흔들어 움직여/ 충천(沖天)을/ 불태웠다 봉우리마다/ 봉화를/ 뿜어 올려/ 잡아 찢겨진/ 조국의/ 둔한 신음이/ 업화(業火)가 돼/ 흔들거리고 있던 것이다. (『니이가타』 제2부 부분)[23]

위의 인용 부분은 무자년 4월 3일 새벽의 봉기 장면을 연상케 한다. "마침내 다가온 4·3날의 미명은 활짝 갠 쌀쌀한 새벽이었습니다. 오전 1시를 전후해 수많은 오름에서 봉화가 피어올랐고 여기저기서 무장봉기의 신호탄이 파르께하게 쏘아올려졌습니다."[24]라는 시인의 회고와 크게 다르지 않다. 혁명 세력의 파죽지세를 느낄 수 있다. 하지만 항쟁은 무자비하게 진압되었다.

> 단 하나의/ 나라가/ 날고기인 채/ 등분 되는 날./ 사람들은/ 빠짐없이/ 죽음의 백표(白票)를 던졌다./ 읍내에서/ 산골에서/ 죽은 자는/ 오월을/ 토마토처럼/ 빨갛게 돼/ 문드러졌다./ 붙들린 사람이/ 빼앗은 생명을/ 훨씬 상회할 때/ 바다로의/ 반출이/ 시작됐다. (『니이가타』 제2부 부분)[25]

---

21 호소미 가즈유키, 앞의 책, 130-131쪽.
22 이진경, 『김시종, 어긋남의 존재론』, 도서출판b, 2019, 106쪽.
23 김시종, 『니이가타』, 106-107쪽.
24 김시종, 『조선과 일본에 살다』, 189쪽.

여기서의 '오월'은 5·10단독선거가 실시된 시기를 말한다.[26] 제주에서의 단선 반대 투쟁은 성공적으로 끝났으나[27] 남쪽만의 단독정부 추진은 가속화되었고 결국 생고기가 나뉘는 것처럼 분단이 확정되고 말았다. 그에 따라 밀항을 통한 정치적 난민이 속출했음을 그리고 있는 부분이다. 김시종도 물론 그 중의 한 사람이었다.

> 나는 선복(船腹)에 삼켜져/ 일본으로 낚아 올려졌다./ 병마에 허덕이는/ 고향이/ 배겨 낼 수 없어 게워낸/ 하나의 토사물로/ 일본 모래에/ 숨어들었다./ 나는/ 이 땅을 모른다./ 하지만/ 나는/ 이 나라에서 길러진/ 지렁이다./ 지렁이의 습성을/ 길들여준/ 최초의 나라다./ 이 땅에서야말로/ 내/ 인간부활이/ 이뤄지지 않으면 안 된다./ 아니/ 달성하지 않으면 안 된다. (『니이가타』 제1부 부분)[28]

4·3항쟁이 배태한 난민으로서의 삶은 소리 없이 몰래 시작되었다. 대놓고 난민이 될 수는 없었다. 일단 생존을 위한 최소한의 감각기관만을 지닌 지렁이처럼 살아갈 수밖에 없었다. 반공을 국시로 삼은 신생 대한민국에서 도망쳐야 했던 김시종이 섣불리 존재감을 드러내다가는 그곳으로 소환당해야 하는 상황이었기 때문이다. 귀향해서는 안 되는 그로서는 결연한 다짐이 필요했다.

> 자신만의 아침을/ 너는 바라서는 안 된다./ 빛이 드는 곳이 있으면 흐린 곳도

---

25 김시종, 『니이가타』, 104-105쪽.
26 김시종은 『니이가타』 주석(182쪽)에서 "1948년 5월 9일 강행된 '남조선'의 단독선거는, 미국의 강권에 의한 "UN임시조선위원회감시하"의 폭력이었지만, 조국이 영구히 분열되는 것에 항거하는 전 민중의 항쟁은 격렬히 달아올랐다"고 밝히고 있다.
27 제주도내 3개 선거구 중 2개 선거구가 무효로 처리되었는데, 당시 남한 전체 200개의 선거구 중에서 제주도를 제외하고는 무효 처리된 곳이 없었다.
28 김시종, 『니이가타』, 29-31쪽.

있는 법이다./ 붕괴돼 사라지지 않을 지구의 회전이야말로/ 너는 믿기만 하면 된다./ 태양은 네 발 아래에서 떠오른다./ 그것이 큰 활 모양을 그리며/ 정반대 네 발 아래로 가라앉아간다./ 다다를 수 없는 곳에 지평이 있는 것이 아니다./ 네가 서 있는 그곳이 지평이다./ 틀림없는 지평이다. 멀리 그림자를 늘어뜨리며/ 저물어가는 석양에 안녕을 고해야 한다.// 진정 새로운 밤이 기다리고 있다. (「자서」)[29]

'네가 서 있는 그곳이 지평이다'는 김시종의 선언적 다짐이다. 통한의 상황에서 "시야에서 벗어나 아무것도 보이지 않는 어둠을, 자기가 편히 서서 이해하고 사고하는 것의 바깥을, 멀리 지평 바깥이 아니라 바로 자기 발밑에서 찾으"[30]리라는 권토중래요 심기일전이다. 난민으로서 김시종은 일본에 적응하고자 하였다. 나아가 4·3항쟁으로 표출했던 혁명의 꿈을 일본에서나마 실천하고자 하였다. 난민 김시종은 1950년 1월 제주도에서 남로당 활동을 했던 경력이 인정받아 일본공산당에 입당했고, 그것이 '재일(在日)'의 상황인 그에게 새로운 실천의 기반이 되었다.

III. 유민으로서의 재일

여러 논자들이 말했듯이, 김시종의 재일조선인으로서의 삶은 망향(望鄉)이 아니라 실존(實存)이다. 김시종은 1953년 오사카시인집단 명의의 시지 『진달래』를 창간하여 주도할 때부터 이미 "관념 속에만 존재하는 이상화된 조국이나 고향을 그리기보다 일본 사회에 살아가는 자이니치 자신들의 실존에 더 관심을 기울여야 한다고 보았다"[31]고 할 수 있다. 정치적 난

---

29 김시종, 『지평선』, 11쪽.
30 이진경, 앞의 책, 54쪽.
31 장인수, 「문화서클운동의 정치성과 자이니치의 아이덴티티: 1950년대 서클지 『진

민인 그에게 돌아갈 수 있거나 돌아갈 만한 나라는 현실에서는 존재하지 않았기 때문이다.

> 그림자가 떨어진다./ 희뿌연 여름을 휘젓고/ 그늘지는 여름을 빛나며 떨어진다./ 위도(緯度)를 찢은 흙민지기/ 머리털에 휘감긴/ 풀잎이/ 운모도 반짝/ 허공에 떨어진다./ 그림자까지 태워버린/ 섬광이 속임수다./ 피해자만 있는 희생이 있고/ 나를 눈멀게 한/ 나라는 없다./ 있는 건 그림자 속/ 내 그늘이다. (「그림자에 그늘지다」 부분)[32]

청춘과 열정을 바쳐 세우려던 통일독립국가가 멀어져 버렸기에 돌아갈 나라가 없어진 김시종으로서는 자신이 서 있는 현장에서 당당히 실천하고자 했다. 그렇지만 그는 현실적으로 결코 주민이나 시민의 일원일 수 없었다. 일본은 "살아야 할 곳이지만 편하게 받아들여주지 않는 '재일'의 땅"[33]이었다. 그의 일본에서의 삶은 생존의 땅에 뿌리내리지 못하고 부유하는 '유민(流民)'으로서의 삶이었다고 할 수 있다. 그의 눈앞에 우선적으로 포착된 현실도 유민으로서 살아가는 재일조선인들의 실상이었다.

> 흡사 돼지우리 같은/ 오사카 한 구석에서 말이야/ 에헤요 하고/ 도라지의 한 구절을 부르면/ 눈물이 점점 차올라// 어찌 잊을 수 있겠나/ 이 노래를 좋아했던 아빠가/ 폐품을 줍고 고물을 찾아다니며/ 탁배기 한 사발이라도 걸치면/ 아빠는 바로 도라지를 불렀지// 울리지도 않는 폐품 수집통을/ 두드리며 노래

달래』의 성격과 그 의의」, 『한민족문화연구』61, 한민족문화학회, 2018, 160쪽.
32 김시종, 이진경 외 옮김, 『이카이노 시집』, 도서출판b, 2019, 131쪽. 한국에서 『이카이노 시집』 번역본은 『계기음상』, 『화석의 여름』 번역본과 함께 묶여 간행되었는데, 여기서는 편의상 인용되는 작품이 수록된 시집 제목만 제시키로 한다.
33 이진경, 앞의 책, 51쪽.

했지, 두드리며 울었지/ 꼬맹이들이 지싯거려서/ 망연자실하며 고함을 쳤어/ 그야 참말로 마음이 쓸쓸했을 거야// 도라지 도라지 하고 부를까/ 아리랑 아리 랑 하고 부를까/ 탄광에서 죽은 아빠가 떠올라/ 감자처럼 타 죽은 엄마 생각에/ 에헤요 하고 노래를 불러볼까 (「유민 애가」 부분)[34]

　　오늘도 체포된 조선인./ 암시장 담배를 만드는 조선인./ 어제도 압류 당한 조선인./ 탁배기를 제조하는 조선인./ 오늘도 깎고 있는 조선인./ 고철을 줍는 조선인./ 지금도 찌부러진 조선인./ 개골창을 찾아다니는 조선인./ 어제도 오늘 도 조선인./ 폐지를 줍는 조선인./ 밀치고 우기는 조선인./ 리어카가 손상된 조 선인. (「재일조선인」 부분)[35]

　　김시종의 첫 시집 『지평선』에는 이렇게 밑바닥 생활을 견디며 힘겹게 살아가는 재일조선인들의 모습이 적잖이 나타난다. 생계유지를 위해 그들 이 줍는 폐품, 폐지, 고철, 고물과 재일조선인들은 거의 비슷한 신세라고 할 수 있다. 일본사회에서의 그들은 식민지시기를 견뎌낸 후에도 지저분하 게 내팽개쳐진 존재인 것이다. 직접 빚은 탁배기와 조선민요를 흥얼거림으 로써 다소나마 위안을 삼으면서 견뎌낸다. 그들은 그러면서도 밀입국자로 체포되어 한국으로 송환되지 않을까 하는 불안 속에서 살아간다. 이런 모습 은 약 20년 뒤에 나온 『이카이노 시집』에서도 비슷한 양상으로 포착된다.

　　두들겨준다/ 두들겨준다/ 분주함만이/ 밥의 희망이지./ 마누라에 어린것에/ 어머니에 누이./ 입에 고이는 못(釘)을, 땀을/ 뱉고 두들기고/ 두들겨댄다.// 일 당 오천 엔/ 벌이/ 열 켤레 두들겨/ 사십 엔/ 한가한 놈은/ 계산해 봐!// 두들기

34　김시종, 『지평선』, 101-102쪽.
35　위의 책, 125쪽.

고 나르고/ 쌓아올리고/ 온가족이 달려들어 살아간다./ 온 일본의 구두 밑창/ 때리고 두들겨/ 밥으로 삼는다. (「노래 또 하나」 부분)[36]

구두 수선 일을 하며 생계를 책임지는 어느 재일조선인 가장의 지난한 삶이 매우 인상적으로 포착된 작품이다. 쉴 새 없이 구두 밑창 두들기는 소리가 강한 반복적 리듬으로 표현되면서 고된 노동 속 불투명한 전망의 생활을 고스란히 대변한다. "시적 반복이 지닌 긴장과 이완의 효과를 최대한 활용함으로써, 재일조선인의 신산스러운 삶에 스며 있는 팽팽한 긴장과, 어느 순간 이러한 삶을 방기하고자 하는 이완이 교차되는 삶을, 김시종은 그의 예민한 시적 감각으로 잘 드러내고 있다"[37]고 할 수 있다.

없어도 있는 동네./ 있는 그대로/ 사라지고 있는 동네./ 전차는 되도록 먼 곳에서 달리고/ 화장터만은 바로 옆에/ 눌러앉아 있는 동네./ 누구나 알고 있지만/ 지도에도 없고/ 지도에 없으니/ 일본이 아니고/ 일본이 아니니/ 사려져버려도 괜찮고/ 어찌되든 좋으니/ 제멋대로 한다네. (…중략…) 어딘가에 뒤섞여/ 외면할지라도/ 행방을 감춘/ 자신일지라도/ 시큼하게 고여/ 새어나오는/ 짜디짠 욱신거림은/ 감출 수 없다./ 토착의 시간으로/ 내리누르며/ 유랑의 나날 뿌리내리게 해온/ 바래지 않는 가향(家鄕)을 지울 순 없다./ 이카이노는/ 한숨을 토하게 하는 메탄가스./ 뒤엉켜 휘감기는/ 암반의 뿌리./ 의기양양한 재일(在日)에게/ 한 사람, 길들여질 수 없는 야인(野人)의 들판./ 여기저기 무언가 흘러넘치고/ 넘치지 않으면 시들어버리는/ 대접하기 좋아하는/ 조선의 동네./ 일단 시작했다 하면/ 사흘 낮 사흘 밤/ 징소리 북소리 요란한 동네./ 지금도 무당이 미쳐 춤추는/ 원색의 동네./ 활짝 열려 있고/ 대범한 만큼/ 슬픔 따윈 언제나 흘

---

36 김시종, 『이카이노 시집』, 37-38쪽.
37 고명철, 「식민의 내적 논리를 내파(內破)하는 경계의 언어」, 고명철 외 7인, 『김시종, 재일의 중력과 지평의 사상』, 보고사, 2020, 32-33쪽.

어버리는 동네./ 밤눈에도 또렷이 배어들고/ 만날 수 없는 사람에겐 보이지 않는/ 머나먼 일본의/ 조선 동네. (「보이지 않는 동네」)[38]

주로 오사카의 이카이노[猪飼野]에서 살아가는 재일조선인들을 그려놓았다. 이카이노는 1920년대 무렵부터 일본에 온 조선인 노동자들이 살게 되면서 조선인 집단거주지가 된 곳이다. 쓰루하시[鶴橋] 시장을 포함하고 있는 그곳은 1973년부터는 행정구역이 바뀌면서 이쿠노구[生野區]가 되었다. 일본인들에게는 투명인간으로 취급되는, 보이지 않는 것이나 다름없는 존재가 재일조선인들이다. 그들은 일본사회에서의 철저한 마이너리티였으며, 고국의 도움마저도 받지 못했다. 그래서 없어지고 사라진 것처럼 인식되지만 엄연히 존재하는, 역동적인 공간이다. 온갖 궂은일을 도맡아 하며 하루하루의 생활을 영위하는 그들이지만 결코 정체되어 있지는 않다. 야인처럼 다소 거칠면서도 스스로 믿으면서 살아간다. 도라지타령이나 아리랑을 부르는가 하면 며칠 동안 굿판을 벌이면서 갖은 슬픔을 격정적으로 해소하곤 한다. 그래야만 '사라지고 있는' 동네에서 살아낼 수 있었던 것이다. "'없어도 있는 자'는 존재감이 강한 자"인바, "이카이노는 의기양양한 기쁨도, 죽어도 눈 감을 수 없는 통한도, 있어도 없는 자의 약함이 아니라 없어도 있는 자의 강함"[39]이라고 할 수 있다. 열악한 처지에서도 견지하는 자신의 존재에 대한 긍지가 충분히 감지된다.

아버지는 손을 붙잡힌 채 건넜다/ 여덟 살 때./ 나무 향(香)마저 풋풋한 다리/ 흐르듯 수면에 별들이 떨어져 있었다./ 눈부시기만 했던 다리 옆 전등의 일본이었다.// 스물둘에 징용되어/ 아버지는 이카이노 다리를 뒤로 하고 끌려갔다./

---

38 김시종, 『이카이노 시집』, 17-23쪽.
39 이진경, 앞의 책, 165쪽.

나는 갓 태어난 젖먹이로/ 밤낮이 뒤바뀌어 셋방 사는 어머니를 애먹였다./ 소개(疏開) 소동도 오사카 변두리 여기까지는 오지 않고/ 저 멀리 도시는 하늘을 그슬리며 불타고 있었다./ 나는 지금 손자의 손을 잡고 이 다리를 건넌다./ 이 카이노 다리에서 늙어 대를 잇고 있지만/ 지금도 더러운 이 강물 가는 곳을 모른다./ 어디 오수(汚水)가 여기에 고여/ 어느 출구에서 거품을 내는지/ 가 닿는 바다를 알지 못한다.// 그저 이카이노를 빠져나가는 것이 꿈이었던/ 두 딸도 이젠 엄마다./ 나도 여기서 마중 나올 배를 기다리며 늙었다./ 그래도 이제 운하를 거슬러 하얀 배는 찾아오리라./ 좋잖아 오사카/ 모두가 좋아하는 오사카 변두리 끝 이카이노. (「이카이노 다리」)[40]

위의 시에서는 시간과 공간이 매우 의미 있게 작용한다. 우선, 시간상으로는 재일조선인이 살아온 역사가 고스란히 드러난다. 화자의 아버지, 화자, 화자의 딸, 화자의 손자(딸의 자식)까지 가족 4대의 체험이 긴밀히 엮여 관통되고 있다. 도일, 히라노운하 건설, 징용, 태평양전쟁, 4·3항쟁 등의 현대사가 다리 아래의 더러운 강물처럼 끊임없이 흘러간다. 공간적으로 본다면, 넓게는 오사카와 제주도, 좁게는 이카이노 다리가 무대가 되었다. '소개(疏開) 소동'이란 표현에서는 태평양전쟁에서의 미군에 의한 폭격이 우선 떠올려지겠지만, 김시종의 격정적 체험인 4·3항쟁에서 군경의 토벌과 관련된 소개 작전도 연결시킬 수 있다. 다리는 세대를 이어주며 미래의 희망으로 걸어가는 길이 되고 있다.[41] '하얀 배'가 오수의 운하를 거슬러 그쪽으로 찾아오리라는 믿음이 감지된다.

세월이 흘러 그러한 희망이 제한적·부분적으로나마 실현되었다고 볼 수 있는 일시적인 기회가 김시종에게 다가왔다. 다시는 도저히 갈 수 없을

---

40 김시종, 이진경 외 옮김, 『화석의 여름』, 도서출판b, 2019, 256-257쪽.
41 김응교, 「고통을 넘어선 구도자의 사랑」, 『일본의 이단아: 자이니치 디아스포라 문학』, 소명출판, 2020, 240-243쪽 참조.

것으로 생각되던 대한민국과 제주도에 다녀올 수 있게 된 것이다.

> 그럼 다녀오기로 하자/ 메워질 리 없는 거리의 간격/ 찬찬히 더듬어 지켜보기로 하자// (…중략…) 역시 나가봐야겠어/ 누렇게 퇴색된 기억마저 뒤엉켜/ 어쩌면 지금도 거기서 그대로 바래고 있을지 몰라// 숲은 목선 바람의 바다/ 숨죽인 호흡을 엄습해/ 기관총이 쓰러뜨린 광장 그 절규마저 흩뜨리고/ 시대는 흔적도 없이 그 엄청난 상실을 싣고 갔다/ 세월이 세월에게 버림받듯/ 시대 또한 시대를 돌아보지 않는다// 아득한 시공이 두고 간 향토여/ 남은 무엇이 내게 있고 돌아갈 무엇이 거기에 있는 걸까/ 산사나무는 여전히 우물가에서 열매를 맺고/ 총탄에 뚫린 문짝은 어느 누가 어찌 고쳐/ 어딘가 흙더미 속에서 아버지, 어머니는 흙 묻은 뼈를 삭히고 계실까/ 예정에 없던 음화(陰畵) 흰 그림자여// 어쨌든 돌아가 보는 거다/ 인적 끊어진 지 오래인 우리 집에도/ 울타리 국화 정도는 씨가 이어져 흐르러져 있으리라// 비어 있던 집 빗장을 풀고/ /꼼짝 않는 창문을 달래어 열면/ 갇혀 있던 밤의 한구석도 무너져/ 내게도 계절은 바람 물들이며 오리라/ 모든 것이 텅 빈 세월의 우리(檻)에서/ 내려앉는 것이 켜켜이 쌓인 이유임도 알게 되겠지// 모든 것이 거부당하고 찢겨버린/ 백일몽의 끝 그 시작으로부터/ 괜찮은 과거 따위 있을 리 없다/ 길들어 친숙해진 재일에 눌러앉은 자족으로부터/ 이방인 내가 나를 벗고서/ 가닿는 나라의 대립 사이를 거슬러갔다 오기로 하자// 그래 이제는 돌아가리라/ 한층 석양이 스며드는 나이가 되면/ 두고 온 기억의 곁으로 늙은 아내와 돌아가야 하리라 (「이룰 수 없는 여행 3 – 돌아가다」)[42]

김시종은 1998년 김대중 정부의 특별조치에 따라 임시여권을 발급받고 대한민국에 입국하여 무려 49년 만에 제주도의 부모 묘소를 찾았다. 그렇

---

42 김시종, 『화석의 여름』, 262-264쪽.

다고 그가 꿈꾸던 고국으로 돌아간 것은 물론 아니었다. 대한민국이라는 국민국가는 그가 정녕 회귀하고자 하는 고국은 아니었기 때문이다. 수십 년 세월이 흘렀다고 하더라도 분단된 반쪽인 그곳이 그에게 '나를 눈멀게 한 나라'일 수는 없었다. 김시종으로서는 나라의 대립 틈새를 비집고 '두고 온 기억' 속의 고장으로 잠시 동안 돌아가 볼 수 있었을 따름이다.

김시종은 2003년에는 대한민국 국적을 취득하였다. "아버지, 어머니 사후 사십여 년이 지나 찾아낸 부모의 묘소를 더 이상 방치해서도 안 되고 적어도 연 한두 차례는 성묘하겠다"는 노년의 결단에서였다. 그렇지만 그는 "총칭으로서의 '조선'에 매여 살아가는 것에는 조금도 흔들림이 없"음을 분명히 밝혔다.[43] 따라서 그는 대한민국 국민이 아니라, 그렇다고 조선민주주의인민공화국이나 일본의 국민일 수도 없기에, 여전히 유민일 수밖에 없다. 그에게 '재일'은 안식이나 정착과는 거리가 멀었던 땅에서의 실존이었고, 그것은 여전히 현재진행형이다. "재일을 산다는 것은 그 당연하지 않고 편하지 않음을 떠안고 '일본에 있음'을 받아들이는 것"이며 "돌아갈 곳을 찾지 않고 살아야 할 지금 여기를 사는 것"[44]인바, 김시종은 그것을 몸소 보여준다. 그는 재일의 상황에서 비롯되는 온갖 불편함이나 고통스러움을 긍정적으로 수용하는 경지에까지 도달한 시인이라는 것이다. 그런 경지는 그를 둘러싼 모든 경계를 넘어설 수 있었기에 도달 가능한 것이었다.

Ⅳ. 월경의 상상력

난민으로서의 김시종이 유민이 되어 재일조선인으로 살아가는 동안에

---

43 김시종, 「인사」, 『조선과 일본에 살다』, 272쪽. 「인사」는 2003년 12월 10일 지인들에게 돌린 글이다.
44 이진경, 앞의 책, 71쪽.

한반도는 격동의 무대가 되었다. 한국전쟁, 4·19혁명, 광주항쟁 등 한반도의 격변들은 국경 너머의 그의 가슴을 뜨겁게 달구었다. 그러나 그는 그어떤 경우에도 고국의 현장에 함께 있을 수 없는 몸이었다.

거기에는 늘 내가 없다./ 있어도 상관없을 만큼/ 주위는 나를 감싸고 평온하다./ 일은 언제나 내가 없을 때 터지고/ 나는 나 자신이어야 할 때를 그저 헛되이 보내고만 있다. (「바래지는 시간 속」 부분)[45]

냉전시대의 국경이라는 삼엄한 경계가 정치적 난민의 처지인 김시종을 고국의 격정적이면서도 처절한 현장에 동참할 수 없도록 가로막았다. 하지만 그는 자신이 버티어 서 있는 지평을 기반으로 견고한 국경을 넘어서기 위한 실천에 나섰다. 물리적 공간의 한계를 뛰어넘는 나름의 실천 방식이었다. 그것은 그가 청춘을 바쳤던 4·3항쟁의 연장선으로서 혁명의 꿈을 이어나가기 위한 현실적인 몸부림이었을 것이다.

내리 찍는/ 경찰 곤봉의/ 빗속에서/ 피거품이 된/ 동족애가/ 비명을 지르고/ 사산(四散)했다./ 나는/ 바야흐로/ 빛나는/ 포로./ 변기가/ 보장된/ 혈거에 있으면서/ 여전히 변통(便痛)할 수 없는/ 개운치 않게/ 웅크리고 있는/ 스이타(吹田)피고다./ 더구나!/ 조국을 의식한다고 하는 것은/ 그 얼마나 고삽(苦澁)에 가득 찬/ 자세였던가./ 내가/ 일본에 있어야만 하는/ 이유/ 대부분은/ 배설물 방기소(放棄所)에 현혹된/ 혼(魂) 때문이라니/ 이 무슨/ 참사냐!/ 제트기가/ 어지러이 날아다니는/ 일본에서/ 동포를 살육하는/ 포탄에 덥벼든/ 분격(憤激)을/ 남몰래/ 더럽힌/ 소화불량의/ 노란 반점(斑點)에/ 남긴 것은/ 이 무슨 빌어먹을/ 십년이냐! (『니이가타』 제1부 부분)[46]

---

45 김시종, 김정례 옮김, 『광주시편』, 푸른역사, 2014, 31쪽.

스이타사건[吹田事件]은 오사카부 스이타시에서 노동자, 학생, 재일조선인이 한국전쟁에 협력하는 것에 반대한다는 취지에서 전개한 투쟁이다. 한국전쟁 발발 2주년 전날인 1952년 6월 24일 밤 도요나카시[豊中市]의 오사카대학 북교 校정에서 오사기부 학련 주최로 열린 '조선동란 2주년 기념 전야제·이타미[伊丹] 기지 분쇄, 반전·독립의 밤'에 약 1000명이 모여들었다. 자정이 지난 후 참가자 중의 별동대가 우익 사사가와 료이치[笹川良一] 집을 화염병으로 습격하기도 했으며, 이후 900여 명의 시위대는 스이타시 경찰의 저지선을 돌파하고 스이타 조차장 구내를 25분간 시위행진을 벌였다. 스이타역에서 경관이 권총을 발사하자 시위대는 화염병으로 응전했고, 53명이 중경상을 입었다. 경찰은 소요죄와 위력업무방해죄 등의 용의로 300여 명을 체포해 111명을 기소했다.[47] 김시종은 이를 "6·25전쟁과 미군의 군수물자 수송에 반대하는 데모대가 경관 부대와 충돌한 스이타 사건"[48]이라고 규정했다. 그런데 이 사건의 경우 "특히 제주 출신 재일조선인들이 중심이 되어 일으킨 반전운동"[49]임도 주목할 필요가 있겠다. 4·3항쟁이라는 가까운 기억을 공유하는 재일 제주인들의 투쟁 대열에 김시종은 함께 했고, 그것을 장편시 속에 의미 있게 돋을새김 한 것이다. "군수열차를 한 시간 늦추면 동포를 천 명 살릴 수 있다던 당시의 저 절실한 호소는 육십수 년이 지난 지금도 반전평화를 향한 맹세가 되어 나의 마음에서 울리고 있"[50]다는 회고에서 김시종의 연대 투쟁의 메시지를 분명히 확인할 수 있음은 물론이다.

---

46 김시종, 『니이가타』, 53-55쪽.
47 니시무라 히데키[西村秀樹], 「스이타사건」, 재일코리안사전편집위원회, 정희선 외 옮김, 『재일코리안사전』, 선인, 2012, 218-219쪽.
48 김시종, 『니이가타』, 178쪽.
49 윤여일, 앞의 논문, 360쪽.
50 김시종, 『조선과 일본에 살다』, 255쪽.

피부가 검으니/ 반점도 그렇게 눈에 띄지 않았겠지// 머리카락이 곱슬곱슬하니/ 빠진 머리털도 신경 쓰이지 않았겠지// 오장육부의 위액까지 다 토해내/ 문드러진 개처럼 죽는다 해도// 이들 태양의 자식은/ 인간의 죄로 비난 받지 않았겠지// 이목의 바깥에서/ 먼 섬의 이름도 없는 사람들 (「남쪽 섬: 알려지지 않는 죽음에」 부분)[51]

남양군도의 비키니 환초(Bikini Atoll)에서 미군이 자행한 핵실험과 관련된 작품이다. 미군은 1946년부터 1958년까지 12년 동안 이 부근에서 67번의 핵실험을 했는데, 그런 와중에 1954년 3월 일본 어선이 피폭되면서 반핵운동의 도화선이 되었다. '먼 섬의 이름도 없는 사람들'에게 난데없이 닥친 제국주의의 폭력은 김시종에게 너무나 가까이 다가왔다. 반핵운동은 4·3항쟁에서 반제국주의 통일독립을 추구했던 그의 열정과 맥락을 같이하는 것이었다.

기왓조각이 가득 찬 매립지를 파고 또 파서/ 2천 수백 관이나 되는 대량의 쓰레기를/ 시바타니(芝谷) 매립지에 처분한 모양인데/ 있는 대로 매장한 것이/ 어족(魚族)뿐이라니/ 나는 도저히 믿을 수 없다.// 참치가 등신대인 것에도/ 놀랐는데/ 구멍 하나에 처넣어진 채로/ 기왓조각에 짓눌린 것을 보고 눈을 크게 떴다// 나는 이전에도/ 이러한 장례식을 알고 있다./ 탄 사체는 분명히 검게 그을렸는데만/ 시대는 산 채로, 목숨을 끊고 사라졌다. (「처분법」 부분)[52]

김시종의 원폭에 대한 접근은 일본사회의 일반적인 인식 태도와는 다르다. 김시종의 시는 "기존 피해만을 논하는 일본의 피폭 내셔널리즘의 도식을 해체시키고, 일본의 전쟁책임 및 미국의 원폭투하에 대한 가해(加害)의

---

51 김시종, 『지평선』, 36쪽.
52 위의 책, 38-39쪽.

언설을 (…) 엮고 있"⁵³는 원폭문학이다. 이런 반핵평화운동과 연대하는 김시종의 시는 "내면 깊숙이 4·3의 기억을 간직한 채 제국주의와 식민주의 권력을 향해 투쟁하는 보편성을 추구해 왔"⁵⁴음을 알 수 있다. 결국 그러한 보편성은 정치적 난민의 처지를 광범위하게 승화시키는 상상력으로 국경을 넘나들 수 있었기에 가능했다. 그것은 틈새를 활용한 전략이었음이 다음 시에서 확인된다.

애당초 눌러앉은 곳이 틈새였다/ 깎아지른 벼랑과 나락의 갈라진 틈/ 똑같은 지층이 똑같이 푹 패여 서로를 돋우고/ 단층을 드러내고 땅의 갈라짐이 깊어진다/ 그것을 국경이라고도 장벽이라고도 하고/ 보이지 않기에 평온한 벽이라고도 한다/ 거기에서는 우선 아는 말이 통하지 않고/ 촉각의 꺼림칙한 낌새만이 눈과 귀가 된다(「여기보다 멀리」 부분)⁵⁵

김시종은 난민으로서의 자신의 자리가 바로 틈새였기에 그 틈새를 한껏 활용하고 경계를 그어놓는 금(線)을 자유로이 넘나들고자 했다. "남과 북 그리고 일본이라는 세 국가의 경계와 혼돈을 넘어서는 재일의 '틈새'를 사유하고 실천함으로써 '재일'의 실존을 형상화하는 것을 가장 중요한 시적 방향으로 삼았"⁵⁶던 것이다. 특히 그는 경계 위에서 특정의 세력이나 범주에 함몰되지 않으려고 부단히 갱신하고 분투했다.

---

53 이영희, 「고통의 문학적 재현: 김시종의 원폭 관련 시를 중심으로」, 『일본어문학』 77, 일본어문학회, 2017, 266쪽.
54 하상일, 「김시종의 '재일'과 제주4·3」, 고명철 외 7인, 『김시종, 재일의 중력과 지평의 사상』, 보고사, 2020, 95쪽.
55 김시종, 『화석의 여름』, 241-242쪽.
56 하상일, 「김시종과 '재일(在日)'의 시학」, 『국제한인문학연구』42, 국제한인문학회, 2019, 186쪽.

급한 용무가 있으시면/ 서둘러 가 주세요./ 총련에는/ 전화가 없습니다.// 급하시다면/ 소리쳐 주세요./ 총련에는/ 접수처가 없습니다.// 볼일이 급하시다면/ 다른 곳으로 가 주세요./ 총련에는/ 화장실이 없습니다.// 총련은/ 여러분의 단체입니다./ 애용해주신 덕분에 전화요금이/ 쌓여 멈춰버렸습니다.// (…중략…)// 속은 어차피 썩어있습니다./ 겉만 번지르르하다면,/ 우리의 취미로는 딱입니다./ 화장실은 급한 대로 쓸 수 있다면 상관없습니다. (「오사카 총련」 부분)[57]

그가 몸담던 조직도 갱신과 분투에서 예외일 수는 없었다. 민전(재일조선통일민주전선)이 총련(재일조선인총연합회)으로 변신한 이후 조직은 조선민주주의인민공화국 정권의 지도를 강하게 받게 되었다. 총련은 김시종이 주도하는 『진달래』에 대해서도 거센 공격으로 몰아붙였고, 김시종은 일련의 일방적인 조치를 수긍할 수 없었다. 「오사카 총련」은 그러한 조직의 행태를 신랄하게 꼬집으며 야유하는 작품이다. 재일조선인들의 현실적인 삶과는 유리된 채로 체제 찬미에 몰두하며 조직 유지 자체가 목적이 되어버린 총련에 대한 풍자가 돋보인다. 위의 인용에 뒤이어서는 "동지가 죽었습니다./ 과로가 쌓여 죽었습니다./ 영양실조로 죽었습니다."라며 경직된 총련으로 인해 조직원들이 희생되는 상황을 구체화한다. 총련의 교조주의적인 입장에서 기인하는 이러한 문제들에 대해 김시종으로서는 도저히 간과할 수 없었던 것이다. 그가 관료화된 조직 속에서 조직의 지침대로 활동하는 데에만 진력했다면 진정한 경계인으로 거듭나지 못했을 것이다. 이 시야말로 북을 중심에 놓는 '민주기지론'에서 그가 확실히 벗어나는 상황을 잘 보여주는 셈이다.

이처럼 김시종은 또 하나의 경계를 확실히 뛰어넘을 수 있게 됨으로써

---

57 1957년 간행된 『진달래』 18호에 수록된 작품임. 오사카조선시인집단, 재일에스닉잡지연구회 옮김, 『진달래·가리온』 4, 지식과 교양, 2016, 173-174쪽.

당당한 경계인의 위상을 확보해 갔다. 현실에는 그가 목숨 거는 혁명을 통해 세우려던 온전한 나라가 존재하지 않음을 절실히 확인한 것이다.

> 통일까지도 국가에 내맡기고/ 조국은 완전히/ 구경하는 위치에 모셔두었다./ 그래서 향수는/ 감미로운 조국에 대한 사랑이며/ 재일을 사는/ 일인독점의 원초성이다./ 일본인에 대해서가 아니면/ 조선이 아닌/ 그런 조선이/ 조선을 산다!/ 그래서 나에겐 조선이 없다. (「나날의 깊이에서 1」 부분)[58]

김시종은 "일본에 온 것은/ 정말 우연한 일이었다/ 요컨대 한국에서 온 밀항선은/ 일본으로 갈 수밖에 없었기 때문이다./ 그렇다고 해서 북선으로 지금 가고 싶지 않다"[59]고 밝혔다. 그리고 총련과 북의 귀국사업에 대해 "적체된 화물로/ 전락한/ 귀국"[60]으로 규정하였다. 조선민주주의인민공화국은 그에게 진정한 조선일 수 없었다. "'김일성 원수님'을 빼버리면/ 아무것도 남지 않는"(「나날의 깊이에서 2」)[61] 그런 곳이 진정한 조선일 수 없음이다. 남녘만이 아니라 북녘도 진정성과 거리가 멀다는 점을 분명히 하였다. 이러한 과정이 있었기에 『광주시편』에서의 남녘의 현실에 대한 비장한 고발이나 섬뜩한 알레고리도 더욱 돋보이는 진정성을 획득할 수 있었다고 하겠다. 그는 분단된 세계의 틀 안에 갇히지 않고 남과 북을 넘어선다. "재일이야말로 통일을 산다"[62]는 신념을 김시종은 절체절명의 체득에서 승화시킨 월경의 상상력으로써 입증해 보이고 있는 것이다.

---

58 김시종, 『이카이노 시집』, 50-51쪽.
59 김시종, 『니이가타』, 146-147쪽.
60 김시종, 『니이가타』, 175쪽.
61 김시종, 『이카이노 시집』, 63쪽.
62 김시종, 『재일의 틈새에서』, 윤여일 옮김, 돌베개, 2017, 358쪽.

그 거리를 빠져나가는 나비를 보았다/ 혼잡 속을 꽃잎처럼 누비며/ 바짝 깎
은 가로수 드러난 목덜미를/ 망설이듯 넘어갔다 (「예감」 부분)[63]

나비는 "새하얀 의지의 꽃잎"(「예감」)인바, 그것은 김시종의 분신이라고
해도 무방하다. 나비 같은 존재가 되어 혼잡한 세상을 어루만지고 응시하
면서 넘어가는 것은 '포월(抱越)'[64]의 상황이다. 월경의 상상력은 주체가 관
계하는 것들에서 초월함으로써 자유로워지는 것이 아니라, 그것들을 보듬
는 가운데 높은 차원에서 넘나들며 작용하는 것이다. 말하자면 관계하는
것들을 "쉽게 내던질 수 없는 자신의 일부임을 받아들"이는 한편 "쉽게 수
락할 수 없는 곤혹을 받아들"[65]이는 가운데 폭을 넓히며 역동적으로 발휘
된다는 것이다. 변증법적인 창조와 창안의 세계라고 할 수 있다.

이라크에는 목련이 피지 않으리라./ 서울 대로에서 빈번하게 터지던/ 최루
탄이/ 마드리드에서 로마에서/ 시드니에서도 자욱하게 피어오르고/ 겨우 핀 작
은 꽃들/ 밀어닥친 시위대가 짓밟고 갔다./ 하늘도 틀림없이 목이 메었으리라./
때아닌 비가 바람과 함께 쏟아져내리고/ 가로수의 새싹을 전율케 하며/ 거리 전
체를 물보라로 뿌옇게 만들었다.// 오오사까는 아무래도 소나기인 듯했다. (「목
련」 부분)[66]

김시종은 남과 북 그리고 일본만이 아니라 그 어떤 국경도 넘나들며 사
유한다. 그리고 나름의 방식으로 실천한다. 그가 서 있는 오사카만이 아니

---

63 김시종, 『화석의 여름』, 231쪽.
64 김진석은 『초월에서 포월로』(솔, 1994)에서 포복하는 초월이라는 의미로 '포월
    (匍越)'을 제안했는데, 여기서의 끌어안아 넘나든다는 의미로는 '抱越'이 더 어울
    릴 것 같다.
65 이진경, 앞의 책, 333쪽.
66 김시종, 『잃어버린 계절』, 76쪽.

라, 중동, 유럽, 오세아니아 등 진정한 평화를 갈망하는 온 세계가 동시에 그의 시야에 포착되고 있음이 위의 시에서 확인된다.

이처럼 김시종은 "정언명령처럼 주어지는 이념에 의한 결정이나 주류의 질서를 경계하고 언제나 스스로 직접 '더듬거리며 찾은/감촉'(『니이가타』 56쪽)만을 믿고 살아온 것"이며, "자신이 살아온 공간의 역사적 조건들을 직시하고 직접 부딪쳐가면서 그 의미를 탐색해 온 시인"[67]이라고 할 수 있다. 결국 "그는 생의 바닥에 전율하다, 공산주의자들의 관료화에 환멸을 느꼈고, 재일조선인으로서 이카이노라는 공간을 감각해 나가면서, 남과 북을 아울러 비판할 수 있는 자신의 정체성을 확립해 나갔"[68]기에, 거기서 더 나아가는 인식의 확장을 통해 폭넓은 안목에서 세계적 보편성을 지닌 경계인으로서의 면모를 굳건히 할 수 있었다. 따라서 "언제나 타자와의 '고통'에 응답하고 '고통'을 함께 나누려는 세계시민으로서의 의식이 담긴 그의 시는 한국문학이자 일본문학이고 동시에 세계문학이라고 부를 수 있을 것"[69]이라는 평가는 지극히 온당하다고 판단된다. 김시종이 체득한 월경의 상상력은 그만큼 빛나는 성취가 아닐 수 없는 것이다.

V. 맺음말

이상에서 고찰한 것처럼 김시종은 청년시절 제주4·3항쟁에 조직원으로 참여했다가 토벌군경의 검거를 피해 목숨을 걸고 일본으로 밀항한 정치적 난민이었다. 1949년 여름 이후 주로 오사카 일대에서 생활한 그는 첫 시집

---

67 남승원, 앞의 논문, 87쪽.
68 오창은, 「경계인의 정체성 연구: 재일조선인 김시종의 시 세계」, 『어문론집』 45, 중앙어문학회, 2010, 55쪽.
69 이영희, 앞의 논문, 280쪽.

『지평선』(1955)에서부터 최근의『등의 지도』(2018)에 이르기까지 여러 시집을 내면서 70년 동안 문학 활동을 펼쳐왔다. 그는 일본어로만 시를 발표하였지만 언제나 일본 시단의 바깥에 있었으며, 그렇다고 대한민국 시단이나 조선민주주의인민공화국 시단의 내부에 있었던 것도 아니다. 그의 시에는 4·3항쟁을 통해 혁명을 도모했던 정치적 난민으로서의 면모가 지속적으로 견지되고 있으며, 유민으로 살아가는 재일조선인들의 열악한 상황이 실존의 문제로 예리하게 포착되었다. 특히 국경(이념)을 강조하면 인류의 평화는 불가능하다는 인식 아래 '포월(抱越)'을 통해 월경하는 상상력이 제대로 발휘될 때라야 진정한 평화세상을 만들 수 있다는 점을 온몸으로 입증하였다. 이렇듯 4·3항쟁의 정치적 난민이라는 절체절명의 상황에서 맞닥뜨린 제반 현실을 심도 있고 폭넓게 성찰하여 승화시킨 월경의 상상력은 김시종의 문학의 핵심이라고 할 수 있다.

끝으로, 김시종은 자신이 직접 설립준비위원장을 맡아 강상중 도쿄대학 교수, 박일 오사카대학 교수, 소설가 양석일 등의 재일조선인들과 더불어 오사카 이바라키(茨城) 지역에 '코리아국제학교'를 2008년 건립하고 교장이 되었다는 점을 덧붙여 상기할 필요가 있다. 우리는 이 학교의 건학이념이 "다양한 문화적 배경을 가진 학생들이 스스로의 아이덴티티에 대해 자유롭게 생각하며 (…) 복수의 국경을 넘어 활약할 수 있는 인재 이를테면 '월경인(越境人)의 육성'"[70]을 목표로 하고 있다는 면에 주목해야 한다. 바로 김시종이 살아온 월경인으로서의 면모를 후세에 전승하는 데 역점을 둔다는 것이다. 4·3항쟁의 정치적 난민에서 뼈를 깎는 인식의 확장과정을 통해 진정한 월경인으로 거듭나는 김시종의 장정(長征)은 실로 처절하면서도 눈물겹다고 할 수 있다. 그러한 역경 속에서 피어난 월경의 상상력은 그만

---

70 남승원, 「김시종 시 연구: 탈식민적 전략으로서의 공간 탐구」, 『이화어문논집』
    37, 이화어문학회, 2015, 113쪽.

큼 빛나는 것이 아닐 수 없으며, 바로 그것으로 인해 김시종 문학이 세계 문학의 전범(典範) 반열에 당당히 자리매김 될 수 있다고 생각한다.

(김동윤)

2부: '난민'으로 읽는 타자

삼국시대 '難民'의 발생 배경과 동향

Ⅰ. 머리말: 古代的 '難民'의 개념과 유형

역사시대에 농경을 기반으로 한 국가는 '定住'를 전제로 탄생·유지되었다. 그러나 인간은 동서고금을 막론하고 국경을 넘어 끊임없이 '移住'하였다. 이주의 배경은 정치, 사상(종교), 경제(전염병·자연재해), 전쟁 등 다양했지만, 모두 지금보다 나은 삶을 위해 새로운 기회를 찾아서 떠난 것이었다. 이주의 動因은 개인의 자발적 선택과 국가의 파견도 있었고, 전쟁 포로나 국가 멸망 후의 遺民 같은 타율적 徙民도 있었다. 근대 국민국가 시기에 태동해서 현재 세계사적 화두로 떠오른 難民도 이주민의 범주에 속한다고 할 수 있다.

난민(難民, refugee)은 사전적으로 '정치·종교·경제·전쟁 등의 박해와 위기로 인해 원 거주 국가(母國)를 떠나 다른 나라로 간 사람' 정도로 정의할 수 있다. 그렇다면 한국고대사에서도 다양한 移住民(流移民)의 범주 중에서 '難民'으로 개념화해 추출·분석할 수 있는 대상이 다양하다. 현대사회에서의 난민은 일반 국민이 대부분이다. 전통시대의 피지배층, 곧 民에 해당한다. 본 논문에서는 협의적 난민 개념에서 나아가 신분에 상관없이 어려움(박해)을 겪고 국경을 넘은 사람을 '난민'으로 잠정 규정하고자 한다. 피지배층뿐만 아니라 지배층을 망라하는 광의적 난민 개념을 설정하려는 것이다. 遺民의 경우 자발적 이주 또는 강제적으로 사민된 유민 1세대에 한해 난민의 범주에 포함시킬 수 있겠다.[1]

이 논문은 한국 역사상 난민의 출현과 인식을 살피는 공동 연구과제의 일부분으로 기획되었다. 이에 고대적 '難民'의 개념을 설정하고 유형을 분류한 후, 기원후부터 신라가 삼국을 통일하는 시기까지의 난민 발생 배경과 동향을 살피고자 한다. 이 시기 한반도와 주변에는 여러 국가들의 흥망성쇠가 이어졌는데, 『삼국사기』를 기준으로 하여 '삼국시대'로 지칭하고자 한다. 공간적으로는 한반도와 중국을 범위로 하여 국가별 난민의 동향을 추적할 예정이다.[2]

그동안 한국고대사에서는 난민의 개념이 적용된 바는 없었고, 이주민과 유민을 중심으로 연구가 이루어졌다.[3] 특히 중국 소재의 삼국시대 遺民 墓

---

1 유민 2~3세대는 타국에서도 개인의 능력에 따라 정치·군사적으로 활약해 신분을 상승한 경우도 빈번했기 때문에 고대 난민의 범주에서 제외하였다. 이들의 출신 국가에 대한 인식과 정체성도 세대가 지나면서 느슨해져 갔을 것이다.

2 부여와 삼한, 삼국을 둘러싼 개별 소국 등 1세기 이후 『삼국사기』에 남아 있는 국가들 간의 난민 동향을 다룰 것이다. 연구범위의 하한은 7세기 중반 백제와 고구려가 멸망한 시기의 유민까지이다. 한반도와 일본 간 난민 발생의 동향은 연구 범위와 분량의 제한으로 인해 제외하였다. 별고를 통해 분석하고자 한다.

3 7세기까지 한반도와 중국 간 이주민을 다룬 대표적인 연구성과를 소개하면 다음과 같다.
노태돈, 「高句麗 遺民史 硏究－遼東·唐內地 및 突厥方面의 집단을 중심으로－」, 『한우근박사정년기념사학논총』, 지식산업사, 1981: 『고구려 발해사 연구』, 지식산업사, 2020; 김현숙, 「中國 所在 高句麗 遺民의 動向」, 『韓國古代史硏究』 23, 2001; 공석구, 「4~5세기 고구려에 유입된 중국계 인물의 동향－문헌자료를 중심으로－」, 『韓國古代史硏究』 32, 2003; 「高句麗에 流入된 中國系人物의 動向－4~5세기의 고고학 자료를 중심으로－」, 『高句麗硏究』 18, 2004; 지배선, 『고구려·백제 유민 이야기』, 혜안, 2006; 정선여, 「신라로 유입된 고구려 유민의 동향－報德國 주민을 중심으로－」, 『역사와 담론』 56, 2010; 苗威, 『高句麗移民硏究』, 吉林大學出版社, 2011; 김영관, 「백제 유민들의 당 이주와 활동」, 『韓國史硏究』 158, 2012; 정재윤, 「중국계 백제관료에 대한 고찰」, 『史叢』 77, 2012; 拜根興, 『唐代高麗百濟移民硏究』, 中國社會科學出版社, 2012: 바이건싱(拜根興) 지음, 구난희·김진광 옮김, 『당으로 간 고구려·백제인』, 한국학중앙연구원출판부, 2019; 윤용구, 「중국 출토 고구려·백제 유민 묘지명 연구동향」, 『韓國古代史硏究』 75, 2014; 김수진, 「당으로 이주한 고구려 포로와 지배층에 대한 문헌과 묘지명의 기

誌銘이 지속적으로 발견·소개됨으로써 최근 들어 연구의 양적·질적 성과가 괄목할 만하다.[4] 본 논문에서는 기존 연구성과를 토대로 하여 이주민과 유민 중에서 고대적 '난민'의 사례를 추출하고자 한다.[5]

필자는 한국 고대의 난민을 이주의 動因에 따라 크게 '자발적 이주 난민'과 '타율적·강제적 사민 난민'으로 나누고자 한다.[6] '자발적 이주 난민'

록」,『한국고대사 연구의 자료와 해석』(노태돈 교수 정년기념논총 2), 사계절, 2014; 안정준, 「4~5세기 高句麗의 中國系 流移民의 수용과 그 지배방식」,『한국문화』68, 2014; 「6세기 高句麗의 北魏末 流移民 수용과 '遊人'」,『東方學志』170, 2015a; 백길남, 「4~5세기 백제의 중국계 流移民 수용과 太守號」,『東方學志』172, 2015; 이규호, 「당의 고구려 유민정책과 유민들의 동향」,『역사와 현실』101, 2016; 공석구, 「4세기 고구려 땅에 살았던 중국계 移住民」,『高句麗渤海研究』56, 2016; 김창석, 「中國系 인물의 百濟 유입과 활동 양상」,『역사문화연구』60, 2016; 김수진, 『唐京 高句麗 遺民 研究』, 서울대학교 박사학위논문, 2017; 장미애, 「백제 내 이주민 집단의 위상 비교」,『歷史學研究』66, 2017; 전덕재, 「한국고대사회 外來人의 존재양태와 사회적 역할」,『東洋學』68, 2017; 정호섭, 「高句麗史에 있어서의 이주와 디아스포라」,『先史와 古代』53, 2017; 여호규·拜根興, 「유민묘지명을 통해 본 唐의 동방정책과 고구려 유민의 동향」,『東洋學』69, 2017; 정운용, 「樂浪郡 滅亡 이후 遺民의 向方」,『韓國史學報』70, 2018; 이여름, 「4~5세기 백제 移住貴族의 정착과 활동」,『역사와 현실』108, 2018; 이동훈, 「위진남북조시기 중국의 코리안 디아스포라 – 고조선·고구려·부여계 이주민 집단 연구 –」,『韓國史學報』72, 2018; 박초롱, 「禰氏 一族의 백제 이주와 성장」,『木簡과 文字 연구』22, 2020; 김창겸, 「在唐 한국계 유이민 생활사 연구 총론」,『한국고대사탐구』35, 2020; 조범환, 「在唐 고구려 流移民의 삶과 죽음」,『한국고대사탐구』35, 2020; 김영관, 「在唐 백제 유민의 활동과 출세 배경」,『한국고대사탐구』35, 2020; 김희만, 「在唐 신라인의 삶과 죽음」,『한국고대사탐구』35, 2020.

4 2015년까지 발견된 중국 소재 유민 묘지명은 곽승훈·권덕영·권은주·박찬흥·변인석·신종원·양은경·이석현 역주,『중국 소재 한국 고대 금석문』, 한국학중앙연구원출판부, 2015로 집대성되었다. 개별 유민 묘지명을 다룬 연구는 본문을 전개하면서 소개하겠다.

5 난민은 국가 내 이주가 아닌 국경을 넘는 이주민이다. 그런데 이주의 원인이 정치·종교·재난·전쟁 등의 박해와 위기에 따른 데 제한된다. 따라서 정치적인 목적으로 파견된 사신(宿衛), 포교 목적의 종교인, 학문·문화적인 전파자, 군사 용병 및 첩자 등은 난민에서 배제하였다.

6 난민이라고 할지라도 이주 후 개인의 능력에 따라서 관직에 진출하는 등 난민의

은 발생의 배경에 따라서 대체로 5가지의 유형으로 구분할 수 있다. 첫째, 정치적 박해와 위기 상황을 벗어나기 위해 국경을 넘는 '정치 난민'이다. 정치 난민은 평시의 정치적 갈등과정에서도 생길 수 있고, 전쟁 시 상대국가에 항복함으로써 정치적 망명을 할 수도 있다.[7] 이들의 신분은 대체로 왕족과 귀족, 문인·무인 관료 등 지배층이 대다수이다. 둘째, 흔한 사례는 아니지만 종교적인 박해를 받아서 타국으로 이주하는 '종교 난민'도 있다. 이들 역시 지배층의 범주에 속하지만 일반적인 정치·군사 지배층과 구별하는 의미에서 특수 지배층이라 할 만하다.[8] 셋째, 농업생산력이 충분하지 못했던 전근대시기에는 기후 변화 및 자연재해와 전염병 등이 빈번하게 발생했고, 그에 따른 流亡 난민이 많았다. 이들은 대부분 피지배층인 民, 곧 백성으로서 '경제 난민'으로 개념화할 수 있다. 넷째, 고국이 멸망한 후 발생한 遺民 중에는 자발적으로 다른 나라로 가 새 삶을 모색하는 경우가 있었다. '유민 난민'으로 부를 수 있는데, 이들은 지배층과 피지배층을 모두 포괄한다. 다섯째, 본국 지배층의 탄압을 받아 타국으로 망명·이주한 사례가 있어 이들을 '기타 난민'으로 분류하였다.

'타율적·강제적 사민에 의한 난민'의 유형은 4가지로 구분하고자 한다. 첫째, 국가 간 대외관계에서 서로 견제하는 수단으로써 인질(質子)을 보내는 '외교 난민'이 있다. 이들은 왕족 내지 고위 귀족신분의 지배층이며, 주로 개인이나 소규모로 파견된다. 둘째, 고대 국가 간 영역과 인적·물적 쟁탈을 위해 지속적으로 발생한 전쟁으로 인한 포로 난민이 있다. 군인으로

신분을 벗어날 수 있다. 따라서 본고에서는 이주 배경과 이주 시점에서의 성격을 기준으로 난민으로 개념 규정하고 유형을 분류하겠다.

7 본고에서는 전쟁 과정에서 스스로 항복한 경우를 정치적 망명으로 보아 '정치 난민'으로 분류하고자 한다. 전쟁의 결과 발생한 포로를 '전쟁 난민'으로 규정하였다.
8 고대의 종교인은 정치적·군사적 지도자로서의 성격도 함께 있어 종교 난민이라고 해도 정치 난민의 성격도 내재되어 있다. 여기서는 사료상 종교인으로서의 신분이 명확할 때에 한정해 종교 난민으로 규정하고자 한다.

서 병력을 지휘하는 지배층과 피지배층 병사뿐만 아니라 일반 백성들도 포로로 잡혀 갔다. 난민의 규모도 소규모에서 수만 명까지 다양하다. 이들을 '전쟁 난민'으로 명명하고자 한다. 셋째, '유민 난민'의 다수는 모국이 멸망한 후 침략국에 강제로 사민되었다. 이는 모국 부흥운동을 사전에 차단하기 위한 조처였다. 자발적 이주 유민 난민에 비해 강제로 옮겨진 유민 난민의 삶은 더 척박할 수밖에 없었을 것이다. 곧 이주의 動因으로 보면, 유민 난민은 복합적 성격을 가지고 있다. 넷째, 타국에 공물(貢女)로 보내지거나, 漂流 등으로 인해 본인의 의사와 반해 이주하게 된 기타 난민도 있다.

지금까지 언급한 난민 발생 배경에 따른 한국 고대 난민의 유형을 간단히 표로 제시하면 〈표 1〉과 같다.

〈표 1〉 한국 고대 '난민'의 유형과 발생 배경

이주 動因	난민 유형	난민의 발생 배경	비 고
자발적 이주	•정치 난민	정치적 박해와 위기에 따라 이주한 난민	평시와 전쟁시를 구별. 지배층 위주.
	•종교 난민	종교적 박해를 받아 이주한 난민	특수 지배층
	•경제 난민	자연재해, 전염병 등에 따른 流亡民	피지배층 위주
	•유민 난민	모국이 멸망한 후 타국으로 이주한 난민	유민 1세대만을 난민으로 규정. 지배층+피지배층
	•기타 난민	기타 탄압 등에 따라 이주한 난민	피지배층 위주
타율적 사민	•외교 난민	상대 국가에 외교적 압박을 주는 수단으로써의 인질 난민	지배층
	•전쟁 난민	전쟁으로 인해 발생한 포로 난민	군인과 일반인 구별. 지배층+피지배층
	•유민 난민	모국이 멸망한 후 타국에 강제 사민된 난민	유민 1세대만을 난민으로 규정. 지배층+피지배층
	•기타 난민	타국에 공물(貢女)로 바쳐지거나, 표류 등으로 이주한 난민	지배층+피지배층

이와 같은 난민 유형과 발생 배경의 분류에 의거하여 Ⅱ~Ⅳ장에서는 유형별 난민의 발생과 국가별 이동양상을 추적하고자 한다. 이를 통해 한

국 고대국가 간 난민의 동향과 이동 규모, 그리고 난민 발생 추이의 시기별 특징을 검토하고자 한다. 자연 그러한 것들이 가지는 역사적 의미를 찾는 것이 이 논문의 궁극적인 목적이 될 것이다.

본 논문에서는『三國史記』와『三國遺事』를 기본 자료로 해서, 中國 正史類를 중심으로 문헌자료에 남아 있는 고대 난민의 자취를 추적할 것이다. 유민 난민의 분석에 절대적으로 중요한 墓誌銘 등 금석문 자료도 적극 활용할 생각이다. 관련 자료가 워낙 방대해서 여전히 누락된 부분이 많을 줄로 안다. 고대사에서 난민 개념의 적용 가능 여부와 유형 분류의 타당성에 대해 의문의 여지가 있을 수 있다. 시론적 성격의 논문인 만큼 향후 지속적인 수정과 보완을 약속드린다.

II. 자발적 移住 난민의 유형과 사례

1. 정치 난민

삼국 상호 간에 발생한 '정치 난민'의 추이와 동향은 대부분『삼국사기』와『삼국유사』를 통해 알 수 있다. 이를 정리하면 〈표 2-1〉과 같다.

〈표 2-1〉 삼국 간 '정치 난민'의 발생과 국가별 이동양상

이동양상 국가	삼국 상호 간 난민						
	연번	연대	난민 추이 (규모)	내 용	난민자 신분	난민 규모	전거
부여	1	B.C. 37	부여→고구려 (10,115명)	주몽, 오이·마리·협보, 재사·무골·묵거와 부여를 탈출해 卒本에 와서 고구려를 건국.	국왕, 신료	6	사기 동명성 1, 유사 고구려

국명	번호	연도	이동경로	내용	신분	인원	출전
부여	2	B.C. 19		유리가 부여에서 어머니, 옥지·구추·도조 등 3인과 고구려(졸본)로 도망해 봄. 왕이 기뻐해 유리를 태자로 삼음.	왕족, 신료	5	사기 동명성 19, 유리명 1
부여	3	A.D. 22		4월 부여왕 대소의 아우가 100명과 남하해 압록곡 海頭國을 병합함. 曷思國王이 됨.	왕족, 신료, 백성	101	사기 대무신 5
				7월, 부여왕의 사촌 동생이 1만여명과 함께 고구려에 투항해 옴. 왕으로 봉해 椽那部에 둠.		10000	
	4	494		부여왕과 처자가 나라를 들어 항복해 옴.	국왕, 왕족, 백성	3	사기 문자명 3
구다국	1	26	구다국→고구려 (1명+)	句茶國 왕이 蓋馬[國]이 멸망하자 해가 자신에게 미칠 것을 우려해 나라를 들어 항복함.	국왕, 백성	1+	사기 대무신 9
매구곡	1	30	매구곡→고구려 (3명+)	買溝谷 사람 상수가 동생 위수 및 사촌 동생 우도와 함께 항복해 옴.	?	3	사기 대무신 13
갈사국	1	68	갈사국→고구려 (1명+)	曷思國왕의 손자 도두가 나라를 들어 항복해 옴. 도두를 于台로 삼음.	왕족, 백성	1+	사기 태조 16
골벌국	1	236	골벌국→신라 (1명+)	2월, 骨伐國王 아음부가 무리를 이끌고 항복. 집과 토지를 주어 살게 하고 그 땅을 군으로 삼음.	국왕, 백성	1+	사기 조분 7
고구려	1	B.C. 18	고구려→백제 (12명+)	비류와 온조가 오간·마려 등 十臣과 더불어 남쪽으로 갔는데 따르는 백성이 많음.	왕족, 신료, 백성	12+	사기 온조 1
	1	B.C. 22	고구려→신라 (3,544명)	大輔 협보가 유리왕에게 사냥가는 것을 자제하라고 간언하자 왕이 협보의 관직을 빼앗고 官園을 맡게 함. 협보가 분하여 南韓신라으로 감.	신료	1	사기 유리 22
	2	666		12월, 淵淨土가 12성 763戶 3543명을 이끌고 와서 항복함. 연정토와 그의 부하 24명에게 의복과 식량, 집을 주고 수도 및 州·府에 안주시킴.	왕족, 신료, 백성	3543	사기 문무 6
(마한) 백제	1	61	마한[백제]→신라 (1명+)	8월, 마한 장군 맹소가 覆巖城을 바쳐 항복해 옴.	신료 (무인), 백성	1+	사기 탈해 5
	1	373	백제→신라 (301명+)	백제 禿山城 성주가 300명을 이끌고 신라로 항복. 나물왕이 그들을 받아들여 6부에 나누어 살게 함.	신료 (무인), 백성	301+	사기 나물 18, 근초고 28

(마한)백제	1	369	백제→고구려 (1명)	백제의 斯紀가 國馬의 발굽을 상하게 해 고구려로 망명했다가 이때(375) 백제로 돌아와 태자 근구수에게 조언함. 이를 들어 전투에서 승리함.	신료	1	사기 근구수 1
	1	~475	백제→고구려 (3명)	재증걸루·고이만년이 죄 짓고 고구려로 도망. 人盧가 되어 475년 장수왕의 한성 공격 때 앞잡이가 됨.	신료	2	사기 개로 21
	2	478		恩率 연신이 佐平 해구와 반란을 일으켜 실패하자 고구려로 망명. 그 처자를 잡아다가 웅진 저자(市)에서 목 벰.	신료	1	사기 장수 66, 삼근 2
신라	1	165	신라→백제 (2명)	신라의 阿飡 吉宣이 반역을 꾀하다가 발각되자 죽임을 당할까 두려워하여 백제로 달아남.[9]	신료	1	사기 아달라 12, 개루 28
	2	~642		모척이 642년 대야성 전투 이전 백제로 도망.	신료 (무인)	1	사기 무열 7
가야	1	532	[금관가야→신라] (5명+)	금관국왕 김구해가 왕비와 세 아들을 데리고 와 항복함.	국왕, 왕족, 백성	5+	사기 법흥 19, 유사 가락국기
	1	~551	[대가야→신라] (1명)	가야국 우륵이 신라로 귀의.	신료	1	사기 진흥 12, 악지
탐라	1	662	탐라→신라 (1명)	2월, 耽羅國主 좌평 도동음률이 항복해 옴.[10]	신료	1	사기 문무 2

【일러두기】이하 표에서 같은 일러두기는 생략함.
1. 국가의 명칭은 해당 국가의 난민임을 의미한다.
2. 난민 규모에서 +는 ~이상을 의미한다. 정확한 인원 산정이 어려운 경우 최소 기준으로 했다.
3. 전거에서 『삼국사기』는 '사기', 『삼국유사』는 '유사'로 약칭했다.
4. [ ]는 필자의 보충 설명이다.

삼국시대 국가 간 '정치 난민'의 발생 추이와 국가별 이동양상은 시기적으로나 공간적으로 비교적 지속적이면서 다양하게 나타났다. 좀 더 세부적

---

9 이 기록은 『삼국사기』 신라본기에는 165년, 백제본기에는 155년의 사실로 기록되어 있다.
10 신라 측에 의한 기록이어서 도동음률이 정치적으로 망명한 것인지, 조공 차 온 후 돌아갔는지는 분명하지 않다.

으로 살펴보면, 우선 기원전후 삼국의 건국 단계에서 주변 소국의 복속·병합이 개별 소국의 자발적 항복 형태로 기록되었다. 고구려 주변 국가 중 부여와 句茶國, 買溝谷, 曷思國이 고구려에 스스로 나라를 바쳤다. 대무신왕 5년(22)에 부여왕의 사촌 동생이 1만여 명을 이끌고 고구려로 망명해 왔는데, 규모로 보았을 때 당시 고구려와 부여의 관계에 상당한 영향을 주었을 것이다. 구다국 등의 소국도 사료상에는 난민의 규모가 국왕 중심의 소규모로 되어 있지만, 실제로 그들이 거느리고 온 세력규모는 상당했던 것으로 추정된다. 신라도 조분왕 7년(236) 영천에 소재한 骨伐國王이 무리를 이끌고 항복해 왔는데, 정확한 난민의 규모는 알 수 없지만 적지 않은 수였음이 분명하다.

삼국 간 정치 난민의 발생 규모와 빈도도 잦은 편이다. 먼저 북방의 고구려에서 남방의 백제와 신라로 이주한 난민의 규모가 주목된다. 백제 건국 당시 비류와 온조가 오간·마려 등 十臣과 더불어 남하했는데, 이들은 자연인 10명이라기보다는 武士團으로서의[11] 집단 대표일 가능성이 크다. 게다가 비류와 온조를 따르는 백성이 많았다고 했으므로 당시 고구려에서 백제로 이주한 난민이 많았음을 알 수 있다. 특히 고구려 멸망 직전 연정토가 12城 763戶 3543명을 이끌고 신라로 망명했다는 기록은 난민의 규모도 구체적이지만, 당시 고구려의 1호당 인구를 4.64명으로 산출할 수 있는 근거가 된다는 점에서 주목된다.

백제(마한 포함)의 경우 신라와 고구려에 2차례씩 정치 난민이 이동하였다. 근초고왕 28년(373) 독산성 성주가 300명을 이끌고 신라로 망명한 것 외에 규모 면에서 크게 눈에 띄지는 않는다. 다만 시기적으로 4세기 후반~5세기 후반에 집중되어 있음은 그 의미에 대한 별도의 분석이 필요해 보인다. 왜냐하면 당시는 고구려·신라의 우호관계가 공고하던 때인데 고

---

11 김두진, 『韓國古代의 建國神話와 祭儀』, 일조각, 1999, 206-209쪽.

구려의 남진이 시작되면서 백제와 신라가 동맹관계를 추구하는, 말하자면 삼국의 역학관계가 변화되는 시기였기 때문이다. 곧 정치적 난민의 경우 규모와 별개로 난민자의 신분 분석을 통해 망명의 정치적 의미와 영향력에 유념해야 한다. 예컨대 백제 독산성주의 신라 망명으로 기존에 지속되었던 두 나라의 우호관계가 경색 국면으로 변화되었고,[12] 백제 재증걸루와 고이 만년이 죄를 짓고 고구려로 망명한 것은 475년 장수왕이 이들을 앞세워 漢城을 공격함으로써 한성백제시대가 종식되는 결정적 배경이 되었다.

신라의 경우 외국으로 망명한 정치 난민이 2세기대의 아찬 길선과 7세기 중반의 모척 사례만 전한다. 반면에 금관가야와 대가야에서 망명한 난민은 신라사적으로 큰 의미를 가지고 있다. 곧 532년 김구해가 일가족을 이끌고 신라에 망명함으로써 금관가야가 신라에 병합되었는데, 그의 셋째 아들이 곧 金庾信의 조부 金武力이었다. 554년 관산성 전투 당시 新州 軍主 김무력의 활약으로 성왕이 전사한 후 두 나라의 관계는 신라의 우위로 국면 전환되었다. 7세기대 신라의 국가적 명운이 걸린 전투마다 김유신이 군사적으로 활약했고, 결국 김춘추와 함께 중대 왕실을 개창한 것은 잘 알려진 사실이다.[13] 우륵의 망명도 대가야 멸망과의 밀접한 관련은 물론이거니와, 진흥왕(재위 540~576)이 우륵을 國原[충북 충주]에 안치함으로써 고구려로부터 새롭게 편입한 지역의 이념적 통합을 꾀하였다.[14]

---

12 독산성주의 신라 망명 배경과 그 의미는 장창은, 『고구려 남방 진출사』, 경인문화사, 2014, 50-51쪽 참조.

13 김유신의 군사활동에 대해서는 김덕원, 「신라 진평왕대 김유신의 활동」, 『新羅史學報』 10, 2007: 『홍무대왕 김유신 연구』(신라사학회 편), 경인문화사, 2011; 장창은, 「7세기 전반~중반 백제·신라의 각축과 국경 변천」, 『한국고대사탐구』 33, 2019: 『삼국시대 전쟁과 국경』, 온샘, 2020, 198-221쪽 참조.

14 이정숙, 「진흥왕대 우륵 망명의 사회정치적 의미」, 『梨花史學研究』 30, 2003: 『신라 중고기 정치사회연구』, 혜안, 2012, 46-55쪽 ; 양기석, 「國原小京과 于勒」, 『충북사학』 16, 2006: 『백제의 국제관계』, 서경문화사, 2013, 431-433쪽.

한편 문무왕 2년(662)에 耽羅國主 佐平 도동음률이 신라에 항복해 왔다는 기록은 고대 제주 난민의 유일한 기록이라는 점에서 특기할 만하다. 다만 후속 기록에서 '이때 이르러 [탐라가 신라의] 속국이 되었다'고 했으므로, 조공·책봉 관계를 신라의 입장에서 과장되게 표현했을 가능성도 있다. 기록에 나와 있지는 않지만, 만약 도동음률이 탐라로 다시 돌아갔다면 정치 난민으로 파악할 수는 없겠다.

삼국에서 중국으로 간 '정치 난민'의 추이와 동향은 『삼국사기』뿐만 아니라 중국 正史類와 중국에서 출토된 각종 墓誌銘 자료를 통해 살필 수 있다. 역시 표로 제시해보면 아래와 같다.

〈표 2-2〉 삼국→중국으로 간 '정치 난민'의 발생과 국가별 이동양상

이동양상 / 국가				삼국에서 중국으로 간 난민			
	연번	연대	난민 추이 (규모)	내 용	난민자 신분	난민 규모	전거
고구려	1	47	고구려→漢낙랑 (50,000명)	10월, 蠶支落部의 大家 대승 등 1만여 家가 낙랑으로 가서 한나라에 투항.[15]	신료 (大加)	50000	사기 민중 4, 후한서 고구려(2814)
	1	196 ~219	고구려→公孫氏 (30,000명)	漢 獻帝 建安(196~219) 초, 신대왕의 큰 아들 發岐(拔奇)가 왕이 되지 못하자 소노부의 加와 함께 下戶 3만여 명을 거느리고 요동 公孫康(公孫度)[16]에게 가서 항복함.	왕족, 신료, 백성	30000	사기 고국천 1, 산상 1, 삼국지 고구려(845)
	1	313	고구려[낙랑]→慕容氏 (6400명)	낙랑의 王遵이 요동인 張統을 설득해 민 1千家[17]를 데리고 모용외에게 귀의. 모용외는 [요동에] 낙랑군을 두고 장통을 太守, 왕준을 참군사로 삼음.	신료	6400	통감 晉紀 愍帝 建興 1 (2799)
	1	~414	고구려→北燕 (1명)	북연왕 馮跋의 동생 馮丕가 난을 피해 고구려에 와 있었는데,[18] 풍발이 그를 불러 左僕射로 삼고 常山公에 책봉함.	왕족	1	통감 晉紀 安帝 義熙 10 (3668)
	1	453	고구려→北魏 (6명+)	王評이 북위로 돌아가 征虜將軍 平州刺史 관직을 받음.	신료	1	王溫 묘지명
	2	466 ~470		高潛이 북위 顯祖(466~470) 초에 북위로 귀국함.	신료	1	魏書 77 高崇(1707)

고구려	3	471~475		高肇 父 高颺이 북위 高祖(효문제, 471~475) 초에 동생 承信과 고향사람 韓內·翼富 등과 북위에 들어감. [고양을] 廣威將軍2품으로 삼았고, 何間子와 承信은 明威將軍종3품으로 삼아 客禮로써 대우함.	신료	4+	魏書 83 高肇(1829)
	4	477~499		高颺가 북위 太和(477~499) 초에 요동으로부터 북위에 귀의함. 관직이 安定郡守 偉尉卿에 이름.	신료	1	周書 37 高賓(670)
	1	527~	고구려→東魏(2,500명)	북위 孝昌 연간(525~527)에 고구려의 침략을 받아 韓詳이 遼東으로 잡혀옴. 새로운 왕조가 들어서자 韓詳이 同類 500여 호를 이끌고 돌아감.[19]	신료, 백성	2500	韓暨 묘지명
	1	552	고구려→北齊(25,000명)	북제 文宣帝가 崔柳를 고구려에 보내 북위 말에 고구려로 흘러들어간 백성의 송환을 요구해 5천 호를 돌려받아 돌아감.[20]	백성	25000	北史 94 열전 고구려(3115)
	1	645~648		당 貞觀 연간(627~649)에 高支于가 군대를 이끌고 당군에 귀의.	신료 (무인)	1+	高提昔 묘지명
	2	666		6월, 연개소문의 長子 淵男生이 아들 헌성 등을 거느리고 당에 귀순. 연남생과 함께 高玄도 귀순.	왕족	3+	사기 보장 25, 연개소문전, 泉獻誠 묘지명
	3	667		新城 사람 사부구 등이 신성 城主를 묶고 문을 열어 이세적 군에게 항복.	신료 (무인)	2+	사기 보장 26
	4	666~668?		李他仁이 고구려가 멸망할 것을 예견하고 다스리는 지역을 거느리고 당의 이적 군영에 귀순.	신료	1+	李他仁 묘지명
	5	666~668?	고구려→唐(115명+)	高牟가 긴급문서가 담긴 봉투를 들고 당에 귀순.[21]	신료	1	高牟 묘지명
	6	667~668?		高足酉가 당에 귀화.	신료	1	高足酉 묘지명
	7	~668		高質이 고구려가 멸망할 것을 예견하고 형제들을 이끌고 당에 귀순.	신료	3+	高質, 高慈 묘지명
	8	668		9월, 보장왕이 셋째아들 연남산을 보내 首領 98명을 거느리고 당의 李勣 군영에 항복. 연개소문의 둘째아들 연남건은 계속 항거. 남건이 군사 업무를 맡긴 승려 信誠이 小將 烏沙와 [高]饒苗 등과 함께 李勣과 내통해 성문을 열어주고 귀순.	국왕, 왕족, 신료	103+	사기 보장 27, 高饒苗 묘지명

백제	1	660	백제→唐 (3명+)	7월, 禰寔進이 의자왕과 함께 당군에 항복.[22] 陳法子가 당 군에 귀순.[23]	국왕, 신료	3+	禰仁秀 묘지명, 新唐書 111 蘇定方(4139) 陳法子 묘지명
신라	1	20~22	진한신라→낙랑 (1001명+)	王莽 地皇연간, 辰韓의 右渠帥 염사치가 漢나라의 포로 戶來 무리 1천명과 함께 낙랑에 귀화.	신료, 백성	1000	삼국지 한 위략(851)
	2	44		建武 20년, 韓의 廉斯人 蘇馬諟 등이 낙랑에 와 공물 바침. 광무제는 소마시를 봉하여 漢의 廉斯邑君으로 삼아 낙랑군에 소속시키고 철마다 朝謁하도록 함.	신료	1+	후한서 한(2820)
	1	587	신라→남중국 (2명)	7월, 대세와 구칠이 吳越남중국을 목표로 떠남.	신료?	2	사기 진평 9
	1	621	신라→당 (1명)	설계두가 골품의 한계를 느끼고 출세하고자 진평왕 43년 몰래 배를 타고 당으로 감. 645년 당 태종의 고구려 원정 때 駐蹕山 전투에서 전사.	신료 (무인)	1	사기 열전 설계두

【일러두기】
1. 1戶·1家당 인구는 5명으로 산정했다. 이는 연정토가 763戶 3543명을 이끌고 신라로 망명한 1호당 인구(4.64명)에 근거했다.
2. 전거에서 『자치통감』은 '통감'으로 약칭했다.
3. 중국 正史는 中華書局 점교본의 페이지를 병기했다.
4. 묘지명 원문과 해석은 주로 『중국 소재 한국고대금석문』, 한국학중앙연구원출판부, 2015를 참고했다. 그 외는 해당 연구 성과를 밝혔다.

---

15 『後漢書』東夷傳 고려전에는 잠지락부의 大加 대승 등 1만여 口가 낙랑에 망명한 것으로 되어 있다. 이에 따르면 난민은 1만 명이다.

16 고국천왕 즉위년조와 『三國志』동이전에는 공손강(204~221), 산상왕 즉위년조는 공손탁(190~204)이라고 되어 있다. 후자가 타당한 듯하다.

17 낙랑군 1戶와 家의 평균 인구수는 初元 4년명 縣別 戶口簿와 『한서』지리지에 따르면, 기원 전후에 6.4명이었다(정운용, 「樂浪郡 滅亡 이후 遺民의 向方」, 『韓國史學報』70, 고려사학회, 2018, 109쪽).

18 풍비가 고구려에 온 시기는 분명하지 않다. 다만 풍발 형제들이 모용희를 피해 도망간 407년이 유력하다(공석구, 「4~5세기 고구려에 유입된 중국계 인물의 동향 - 문헌자료를 중심으로 - 」, 『韓國古代史研究』32, 2003, 154-155쪽).

19 한상의 귀국 연대에 따라 東魏(534~550)와 北齊(550~557)가 될 수도 있다.

삼국에서 중국으로 간 '정치 난민'은 발생 빈도와 규모에 있어서 고구려가 신라·백제에 비해 압도적으로 많다. 고구려는 건국 후 멸망할 때까지 18차례에 걸쳐 최소 114,000명 이상의 난민이 중국에 정치적으로 망명하였다.[24] 반면에 신라는 4차례에 걸쳐 1천여 명 이상이고, 백제는 멸망 시에 진법자의 투항과 예식진이 의자왕과 함께 당군에 항복한 사례만이 전한다.

시간적으로도 역대 중국의 여러 왕조가 지속적으로 고구려의 정치 난민을 수용하였다. 1세기대 漢郡縣의 樂浪郡[50,000명]부터 2~3세기 遼東의 公孫氏[30,000명], 4~5세기대 鮮卑族이 세운 慕容氏[6401명]와 北魏[6명 이상], 6세기대의 東魏[2500명]와 北齊[25,000명], 7세기대 唐[115명 이상]대에 이르기까지 끊임없는 대규모의 고구려 난민이 정치적인 이유로 중국을 향해 떠났다. 아마도 고구려가 중국의 여러 왕조와 요동지역을 국경으로 삼아 관계를 지속한 데 따른 자연스러운 결과일 것이다. 이하에서 살피는 바와 같이 중국에서 고구려로 넘어 온 정치 난민이 많은 것도 같은 이유 때문이다. 난민자의 신분을 살펴보면, 왕족부터 문·무인 신료와 백성에 이르기까지 다양하다. 정치 난민의 경우 백성들이 독자적으로 움직이는 경우는 없었고,[25] 대부분 일정한 지역적 기반을 가진 관리들이 자신의 세력

---

20 북위 말인 523년 沃野鎭의 반란을 필두로 6鎭의 난이 발생하였다. 524년 營州지역의 劉安定·就德興이 일으킨 발란이 영주 서남쪽의 平州까지 확산되면서 인근 주민이 고구려에 다수 넘어온 듯하다(안정준, 앞의 논문, 2015a, 12쪽). 이때의 유이민은 정치·경제적 난민으로 볼 수 있다.

21 고모의 귀순 시기에 대해 루정호는 666~668년, 특히 고구려 멸망 시를 주목하였다(樓正豪, 「高句麗遺民 高牟에 대한 고찰」, 『韓國史學報』 53, 2013, 402쪽).

22 660년 9월에 소정방이 의자왕과 왕족, 신료 93명과 백성 12,000명을 데리고 당으로 갔다. 이하 유민 난민에서 다룬다.

23 진법자 묘지명의 해석은 김영관, 「百濟 遺民 陳法子 墓誌銘 硏究」, 『百濟文化』 50, 2014 참조.

24 난민의 유형에 따른 국가별 이동 규모의 통계는 〈부록 표〉 '삼국시대 국가별 난민의 발생과 이동 통계' 참조.

25 552년의 경우 北齊 文宣帝가 北魏 말에 고구려로 넘어갔던 백성들의 쇄환을 요

을 이끌고 정치적 망명을 하는 경우가 많았다.

신라의 정치 난민은 1세기대와 진평왕대(579~632)에 각각 2건의 사례가 전한다. 1세기대의 신라는 斯盧國 내지 辰韓 소국 단계였는데, 낙랑군과 긴밀한 교역을 지속한 듯하다. 20~22년에 진한의 右渠帥 염사치가 한나라의 포로인 호래 등 무리 1천 명을 거느리고 낙랑군에 귀화하였다. 엄밀히 말하면 이때의 난민은 신라 난민이라기보다는, 낙랑군의 전쟁 포로난민이 원래의 자리로 되돌아간 것이다. 20여 년 후인 44년에도 염사사람 소마시 등이 낙랑군에 와서 공물을 바치면서 망명하였다.

진평왕 전기와 후기에 발생한 대세와 구칠, 설계두의 중국 망명은 난민 규모는 소규모이지만, 일찍부터 진평왕대의 권력구조와 정치사의 흐름 속에서 중요하게 취급되었다.[26] 대세와 구칠의 경우 사료상 神仙을 배우기 위해 떠났으므로 종교적 망명의 성격도 내재하고 있다. 그러나 설계두는 骨品制의 한계를 벗어나고자 하는 명백한 정치적 이유가 드러나 있고, 실제로 당에서 武官으로서 활약했으므로 정치 난민으로서 그의 행보는 의미가 있다.

마지막으로 중국에서 삼국으로 온 '정치 난민'의 추이와 동향을 표로 제시해 보겠다.

〈표 2-3〉 중국→삼국으로 온 '정치 난민'의 발생과 국가별 이동양상

이동 양상 국가	연 번	연 대	난민 추이 (규모)	중국에서 삼국으로 온 난민		
				내 용	난민자 신분	난민 규모	전거
漢 (漢郡縣)	1	197	漢→ 고구려 (5000명+)	중국에서 큰 난리가 일어나 한나라 사람들이 난리를 피하여 투항해 오는 자가 매우 많음.[27]	백성	?	사기 고국천 19

구한 것을 고구려 양원왕이 수용한 특수 상황이다.

26 이에 대해서는 김덕원, 『新羅中古政治史研究』, 경인문화사, 2007, 105-108쪽, 215-217쪽 참조.

漢 (漢郡縣)	2	217		漢의 平州人[28] 夏瑤가 백성 1천여 家를 데리고 투항해오자, 산상왕이 받아들이고 柵城瑚春에 안치.	신료, 백성	5000	사기 산상 21
	3	B.C. 28	樂浪→ 신라 (5,000명+)	낙랑인들이 신라에 투항.	백성	?	사기 혁거세 30, 유사 낙랑국
	4	30		고구려 대무신왕이 낙랑[29]을 멸망시키니 그 나라 사람 5천명이 신라에 투항함. 6부에 나누어 살게 함.	백성	5000	사기 유리 14, 유사 낙랑[30]
	5	2세기 기말	樂浪→韓 (다수?)	후한 桓帝(147~166)·靈帝(167~189) 말기에 韓·濊가 강성해 한군현이 통제되지 못하자 군현의 많은 백성들이 韓國으로 유입됨.	백성	?	삼국지 한(851), 후한서 한 (2820)
	6	2세기 기말 ~ 3세 기초	後漢→ 백제 (1명+)	[陳法子의] 오래 전 조상이 한이 쇠약해진 말년에[31] 큰 바다를 건너 거주지를 옮겨서 재앙을 피함. 후손이 韓에 의지하여 날을 이끌다가 熊浦웅진에 의탁하여 가문을 이룸.	신료	1+	陳法子 묘지명
西晉	1	307 ~313	西晉→ 고구려 (수십명)	高顧·高撫 형제가 晉 永嘉의 난(307~313)을 피해 고구려에 망명.	신료?	2	魏書 77 高崇(1707), 魏書 83 高肇(829)
	2	319		12월, 진나라 동이교위 平州刺史 崔毖가 수십 기마병과 함께 도망해 옴.[32]	신료	수십	사기 미천 20, 晉書 108 慕容廆(2806), 통감 晉紀 元帝 太興 2(2874)
後趙	1	~342	後趙→ 고구려 (2명)	後趙의 서읍태수를 지낸 장씨가 342년 묻힘.	신료	1	전축분 명문전[33]
	2	~348		후조의 帶方太守 張氏가 348년(?)에 묻힘.	신료	1	전축분 명문전 6점[34]
慕容氏 前燕	1	336	慕容氏→ 고구려 (2명)	冬壽(佟壽)와 郭充이 335년 모용황의 司馬로서 慕容仁을 치러갔다 패해 그의 휘하에 속함. 336년 모용황의 모용인 기습 때 郭充과 함께 고구려로 망명.[35]	신료 (무인)	2	안악3호분 묵서명, 晉書 109 慕容皝 (2815~2817), 통감 晉紀 成帝 咸康 2 (3005~3006)
	2	338	前燕[36]→ 고구려 (5명)	전연의 東夷校尉 封抽, 護軍 宋晃, 居就令 遊泓이 後趙와의 갈등 시에 후조에 협력하다가 모용황의 침략을 받자 고구려로 망명함.[37]	신료	3	통감 晉紀 成皇 咸康 4(3021)

	3	370		11월, 전연의 太傅 慕容評이 전진에게 패하여 고구려에 망명. 고국원왕이 그를 前秦으로 보냄.	신료	1	사기 고국원 40, 통감 晉紀 海西公 太和 5(3237)
	4	384 ~385		幽州刺史 鎭이 380년대 전연에서 망명[38]	신료	1	덕흥리고분 묵서명
宇文部	1	345	宇文部→ 고구려 (1명+)	宇文部王 逸豆歸가 전연에게 패해 漠北[몽골]으로 도망갔다가(344년) 고구려로 달아남.[39]	국왕	1+	魏書 103 匈奴宇文莫槐 (2305)
北燕	1	435 ~436	北燕→ 고구려 (15명+)	北燕王 馮弘이 家戶를 거느리고 고구려에 망명. 장수왕은 장수 갈로와 맹광을 보내 수만명을 보내 和龍[朝陽]으로 가서 맞이함. 이후 平郭[遼寧省 蓋縣]에 두었다가 北豐[瀋陽]으로 옮김.[40]	국왕, 왕족	10+	사기 장수 23·24, 통감 宋紀 文帝 元嘉 12·13 (3859~3862)
	2	436		北燕에서 博士郎中을 지낸 劉軒의 자손들이 풍홍을 따라서 고구려에 망명.	신료 (문인)	5+	劉元貞 묘지명
北魏	1	528?	北魏→ 고구려 (3명+)	江果가 安州事를 지내다가 반란군에 의해 內地[북위]로 가는 길이 막히자, 동생들과 함께 城民을 이끌고 동쪽의 고구려로 달아남. 天平 연간(534~537)에 동위에서 강과의 소환을 요구하자, 元象 연간(538~539)에 동위로 보냄.[41]	신료, 백성	3+	魏書 71 江悅之 (1589~1590)
西魏	1	530 ~540	西魏→ 고구려 (수명)	豆善富의 6세조인 紇豆陵步蕃이 서위의 장수로 河曲[河西, 오르도스]에 주둔하다 북제의 神武帝(高歡, 496~547)와 李朱兆군에 패해 보번은 죽고 후손과 무리들이 遼海로 망명.[42]	신료 (무인)	수명?	豆善富 묘지명
隋	1	613	隋→ 고구려 (1명)	수의 斛斯政이 양현감 반란과 연루될 것을 두려워 해 고구려에 망명.[43]	신료 (무인)	1	사기 영양 24, 隋書 70, 斛斯政(1622)
南朝?	1	5세기?	南朝?→ 백제 (1명+)	禰嵩이 淮水와 泗水에서 배를 띄워 遼陽[44]으로 가서 마침내 雄川人이 됨.[45]	신료	1+	禰素士 묘지명

---

27 이 기록은 『삼국지』와 『후한서』의 桓·靈之末의 혼란과 관련이 있는 것 같다. 그

렇다면 정치적 성격과 경제적 성격의 난민이 섞여 있다. 184년 이후 20여 년간 黃巾의 난과 각종 민란의 상황을 말한다.

28 이 시기 중원왕조에 평주는 없다. 公孫度이 189년에 요동에 웅거하면서 平州牧을 자칭했을 때 일시적으로 平州가 설치된 듯하다. 하요는 공손씨 세력 하의 평주 출신이거나 그 지역에 일정기간 의탁했을 것이다(안정준, 「4~5세기 高句麗의 中國系 流移民의 수용과 그 지배방식」, 『한국문화』 68, 서울대 규장각 한국학연구원, 2014, 116-117쪽).

29 여기서의 낙랑은 평양의 낙랑이 아닌 樂浪郡 東部都尉 관할 하에 있었던 동옥저 지역을 말한다.

30 『삼국유사』에는 낙랑이 대방 사람들과 더불어 신라에 투항한 것으로 되어 있다. 북대방조에도 같은 기록이 있다.

31 황건적이 봉기한 靈帝 中平 연간(184~189)부터 각지의 지방세력이 할거한 獻帝 建安 연간(196~220)인 듯하다(정동준, 「陳法子 墓誌銘 역주」, 『木簡과 文字 연구』 13, 2014, 290-291쪽). 『삼국지』와 『후한서』 동이전의 환령지간 망명기록과 부합한다.

32 최비는 晉에서 이탈해 화북지방에 독자세력을 구축한 王浚의 장인이다. 왕준은 요동에서 변란이 생기자 311년 최비를 동이교위로 임명 파견하였다. 최비는 고구려, 우문부, 단부와 연합해 모용외의 근거지 棘城을 공격했으나 실패하자 고구려에 망명하였다(『晉書』 卷108, 載記 8, 慕容廆 ; 『三國史記』 卷17, 高句麗本紀 5, 美川王 20년).

33 "西邑太守張君博", "建武八年西邑太守". 서읍태수 장씨는 338년 내지 341년에 바닷길을 통해 고구려로 망명해 온 것으로 추정된다(공석구, 앞의 논문, 2016, 14~16쪽).

34 "使君帶方太守張撫夷博", "太歲在戊申漁陽張撫夷博", "太歲申漁陽張撫夷博" 등이다. 戊申年에 대해 288년설과 342년설이 있다(공석구, 앞의 논문, 2016, 16쪽). 장씨의 이주 시기는 분명하지 않다.

35 모용황의 동생 모용인이 319년 이후 요동에 주둔하다가 333년에 반란을 일으켰는데, 336년 모용황에게 진압되었다. 동수와 곽충은 모용인에게 협력했던 인물들이다.

36 鮮卑 慕容氏의 모용황이 燕王을 칭한 것이 337년이다. 이에 모용씨와 전연 (337~370)을 구별했지만, 난민의 누계는 계기적으로 파악하였다.

37 338년 後趙는 前燕의 수도 극성을 공격했으나 실패하였다. 이때 후조 측에 동조했던 전연 관료들이 고구려에 망명하였다. 『삼국사기』에 따르면, 송황은 349년에 전연으로 되돌려 보냈다. 이때 전연에서 모용준이 즉위했는데, 관계 개선을 도모한 듯하다(공석구, 앞의 논문, 2003, 152쪽).

중국에서 삼국으로 온 정치 난민도 규모와 발생 횟수에서 고구려가 신라와 백제를 압도한다. 고구려는 역대 중국의 여러 왕조로부터 10차례에 걸쳐 최소 5045명 이상의 정치 난민을 받아들였다. 신라 역시 난민의 규모면에서는 5천 명 이상으로 고구려에 필적할 만하지만, 거의 기원 전후와 2세기 대까지 낙랑군에서 이탈한 중국 군현민이어서 빈도와 시기가 제한

---

38 여호규는 幽州刺史 鎮의 망명 시기를 전진-후연의 교체기인 384~385년으로 추정하였다(여호규, 「4세기 고구려의 낙랑·대방 경영과 중국계 망명인의 정체성 인식」, 『韓國古代史研究』 53, 2009, 191쪽). 『삼국사기』에 따르면, 고국양왕 2년 (385) 유주와 기주의 유랑민이 정치·경제적인 이유로 고구려에 대거 투항해 왔다.

39 고구려는 345년 10월 모용황의 침략을 받아 남소성을 빼앗겼다(『晉書』 卷109, 載記 9, 慕容皝 ; 『三國史記』 卷18, 高句麗本紀6, 故國原王 15년). 그 이유를 우문부 두일귀의 망명과 관련짓기도 한다(박세이, 「高句麗와 '三燕'의 境界」, 『高句麗渤海研究』 54, 2016, 17쪽).

40 馮弘은 장수왕 26년(438)조에 따르면 南宋으로의 망명을 시도하다가 北豐에서 살해당했다. 이때 그의 자손 10여 명도 함께 죽었다. 이로써 풍홍 가호의 망명 난민 규모를 예상할 수 있다.

41 고구려에서 동위로 보낸 것은 난민 범주는 아니다. 강과 집단의 고구려 망명 배경과 의미에 대해서는 안정준, 앞의 논문, 2015a, 13~15쪽 참조.

42 안정준은 보번 무리의 고구려 망명 시기를 530년대로 보았다(안정준, 「豆善富 묘지명」과 그 一家에 대한 몇 가지 검토」, 『인문학연구』 27, 경희대 인문학연구원, 2015b, 86쪽).

43 다음해인 영양왕이 수나라와 화해하면서 곡사정을 돌려보냈다(『三國史記』 卷20, 高句麗本紀8, 嬰陽王 25년).

44 遼陽은 중국 요동의 특정 지명이라기보다 遼海의 남쪽 바다, 곧 한반도나 백제를 의미한다(김영관, 「중국 발견 백제 유민 예씨 가족 묘지명 검토」, 『新羅史學報』 24, 2012, 108-109쪽; 이여름, 「4~5세기 백제 이주귀족의 정착과 활동」 『역사와 현실』 108, 2018, 250-252쪽).

45 묘지명에 따르면, 예숭은 예소사(?~708)의 7대조이므로 1세대 30년을 감안하면 예숭의 망명 시기는 5세기대로 추정된다. 박초롱도 5세기 초중반으로 보았다(박초롱, 「禰氏 一族의 백제 이주와 성장」, 『木簡과 文字 연구』 22, 2020, 134-135쪽). 출발지가 회수와 사수이므로 南朝 곧 송나라이지 않을까 싶다. 김영관은 5세기 초, 南燕이 멸망한 후 남송이 건국되는 410~420년(전지왕 재위기)을 주목하였다(김영관, 위의 논문, 2012, 106-108쪽). 다만 이와 달리 예군 묘지명에는 永嘉末(307~313)에 난을 피해 동쪽으로 왔다고 다르게 기술하였다.

적이다. 백제는 묘지명에 陳法子의 먼 조상과 禰崇이 웅진으로 망명한 편린이 남아 있는 정도이다.

난민자 신분도 宇文部王 逸豆歸와 北燕王 馮弘 같은 국왕에서부터 무인을 중심으로 한 신료집단과 백성까지 다양하다. 다만 삼국에서 중국으로 간 백성들이 신료들에 귀속된 존재로서의 난민이었다면, 漢(漢郡縣)에서 삼한과 삼국으로 넘어온 백성들은 독자적·산발적 성격이어서 차이가 난다. 이는 2~3세기대 후한 말 중국 본토의 혼란과 그에 따른 한군현 지배의 이완에 따른 결과일 것으로 생각된다.

지금까지 정리한 삼국시대 '정치 난민'의 규모를 통계적으로 살펴보면 다음과 같다.[46] 고구려의 정치 난민은 백제(12명+), 신라(3544명), 중국(114,022명)으로 건너간 사람이 모두 117,578명 이상이다. 백제의 난민은 신라(302명), 고구려(4명), 중국(2명+)으로 국경을 넘은 이가 모두 308명 이상이다. 신라의 경우는 백제(2명)와 중국(1004명+)을 선택한 난민이 모두 1006명 이상이다. 부여에서 고구려로 간 난민도 10,115명이나 된다. 중국에서 삼국으로 온 난민 규모는 고구려(5045명+), 백제(2명+), 신라(5000명) 외에 三韓까지 포함하면 10,047명을 다수 초과한다.

2. 종교 난민

자발적 이주 난민의 두 번째 유형은 사상적·종교적 박해를 받아 국경을 넘어 간 '종교 난민'이다. 해당 사례를 찾아서 표로 정리해 보면 다음과 같다.

삼국시대 종교 난민의 사례는 2건 밖에 남아 있지 않다. 그나마 삼국 간 이주 사례만 전하고, 삼국에서 중국으로 가거나 중국에서 삼국으로 온 경우는 없다. 종교인들의 이주는 포교를 하거나 사상적 가르침을 받기 위한

---

46 〈부록 표〉 '삼국시대 국가별 난민의 발생과 이동 통계' 참조.

것이 대부분이다. 또한 고대의 경우 승려가 첩자로 활용된 사례도 적지 않게 남아 있다. 다만 이들은 난민에 해당하지 않는다.

〈표 3〉 '종교 난민'의 발생과 국가별 이동양상

이동양상 / 국가	삼국 상호 간 난민						
	연번	연대	난민 추이 (규모)	내 용	난민자 신분	난민 규모	전거
고구려	1	551	고구려→신라 (1명)	9월, 나·제동맹군의 한강유역 공취 때 혜량법사가 무리를 이끌고 신라에 귀화. 거칠부가 수레에 태워 함께 돌아와서 진흥왕을 만나니, 왕이 법사를 僧統으로 삼음.[47]	승려	1+	사기 진흥 12, 양원 7, 열전 거칠부
	2	650	고구려→백제 (1명)	6월, 盤龍寺의 普德和尙이 나라에서 道敎를 받들고 불교를 믿지 않으므로, 남쪽으로 옮겨 完山 고대산으로 감.[48]	승려	1	사기 보장 9, 유사 寶藏奉老 報德移庵

삼국시대 2건의 종교 난민은 모두 고구려에서 다른 나라로 이탈한 경우이다. 먼저 551년 9월 나·제동맹군이 한강 유역을 공격했을 때 고구려의 惠亮法師가 무리를 이끌고 신라에 귀화하였다. 거칠부는 혜량을 모셔와 진흥왕을 만나게 했다. 진흥왕은 혜량법사를 國統(僧統)으로 삼아 신라 불교를 총괄케 하였다.[49] 650년 6월에는 연개소문의 道敎 진흥책에 반발한 普德和尙이 백제로 와 完山[전북 전주] 孤大山에 정착하였다.[50]

---

47 혜량은 고구려의 정치가 어지러워 멸망할 날이 얼마 남지 않았다면서 망명을 원했다. 따라서 망명의 배경은 정치적 성격이 강하다. 곧 정치 난민의 성격도 혼재되어 있다. 다만 그의 신분이 종교인이라는 점, 신라로 망명한 이후 승통으로 임명되고 百座講會와 八關法이 시작된 점을 감안해 종교 난민의 범주로 분류하였다.

48 『삼국유사』에는 보덕이 보장왕에게 국운이 위태로울 것을 걱정하여 여러 차례 간언했으나 수용되지 않았고, 이에 신통력으로 方丈을 날려 남쪽의 完山州 孤大山으로 이주한 것으로 되어 있다.

49 『三國史記』卷40, 雜志9, 職官 하 武官 國統.

3. 경제 난민

　자발적 이주 난민의 세 번째 유형은 가뭄·홍수와 같은 기후 관련 자연 재해와 전염병 등으로 생계가 곤란해진 사람들이 국경을 넘어 간 '경제 난민'이다. 개별 국가 내에서도 경제적 流亡民은 지속적으로 발생했지만, 국가 간 이동의 경우만 난민 사례로 꼽았다. 『삼국사기』에 집중적으로 남아 있는 관련 기록을 국가별 동향을 살필 수 있게 표로 정리해 보면 다음과 같다.

〈표 4〉 '경제 난민'의 발생과 국가별 이동양상

이동양상 / 국가	연번	연대	난민 추이 (규모)	내용	난민자 신분	난민 규모	전거
				삼국 상호 간 난민			
옥저	1	25	옥저→백제 (100명)	10월, 南沃沮동옥저의 구파해 등 20여 家가 釜壤에 귀순하니 온조왕이 이들을 받아들여 漢山 서쪽에 안치함.[51]	백성	100	사기 온조 43, 유사 발해 말갈
백제	1	399	백제→신라 (5000명)+	가을, 아신왕이 고구려를 치고자 군사와 말을 크게 징발함. 백성들이 戰役에 시달려 신라로 많이 도망가니 호구가 줄어듦.	백성	다수	사기 아신 8
	2	447		7월, 가물어 곡식이 익지 않음. 백성들이 굶주려 신라로 흘러들어간 자가 많음.	백성	다수	사기 비유 21
	3	491		6월, 熊川의 물이 넘쳐 王都의 200여 家에 수해가 남. 백성들이 굶주려 신라로 도망해 들어간 자가 600여 家나 됨.	백성	3000	사기 동성 13

---

50 연개소문의 도교 수용 배경은 김수진, 「7세기 高句麗의 道敎 受容 배경」, 『韓國古代史研究』 59, 2010 참조. 보덕이 완산주에 정착한 이유에 대해 그가 고구려를 末法時代로 인식했는데, 당시 익산지역에서 미륵신앙이 유행했기 때문으로 본 견해가 있다(정선여, 「신라로 유입된 고구려 유민의 동향 – 報德國 주민을 중심으로 –」, 『역사와 담론』 56, 2010, 76-81쪽).

국가	연번	연대	난민 추이 (규모)	내 용	난민자 신분	난민 규모	전거
백제	4	521		5월 홍수, 8월 누리 피해. 백성들이 굶주려 신라로 도망쳐 들어간 자가 900戶임.	백성	4500	사기 무령 21
	1	19	백제→ 고구려 (7000명)	6월, 漢水의 동북쪽 부락에 기근이 들어서 백제의 백성 1천여 戶가 고구려에 투항.	백성	5000	사기 대무신 2, 온조 37
	2	499		여름에 가뭄. 백성이 굶주려 서로 잡아먹고, 도적이 횡행. 漢山 백성 2천명이 고구려에 도망. 10월 전염병 발생.	백성	2000	사기 문자 8, 동성 21
? (소국)	1	28	?→신라 (다수)	11월, 유리이사금이 鰥寡孤獨을 구제하자 이웃 나라 백성들이 소문을 듣고 오는 자가 많음.	백성	다수	사기 유리 5

이동 양상 국가			삼국에서 중국으로 간 난민				
	연 번	연 대	난민 추이 (규모)	내 용	난민자 신분	난민 규모	전거
고구려	1	471	고구려→ 北魏 (1명+)	백성 노구 등이 북위로 달아나 항복함. 북위는 이들에게 田宅을 줌.52	백성	1+	사기 장수 59

이동 양상 국가			중국에서 삼국으로 온 난민				
	연 번	연 대	난민 추이 (규모)	내 용	난민자 신분	난민 규모	전거
後燕	1	385	後燕→ 고구려 (다수)	幽州와 冀州의 유랑민이 많이 [고구려에] 투항해 왔으므로, [후연의] 모용농이 방연을 요동태수로 삼아 이들을 불러 위무함.	백성	다수	사기 고국양 2, 통감 晉紀 孝武帝 太元 10 (3344, 3356)

〈표 4〉를 살펴보면, 우선 삼국 간 경제 난민의 발생 추이와 국가별 이동 횟수가 한반도와 중국 간 난민보다 상대적으로 많음을 알 수 있다. 특히

---

51 『삼국유사』 말갈 발해전에는 남옥저의 20여 家가 신라로 투항한 것으로 되어 있다. 『삼국사기』 백제본기 온조왕 43조에 따르면, 日官이 먼 곳에서 백성들이 투항해 올 것을 예언한 후 남옥저의 구파해 무리가 귀순하였다. 난민의 신분이 백성이라면 정치적 배경보다는 사회경제적 배경 때문에 귀화한 것으로 추정된다.

52 이들이 북위로 망명한 배경은 분명하지 않다. 다만 일반 백성인 점, 북위에서 그들에게 전택을 제공한 점으로 미루어 경제 난민으로 추정하였다.

백제에서 신라·고구려로 간 난민이 12,000명 이상으로 눈에 띈다. 시기적으로는 온조왕 37년(19)의 사례를 제외하면, 4세기 말~6세기 전반에 집중되어 있다. 전체 6건의 사례 중 3건이 漢城都邑期였던 475년 이후라는 점은 주목할 만하다. 475년까지 한강 유역을 안정적으로 차지하고 있던 백제가 고구려에게 한강을 빼앗기고 수도를 熊津으로 천도한 후 농업생산력 면에서 위기에 봉착했음을 시사한다.

백제 경제 난민의 발생 배경은 1건의 전쟁에 따른 軍役 징발 외에는 모두 가뭄·홍수와 누리(蝗) 피해로 인한 기근이 원인이다. 또한 기록상 한 건에 불과하지만 동성왕 21년(499)에 발생한 가뭄과 난민 발생, 그리고 뒤이은 전염병의 창궐은 유기적 관련성이 있는 듯하다. 전염병과 난민 발생의 상관성을 실증적으로 탐색할 필요성이 있다.

백제의 난민 규모와 달리 신라의 경제 난민은 기록상 전무하다. 고구려도 백제와 신라로 국경을 넘은 난민은 없다. 다만 장수왕 59년(471)에 백성 노구 등이 北魏로 망명한 사례가 남아 있다. 중국에서 삼국으로 온 경제 난민은 정치 난민에 비해 1건의 사례만 전한다. 곧 385년에 後燕의 幽州와 冀州에서 다수의 유랑민이 고구려에 투항해 왔다. 이들 난민의 성격은 기록만 보면 다소 모호하다. 그런데 慕容農이 방연을 통해 招撫하는 과정에서 賦役을 줄이고 農蠶을 권하여 주민들을 부유하게 하는 조치를 시행했으므로,[53] 경제적 난민으로 보아도 무방할 듯하다.[54]

경제 난민자의 신분은 모두 일반 백성들이라는 특징이 있다. 난민의 규모도 적게는 100여 명부터 5000명까지 다수이다. 눈앞에 맞닥트린 굶주림 앞에서 백성들의 국적의식은 큰 의미를 갖지 못했을 것이다. 반면에 왕실

---

53 『資治通鑑』 卷106, 晉紀 28, 孝武帝 太原 10년 11월.
54 유주와 기주의 유이민들이 자발적으로 고구려로 망명한 것은 고구려가 이들을 영토 안에 정착시키고 농경에 종사할 수 있는 여건들을 제공했기 때문일 것이다 (안정준, 앞의 논문, 2014, 127쪽).

과 지배관료들에게 백성들의 이주 동향은 매우 중요한 것이었다. 노동 생산성과 군사력 확보 차원에서 인구가 곧 국가경쟁력으로 직결되었기 때문이다. 백제 온조왕은 동옥저에서 귀순한 난민들을 漢山 서쪽에 안치했고, 신라 유리이사금이 鰥·寡·孤·獨을 구제한다는 소문을 듣고 주변 국가에서 난민들이 몰려들었다. 그리고 북위는 고구려에서 망명한 난민들에게 토지(田)와 집을 제공해 주었다. 이는 모두 자국 인구의 유출을 막고 타국 난민을 적극 수용하고자 한 고대국가의 대민 지배정책을 잘 보여준다.

4. 기타 난민

자발적 난민의 기타 사례로 국왕의 탄압을 받아 고구려로 망명한 백제의 난민 부부가 있다. 『삼국사기』 도미 열전에 관련 내용이 자세히 전한다. 곧 백제 개루왕(재위 128~166)이 백성(編戶小民)인 도미 부인의 미모에 반해 음행하려다가 실패하자 분풀이로 남편 도미의 눈알을 빼고 쫓아냈다. 도미의 부인도 끝까지 정절을 지키고 개루왕을 피해 배를 타고 도망가서 泉城島에서 남편을 만났다. 도미 부부는 결국 고구려 䔋山에 가서 삶을 마쳤다는 이야기이다.[55]

---

55 『三國史記』卷47, 列傳7, 都彌. 도미 부부 이야기는 『삼국사기』 열전에 따르면 蓋婁王代(128~166)이다. 다만 당시 백제의 북쪽에 낙랑군이 있어 도미 부부가 곧바로 고구려로 갈 수 없다는 점 등이 고려되어 蓋鹵王代(455~475)로 수정해 이해하는 경향이 짙었다(양기석, 「삼국사기 도미열전 소고」, 『이원순교수화갑기념사학논총』, 교학사, 1986: 「도미설화의 역사성」, 『백제의 국제관계』, 서경문화사, 2013, 554-555쪽; 이도학, 「『삼국사기』 道琳 기사 검토를 통해 본 개로왕대의 정치」, 『先史와 古代』 27, 2007: 『백제 한성·웅진성 시대 연구』, 일지사, 2010, 156-163쪽). 이와 달리 도미 부부가 서해안의 해로를 통해 고구려로 망명했을 수도 있다면서 2세기 개루왕대로 보아야 한다는 주장도 있다(박대재, 「『삼국사기』 도미전의 세계-2세기 백제사회의 계층분화와 관련하여-」, 『先史와 古代』 27, 2007, 235-242쪽). 여기서는 후자를 따른다.

Ⅲ. 타율적 徙民 난민의 유형과 사례

1. 외교 난민

자신의 의사와 상관없이 타인에 의해 강제적으로 사민된 난민 중 첫 번째 유형으로 '외교 난민'이 있다. 이들은 고대 국가 간의 대외관계에서 외교적 인질(質子)로써 파견된 난민들이다. 삼국 상호 간에는 물론이거니와 주변 국가와의 복잡다기한 외교관계 변화와 따라 오고 간 외교 난민의 사례는 적지 않게 남아 있다. 간단히 표로 정리하면 다음과 같다.

〈표 5〉 '외교 난민'의 발생과 국가별 이동양상

이동양상 국가	삼국 상호 간 난민						
	연번	연대	난민 추이 (규모)	내용	난민자 신분	난민 규모	전거
백제	1	553	백제→신라 (1명)[56]	성왕의 딸이 진흥왕의 小妃로 감.	왕족	1	사기 진흥 14, 성왕 31
신라	1	392	신라→고구려 (2명)	정월, 고구려가 강성해 [나물]왕이 이찬 대서지의 아들 실성을 인질로 보냄.[57]	왕족	1	사기 나물 37, 열전 박제상
	2	412		[실성왕이] 나물왕의 아들 복호를 고구려에 인질로 보냄.[58]	왕족	1	사기 실성 11, 박제상전, 유사 나물왕 김제상
	3	493	신라→백제 (1명)	3월, 동성왕이 사신을 보내 혼인을 청하자 소지왕이 이벌찬 비지의 딸을 보냄.	신료의 딸	1	사기 소지 15, 동성 15
	4	522	신라→가야 (1명)	가야국 왕이 혼인을 청하자 법흥왕이 이찬 비조부의 누이를 보냄.	신료의 딸	1	사기 법흥 9
가야	1	212	가야→신라 (1명)	3월, 加耶에서 왕자를 신라에 보내 볼모로 삼게 함.	왕족	1	사기 나해 17

이동양상 국가	연번	연대	난민 추이 (규모)	내 용	난민자 신분	난민 규모	전거
				삼국에서 중국으로 간 난민			
고구려	1	4세기 초	고구려→ 慕容廆 (1명)	高琳이 모용외에게 인질로 끌려갔는데, 마침내 燕[전연]의 벼슬길에 올라감.[59]	신료	1	周書 29, 高琳(495)
	1	342	고구려→ 前燕 (3명)	1월, 전연 慕容皝이 고구려에 쳐들어 와 고국원왕의 친어머니와 남녀 5만여 명을 사로잡음. 궁실을 불지르고, 환도성을 허물고 돌아감.	왕족, 신료, 백성	1[60]	사기 고국원 12, 통감 晉紀 成帝 咸康 8(3051)
	2	355		12월, 고국원왕이 어머니를 모셔오기 위해 다른 인질을 보내고 조공을 함. 모용준이 이를 허락해 周氏를 고구려에 돌려보냄.	신료	1	사기 고국원 25, 통감 晉紀 穆帝 永和 11(3150)
	3	339 ~355		후연왕 高雲의 祖父 高和는 고구려의 왕실 집안으로서 전연 시기에 인질로 끌려감.[61]	왕족	1	이동훈(2008), 30쪽
신라	1	669 ~670	신라→ 唐 (1명)	문무왕 9년 5월에 당에 갔던 양도가 10년(670) 정월에 당에 억류되어 감옥에서 죽음.[62]	신료	1	사기 문무 9·10, 유사 義湘傳敎

이동양상 국가	연번	연대	난민 추이 (규모)	내 용	난민자 신분	난민 규모	전거
				중국에서 삼국으로 온 난민			
西晉 (帶方郡)	1	~286	대방군→ 백제 (1명)	책계왕이 帶方王의 딸 보과를 맞이하여 夫人으로 삼음.	왕족	1	사기 책계 1

56 왕족이 상대 국가에 외교적 인질로 갈 때 수행원이 함께 했을 것이므로 외교 난민의 규모는 1명 이상일 것이다. 다만 사료 상에 그것이 분명하지 않아서 반영하지 않았다.

57 실성은 인질로 간 후 10여 년이 지난 나물왕 46년(401)에 돌아왔다(『三國史記』卷3, 新羅本紀3, 奈勿王 46년).

58 『삼국유사』 나물왕 김제상에는 복호가 고구려에 인질로 간 시기를 눌지왕 3년(419)이라고 하여 『삼국사기』와 다르다. 나물왕·실성왕·눌지왕은 인질을 외교의 수단과 동시에 정치적 갈등세력을 견제하기 위해서도 활용했으므로 『삼국사기』의 기록이 믿을 만하다. 복호의 귀국 시기에 대해 『삼국사기』는 눌지왕 2년

먼저 삼국 간에는 신라의 외교 난민이 4건 4명으로 가장 많다. 시기적
으로는 4세기 말~6세기 전반에 집중되어 있다. 나물왕 37년(392)과 실성
왕 11년(412)에 고구려에 파견된 실성과 복호는 고구려가 신라에 정치적
간섭과 영향력을 지속하기 위한 외교 인질이었다. 물론 신라 내부적으로는
나물왕과 실성왕, 실성왕과 눌지왕이 정치적 정적을 견제하는 수단으로 인
질외교를 활용한 측면도 있었다.[63] 소지왕 15년(493)에 이벌찬[1위] 비지의
딸을 동성왕에게 보낸 것은 인질 외교이자 고구려의 남진에 대비해 나·제
동맹기의 우호를 극대화한 결과였다. 법흥왕 9년(522) 대가야의 요청을 받
고 이찬[2위] 비조부의 누이를 보낸 것은 백제의 섬진강 유역 진출에 따라
대가야가 신라에 접근했기 때문이었다.[64]

백제의 외교 난민은 553년에 성왕이 딸을 진흥왕의 小妃로 보낸 1건만
이 남아 있다. 이 시기는 '나·제동맹기'여서 단순 외교 인질이기보다는 우
호관계의 징표적 성격이 강하다. 다만 이때 백제 성왕은 고구려와 신라의
밀약을 눈치 채고 신라와의 우호를 유지하면서 은밀히 일본에 사신을 파견

---

(418), 『삼국유사』는 눌지왕 9년(425)으로 역시 다르게 기술되어 있다. 이는 후자
의 기록이 진실을 담고 있다. 자세한 내용은 장창은, 『신라 상고기 정치변동과
고구려 관계』, 신서원, 2008, 117-118쪽 참조.

59 이동훈은 고림을 319년 모용외 침입 때 화친의 대가로 보내진 인질로 보았다(이
동훈, 「고구려유민 高德墓誌銘」, 『韓國史學報』 31, 2008, 29쪽).

60 5만여 명은 전쟁 포로 난민이므로, 인질로서 외교 난민은 고국원왕의 어머니만
산정하였다. 고국원왕의 어머니 周氏는 355년에 이르러 고구려에 돌아올 수 있
었다.

61 고화가 전연에 끌려간 시기는 339년, 342년, 355년 중 하나이다(이동훈, 앞의 논
문, 2008, 30쪽).

62 『삼국사기』에는 김흠순이 귀국하고 김양도만 구금된 것으로, 『삼국유사』 의상전
교에는 김흠순도 구금된 것처럼 되어 있다. 『삼국사기』가 옳다.

63 김철준, 「新羅 上代社會의 Dual Organization」, 『歷史學報』 1·2, 1952; 『韓國古
代社會研究』, 서울대 출판부, 1990, 127쪽.

64 장창은, 「창녕진흥왕척경비와 신라의 영역 확장」, 『新羅史學報』 26, 2012; 『삼
국시대 전쟁과 국경』, 온샘, 2020, 121-122쪽.

해 구원군을 요청하였다.[65] 곧 성왕이 진흥왕에게 딸을 보낸 것은 554년
管山城 전투를 앞두고 신라를 안심시키기 위한 위장전술 내지 기만술이었
을 가능성이 크다.[66]

삼국에서 중국으로 간 외교 난민의 사례는 고구려가 4건 4명으로 신라
와 백제에 비해 많다. 신라는 1건, 백제는 없다. 고구려의 외교 난민은 모
두 4세기대 鮮卑族이 세운 慕容部와 前燕에 보낸 質子였다. 특히 고국원왕
12년(342) 전연에 패배한 후 수도가 불타고 국왕의 어머니와 전쟁포로 5만
명을 빼앗긴 것은 고구려 역사상 유례를 찾아보기 힘든 시련이었다. 고국
원왕은 이후 전연과의 관계에서 열세를 면할 수밖에 없었고, 355년에 王母
周氏를 모셔오기 위해 또 다른 대체 질자를 보내야 했다.[67] 신라의 경우 문
무왕 9~10년(669~670) 애초에 당나라에 외교사신으로 갔던 김양도가 두
나라의 관계가 틀어지면서 난민으로 전락한 특이한 사례이다.

중국에서 삼국으로 온 외교 난민의 사례도 1건밖에 없다. 그나마 중국
본토가 아니고 西晉시대에 한반도에 있었던 帶方郡에서 王[太守]의 딸을
백제 고이왕(234~286)의 아들 책계에게 보낸 것이었다. 당시 고구려가 대
방으로의 진출을 꾀하자 백제로 하여금 고구려를 견제해 주었으면 하는 의
도로 추진된 인질 외교였다. 책계왕(286~298)이 고이왕에 이어 왕위에 올
랐으므로 대방왕의 목적은 상당기간 유효한 듯하다. 실제로 286년에 고구
려가 대방군을 공격하자, 책계왕은 '대방과 우리가 장인과 사위의 나라'라

---

65 『日本書紀』卷19, 欽明天皇 13년·14년(553).
66 김태식, 『加耶聯盟史』, 일조각, 1993, 300쪽; 주보돈, 「5~6세기 중엽 고구려와
　　신라의 관계 – 신라의 한강유역 진출과 관련하여 –」, 『北方史論叢』11, 101-102
　　쪽; 장창은, 『고구려 남방 진출사』, 경인문화사, 2014, 183-184쪽.
67 고구려와 前燕의 관계 및 전연에서의 고구려 인질 활동에 대해서는 여호규, 「고
　　구려와 慕容燕의 朝貢·冊封 연구」, 『한국 고대국가와 중국왕조의 조공·책봉관계』
　　(연구총서 15), 고구려연구재단, 2006; 이정빈, 「모용선비 前燕의 부여·고구려 質
　　子」, 『동북아역사논총』 57, 2017 참조.

면서 구원군을 보내 고구려에 맞서 싸웠다.[68]

삼국시대 외교 난민자의 신분은 왕족이거나 고위 신료의 자손으로 국한되었다. 이는 난민 파견 국가에 대한 외교적 인질로써의 가치를 극대화하기 위한 소처였다. 지연 외교 난민은 모두 1명씩만 파견되었다. 물론 질자를 수행했던 사람들도 있었을 것이고, 이들 역시 난민의 신분이라고 할 수 있다. 그 인원이 남아 있는 경우가 없지만 대체로 수 명 정도의 소규모였을 것으로 추정된다.

2. 전쟁 난민

삼국시대의 여러 국가들은 小國 단계에서 출발해 주변 국가들과의 전쟁을 통해 영역을 넓혀 갔다. 특히 고구려·백제·신라가 국경을 맞댄 4세기부터 7세기까지는 삼국 상호 간에 치열한 攻防戰을 전개해 나갔다. 고구려의 경우 백제·신라와 상대하는 동시에 북방의 중국 왕조와도 전쟁을 치러야 했다. 따라서 삼국시대의 전쟁포로 난민은 발생 빈도와 규모 면에서 다른 난민의 사례를 압도할 수밖에 없다. 이에 '전쟁 난민'은 삼국 간 발생 동향과 삼국→중국, 중국→삼국으로 온 경우를 나누어 살펴보고자 한다.[69]

---

68 『三國史記』 卷24, 百濟本紀2, 責稽王 즉위년.
69 삼국시대 전쟁기록에서 포로 난민의 숫자를 산정하는 데는 유념할 사항이 있다. 『삼국사기』의 경우 전쟁 시 참살과 포로 생포에 대한 기록을 다음과 같이 나눌 수 있다. ① 獲~級 ② 斬獲~級, 斬殺~級, 殺獲~級 ③ 殺虜~人, 斬獲~人, 殺獲~人, 殺掠~人 ④ '殺獲'·'殺虜'만 있는 경우(殺獲甚多, 殺虜甚衆).
①은 목벤 사람의 숫자[首級]이므로 전사자이지 포로가 아니다. ③~④는 '죽이거나 사로잡은 사람'이므로 참살자와 포로가 섞여 있다. 문제는 ②의 경우를 어떻게 해석하느냐에 있다. 언뜻 보면 斬殺~級은 참살자만을, 斬獲~級과 殺獲~級은 참살자와 포로를 포괄하는 의미로 보인다. 그러나 사료상 '級'이 표현된 경우는 모두 목을 베고 숫자를 헤아린 경우로서 전사자로 파악해야 한다는 연구가 있다 (허중권, 「三國時代 戰爭에서의 斬殺과 虜獲에 관한 연구」, 『文化史學』 38, 2012,

먼저 삼국 간에 발생한 전쟁 난민의 동향을 국가별·시기별로 정리하면 다음의 표와 같다.

〈표 6-1〉 삼국 간 '전쟁 난민'의 발생과 국가별 이동양상

이동양상 / 국가	연번	연대	난민 추이 (규모)	내 용	난민자 신분	난민 규모	전거
				삼국 상호 간 난민			
조나국	1	72	조나국→ 고구려 (1명+)	2월, 貫那部 沛者 달가를 보내 藻那國을 정벌하고, 그 왕을 사로잡음.	국왕	1+	사기 태조 20
주나국	1	74	주나국→ 고구려 (1명)	10월, [태조왕이] 桓那部順奴部 패자 설유를 보내 朱那國을 정벌하고, 그 왕자 을음을 사로잡아 고추가로 삼음.	왕족	1	사기 태조 22
부여	1	410	동부여→ 고구려 (5명+)	광개토왕이 동부여를 정벌했는데, 미구루, 비사마, 椯社婁, 肅斯舍, □□□ 등이 왕의 교화를 받아 따라 옴.	신료	5+	광개토왕비
마한	1	9	마한→ 백제 (다수)	4월, 온조가 圓山城과 錦峴城을 함락시키면서 마한을 멸망시키고, 그 백성들을 漢山 북쪽으로 옮김.	백성	다수	사기 온조 27
말갈	1	B.C. 11	말갈→ 백제 (250명+)	2월, 말갈군 3천명이 위례성을 쳐들어왔을 때 온조왕이 회군하는 적군과 싸워 이겨서 500명을 죽이거나 사로잡음.	군인	250	사기 온조 8
	2	4		9월, 온조왕이 기병 1천명을 거느리고 부현 동쪽에서 사냥하다가 말갈을 만나 싸워 生口포로를 사로잡아 장수와 군사들에게 나누어 줌.	군인	다수	사기 온조 22
	3	30		10월, 동부의 흘우가 말갈과 마수산 서쪽에서 싸워 이겼는데 죽이거나 사로잡은 사람이 많음.	군인	다수	사기 다루 3
	4	216		8월, 구수왕이 사도성 아래에서 말갈과 싸워 죽이거나 사로잡은 수가 매우 많음.	군인	다수	사기 구수 3

6-10쪽). 실제로 『삼국사기』에서 같은 전쟁의 삼국 본기를 비교·검토해 보면, 斬獲~級, 斬殺~級, 殺獲~級의 표현이 상대국가의 본기에 다르게 기록될 경우는 모두 전사자만을 의미하였다. 이에 본 논문에서의 허중권의 견해를 받아들여 ③~④의 경우만을 전쟁 난민으로 산정하고자 한다.

실직국	1	104	실직국→신라 (다수)	7월, 悉直이 반란을 일으켜 군사를 보내 평정한 후, 남은 무리를 남쪽 변방으로 옮김.	백성	다수	사기 파사 25
압독국	1	146	압독국→신라 (다수)	10월, 押督이 반란을 일으켰으므로 군사를 보내 토벌하고 남은 무리를 남쪽지방으로 이주시킴	백성	다수	사기 일성 13
고구려	1	246	고구려→백제 (200명+)	8월, 고이왕이 관구검이 고구려를 침략한 틈을 타서 좌장 진충을 보내 낙랑 변방의 주민들을 습격하여 약탈해 옴. 낙랑태수 유무가 노하자 침공을 받을까 우려해 곧바로 돌려줌.	백성	다수	사기 고이 13
	2	369		9월, 근구수가 雉壤에서 고구려 군사를 물리치고 5천여 명을 죽였고, 사로잡은 적의 장수와 군사들에게 나누어줌.	군인	다수	사기 근초고 24
	3	390		9월 백제가 달솔 진가모를 보내 都押城(都坤城)을 깨뜨리고 200명을 사로잡아 감.	군인, 백성	200	사기 고국양 7, 진사 6
	1	548	고구려→신라 (6000+)	2월, 고구려가 穢人과 백제 獨山城 공격. 백제가 구원을 청하자 신라가 주령 등 3천군을 보내 죽이거나 사로잡은 사람이 많음.[70]	군인	다수	사기 진흥 9
	2	629		8월, 娘臂城 전투에서 신라군이 고구려군 5천여 명을 목 베고 1천 명을 사로잡음.	군인	1000	사기 열전 김유신상
	3	638		11월, 신라 장군 알천이 고구려 군사와 七重城 밖에서 싸워 이겨 죽이거나 사로잡은 사람이 매우 많음.[71]	군인	다수	사기 선덕 7, 영류 21
	4	662		임진강[瓢河]에서 고구려 장군 小兄 아달혜가 신라에 사로잡혔고, 1만군이 죽임을 당하고 5천명이 생포됨.	신료 (무인), 군인	5000	사기 문무 2, 열전 김유신중, 김인문[72]
백제	1	22	백제→말갈 (1850명+)	11월, 말갈이 釜峴城을 습격하여 100여 명을 죽이거나 약탈함.	백성	50	사기 온조 40
	2	108		봄·여름에 가물어 흉년이 들었고, 백성들이 서로 잡아먹음. 7월, 말갈이 牛谷에 들어와서 백성[民口]들을 약탈하여 돌아감.	백성	다수	사기 기루 32
	3	229		11월, 전염병이 크게 번짐. 말갈이 牛谷 경계에 들어와 사람과 재물을 약탈함.	백성	다수	사기 구수 16
	4	482		9월, 말갈이 漢山城을 습격하여 깨뜨리고 300여 집을 사로잡아 돌아감.	백성	1500	사기 동성 4

백제	5	506		봄에 전염병 크게 돎. 3~5월 가뭄이 심해 백성이 굶주리자 창고를 열어 진휼. 7월, 말갈이 쳐들어와 高木城을 깨뜨리고 600여 명을 죽이거나 사로잡아감.	백성	300	사기 무령 6
	1	562	백제→ 신라 (10,178명)	7월, 백제가 변방에 침략해 백성을 노략질하므로 진흥왕이 군사를 내어 1천명을 죽이거나 생포함.[73]	군인	500	사기 진흥 23
	2	648		4월, 大梁城과 玉門谷 전투에서 김유신군이 백제 장군 8명을 사로잡고, 1천명을 목 벰. 연이어 嶽城 등 12성 전투에서는 2만여 명을 목 베고 9천명을 사로잡고, 進禮城 전투에서는 9천여 명을 목베고 600명을 포로로 잡음.[74]	신료 (무인), 군인	9608	사기 열전 김유신상
	3	649		9월, 김유신이 백제와의 道薩城 전투에서 將 장군과 병사 100명을 죽이거나 사로잡음.[75]	신료 (무인), 군인	50	사기 진덕 3, 열전 김유신중
	4	660		7월, 황산벌 전투에서 계백이 죽은 후 백제의 좌평 충상과 상영 등 20여 명이 신라군에 사로잡힘.	신료	20	사기 무열왕 7
	5	662	백제 [부흥군]→ 신라 [나당연합군] (다수)	7월, 劉仁願·劉仁軌가 복신의 남은 군사를 물리치고 支羅城, 尹城, 大山柵, 沙井柵 등의 목책을 함락시켜 죽이거나 사로잡은 사람이 매우 많음.	군인	다수	사기 백본, 열전 김유신중
	6	663		8월, 白江 전투 패배 휘 부여풍은 고구려로 달아나고, 부여충승과 충지 등이 무리를 거느리고 왜인과 함께 나당연합군에게 항복함.	신료, 군인	다수	사기 백본, 열전 김유신중
	1	396	백제→ 고구려 (13,011명)	광개토왕이 아신왕에게 항복을 받고 남녀 1천명과 왕의 동생, 그리고 대신 10명을 데리고 돌아감.[76]	왕족, 신료, 백성	1011	광개토왕비
	2	475		9월, 장수왕이 漢城을 함락하고 개로왕을 죽인 후 남녀 8천명을 사로잡아감.	백성	8000	사기 장수 63
	3	512		9월, 고구려가 백제의 加弗과 圓山 2성을 함락시키고 남녀 1천여 명을 사로잡아감.	백성	1000	사기 문자명 21, 무령 12
	4	607		5월, 영양왕이 백제 石頭城을 공격해 남녀 3천 명을 사로잡아 돌아감.	백성	3000	사기 영양 18, 무왕 8
신라	1	139	신라→ 말갈 (?)	8월, 말갈이 長嶺을 습격해 백성을 약탈해 감.	백성	?	사기 일성 6

신라	1	608	신라→ 고구려 (8000명)	2월, 고구려가 신라 북변을 공격해 8천 명을 사로잡아감.	백성	8000	사기 진평 30, 영양 19
	1	167	신라→ 백제 (41,801명+)	7월, 백제가 신라 서쪽의 2성을 함락한 후 백성[民口] 1천명 약탈함. 8월, 신라가 2만군으로 반격하자 백제가 두려워하여 포로들을 돌려줌.	백성	1000	사기 아달라 14, 초고 2
	2	222		10월, 백제가 신라의 牛頭鎭에 들어가 民戶 약탈함.	백성	?	사기 구수 9
	3	554		9월, 백제 군사가 珍城을 침범해 남녀 39,000명과 말 8천 필을 빼앗아감.	백성	39000	유사 진흥왕
	4	562		7월, 백제가 변방에 침략해 신라 백성을 노략질함. 진흥왕이 군사를 내어 막아 백제군 1천명을 죽이거나 사로잡음.[77]	군인	500	사기 진흥 23, 위덕 8
	5	627		7월, 백제 장군 사걸이 신라의 서변 2성을 함락하고 남녀 300명을 사로잡아감.	백성	300	사기 진평 49, 무왕 28
	6	642		8월, 의자왕이 장군 윤충을 보내 신라의 大耶城을 공격해 함락한 후 남녀 1천명을 사로잡아 나라 서쪽의 州縣에 나누어 살게 함.	백성	1000	사기 의자 2
	7	~655		급찬 조미갑이 夫山縣수가 되었다가 백제에게 포로로 잡혀감.[78]	신료	1	사기 열전 김유신중
가야	1	562	가야→ 신라 (200명)	대가야 멸망 시 잡아온 포로 200명을 양인으로 풀어줌.[79]	군인	200	사기 진흥 23, 열전 사다함

【일러두기】
1. 전쟁 관련 '죽이거나 사로잡은' 기사에서 포로 난민은 전체 숫자의 50%로 산정하였다.
2. 백제와 고구려가 각각 멸망한 660년, 668년 이후 부흥군의 전쟁 난민은 국왕 재위년 대신 백제본기를 줄여 '백본'으로, 고구려본기를 줄여 '고본'으로 표기하였다.

---

70 고구려본기와 백제본기에는 승전기록만 전한다. 난민의 이동결과가 최종적으로 고구려→백제인지 고구려→신라인지 단정할 수 없다.

71 신라본기는 11월, 고구려본기는 10월로 되어 있다. 포로 기록은 신라본기만 전한다.

72 5천명의 포로는 김인문전에만 남겨져 있다.

73 신라→백제로 간 백성 난민도 산정해야 한다. 이하에서 반영하였다.

74 이 전투에서 사로잡은 백제 장군 8명과 642년 대야성 전투에서 전사한 김품석 부부의 유골을 교환하였다. 이 시기 일련의 전투에서의 전공(전사자 수)은 과장되었을 가능성이 있다.

삼국시대(1~7세기)에 삼국 및 주변 소국 간에 벌어졌던 전쟁에서 발생한 포로 난민의 건수는 모두 43회이다. 국가별 난민의 발생양상과 시간적 계기성을 보아도 다양하면서 지속적이다.

먼저 3세기 이전까지 삼국이 주변 소국을 복속하면서 영토 확장을 꾀한 결과 여러 소국의 전쟁 난민이 발생하였다. 고구려 태조왕은 재위 20~22년(72~74)에 藻那國과 朱那國을 병합하였다. 난민의 규모가 사료상 국왕·왕족으로 국한되어 있지만 실제로 그들에 딸려온 신료와 백성들도 다수였을 것이다. 백제의 경우 건국 때부터 6세기 전반까지 靺鞨[80]과의 9차례 전쟁에서 250명 이상의 군인 포로를 획득했지만, 동시에 1850명 이상의 백성이 강제로 끌려가 난민이 되었다. 말갈은 백제에 가뭄과 흉년이 들거나 전염병이 유행할 때마다 사람과 재물을 약탈해갔다. 온조왕 11년(기원전 8)에는 낙랑군의 사주를 받아서 쳐들어온 후 100명을 죽이거나 사로잡아 갔다. 백제뿐만 아니라 신라도 말갈의 약탈 대상이 되었다. 일성왕 6년(139)에 말갈이 長嶺을 습격해 백성을 사로잡아 갔다. 신라는 2세기 파사왕과 일성왕대에 悉直國[강원 삼척]과 押督國[경북 경산]을 병합한 후 다수의 난민을 신라 영내로 이주시켜 흡수하였다.

삼국 상호 간 전쟁의 결과 의도치 않게 상대 국가로 끌려간 난민도 매

---

75 김유신전에는 백제 장군 달솔 정중과 병사 100명을 생포(生獲)한 것으로 되어 있다.

76 왕의 아우와 대신 10인은 전쟁 포로이자 외교적 인질의 성격도 있다.

77 백제본기에는 위덕왕 8년(561)조에 기록되어 있다. 또한 1천명을 모두 전사자로 기록하였다.

78 조미갑이 백제에 포로로 잡혀간 시기는 655년 이전이지만 구체적인 시기는 알 수 없다.

79 사다함전에서는 加羅 포로를 300명으로 기록하였다.

80 백제와 전투를 벌인 말갈은 함경도 남쪽과 강원도 서북쪽에 흩어져 있었던 세력이었다. 4세기 이후에는 고구려에 附庸化되어 백제와 신라를 종종 쳐들어왔다(이강래, 「『삼국사기』에 보이는 靺鞨의 군사활동」, 『領土問題研究』 2, 1985).

우 많았다.[81] 고구려는 백제에 3차례에 걸쳐 군인과 백성 200명 외에 다수를 빼앗겼다. 신라에게는 4차례 동안 1명의 장군과 6천명 이상 다수의 군인을 빼앗겼다. 백제와 신라를 상대로 기록상 확정할 수 있는 고구려 전쟁 난민의 최소 규모가 6200명 이상이지만, 사료상 '다수'로 표현되어 있는 사례까지 감안하면 훨씬 더 많을 것이다.

백제는 4차례에 걸쳐 13,000명 이상의 전쟁 포로를 고구려에 빼앗겼다. 난민의 대부분은 백성들이었지만, 396년에 아신왕(재위 392~405)이 광개토왕(재위 391~412)에게 패배한 후 동생과 大臣 10명을 내준 것은 좀 더 기억될만한 치욕이었다. 기록상 남아 있는 전쟁 난민의 규모로만 놓고 보면, 고구려와 백제의 전쟁 결과는 고구려의 일방적 우위였다고 할 수 있다. 신라군에 붙잡혀간 백제의 전쟁 난민은 약 10,178명이었다. 모두 두 나라의 동맹이 파탄 난 6세기 중반 이후 벌어진 충돌의 결과였다. 고구려와 신라로 끌려간 백제의 전쟁 난민 규모는 23,200여 명에 달한다.

신라는 고구려에게 진평왕 30년(608) 단 한 차례의 기습으로 8,000명을 탈취당했다. 난민의 규모로만 따지면 신라는 고구려와 호각지세의 공방전을 벌인 듯 보인다. 그러나 난민 약탈의 횟수와 통계에서 누락된 고구려가 신라로부터 사로잡아간 '다수'의 군인까지 감안하면, 두 나라의 전쟁 결과는 고구려가 우세했던 것으로 생각된다. 백제와의 7차례 전쟁에서 발생한 신라 난민은 42,000여 명에 달한다. 2~3세기대 2차례를 제외하면 역시 모두 554년 관산성 전투 이후에 발생한 것이다. 신라와 백제는 동일한 4차례의 戰勝 결과 서로의 포로를 획득하였는데, 규모를 비교해보면 백제가 더 큰 이득을 보았음을 알 수 있다.

이제 삼국에서 중국으로 간 전쟁 난민의 국가별 발생 동향과 규모를 살

---

81 이하의 전쟁 난민 통계는 〈부록 표〉 '삼국시대 국가별 난민의 발생과 이동 통계'를 참조하기 바란다.

펴보도록 하자. 『삼국사기』를 기본으로 중국의 正史와『資治通鑑』, 그리고 묘지명 검토를 통해 정리한 결과는 아래의 표와 같다.

〈표 6-2〉 삼국→중국으로 간 '전쟁 난민'의 발생과 국가별 이동양상

이동양상 국가	삼국에서 중국으로 간 난민						
	연번	연대	난민 추이 (규모)	내 용	난민자 신분	난민 규모	전거
부여	1	285	부여→ 慕容氏 (10,000명)	慕容廆가 扶餘를 공격해 부여왕 의려는 자살하고 1만여 명을 사로잡아 돌아감.[82]	백성	10000	晉書 108, 慕容廆(2804)
	2	347	부여→ 前燕 (50,000명)	[前燕] 慕容皝이 세자 慕容儁과 慕容恪을 보내 기병 1만 7천으로 동쪽 부여를 습격해 이김. 부여의 왕과 부의 무리 5만 여口를 사로잡아감.[83]	국왕, 신료, 백성	50000	晉書 109 慕容皝(2826), 통감 晉紀 穆帝 영화 2(3069)
고구려	1	~12	고구려→ 新 (?)	12년, 王莽이 현도군의 고구려인[84]으로 흉노(胡)를 정벌하고자 했으나 모두 塞外로 도망감.	군인, 백성	?	사기 유리 31
	1	246	고구려→ 魏 (4000명)	위나라 幽州刺史 毌丘儉이 고구려를 침공하고 8천여 명을 죽이거나 사로잡아 돌아감.[85]	군인, 백성	4000	사기 동천 20, 통감 魏紀 邵陵厲公中(2 365 ~2366), 三國志 魏書 毌丘儉(762)
	1	319	고구려→ 慕容氏 (5000명)	慕容廆가 장군 張統을 보내 습격해서 河城을 지키고 있는 여노를 사로잡고, 그 무리 1000여 家를 사로잡아서 棘城으로 돌아감.	신료 (무인), 백성	5000	사기 미천 20
	2	342	고구려→ 前燕 (50,000명)	11월, 전연 慕容皝이 고구려에 쳐들어와 고구원왕의 어머니와 남녀 5만여 명을 사로잡아 돌아감.[86]	왕족, 백성	50000	사기 고국원 12
	1	378	고구려→ 契丹 (10,000명)	9월, 契丹이 고구려 북변을 쳐들어와 8부락[1만명]을 뺏어감.[87]	백성	10000	사기 소수림 8
	1	400	고구려→ 後燕 (25,000명)	후연 慕容盛이 3만군을 거느리고 고구려의 신성과 남소성 공격, 승리, 그곳의 5000여 戶를 요서로 옮김.[88]	백성	25000	사기 광개토 9, 晉書 124 慕容盛(3103)
	1	~622	고구려→ 隋 (다수)	당 고조와 영양왕이 수나라시기 사로잡은 포로를 상호 교환. 고구려에서 당으로 보낸 포로가 1만여 명.[89]	군인, 백성	다수	사기 영류 5

고구려	1	645	고구려→唐 (115,401명+)	〈645년 고·당 전투〉 개모성 1만 명,[90] 비사성 8천명,[91] 요동성 군사 포로 1만 남녀 4만,[92] 백암성 남녀 1만명, 개모성 700명 [앞의 전투에 포함된 듯], 고연수와 고혜진 36,800명을[93] 거느리고 항복(욕살 이하 官長 3500명을 가려 [唐] 內地로 옮기고 나머지는 풀어 주어 평양으로 가게 함).[94] 이 때 전투로 당이 고구려의 10성을 함락하고 遼州·盖州·巖州 등 3주의 戶口를 옮겨 中國[당]으로 들어간 자가 7만 명임. 高提昔의 조부가 貞觀연간에 군대를 이끌고 당에 귀순.	신료 (무인), 군인, 백성	114,8 01+	사기 보장 4, 舊唐書 高麗 (5323~5325), 新唐書 高麗 (6190~6194), 통감 唐紀 太宗 貞觀 19 (6217~6233) 高提石 묘지명
	2	655		5월, 당 고종이 영주도독 정명진을 보내 요수를 건너 貴端水[渾河]에서 고구려군과 싸워 1천여 명을 죽이거나 사로잡아 돌아감.	군인	500	사기 보장 14
	3	658		6월, 영주도독 겸 동이도호 程名振 우령군중랑장 薛仁貴가 고구려의 赤烽鎭을 공격하여 이겨 400명을 목 베고 100여명을 포로로 잡음.[95]	군인	100	사기 보장 17, 통감 唐紀 高宗 顯慶 3 (6309)
	4	661		9월, 연개소문의 아들 남생이 唐 契苾何力군과의 압록수 전투에서 패해 3만명이 죽고 나머지는 당에 항복함.	군인	다수	사기 보장 20
	5	661		貴端道史[新城 방면 지방관]를 지낸 中裏小兄 高乙德이 당군에 패하여 생포됨.[96]	신료	1	高乙德 묘지명
	1	673	고구려 [부흥군]→당·신라 (다수)	5월, 당 李謹行이 호로하에서 고구려 부흥운동군과 싸워 이겨 수천 명을 사로잡음. 나머지 무리들은 신라로 달아남.	군인	다수	사기 고본
백제	1	B.C. 8	백제→낙랑 (50명)	낙랑이 말갈을 시켜 瓶山柵을 습격해 100명을 죽이거나 약탈함.	백성	50	사기 온조 11
신라	1	672	신라→당 (2170명)	9월, 당나라의 포로 병선낭장 겸 이대후 등과 군사 170여 명을 당으로 돌려보냄.	군인	170	사기 문무 12
	2			12월, 당의 고간이 고구려 부흥군을 구원하러 온 신라군 2천명을 사로잡음.	군인	2000	사기 고본

82 이때 慕容部에 끌려간 부여민은 西晉에 노예로 팔려갔다(최진열, 「16국시대 遼西의 인구 증감과 前燕·後燕·北燕의 대응」, 『백제와 요서지역』[백제학연구총서 쟁점백제사 7], 한성백제박물관, 2015, 98쪽).

83 『資治通鑑』에는 永和 2년(346)으로 기록하였다. 모용황은 부여왕 餘玄을 鎭軍將軍으로 삼고, 자신의 딸[王女]로써 아내를 삼게 했다. 3~4세기 부여에서 모용씨(전연)로 끌려간 부여인의 집단 묘역으로 라마동 유적이 주목되었다(이동훈, 「위진남북조시기 중국의 코리안 디아스포라―고조선·고구려·부여계 이주민 집단 연구」, 『한국사학보』 72, 2018, 45-46쪽).

84 현도군의 고구려인은 제2현도군[遼寧省 新賓]으로 강제 이주시킨 고구려인으로 추정된다(정구복·노중국·신동하·김태식·권덕영, 『(개정증보) 역주 삼국사기』 3권, 한국학중앙연구원출판부, 2012, 432쪽). 포로는 아니지만 전쟁으로 인해 발생했으므로 전쟁 난민으로 분류하였다.

85 『삼국사기』에는 살상과 포로의 규모가 전하지 않고, 『삼국지』 관구검전과 『자치통감』에만 남아 있다.

86 고국원왕의 王母 周氏는 전쟁 포로로 끌려갔지만 외교적 인질로 기능하였다. 355년에 돌아왔다. 전연은 341년에 棘城[遼寧省 錦州]에서 龍城[遼寧省 朝陽]으로 천도하였다. 따라서 이들이 끌려간 곳은 용성이다. 전연은 353년에는 薊城[北京 서쪽]으로, 357년에는 鄴城[河南省 安陽]으로 천도하였다.

87 거란은 내몽골 흥안령 기슭의 松漠지방에서 발흥한 종족으로 유목적 성격이 강하므로 인신과 식량에 대한 약탈적 성격으로 파악된다. 『삼국사기』 광개토왕 즉위년조를 보면, 이때 거란이 약탈해 간 고구려인이 1만 명이었다.

88 『삼국사기』에는 399년의 사실로 되어 있으며, 고구려의 민호를 사민시킨 '요서'는 생략되어 있다.

89 고구려와 수나라 간 전쟁에서 발생한 전쟁 포로 난민이므로 당나라 시기에 교환된 포로이지만 수나라 시기의 난민으로 산정하였다.

90 『삼국사기』는 1만, 『舊唐書』 고려전과 『資治通鑑』은 2만명(獲生口二萬), 『新唐書』는 2만호(得戶二萬)로 다르다.

91 『삼국사기』는 8,000이 전사자로 되어 있는데, 『신당서』(獲其口八千)와 『자치통감』(獲男女八千口)은 포로로 되어 있다. 중국 측 기록이 원전이다.

92 『삼국사기』·『자치통감』과 달리 『구당서』는 정예병 1만 여구(勝兵萬餘口), 『신당서』 고려전은 정예병 1만 명(勝兵萬), 4만호(戶四萬)로 다르게 전한다. 정예병 1만에 4만 명이 옳은 것 같다.

93 『삼국사기』와 『신당서』 고려전, 『자치통감』은 이와 같은데, 『구당서』 고려전은 이들이 애초에 말갈과 함께 동원한 156,800명을 포로로 기록하였다. 「당유인원기공비」에도 16만[虜其大將延壽惠眞 俘其甲卒十六萬]으로 되어 있다. 戰功은 과

기원후 7세기까지 삼국과 부여에서 중국으로 끌려간 전쟁 난민의 발생 빈도와 규모는 17회에 걸쳐 27만여 명을 훨씬 초과하였다. 먼저 부여는 2차례뿐이지만, 3~4세기에 선비족 慕容氏와 前燕에게 각각 1만 명과 5만 명의 전쟁 포로를 빼앗겼다. 특히 347년 慕容皝의 침략 때는 부여의 왕과 신료, 백성까지 사로잡아 갔다. 이로써 부여는 국가 존망의 근본적인 위기에 빠지게 되었다. 부여는 347년 이후 사실상 전연에게 종속된 상태로 국가의 명맥을 이어가다가 광개토왕대(391~412) 부터는 고구려에 영토의 상당 부분을 잠식당했다.[97]

고구려는 요서와 요동 방면에서 중국의 여러 왕조가 국경을 맞댄 까닭에 지속적으로 전쟁을 벌일 수밖에 없었다. 그에 따라 고구려에서 중국으로 끌려간 전쟁 난민은 13차례에 걸쳐 21만여 명이나 되었다. 이하에서 살피는 바와 같이 고구려가 중국으로부터 데려온 전쟁 포로가 5만여 명임을 감안하면, 난민 규모를 통해 본 대중국 관계에서는 고구려가 열세였음을 알 수 있다.

장될 수 있음을 감안해야 한다.

94 官長은 『자치통감』에는 酋長으로 되어 있다. 장수 또는 군장이다. 곧 당 태종이 고구려 군장들에게 당의 무관직을 수여하고 당으로 이주시킨 것이다(정병준, 「唐朝의 高句麗人 軍事集團」, 『동북아역사논총』 24, 동북아역사재단, 2009, 181쪽). 기록상 당태종이 고구려 3만 3천여 명의 군인을 풀어준 것으로 되어 있지만 실제로 대부분은 당으로 이주되어 군사력으로 활용되었을 것이다(정병준, 위의 논문, 2009, 182쪽). 여기서는 36,800명 모두를 전쟁 포로로 산정하였다.

95 『삼국사기』는 고구려가 이긴 것으로만 기록되어 있다. 『신당서』 본기는 당의 승리로, 열전 고려전은 고구려의 승리로 다르게 기술되어 있다. 전승 기록에 대한 자의적인 측면을 엿볼 수 있다.

96 이성제, 「어느 고구려 무장의 가계와 일대기-새로 발견된 高乙德墓誌에 대한 譯註와 분석-」, 『中國古中世史研究』 38, 2015; 여호규·拜根興, 「유민묘지명을 통해 본 동방정책과 고구려 유민의 동향」, 『동양학』 69, 2017, 11~12쪽. 661년 고구려와 당의 전투는 9월의 압록 전투일 가능성이 크다(김수진, 앞의 박사학위 논문, 2017, 56쪽).

97 송호정, 『처음 읽는 부여사』, 사계절, 2015, 93-97쪽.

전쟁 난민 발생의 시기는 건국 초기부터 7세기 멸망 시까지 이어졌지만, 5~6세기 200여 년간은 공백기였다. 기본적으로는 광개토왕(재위 391~412), 장수왕(재위 412~491), 문자명왕(재위 491~519)으로 이어지는 고구려의 전성기라는 점 때문일 것이다. 게다가 장수왕 이후 고구려 영역 진출의 지향점이 백제와 신라를 상대로 한 남방으로 기울고 요동 방면의 중국(北魏·東魏·北齊)과 소강상태를 유지한 결과인 듯하다. 7세기대 隋·唐과의 치열한 공방전의 결과 전쟁의 승패와는 별개로 12만여 명의 전쟁 난민이 발생하였다. 특히 645년 당 태종의 침략 때의 손실이 매우 컸다.

백제의 경우 중국 왕조들과 직접 전쟁을 치루지 않았기 때문에 중국 본토로 끌려간 전쟁 난민 기록은 남아 있지 않다. 다만 온조왕 11년(기원전 8) 낙랑이 말갈을 시켜 습격해 와서 100명을 죽이거나 약탈해갔다. 한편 660년 멸망 후에 당나라로 끌려간 전쟁 포로난민은 '遺民 난민'의 범주에 포함시켜 이하에서 살피고자 한다.

신라도 중국과의 관계에 있어서는 백제와 같은 지리적인 조건을 가졌다. 다만 나·당 전쟁기인 672년 2차례에 걸쳐 2170여 명의 신라 난민이 당에 끌려갔다. 그나마 672년 9월에 당나라로 간 170여 명의 군인은 이전에 신라가 사로잡았던 당의 포로를 되돌려준 것이었다. 또한 672년 12월 당의 高侃 군영에 끌려간 신라 군인포로의 이후 향방은 당나라까지 강제 사민되었는지 여부를 알 수 없다.

마지막으로 중국에서 삼국으로 온 전쟁 난민의 국가별 발생 동향과 규모를 정리해 보면 다음 〈표 6-3〉과 같다.

고구려가 처한 지리적 조건 때문에 중국에서 삼국으로 온 전쟁 난민의 절대 다수는 고구려가 사로잡아온 포로들이었다. 고구려는 중국 역대 왕조로부터 11회 동안 최소 47,302명 이상의 전쟁 포로를 획득하였다.[98]

---

98 다만 고국양왕 2년(385) 6월에 後燕에서 사로잡아 온 1만 명은 같은 해 11월에

<표 6-3> 중국→삼국으로 온 '전쟁 난민'의 발생과 국가별 이동양상

이동양상 / 국가	중국에서 삼국으로 온 난민						
	연번	연대	난민 추이 (규모)	내용	난민자 신분	난민 규모	전거
後漢	1	121	後漢→고구려 (1002명+)	봄, 태조왕의 동생 수성이 3천명을 보내 요동·현도 2군을 공격해 성곽을 불사르고 2천여 명을 죽이거나 사로잡음.	군인, 백성	1000	사기 태조 69
	2	146		8월, 태조왕이 장수를 보내 한나라 요동의 西安平縣을 쳐서 帶方令을 죽이고, 樂浪太守의 처자를 사로잡음.	신료	2+	사기 태조 94
肅慎	1	280	肅慎→고구려 (3300명)	10월, 숙신이 쳐들어오자 서천왕의 동생 달가가 역습하여 檀盧城을 빼앗아 추장을 죽이고, 600여 家를 부여 남쪽의 烏川으로 옮기고, 부락 6~7곳을 복속.	백성	3000	사기 서천 11
	2	398		영락 8년 광개토왕이 군사를 보내 肅慎[99]土谷을 觀하였고, 莫□羅城 加太羅谷의 남녀 300명을 잡아옴.	백성	300	광개토왕비
玄菟郡[100]	1	302	玄菟郡→고구려 (8000명+)	9월, 미천왕이 군사 3만을 거느리고 현도군을 침략하여 8천명을 붙잡아 平壤[101]으로 옮김.	군인, 백성	8000	사기 미천 3
	2	315		2월, 현도성을 공격해 죽이거나 사로잡은 자가 매우 많음.	군인, 백성	다수	사기 미천 16
樂浪郡	1	20~22	樂浪→辰韓신라 (1500명)	王莽 地皇연간, 漢의 戶來와 1500명이 벌채하다가 [辰]韓의 습격을 받아 포로가 되어 노예가 됨.[102]	백성	1500	삼국지 한 위략 (851)
	2	313	樂浪郡→고구려 (2000명)	10월, 미천왕이 낙랑군을 침략하여 남녀 2천여 명을 사로잡음.[103]	백성	2000	사기 미천 14

대부분 다시 빼앗겼다. 또한 525~527년 北魏에서 데려온 포로 2500여 명도 東魏(534~550)가 들어선 후 되돌아갔고, 수나라와의 전쟁에서 획득한 포로 1만 명도 당 고조 때 재당 고구려 전쟁 포로와 맞교환하였다. 따라서 고구려로 강제 이주된 중국 전쟁 난민의 전체 규모는 25,000여 명 정도로 추산된다.

99 '帛慎'으로 판독하며, 이를 백제로 파악하기도 한다. 그러나 숙신은『삼국지』동이전의 挹婁인 듯하다. 위치는 장광재령 동쪽의 牧丹江 유역으로 비정된다(여호규, 「고구려와 중국 왕조의 만주지역에 대한 공간인식」, 『한국고대사연구』88, 2017, 192-193쪽).

後燕	1	385	後燕→고구려(10,000명)	6월, 고구려가 후연 慕容佐 군대와 요동에서 전쟁한 후 요동·현도를 함락시켜 남녀 1만 명을 사로잡아 옴. 후연 慕容農이 같은 해 11월에 2군을 되찾아감.	백성	10000	사기 고국양 2
契丹	1	391	契丹→고구려(10,500명)	광개토왕이 거란을 정벌해 남녀 500명을 생포했고, 잡혀갔던[104] 고구려인 1만 명을 데리고 돌아옴.	백성	10500	사기 광개토 1
北魏	1	525~527	北魏→고구려(2500명)	북위 孝昌 연간(525~527) 韓詳이 고구려의 침략을 받아[105] 遼東으로 끌려감.[106] [중국에서] 새로운 왕조가 들어서자 同類 500여 호를 이끌고 돌아감.[107]	신료, 백성	2500	韓暨 묘지명
隋	1	~622	隋→고구려(10,000명)	당 고조와 영양왕이 隋시기 사로잡은 포로를 상호 교환. 고구려에서 당으로 보낸 포로가 1만여 명.	군인	10000	사기 영류 5
唐	1	671	唐→신라(100명)	10월 6일, 신라가 당의 조운선 70여 척을 공격해 郎將 鉗耳大侯와 병사 100여 명을 사로잡았는데, 익사한 사람이 많았음.	군인	100	사기 문무 11

---

100 제3현도군을 의미한다. 중국 遼寧省 撫順市에 있었다. 기원전 75년 제2현도군 [新賓縣 永陵鎭]이 설치되었고, 1세기 말에 제3현도군이 설치되었다. 後漢을 거쳐 公孫氏와 魏의 통치를 받다가, 3세기 중반 이후 西晉의 관할 하에 있었다.

101 여기에서의 평양은 국내성이 있는 집안지역이라는 주장도 있다(공석구, 앞의 논문, 2016, 23쪽).

102 3년간 머물다가 염사치와 함께 다시 낙랑으로 돌아갔다. 〈표 2-2〉 신라 정치 난민 참조.

103 『資治通鑑』에 따르면, 이때 낙랑의 王遵이 요동인 張統을 설득해 [낙랑]민 1천 가를 데리고 慕容廆에게 귀의하였다. 이것은 낙랑군→모용외로 정치 난민 1천 가가 발생했음을 의미한다(〈표 2-2〉 참조). 모용외는 요동에 낙랑군을 두고 장통을 太守로 삼고 왕준을 참군사로 삼았다.

104 378년에 거란이 북변의 8부락을 약탈해 갔다(『三國史記』 卷18, 高句麗本紀6, 小獸林王 8년).

105 이 시기 고구려가 실제로 북위를 공격했는지는 기록이 없다. 안정준은 고구려의 공격은 묘지명의 과장이고, 한상이 포로가 아닌 자발적 귀부를 한 것으로 파악하였다(안정준, 앞의 논문, 2015a, 19~20쪽). 그렇다면 전쟁 포로가 아닌 정치적 망명 난민으로 보아야 한다.

106 한상은 고구려로부터 大使者 관등을 받았다. 이는 그가 고구려 망명 당시 상당 규모의 집단을 거느리고 왔기 때문일 것이다. 그 규모는 그가 東魏에 갈 때 거

313년 한반도에서 낙랑군을 축출하면서 흡수한 난민 2천 명을 제외하면, 대부분은 4세기까지 고구려 서북방 지역에서의 전쟁을 통해 빼앗아온 포로들이었다.

고구려에서 중국으로 간 전쟁 난민의 발생양상에서 5~6세기 200여 년 간이 공백기였던 것처럼, 중국에서 고구려로 강제 사민된 전쟁포로들도 비슷한 양상을 보였다. 다만 안장왕 7~9년(525~527)에 北魏로부터 한상 등 500여 戶를 끌고 온 사례가 남아 있다. 그러나 이 경우도 東魏가 들어서자 한상이 다시 무리를 이끌고 되돌아갔다. 7세기대 대당 전쟁에서 고구려가 획득한 포로도 상당수 있었을 법한데, 기록상 남아 있지 않다. 『삼국사기』의 고구려와 당나라 간 전쟁 관련 내용이 『舊唐書』·『新唐書』·『資治通鑑』등 중국 측 기록에 의존한 데 따른 결과일 것이다.

중국에서 신라로 끌려온 전쟁 난민의 사례와 규모는 2건 1,600명이다. 그나마 남해왕 17~19년(20~22) 辰韓이 樂浪郡에서 잡아온 벌목공 1,500명을 신라 초기의 사실로 해석한 결과이다. 문무왕 11년(671)에 신라가 당의 조운선을 공격해 사로잡은 병사 100명이 온전한 전쟁포로 난민에 해당한다. 중국에서 백제로 온 전쟁 난민의 사례는 기록상 확인할 수 없다.

지금까지 정리한 삼국시대 전쟁 난민의 규모를 통계적으로 살펴보면 다음과 같다. 고구려의 전쟁 난민은 백제로 200명 이상, 신라로 6,000명 이상, 중국으로 209,401명 이상 도합 215,601명 이상이 발생하였다. 백제의 난민은 신라로 10,178명, 고구려로 13,011명, 중국(낙랑)으로 50여 명, 말갈로 1,850명 모두 25,089명이 포로로 끌려갔다. 신라의 경우는 백제로 41,801명 이상, 고구려로 8,000명, 중국(당)으로 2170명 외에 말갈로 끌려간 다수까지 포함하면 52,000명을 초과하는 전쟁 난민이 발생하였다. 대가

느렸던 500여 호로 추정된다(안정준, 위의 논문, 2015a, 21쪽).
107 한상은 새로운 왕조[東魏]가 들어서자 500여 호를 이끌고 돌아갔다. 고구려→동위로의 정치 난민이 발생한 것인데, 〈표 2-2〉에 산정하였다.

야 멸망 때 신라로 끌려온 난민도 200명 있고, 부여는 고구려(5명 이상)와 중국(모용씨·전연, 6만명)에게 국세가 기울어질 정도의 전쟁 포로를 빼앗겼다. 중국에서 삼국으로 온 전쟁 난민의 규모는 고구려 47,302명 이상과 신라 1,600명을 합해서 48,902명을 초과하였다.

3. 기타 난민

강제로 옮겨진 난민의 기타 사례로는 기록상 두 가지 유형이 확인된다. 첫째, 외교적 목적을 띠고 다른 나라에 바쳐진 貢女가 있다. 크게 보면 '외교 난민'의 범주에 포함시킬 수도 있지만, 신분상 質子의 성격과는 차이가 난다. 고구려의 경우 보장왕 5년(646)에 국왕과 연개소문이 당에 사신을 보내 사죄하고 미녀 2명을 바쳤다. 그러나 당 太宗은 이들을 돌려보냈다.[108] 신라는 2건의 사례가 전한다. 먼저 723년에 성덕왕이 포정과 정완이라는 미녀 2명을 당에 보냈다. 그러나 당 玄宗도 이들에게 후한 선물을 주어 신라로 돌려보냈다.[109] 792년에도 원성왕이 나라 안의 제일가는 미녀 김정란을 당에 바쳤다.[110] 다른 기록처럼 돌려보냈다는 사후 기록이 없으므로, 당 德宗은 공녀를 받아들인 것 같다.

둘째, 바다에서 원하지 않게 표류되어 다른 나라로 가게 된 경우가 있다. 경덕왕 4년(745) 4월에 장춘이 바다에서 회오리바람을 만나 배가 부서져 吳나라 해변으로 표류하였다.[111]

---

108 『三國史記』 卷21, 高句麗本紀10, 寶藏王 5년.
109 『三國史記』 卷8, 新羅本紀8, 聖德王 22년.
110 『三國史記』 卷10, 新羅本紀10, 元聖王 8년.
111 『三國遺事』 卷3, 塔像4, 敏藏寺.

Ⅳ. 복합적 난민으로서의 유민 사례

'유민 난민'은 자발적으로 다른 나라로 망명한 경우도 있고, 강제적으로 본국에서 침략국의 內地로 사민된 경우도 있다. 곧 移住의 動因이라는 측면에서 유민 난민은 복합적 성격을 가지고 있다. 이에 유민 난민은 별도로 정리해서 분석하고자 한다.[112] 유민 난민의 발생과 국가별 동향을 정리해 보면 다음과 같다.

〈표 7〉 '유민 난민'의 발생과 국가별 이동양상

이동양상 국가	삼국 상호 간 난민						
	연번	연대	난민 추이 (규모)	動因	내 용	난민자 신분	난민 규모	전거
고구려	1	668		타율	11월, 문무왕이 고구려 멸망 후 포로로 잡은 사람 7천명을 이끌고 수도로 귀환.	군인, 백성	7000	사기 문무 8
	2	669~ 670	고구려→ 신라 (27,011명+)	자발	669년 2월, 보장왕의 서자 安勝이 4천여 戸를 거느리고 신라에 투항(고본). 670년 4월, 검모잠이 고구려를 부흥하려고 왕의 외손 安舜(안승)을 임금으로 세움. 당 고종이 대장군 고간을 보내 토벌. 안순이 검모잠을 죽이고 신라로 망명(고본). 670년, 6월, 검모잠과 안승이 신라로 망명해 와 금마저에 살게 함(신본).	왕족	20000	사기 문무 10, 고본, 유사 寶藏奉老 報德移庵
	3	674		자발	정월, 문무왕이 [당을 배반한 고구려의 무리를 받아들임.	?	?	사기 문무 14

---

112 삼국시대 가야와 여러 소국의 멸망에 따른 난민도 엄격히 말하면 유민 난민이다. 그러나 여기에서는 편의상 전쟁 난민으로 분류했고, 7세기대 백제와 고구려의 유민에 한정하였다.

국가	연번	연대	난민 추이(규모)	動因	내용	난민자 신분	난민 규모	전거
	4	683		타율	10월, 보덕왕 安勝을 불러 소판으로 삼고 김씨의 성을 주어 서울[경주]에 머물게 하고 좋은 집과 토지를 줌.	왕족	1+	사기 신문 3
백제	1	661	백제→신라 (2명+, 다수)	자발	9월, [옹산성~우술성 전투 결과] 達率 조복과 恩率 파가가 무리를 이끌고 신라에 항복함. 조복에게 급찬의 관등을 주고 古陁耶郡 태수로 삼았으며, 파가에게는 급찬의 관등과 아울러 토지·집·옷 등을 내려줌.	신료	2+ 다수	사기 문무 1
	2	670		타율	7월, 김품일 등이 백제 고지의 성 63곳을 쳐서 빼앗고 유민들을 신라 內地로 옮김.	백성	다수	사기 문무 10
	1	662	백제→고구려 (2명)	자발	7월, 의자왕의 아들 백제부흥군의 왕 부여풍이 달아났는데 있는 곳을 알지 못함. 혹은 고구려로 달아났다고 함.	왕족	1	사기 백본
	2			자발	백제 부흥군 지수신이 任存城에 웅거하다가 패해 처자를 버리고 고구려로 달아남.	신료 (무인)	1	사기 백본

이동 양상 국가	연번	연대	난민 추이 (규모)	動因	내용	난민자 신분	난민 규모	전거
				삼국에서 중국으로 간 난민				
고구려	1	668	고구려→唐 (200,000명)	타율	9월, 李勣(英公)이 보장왕과 왕자 복남, 대신 등 20여 만 명을 이끌고 당나라로 돌아감.	왕족, 신료, 백성	200,000	사기 문무 8
	2			타율	12월, [당 고종이] 연개소문의 차남 연남건을 당의 黔州[四川省] 팽수현으로 귀양 보냄.	왕족	1	사기 보장 27
	3	669		타율	4월, 당 고종이 38,300호를 江·淮 남쪽과 山南, 京西 여러 주의 빈 땅으로 사민.[113] 貧弱한 자들은 남아 安東[평양]을 지키게 함.	백성	191,500	사기 고본, 舊唐書 5, 高宗 總章 2(92), 통감 唐紀17, 高宗 總章 2(6359)

고 구 려	4	681	타율	2월, 보장왕을 요동에서 사천성 邛州로 사민시킴.[114] [보장왕이 죽자 당은 고구려 백성들을 河南오르 도人, 隴右甘肅省 일대]의 여러 주로 흩어서 나누어 옮기고, 가난한 사람들은 安東新城 城傍에 남겨 둠.[115] 신라와 말갈·돌궐로 흩어진 유민이 많음.	국왕, 백성	다수	사기 고본, 舊唐書 高麗(5328), 통감 唐紀18, 高宗 儀鳳 2 (6382~6383)
	1	668?	고구려→ 突厥 (10,000명?) 자발	막리지 高文簡이 돌궐로 이주하여 默啜可汗의 사위가 됨.	신료	다수 (10000?)	舊唐書 144 돌궐上 (5172~5173), 新唐書 145 돌궐上(6048)
백제	1	660	백제→唐 (12,002명+) 타율	9월, 소정방이 의자왕과 왕족, 신료 93명과 백성 12,000명을 데리고 당으로 감.[116]	국왕, 신료, 백성	12100+	사기 무열 7, 의자 20, 열전 김유신중, 최치원, 유사 太宗春秋公
	2	662	자율	7월, 黑齒常之가 사타상여와 함께 당의 劉仁軌 군에 항복.	신료 (무인)	2+	사기 백본, 열전 흑치상지

---

113 『삼국사기』는 『자치통감』과 같은 내용이다. 『구당서』에는 669년 5월에 고구려 유민 28,200戶를 萊州·營州를 경유해 長江과 淮河 남쪽 및 山南과 幷州·凉州 서쪽의 여러 州로 이주시킨 것으로 되어 있다. 사민시킨 유민의 규모로 볼 때 668년 9월에 이적이 당으로 데려간 유민들을 이때 다시 중국 각지로 사민시킨 듯하다.

114 『삼국사기』와 『자치통감』을 종합하면, 당 고종은 677년 2월 高藏[보장왕]을 요동주도독으로 삼고, 안동도호부를 신성으로 옮겨 통치하게 했다. 그러나 보장왕이 요동에 이르러 배반을 꾀해 말갈과 통하자 681년에 邛州로 유배 보냈다. 『신당서』 열전 천남생과 천남생 묘지명에 따르면, 677년 보장왕이 요동도독으로 파견될 때 천남생도 보장왕을 감시하기 위해 함께 파견되었다. 그러다 679년 1월 남생이 사망하자 보장왕이 모반을 도모한 듯하다(김수진, 앞의 박사학위논문, 2017, 66쪽).

115 '城傍'은 성 옆이 아니라 군사조직의 명칭이다. 安東都護府는 676년 2월 치소를 평양에서 遼東郡 옛 성으로, 677년 2월에는 新城으로 옮겼다(정병준, 앞의 논문, 2009, 189쪽).

116 백제본기에는 소정방이 의자왕과 태자 효, 왕자 태·융·연 및 대신, 將士 88명과

삼국의 치열한 각축과 공방전은 신라와 당이 648년에 동맹을 맺으면서 양상이 급변하였다. 당이 여러 차례의 대고구려 원정 시 개별 전투에서 승리하면서도 고구려의 장기 농성전에 휘말려 결국 회군한 까닭은 전쟁 보급품의 조달 문제가 컸다. 그런데 나·당 동맹이 맺어지자 당군은 최소한의 식량만 가지고도 대규모의 군사를 이끌고 한반도로 출정할 수 있게 되었다. 신라가 전쟁시 보급품 조달의 부담을 줄여주었던 것이다. 결국 백제와 고구려는 각각 660년과 668년에 나·당 연합군에게 멸망당했다. 그에 따라 유민 난민은 단기간에 폭발적으로 발생하였다.

660년 8월 백제가 멸망하자 유민 중 일부는 백제 부흥운동에 동참했지만, 대다수는 당에 끌려가거나 고구려·신라 등으로 흩어졌다. 먼저 660년 9월에 당의 蘇定方은 의자왕과 왕족, 신료 93명과 백성 12,000명을 이끌고 바닷길을 이용해 당으로 돌아갔다. 662년 7월에는 흑치상지가 부흥운동의 와중에 사타상여와 함께 당의 劉仁軌 군영에 항복하였다. 이들이 거느리던 수하 병사까지 감안하면 유민 난민의 규모는 적지 않았을 것이다. 「흑치상지 묘지명」[117]에 따르면, 그는 당에 가서 武官으로서 활약하다가 689년 60세의 나이로 사망하였다.

백제에서 신라로 간 유민도 많았다. 멸망 직후인 661년에는 달솔[2위] 조복과 은솔[3위] 파가가 무리를 이끌고 신라에 항복했고, 670년에는 백제 부흥군의 전쟁 유민포로들이 신라 內地로 강제 사민되었다. 다만 정확한 난민 규모는 파악할 수 없다. 백제에서 고구려로 간 유민 난민은 662년 부흥운동 중에 자발적으로 망명한 2명이 있었다. 의자왕의 아들 부여풍과 任

백성 12,807명을 당나라 수도로 보낸 것으로 되어 있다. 『삼국유사』 태종춘추공도 백제본기와 같다. 이와 달리 『삼국사기』 김유신 열전에는 백제왕과 신료 93인, 병사 2만 명을 포로로 잡아 간 것으로 되어 있다. 최치원전에는 백제 유민들을 河南으로 옮긴 것이 부연되어 있다.

117 권덕영, 「흑치상지묘지」, 곽승훈·권덕영·권은주·박찬흥·변인석·신종원·양은경·이석현 역주, 앞의 책, 2015, 629-640쪽.

存城에서 당군에 저항하다가 고구려로 달아난 지수신이었다.

고구려 유민의 다수도 포로 신분으로 당에 강제로 끌려갔다. 668년 멸망 시에 당의 李勣은 보장왕과 왕자 복남, 그리고 대신과 백성 20만 여명을 데리고 돌아갔다. 고구려 유민 대부분은 다음해 江·淮 남쪽과 山南, 京西 여러 주의 빈 땅으로 2차 사민되었다. 고구려 부흥운동을 사전에 차단하기 위한 조처였다. 실제로 677년에 보장왕이 요동지역에서 말갈과 함께 고구려 부흥을 도모하였다. 보장왕은 681년에 四川省 邛州로 사민되었다가 다음해 사망하였다.[118] 고구려의 남은 백성들은 河南[오르도스]과 隴右[甘肅省 일대] 등 여러 주로 분산 사민되었다.[119]

고구려 유민 중 1만여 명 정도는 북방의 突厥로 망명하여 새 삶을 모색하였다. 莫離支를 지냈던 高文簡이 돌궐로 이주하여 默啜可汗의 사위가 된 것이다. 고문간은 묵철의 사망 후 왕위 계승 분쟁이 일어나자 715년에 고구려 大酋 高拱毅 등과 함께 백성(1만여 帳)을 이끌고 당에 투항하였다. 唐玄宗은 이들을 황하 이남에 거주시키고, 番將으로 우대하면서 고문간을 左衛大將軍 遼西群王에 봉하였다.[120]

고구려에서 신라로 이주한 유민도 당에 끌려간 포로 유민 난민에 비할 바는 아니지만 규모가 컸다. 668년 11월에는 문무왕이 포로로 잡은 고구려 유민 7천명을 데리고 수도 경주로 돌아왔다. 670년 6월에는 보장왕의

---

118 보장왕의 당 생활에 대해서는 바이건싱(拜根興) 지음, 구난희·김진광 옮김, 『당으로 간 고구려·백제인』, 한국학중앙연구원출판부, 2019, 269-277쪽 참조.

119 고구려 유민 중 경제적 기반이 있는 부강자들은 江·淮 이남의 강남지역으로 이주되었을 가능성이 크다. 山南·河南·隴右 등의 여러 주는 당의 서북 변경과 太原 부근이다. 당시 당이 吐蕃과 전쟁을 하고 있었는데, 고구려의 군인포로를 활용하였다(이규호, 「당의 고구려 유민정책과 유민들의 동향」, 『역사와 현실』 101, 2016, 160-165쪽). 『册府元龜』 卷366, 將帥部 機略6, 王晙에도 "고구려 포로는 사막의 서쪽에 두고, 백성(編民)은 靑州·徐州의 오른편에 안치해두었다"고 하여 고구려 유민들의 성격을 분류하여 배치했음을 알 수 있다.

120 정재훈, 『돌궐 유목제국사 552~745』, 사계절, 2016, 473-474쪽.

서자로 알려진 安勝이 4,000여 戶, 2만여 명을 이끌고 신라에 투항해 왔다.[121] 문무왕은 670년 8월에 안승을 고구려왕으로 봉하고, 674년 9월에는 다시 報德王으로 봉했다.[122] 680년에는 문무왕이 여동생과 안승을 혼인시켰고, 신문왕은 683년에 경주로 불러들였다. 안승과 뜻을 달리했던 안승의 族子 장군 대문은 684년 11월에 금마저에서 반란을 일으켰다가 진압당했다. 문무왕 14년(674)에도 당에서 이탈한 고구려 유민 다수를 수용하였다. 고구려에서 신라로 이주한 유민 난민의 규모는 3만여 명에 달했던 것으로 추정된다.

V. 맺음말

지금까지 한국 고대의 移住民(流移民)을 고대적 '難民'으로 개념화 한 후 유형별로 난민의 발생 배경과 동향을 거시적으로 검토하였다. 자발적으로 이주한 난민은 '정치 난민'·'종교 난민'·'경제 난민'으로 나누었고, 타율적으로 사민된 난민은 '외교 난민'·'전쟁 난민'으로 유형화 하였다. 그리고 백제와 고구려의 멸망을 전후한 시기 발생한 遺民은 자발적인 이주와 타율적인 사민이 혼재되어 있어 별도로 분석하였다. 난민의 발생 동향은 삼국

---

121 안승은 보장왕의 庶子, 外孫, 연정토의 아들 등 다양한 계보가 전한다. 보장왕의 외손이자 연정토의 아들로 파악된다(김수태, 「統一期 新羅의 高句麗遺民支配」, 『李基白先生古稀紀念 韓國史學論叢』, 일조각, 1994, 335-338쪽; 임기환, 『고구려정치사연구』, 한나래, 2004, 321쪽; 정원주, 「唐의 고구려 지배정책과 安勝의 行步」, 『한국고대사탐구』 29, 2018, 82-83쪽). 한편 안승의 신라 귀화 시기와 내용은 고구려본기와 신라본기 간에 차이가 있다. 종합해 보면, 안승(안순)이 670년 4월 검모잠을 죽이고 6월에 4천호를 이끌고 신라로 망명한 것 같다.

122 신라가 익산 지역에 고구려 유민들을 사민시킨 배경은 정선여, 앞의 논문, 2010, 90~92쪽 참조. 정선여는 기존에 이곳에 자리한 고구려 승려 보덕의 존재를 주목하였다.

상호 간, 삼국에서 중국으로 간 경우, 중국에서 삼국으로 온 경우로 나누어 살펴보았다.

삼국 간 '정치 난민'의 발생 추이와 동향은 시공간적으로 지속적이면서 나양하게 나디났다. 전체적으로 북방의 고구려에서 백제(12명+)와 신라(3544명)로 이주한 난민의 규모가 많았다. 특히 고구려 멸망 직전에 연정토가 12城 763戶 3543명을 이끌고 신라로 망명한 기록이 눈에 띈다. 반면에 백제에서 고구려로 간 난민은 4명에 불과하고, 신라에서 고구려로 망명한 정치 난민은 기록이 없다. 백제와 신라 간에는 백제에서 신라로 망명한 난민이 302명으로 신라에서 백제로 온 2명에 비해 압도적으로 많다.

삼국에서 중국으로 간 '정치 난민'은 발생 빈도와 규모에 있어서 고구려가 백제·신라에 비해 훨씬 더 많았다. 고구려는 멸망할 때까지 18차례에 걸쳐 114,000명 이상의 난민이 중국에 망명하였다. 고구려가 중국의 여러 왕조와 요동지역을 국경으로 삼아 관계를 지속한 데 따른 자연스러운 결과였다. 반면에 신라는 4차례에 걸쳐 1천여 명 이상, 백제는 멸망 시에 진법자의 투항과 예식진이 의자왕과 함께 당군에 항복한 사례만이 전한다. 난민자의 신분은 왕족부터 문·무인 신료와 백성에 이르기까지 다양하다. '정치 난민'의 경우 백성들이 독자적으로 움직이는 경우는 없었고, 지역적 기반을 가진 관리가 자신의 세력을 이끌고 정치적 망명을 하는 경우가 많았다.

중국에서 삼국으로 온 '정치 난민'도 고구려가 신라와 백제보다 단연 많았다. 고구려는 중국의 여러 왕조로부터 10차례에 걸쳐 5045명 이상의 '정치 난민'을 수용하였다. 신라도 난민 규모 면에서는 5천명 이상이지만, 기원 전후와 2세기 대까지 낙랑군에서 이탈한 중국 군현민이어서 빈도와 시기가 제한적이다. 백제는 陳法子의 조상과 禰嵩이 웅진으로 망명한 편린만이 남아 있다. 난민자의 신분도 宇文部王 逸豆歸와 北燕王 馮弘 같은 국왕에서부터 무인을 중심으로 한 신료집단과 백성까지 다양하다. 다만 삼국에서 중국으로 간 백성들이 신료들에 귀속된 난민이었다면, 漢(한군현)에서 삼국(삼한)으로 온 백성들은 독자적·산발적이다. 後漢 말 중국 본토의 혼란과 그에 따른 한군현 지배의 이완에 따른 결과일 것이다.

삼국시대 '종교 난민'의 사례는 고구려에서 신라와 백제로 간 2건이 남아 있다. 551년 9월 나·제동맹군의 한강 유역 공격 때 고구려의 惠亮法師가 무리를 이끌고 신라에 귀화하였다. 650년 6월에는 연개소문의 道敎 진흥책에 반발한 普德和尙이 백제의 完山 孤大山에 정착하였다.

'경제 난민'은 백제에서 신라와 고구려로 간 인원이 12,000명 이상으로 많았다. 대부분 4세기 말~6세기 전반, 특히 한성도읍기 이후에 발생하였다. 475년까지 한강 유역을 안정적으로 차지하고 있던 백제가 고구려에게 한강을 빼앗기고 수도를 熊津으로 천도한 후 농업생산력 면에서 위기에 봉착했음을 시사한다. 고구려의 경우 471년에 백성 노구 등이 북위로 망명한 사례가 있다. 중국에서 삼국으로 온 경우는 385년에 後燕의 幽州와 冀州에서 다수의 유랑민이 고구려에 투항해 왔다. 경제 난민자의 신분은 모두 일반 백성들에 국한되었다. 눈앞에 맞닥트린 굶주림 앞에서 백성들의 국적의식은 큰 의미를 가지지 못했고, 국가 권력층 입장에서는 노동 생산성과 군사력 확보 차원에서 백성들의 이주를 적극 수용하였다.

타율적으로 이주하게 된 '외교 난민'은 인질(質子)로써 파견된 사람들이었다. 삼국 간은 물론 주변 국가와의 복잡다기한 외교관계 변화에 따라 오고 간 외교 난민의 사례가 적지 않다. 삼국 간에는 신라의 사례가 4건 4명으로 가장 많다. 신라는 고구려와 백제·가야에 각각 인질을 보냈다. 고구려에는 종속적 우호관계를 지속하기 위한 것이었고, 백제와 가야에는 혼인외교에 대한 화답 차원이었다. 삼국에서 중국으로 간 외교 난민의 사례는 고구려가 4건 4명으로 신라와 백제에 비해 많다. 신라는 1건, 백제는 없다. 고구려의 외교 난민은 4세기대 鮮卑族이 세운 慕容部와 前燕에 보낸 質子였는데, 당시 고구려의 열세 국면이 반영된 결과였다. 외교 난민자의 신분은 왕족이거나 고위 신료의 자손으로 국한되었다. 이는 난민 파견 국가에 대한 외교적 인질로써의 가치를 극대화하기 위한 조처였다.

삼국시대의 '전쟁 난민'은 발생 빈도와 규모 면에서 다른 난민의 사례를 압도하였다. 고구려의 전쟁 난민은 백제로 200명 이상, 신라로 6,000명 이상, 중국으로 209,401명 이상 도합 215,601명 이상이 발생하였다. 백제의 난민은 신라로 10,178명, 고구려로 13,011명, 중국(낙랑)으로 50여 명, 말갈로 1,850명 모두 25,089명이 포로로 끌려갔다. 신라의 경우는 백제로 41,801명 이상, 고구려로 8,000명, 중국(당)으로 2,170명 외에 말갈로 끌려간 다수까지 포함하면 52,000명을 초과하는 전쟁 난민이 발생하였다. 중국에서 삼국으로 온 전쟁 난민의 규모는 고구려 47,302명 이상과 신라 1,600명을 합해서 48,902명을 초과하였다. '전쟁 난민'의 규모는 전쟁의 결과와 국가 간 우위를 가름하는 척도가 될 수 있다. 예컨대 고구려에서 중국으로 끌려간 전쟁 난민이 13차례 21만여 명이고, 반면에 고구려가 중국에서 잡아온 전쟁 난민은 11차례 5만여 명에 그쳤다. 고구려가 중국을 상대로 개별 전쟁을 종종 승리로 이끌었음에도 불구하고, 전체적으로는 열세 국면이었음을 알 수 있다.

'遺民 난민'은 動因 측면에서 '자발적 이주'와 '타율적 사민'의 복합적 성격을 가지고 있다. 660년 9월 백제가 멸망한 후 다수의 유민이 당에 끌려가거나 고구려·신라로 망명하였다. 660년 9월에 당의 蘇定方은 의자왕과 왕족, 신료 93명과 백성 12,000명을 이끌고 바닷길을 이용해 당으로 돌아갔다. 백제에서 신라로 간 유민도 많았다. 멸망 직후인 661년에는 달솔 조복과 은솔 파가가 무리를 이끌고 신라에 항복했고, 670년에는 백제 부흥군의 전쟁 유민포로들이 신라 內地로 강제 사민되었다. 662년 부흥운동 중에 부여풍과 지수신은 고구려로 망명하였다.

고구려 유민의 다수도 포로의 신분으로 당에 강제로 끌려갔다. 668년 멸망 시에 당의 李勣은 보장왕과 왕자 복남, 그리고 대신과 백성 20만 여명을 데리고 돌아갔다. 고구려 유민 대부분은 다음해 江·淮 남쪽과 山南,

京西 여러 주의 빈 땅으로 2차 사민되었다. 고구려 부흥운동을 사전에 차단하기 위한 조처였다. 고구려 유민 중 1만 명 정도는 북방의 突厥로 망명하여 새 삶을 모색하였다. 고구려에서 신라로 이주한 유민도 3만여 명에 달했다. 668년 11월에는 문무왕이 포로로 잡은 고구려 유민 7천명을 데리고 수도 경주로 돌아왔고, 670년 6월에는 보장왕의 서자로 알려진 安勝이 4,000여 戶, 2만여 명을 이끌고 신라에 투항해 왔다. 신라는 이들을 적극적으로 수용하여 통치에 활용하였다.

한국고대사에서 과연 난민의 개념을 적용할 수 있을 지 여부와 광의적 차원에서 접근한 난민 유형 분류의 타당성에 대해 의문의 여지가 내재되어 있음을 자인한다. 향후에는 기존 협의의 개념에서 난민으로서 인정된 전쟁 난민의 동향과 시대적 의미에 대해서 좀 더 심화된 연구를 진행할 것이다.

(장창은)

〈부록 표〉삼국시대 국가별 난민의 발생과 이동 통계

국가별 이동 \ 난민 유형	정치	종교	경제	외교	전쟁	유민	비고
고구려 / 고구려→백제	12+	1			200+		
고구려 / 고구려→신라	3544	1+			6000+	27,011	
고구려 / 고구려→중국	114,022		1+	4	209,402+	210,000*	*당, 돌궐로 간 난민
고구려 / 고구려→부여							
고구려 / 고구려→기타(소국)							
소계	117,578명+	2명+	1명+	4명	215,602명+	237,011명	누계 : 570,198명+
백제 / 백제→신라	302		5000+	1+	10,178	2+	
백제 / 백제→고구려	4		7000+		13,011	2	
백제 / 백제→중국	3+				50*	12,100+	*낙랑군으로 간 난민
백제 / 백제→기타(소국)					1850+**		*말갈로 간 난민
소계	309명+	0명	12,000명+	1명+	25,089명+	12,105명+	누계 : 49,504명+
신라 / 신라→백제	2			1	41,801		
신라 / 신라→고구려				2	8000		
신라 / 신라→가야				1			
신라 / 신라→중국	1004+			1	2170		
신라 / 신라→기타(소국)					다수?*		*말갈로 간 난민
소계	1006명+	0명	0명	5명	51,971명	0명	누계 : 52,982명+
가야 / 가야→신라	6+			1	200*		*대가야 난민
소계	6명+	0명	0명	1명	200명	0명	누계 : 207명+
부여 / 부여→고구려	10,115				5+		
부여 / 부여→백제							
부여 / 부여→중국					60,000		
소계	10,115명+	0명	0명	0명	60,005명+	0명	누계 : 70,120명+
중국 / 중국→고구려	5045+		다수		47,302+		
중국 / 중국→백제	2+			1*			*대방군 난민
중국 / 중국→신라	5000*				1600**		*낙랑 난민 **낙랑 난민 1500, 당 난민 100
중국 / 중국→기타	다수*						*낙랑→韓
소계	10,047명+	0명	다수	1명	48,902명+	0명	누계 : 58,950명+

기 타	기타(소국)→고구려	5+*				2+**	*구다국, 매구곡, 갈사국 난민 **조나국, 주나국 난민
	기타(소국)→백제			100*		250+**	*옥저 난민 **마한, 말갈 난민
	기타(소국)→신라	2+*		다수**		다수***	*골벌국, 탐라 난민 **소국명 미상 ***실직국, 압독국 난민
소계		7명+	0명	100명+	0명	252명+ 다수	0명	누계 : 359명+

【일러두기】
1. 난민 인원수가 구체적이지 않은 것은 사료에 나타나는 최소 인원으로 산정하였다.
2. +는 이상을 의미한다.

10~12세기 고려의 渤海難民 수용과
주변국 同化政策

Ⅰ. 머리말

고려는 건국 이후 주변국과의 외교적 관계를 추진하는 과정에서 이전부터 유지되었던 중국 중심에서 벗어나 독자적인 세계관을 추진하고 있었다. 그것은 5대 10국과의 관계를 비롯하여 시기별로 거란·요, 말갈·여진·금 및 송·몽골·원과의 외교와 이슬람 국가들과도 긴밀한 관계를 유지하는 다원적 천하관을 형성하였다. 특히 이들 국가들은 문화 및 경제 분야에서 고려와의 적극적인 교류를 보이는 경우가 많았다. 교류의 기본 속성인 동화와 융합에 주목할 때 인적 교류를 중심으로 하는 동아시아의 '移動人'들에 의한 문화 변이나 사회 변화 양상도 확인할 수 있다[1]는 것이 고려 전기 천하관과 맥락을 같이 하였다.

고려의 대외정책은 국제적인 축제 성격의 팔관회를 활용한 대외적 신인도의 확대와 賜姓, 賜爵, 編戶制, 投化田을 적극 활용한 이민족 투화 유도에 정치력을 집중하였다.[2] 이것은 나말여초기를 거치면서 감소한 인구의

---

1 전영준, 「고려시대 동아시아의 해양과 국제교류 양상」, 『중세 동아시아의 해양과 교류』, 경인문화사, 2019, 81-82쪽.

2 전영준, 「고려시대 異民族의 귀화 유형과 諸정책」, 『다문화콘텐츠연구』 13, 문화

보충과 당시 동북아시아의 외교적 역학관계에 따른 다원적 세계관에 영향을 받았다. 후삼국 시기의 크고 작은 전투와 탈점으로 발생한 난민은 고려가 통일한 후에도 국가 경영에 필요한 최소한의 생산력에도 직접적인 영향을 주었다. 때문에 고려는 최우선의 국가정책으로 인구 증대에 집중하였고, 전쟁으로 발생한 발해 難民을 비롯한 북방의 異民族을 적극 수용하고 고려의 주변국에 대한 영향력을 강화하는데 정책적 목표를 두었다.

고려는 외교적으로 거란과의 유화적인 관계를 유지하면서도 여진인의 내투를 유도하고 발해 유민들을 적극 수용하였으며,[3] 탐라를 비롯한 주변국과의 관계 개선에도 역점을 두었다. 즉, 북방의 양계에 인접한 이민족의 투화를 유도하는 정책과 생활 근거를 마련해주는 경제적인 처우 개선은 북방 이민족이 고려에 동화될 수 있는 배경으로 작용하였다. 그리하여 고려는 民戶에 충당될 이민족에게 賜姓名이나 賜爵, 投化田 지급 등의 정책적 수혜를 통해 이들을 적극 수용하였다. 또한 팔관회에 보이는 대외 인식에서도 고려의 다원적 천하관은 화이론적 천하관에 입각한 중국 중심의 세계와는 다른 자주적이고 개방적인 천하관으로 고려·송·요·금으로 이어지는 북방왕조가 삼각구도로 공존하며 대립하였던 고려 중기까지의 주요 정책이었다.[4]

콘텐츠기술연구원, 2012a, 405-432쪽.

3 遺民은 정권이 분열되거나 전쟁이나 기근 등과 같은 사회적인 혼란이 발생한 시기에 대규모로 나타나는 타율적 徙民 즉, 전쟁 등으로 발생한 현대적 난민 개념을 전근대사에도 적용이 가능하다고 할 수 있다. 또한 流民의 경우에도 이들의 이동은 각지의 문화 교류가 일어나고 낙후된 지역의 諸분야에서 발전이 일어날 수도 있었다는 점에서 遺民·難民과 같이 동일하게 사용할 수 있다(김진선, 「한국 사회에서의 난민 인식의 문제」, 『탐라문화』 65, 탐라문화연구원, 2020, 14-18쪽; 김치완, 「난민의 출현과 대응에 대한 철학의 문제들」, 『탐라문화』 65, 탐라문화연구원, 2020, 41-43 참조).

4 노명호, 「동명왕편과 이규보의 다원적 천하관」, 『진단학보』 83, 진단학회, 1997, 참조.

팔관회의 조하의식에서도 고려는 주변국과의 국제관계를 적극 활용하여 국제적 위상을 높이는 대외정책 전략을 유지하고 있었다. 주변국의 혼란한 정세와 정치적 변동을 십분 활용하는 고도의 전략적 접근이었던 팔관회는 고려 내부의 사정에 따라 다소 축소되었지만, 송상이나 대식국 및 여진, 탐라 등의 진헌의례와 조공무역을 강화함으로써 동북아시아 세력을 조율하는 정치적 효과를 거두고 있었다.[5]

여기에 더하여 고려전기 발해의 세자 大光顯과 그 난민을 비롯한 여진 및 이민족의 來投, 元 복속으로 고려 정부와 유리된 삼별초의 海島入保 저항 등은 정복전쟁 과정에서 발생한 전형적인 전쟁난민의 사례로 볼 수 있다. 이와 함께 충렬왕 때 禿魯花였던 金深[6]의 딸이 원나라 인종의 황후로 봉해지기도 한 사실[7]과 奇皇后 외의 貢女로 끌려갔던 원나라 황실의 고려 여인의 난민 유형에 대한 재검토도 필요하다. 그리고 원나라의 멸망과정에서 제주도에 離宮을 건설하고자 파견되었던 元 匠人들의 고려 歸附 사실 및 梁나라의 유력자들이 제주로 유배된 기록 등은 정치 난민의 개념으로

---

5 추명엽, 「고려전기 '번(蕃)' 인식과 동·서번의 형성」, 『역사와 현실』 43, 2002, 23-35; 전영준, 「고려시대 팔관회의 설행과 국제문화교류」, 『다문화콘텐츠연구』 3(통권 8), 중앙대 문화콘텐츠기술연구원, 2010.

6 김심의 부친은 知僉議府事 金周鼎이며 伯父는 삼별초의 제주도 진공작전을 방어하기 위해 官軍으로 파견됐던 영광부사 金須이다. 김수의 부인은 濟州高氏로 102세까지 살았다(李齊賢, 「沃溝郡大夫人高氏墓誌銘 並書」).

7 『高麗史』 卷104, 열전17 金周鼎傳 金深. "深, 忠烈朝, 以禿魯花入元, 後爲郎將. 又以弓箭陪如元, 累遷密直副使, 襲父萬戶職, 尋加同知. 嘗奉表如元, 請忠宣還國, 忠宣特授柰理, 教曰, '宰相洪子藩·崔有渰·柳淸臣·金深·金利用等, 圖安社稷, 重義輕身, 偕赴朝廷, 論列利害, 爲孤請還, 其功殊異, 宜特叙用.' 陞贊成事. 元授高麗都元帥, 以其女達麻實里得幸於帝, 故有是拜. 女後封皇后, 深自私第入摠部開宣, 以行省所在國王右丞相水精鈇鉞等儀仗, 陳於馬前. 開宣畢, 三官五軍入庭羅拜, 識者以爲僭禮. 俄遷密直使, 封化平君.";『高麗史』 卷35, 世家35 忠肅王 15年 4月, "戊戌 郎將李自成還自元, 言, '帝封我化平君金深女達麻實里爲皇后.' 先是, 深女爲仁宗皇帝偏妃."

이해하여도 타당할 것이다.

한국 고대사의 경우에도 전쟁이나 지방 분립으로 발생한 유민들을 난민의 개념에서 직접 다루지 않았던 점을 지적하며, 이주의 動因에 따라 '자발적 移住 난민'과 '타율적·강제적 徙民 난민'으로 정의한 연구가 있어 주목된다.[8] 이 연구에서는 한국 고대의 난민을 유형화하여 자발적 이주 난민의 유형으로 ①정치난민 ②종교난민 ③경제난민 ④유민난민 ⑤기타난민으로 세분하였고, 타율적 사민 난민 유형으로는 ①외교난민 ②전쟁난민 ③유민난민 ④기타난민으로 나누어 발생 배경에 따라 개념화하였다는 점에서 역사 속의 난민에 대한 새로운 접근을 가능하게 한다.

따라서 고려 전기에 지속되었던 난민의 이주 또는 투화, 기미주의 설치, 진헌의례, 기미지배 등과 같이 주변 민족에 대한 포섭정책을 검토하여 고려가 북방 난민의 수용으로 얻고자 하였던 국가정체성의 의미와 탐라국 등 주변국에 시행하였던 동화정책의 실상을 구체적으로 확인하고자 한다.

II. 고려전기 발해 난민 발생과 수용

고려는 건국과 동시에 불안한 동북아시아의 정세에 직면하여 주변 민족의 고려 편입을 유도하기 위한 諸정책을 시행하였다. 당시 고려를 둘러싼 인접국가의 내부적 혼란과 새롭게 등장하는 북방민족은 발해의 멸망과 직접적으로 연계되는 등 10세기 전후의 혼란한 정세는 고려가 헤쳐 나가야 할 당면 과제였다. 고려는 대내적 안정을 위한 정책을 수립하면서도 정복 전쟁의 수행에 필요한 인적 자원의 확충을 위해 북방 지역의 이민족 수용으로 난제를 극복하고자 하였다.[9]

---

8 장창은, 「삼국시대 '難民'의 발생 배경과 동향」, 『한국고대사탐구』 36, 한국고대사탐구학회, 2020, 13-64쪽.

고려 태조 王建은 918년에 추대 형식으로 국왕에 즉위하였다. 이후 고려는 신라 하대의 혼란과 후삼국 분열 상황을 극복하고 통일왕조로 성장하였다. 그 과정에는 호족으로 할거하였던 주변의 세력들을 통합하는 과정을 수행하였으며, 936년 9월 고려군이 천안부에서 3개월간의 준비를 마치고 후백제와의 一利川 戰鬪가 시작되었다. 통일을 위한 마지막 전투에 참가한 고려군은 87,500명이었고 편제는 3군과 원병을 갖추고 있었다.[10] 왕건을 제외한 지휘관으로는 甄萱을 포함하여 38명이었다. 4개 부대의 병력은 馬軍 4만 명, 步軍 2만 3천명, 勁騎 9천 5백 명, 그리고 기병 3백을 포함한 援兵 1만 5천 명으로 총수는 8만 7천 5백에 이르렀다.[11]

이중 勁騎 9,500명은 북방의 여러 번족인 黑水, 達姑, 鐵勒 등지에서 온 병사들이었다. 경기는 강한 기병으로 소수의 정예부대라는 특징을 보이지만, 926년 발해 멸망 후 강력한 통제력이 미치지 못하여 북방의 여러 지역에 할거하는 北蕃 등으로 표현되는 諸蕃勁騎였다.[12] 이러한 소규모의 제번 경기들이 고려가 수행하고 있는 일리천 전투에 무려 9,500명의 대규모로 참가한 것은 특기할 만한 일이었다.[13] 이와 더불어 일리천 전투에 참여한

---

9 전영준, 앞의 글, 2012a, 407-410쪽.

10 김명진, 『고려 태조 왕건의 통일전쟁 연구』, 혜안, 2014, 203-205쪽.

11 『高麗史』卷2, 世家2, 태조 19년 9월, "甲午 隔一利川而陣, 王與甄萱觀兵. 以萱及大相堅權·述希·皇甫金山, 元尹康柔英等, 領馬軍一萬, 支天軍大將軍元尹能達·奇言·韓順明·昕岳, 正朝英直·廣世等, 領步軍一萬爲左綱. 大相金鐵·洪儒·朴守卿, 元甫連珠·元尹萱良等, 領馬軍一萬, 補天軍大將軍元尹三順·俊良, 正朝英儒·吉康忠·昕繼等, 領步軍一萬, 爲右綱. 溟州大匡王順式·大相兢俊·王廉·王乂, 元甫仁一等, 領馬軍二萬, 大相庾黔弼, 元尹官茂·官憲等, 領黑水·達姑·鐵勒諸蕃勁騎九千五百, 祐天軍大將軍元尹貞順, 正朝哀珍等, 領步軍一千, 天武軍大將軍元尹宗熙, 正朝見萱等, 領步軍一千, 杆天軍大將軍金克宗, 元甫助杆等, 領步軍一千, 爲中軍. 又以大將軍大相公萱, 元尹能弼, 將軍王含允等, 領騎兵三百, 諸城軍一萬四千七百, 爲三軍援兵. 鼓行而前, 忽有白雲, 狀如劍戟, 起我師上, 向賊陣行."

12 김명진, 위의 책, 2014, 156-164쪽.

13 일리천 전투에 참여한 제번경기가 상대급부로 받은 것은 고려가 더 이상 마헐탄

총 병력에는 934년(태조 17) 7월에 정치적 망명을 택한 발해 세자 大光顯과 수만의 유민 중에는 발해군이 포함되었다는 점도 눈여겨봐야 한다. 일리천 전투 이후 고려의 중앙군 수가 4만 5천이었다는 점을 상기하면, 대광현이 이끄는 수만의 유민들이 고려에 유입된 문제는 태조로서도 쉽게 처리할 수 없는 어려운 일이었을 것이다.[14] 또한 발해 난민의 고려 망명이 925년부터 시작되었다는 역사적 사실을 상기한다면 고려 내의 발해 유민은 상당하였을 것이다.[15]

발해의 멸망은 거란과의 충돌이 발생한 910년을 전후한 시기에 시작되었다고 보고 있는데, 양국의 관계는 919년까지 발해의 사신이 거란에 파견되는 등[16]의 안정세와 달리 발해의 서쪽 국경지대 일부가 이 무렵 거란의 세력권에 들게 되자 발해 내부의 위기감도 점차 고조되어 갔다.[17] 이후 거란의 급속한 확장은 924년 거란의 遼州에 徙置된 발해인의 반란이 발단이 되어 阿保機의 공격을 받게 됨으로써 본격적인 전쟁에 돌입하였다.

한편, 발해가 멸망하는 926년 1월 이전부터 발해인의 고려 來投가 있었는데, 대광현이 망명을 선택하던 934년까지의 8년 공백은 발해 왕족을 중심으로 하는 부흥운동의 영향으로 대광현의 선택이 늦어졌던 것으로 파악하고 있다. 즉 발해유민에 의해 전개된 부흥운동은 발해의 故土에서 일어

이북으로 북상하지 않는 것이며, 실제로 왕건 치세에는 고려군이 더 이상 북상하지 않았다는 내용으로 보아, 제번경기가 고려로부터 약속받은 전형적인 '重幣卑辭'로 파악하고 있어서 참고할 만하다(김명진, 위의 책, 2014, 165-171쪽).

14 이재범, 「고려 태조의 대외정책-발해유민 포섭과 관련하여」, 『백산학보』 67, 백산학회, 2003, 725쪽.

15 박옥걸은 당시 고려의 인구를 『송사』 고려전에 의거하여 210만 명으로 산정할 경우 발해유민은 전체 고려 인구의 2.4%에서 6%까지 이른다고 하였다(박옥걸, 『高麗時代의 歸化人 研究』, 國學資料院, 1996, 101-102쪽).

16 『遼史』 卷1, 本紀 神冊 3년 2월 癸亥, "晉吳越渤海高麗回鶻阻卜黨項及幽鎭魏潞等州 各遣使來貢"

17 박옥걸, 앞의 책, 1996, 91쪽.

난 後渤海와 定安國, 扶餘府 燕頗의 봉기 등이며, 거란의 심장부인 東京, 上京을 중심으로 강제 徙民되었던 발해난민들에 의해 전개되었던 두 갈래의 특징을 보인다.[18] 발해인의 부흥운동은 고려 내투와 관련이 있는데, 부흥운동이 실패할 때마다 많은 발해인들이 거란의 추격을 피해 왔으므로 발해인의 내투시기가 부흥운동의 실패와 대부분 일치하고 있다. 발해의 부흥운동에 지원하지 않았던 고려로의 내투는 그들이 택할 수 있는 최후의 수단으로 인식하고 있었던 것은 일종의 민족적 유대감에서 비롯된 당연한 결과였다.[19] 멸망 수개월 전에 시작된 발해인의 고려 내투와 망명은 1117년 (예종 12)까지 이어질 정도로 발해의 저항이 계속되었다. 925년(태조 8)부터 시작된 발해인의 고려 망명을 정리하여 보면 다음과 같다.

〈표 1〉 고려로 망명한 발해 難民[20]

서기년	월	일	관련 내용
925년(태조 8)	9	6	발해장군 申德 등 500인 내투
	9	10	渤海禮部卿 大和鈞·均老, 司政 大元鈞, 工部卿 大福謩, 左右衛將軍 大審理 등이 民 100호와 내투
	12	29	渤海左首衛小將 冒豆干, 檢校開國男 朴漁 등 民 1천호를 이끌고 내투
927년(태조 10)	3	3	渤海工部卿 吳興 등 50인, 僧 載雄 등 60인 내투
928년(태조 11)	3	2	渤海人 金神 등 60호 내투
	7	8	渤海人 大儒範 民을 이끌고 내투
	9	26	渤海人 隱繼宗 등이 내부하여 天德殿에 3번 절을 하니 사람들이 실례라고 하자 大相 含弘이 망한 나라 사람은 3번 절하는 것이 옛 법이라고 함

18 이종명, 「高麗에 來投한 渤海人考」, 『白山學報』 4, 백산학회, 1968, 206-208쪽.
19 박옥걸, 위의 책, 1996, 95쪽. 이와 관련하여 고려 태조가 거란과의 긴밀한 외교관계를 유지하면서 실리외교를 지향했던 것은 고려 초기의 정권 안정과 관계가 있으므로 상황에 따라 다양하게 대응했던 태조의 외교정책과 발해관을 자칫 의리 일변도로 해석하는 경향은 지양되어야 한다고 하였다(이재범, 앞의 글, 2003, 719쪽).

929년(태조 12)	6	23	渤海人 洪見 등이 배 20척에 사람들을 싣고 내투
	9	10	渤海 正近 등 300여 인이 내투
934년(태조 17)	7	미상	渤海國 世子 大光顯이 무리 수 만을 이끌고 내투, 王繼라는 이름을 주고 왕실 족보에 등록하고, 특별히 元甫를 주어 白州를 지키게 하였으며 그들의 祭祀를 받들게 함. 그의 僚佐에게도 爵位를, 군사에게는 田宅을 차등 있게 내림
	12	미상	渤海 陳林 등 160인 내부
938년(태조 21)	미상	미상	渤海人 朴昇이 3천 여 호로 내투
979년(경종 4)	미상	미상	발해인 수만 내투
1018년(현종 9)	1	2	정안국의 骨須가 도망쳐 옴
1030년(현종 21)	9	18	興遼國의 郢州刺史 李匡祿 체류하고 돌아가지 않음
	10	미상	契丹의 奚哥와 渤海의 백성 500여 인이 내투, 江南 州郡에 살게 함
1031년(현종 22)	3	미상	契丹과 渤海의 백성 40여 인 내투
	7	22	渤海 監門軍의 大道와 行郎 등 14인 내투
		24	渤海의 諸軍判官 高眞祥과 孔目 王光祿이 거란에서 牒文을 가지고 내투
1032년(덕종 元)	1	26	渤海의 沙志와 明童 등 29인 내투
	2	7	渤海의 史通 등 17인 내투
	5	7	渤海의 薩五德 등 15인 내투
	6	12	渤海의 亏音若己 등 12인 내투
		16	渤海의 所乙史 등 17인 내투
	7	27	渤海의 高城 등 20인 내투
	10	8	渤海의 押司官 李南松 등 10인이 도망쳐 옴
1033년(덕종 2)	4	3	渤海의 首乙分 등 18인 내투
		23	渤海의 可守 등 3인 내투
	5	29	渤海의 監門隊正 寄叱火 등 19인 내투
	6	8	渤海의 先宋 등 7인 내투
	12	16	渤海의 寄叱火 등 11인 내투하자 남쪽 땅에 거주하게 함
1050년(문종 4)	4	17	渤海 開好 등 내투

| 1116년(예종 11) | 12 | 미상 | 이달에 契丹人 33인, 漢人 52인, 奚人 155인, 熟女眞人 15인, 渤海人 44인이 옴 |
| 1117년(예종 12) | 1 | 3 | 渤海人 52인, 奚人 89인, 漢人인 6인, 契丹人 18인, 熟女眞人 8인이 遼에서 내투 |

〈표 1〉의 사례는 태조 때부터 예종대까지의 투화 또는 내투 사실이지만, 당시 동북아시아의 정세와 맞물린 결과이자 중국 대륙의 잦은 왕조 교체와 북방 민족의 발흥으로 인한 정치적 혼란의 현실을 회피하려 했던[21] 정치적 망명의 성격이 더욱 강하게 보인다.[22] 이처럼 고려는 국초부터 발해유민의 적극적인 유치 정책을[23] 상당 기간 유지하였는데, 934년(태조 17) 발해국 세자인 大光顯의 귀화로 절정을 이루었다.[24] 그런데 〈표 1〉에 따르면 대광현의 망명이 발해 멸망 직후가 아니라 몇 년의 시차를 두고 표현되고 있다. 대광현의 망명시기[25]에 대한 시차가 확인되는 『高麗史節要』의 사

---

20 고려에 망명한 발해 난민은 기존의 연구 성과에서 밝혀진 내용들을 토대로 재정리하였다(이종명, 앞의 글, 1968, 202-204의 〈귀화발해인 대표자 명단〉에서는 개개인을 포함하여 모두 40사례가 정리되어 있다. 또, 박옥걸의 앞의 책, 1996, 96-98쪽의 〈來投 事例〉에는 보다 세밀한 분석이 있으며, 이재범의 앞의 글, 2003, 724쪽의 〈고려에 내부한 발해유민〉에는 태조부터 경종 4년까지만 추려져 실려 있다).

21 『高麗史』卷2, 世家2 광종 9년, "夏五月始置科擧 命翰林學士雙冀取進士. 丙申 御威鳳樓放枋賜崔暹等及第" 라고 표현하여 과거제의 실시로 고려의 한인 지식층에 대한 인식 자체는 이전의 왕조보다 더욱 확대되었고, 왕권을 강화하려는 광종의 개혁정치를 체계적으로 이끌어냄으로써 고려 초기의 왕권 강화와 중앙집권화에 상당한 기여가 있었다.

22 전영준, 앞의 글, 2012a 407-434쪽.

23 태조 8년만 보더라도 발해인의 귀화가 잦았다. 『高麗史』卷1, 世家1 태조 8년 9월, "丙申 渤海將軍申德等 五百人來投"; 9월, "庚子 渤海禮部卿大和鈞均老 司政大元鈞 工部卿大福暮 左右衛將軍大審理等 率民一百戶來附"; 12월, "戊子 渤海左首衛小將冒豆干 檢校開國男朴漁等 率民一千戶來附"

24 『高麗史』卷2, 世家2 태조 17년 7월, "渤海國世子大光顯 率衆數萬來投 賜姓名王繼 附之宗籍 特授元甫 守白州以奉其祀. 賜僚佐爵軍士田宅有差."

료를 검토해보면, 대광현은 태조 8년에 고려로 망명하였음을 밝히고 있다.

① 12월. 거란이 발해를 멸망시켰다. 발해는 본래 粟末靺鞨이었다. 唐 則天 武后 때에 고구려 사람인 大祚榮이 요동으로 달아나 점유하였다. 당 睿宗이 발 해군왕으로 봉하니, 이로 인하여 스스로를 渤海國이라 부르고, 扶餘·肅愼 등 10 여 나라를 병합하였다. 문자와 禮樂, 官府의 제도가 있었으며, 5京 15府 62州에 영토는 사방 5,000여 리이며, 인구는 수십만이었다. 우리의 경계와 인접해 있었 으며, 거란과는 대대로 원수지간이었다. 거란의 군주가 (군사를) 크게 일으켜 발 해를 공격하여, 忽汗城을 포위한 채 멸망시키고, 東丹國으로 바꾸었다. 그 세자 大光顯과 장군 申德·예부경 大和鈞·均老司政 大元鈞·공부경 大福謩·좌우위장 군 大審理·소장 冒豆干·검교 開國男 朴漁·공부경 吳興 등 그 남은 무리들을 이 끌고 전후로 도망쳐 온 자들이 수만호였다. 왕이 그들을 매우 후하게 대우하여, 대광현에게 '王繼'라는 성과 이름을 내려주면서 그를 왕실의 籍에 붙이고, (자기 조상의) 제사를 받들도록 허락하였다. 보좌하는 신료들에게도 모두 爵位를 내려 주었다.[26]

사료의 내용을 확인해보면 〈표 1〉의 『고려사』에 보이는 925년에 내투 한 이들과 934년의 기록이 나누어져 있는데, 『고려사절요』에서는 하나의 기사로 표현되어 있다. 이들 기록을 종합하면 대광현의 망명은 발해의 멸

---

25 임상선, 『발해의 지배세력 연구』, 신서원, 1999, 123-128쪽.

26 『高麗史節要』卷1, 태조 8년 12월. "十二月. 契丹滅渤海. 渤海本粟末靺鞨也. 唐武 后時, 高句麗人大祚榮走保遼東. 睿宗封爲渤海郡王, 因自稱渤海國, 幷有扶餘肅愼 等十餘國. 有文字禮樂官府制度五京十五府六十二州, 地方五千餘里, 衆數十萬. 隣 于我境, 而與契丹世讐, 契丹主大擧攻渤海, 圍忽汗城, 滅之, 改爲東丹國. 其世子大 光顯及將軍申德禮部卿大和鈞均老司政大元鈞工部卿大福謩左右衛將軍大審理小將 冒豆干檢校開國男朴漁工部卿吳興等率其餘衆, 前後來奔者數萬戶. 王待之甚厚, 賜 光顯姓名王繼, 附之宗籍, 使奉其祀. 僚佐, 皆賜爵."

망과 더불어 바로 이루어졌으나 고려로부터 각종 우대 조치가 취해진 것은 934년으로 보는 경우로, 신라 왕 金傅의 경우처럼 수년이 지난 후 새로운 처분을 받는 사실에 연계하는 것이다. 비록 양자 간의 내용이 다르다 하더라도 내용이 동일하므로 대광현에 대한 처우가 내려진 934년 7월 기사에 925년의 망명 사실까지 묶어 서술하는 과정의 혼선으로 확인된다.[27]

그런데 앞의 〈표 1〉는 고려로 망명한 발해 난민만을 사례로 하였지만, 북방의 거란이나 여진 등과 같은 경계에 놓여 있던 이민족의 내투도 상당하였다.[28] 앞에서 살펴본 일리천 전투에 참여한 諸蕃勁騎가 내투인은 아니었지만,[29] 북방의 여러 곳에서 타국인 고려의 전투에 참여할 수 있었다는 것은 고려의 북방경계에 대한 운영이 고도화된 접근에서 비롯된 것이라 할 수 있다.[30]

이에 따라 고려는 주변의 이민족 入境과 관련하여 官爵을 수여하거나, 賜姓 또는 編戶제도를 활용하여 고려 백성으로 적극 유치함으로써 인구의 증가를 꾀하고자 하는 정책적인 노력이 지속되었고,[31] 거란·여진의 북방민족의 歸附도 증가하고 있음을 볼 수 있다. 고려와 거란의 접촉은 건국 초기부터 상당히 우호적이었으나, 발해가 거란에 의해 멸망하면서부터 양국 관계는 악화되었다.[32] 더구나 태조가 후대에 남긴 『訓要十條』에는 거란에

---

27 이효형, 『발해 유민사 연구』, 혜안, 2007, 125-132쪽.
28 11세기에 내투하였던 將軍號를 지닌 이들은 232명이고 개인 또는 무리로 내투하는 경우가 있었다. 당시의 기미주 설치와 관련한 북방 민간인의 수도 발해인 못지 않게 상당하였다고 볼 수 있으며, 특히 기미주의 운영으로 북방영토를 획정하였다는 사실은 고려의 북방정책에 대한 전략적 변화를 생각할 수 있게 한다(한항도, 「11세기 고려-여진관계와 귀화정책」, 석사학위논문, 제주대학교, 2014, 64-70쪽).
29 추명엽, 앞의 글, 2002, 35-40쪽.
30 『高麗史』 卷2, 世家2 태조 2년. "大相庾黔弼 元尹 官茂 官憲等 領黑水達姑鐵勒 諸蕃勁騎九千五百."
31 전영준, 「高麗時代 '編戶'의 行刑體系 적용과 사회적 활용」, 『인문과학』 13, 제주대학교 인문과학연구소, 2012b, 27-47.

대한 배제정책이 수록될 정도로 발해 멸망의 직접적인 원인으로 규정하였던 사실 자체가 적대국이었음을 증명하는 것이었다. 더욱이 993년(성종 12) 10월에 있었던 양국 간의 군사적 충돌은 태조 이후 계속되었던 고려 정부의 북진정책에 대한 거란의 견제였으며, 이 기간 동안 거란인의 投化가 없었던 것도 고려의 거란에 대한 적대적 정책 유지에 그 원인이 있었다.[33] 그러나 현종 대에 이르러서 거란인의 來投가 증가하였는데, 이 시기는 북방지역을 제압한 遼의 강력한 통제로 발생한 투화였고, 거란인의 고려 투화는 女眞에 의해 멸망될 때까지 계속 이어졌다.[34]

고려 초기부터 다양한 종족이 來投·內附하여 고려 경내·외에 거주하였다. 고려 태조대부터 의종대까지 漢系, 여진계, 거란계, 발해유민 등 투화인이 총 185회, 168,499명이라는 연구[35]에 따르면 『송사』 「고려조」에서 언급된 고려 인구 남녀 210만 명[36]과 비교해 상당한 정도로 다양한 종족과 이국인이 들어와 거주하였다고 볼 수 있다. 異種族·異國人의 거주는 영구 거주와 한시적 거주로 나눠진다. 영구 거주는 투화의 형식을 통해 이루어졌고 한시적 거주는 관련 규정과 절차에 따라 관리되었으며 한시적 거주에서 투화로 이어지기도 하였다.[37] 한시적 거주로 가장 많았던 대상은 宋商,

32 한규철, 「後三國時代 高麗와 契丹關係」, 『富山史叢』 1. 1986, 24쪽.
33 남인국, 「高麗前期의 投化人과 그 同化政策」, 『歷史敎育論集』 8, 역사교육학회, 1986, 90쪽.
34 고려에 투화한 거란인의 동인은 끊임없이 추진된 정복전쟁에서의 도피와 이로 인한 경제적 궁핍을 해소하는 데 있었다(남인국, 위의 글, 1986, 91쪽).
35 박옥걸, 앞의 책, 1996, 59쪽.
36 고려 인구 210만은 송의 입장에서 낮추어 잡은 것으로 보고 『고려도경』의 60만 병사 수 기록을 근거로 해서 대략 250만 이상, 300만 내외로 이해한 연구가 있어 참고 된다. 당시의 인구수를 근거로 할 때 17만에 이르는 투화인의 비율이 높다는 것은 의미 있는 수치이다(박용운, 『고려시대 개경 연구』, 일지사, 1996).
37 이진한, 「고려시대 외국인의 居留와 投化」, 『한국중세사연구』 42, 한국중세사학회, 2015, 137-175쪽 참조.

동·서여진인, 일본인 등이었다.[38]

아울러 고려에 망명한 왕족과 백성을 모두 포함한 십 수만의 내투인들은 고려 초기부터 인구의 확대를 위한 정부 정책과 잘 맞물린다는 점에서 내투 귀화인들에 대한 처우도 상당하였을 것이다. 賜姓名이나 賜爵, 관직 임명 등과 같은 조치[39]들을 통해 발해인들이 고려에 정착할 수 있는 제도적 근거를 마련하였다는 것 등은 고려정부의 개방적 세계관과 직접 연결된다고 할 수 있다.[40]

한편, 고려의 발해 계승의식은 고려가 국가통치 차원에서 표면적으로 드러낸 경우는 없다. 여기에는 고려의 입장에서 볼 때 영토·문화·지리·전통의 면에서 발해보다는 고구려를 계승국가로 내세우는 것이 유리하다는 고려의 현실적 판단이 크게 작용한 결과였다. 발해 계승의식은 직접 표방한 일이 없었어도 대신에 발해 통합의식은 상당하였다. 발해 세자 대광현에게 王繼라는 성명을 내리고 宗籍에 싣게 하고 발해 왕실의 제사를 받들게 하였던 조치도 대광현을 발해의 계승자로 인정한 것에 불과하다. 그러므로 보다 중요한 것은 고려가 발해를 고구려 계승국가로 인식하면서 후삼국 통일과정에 발해 통합의식을 강력히 내비치고 있다는 점이라 할 것이다.[41]

---

38 추명엽, 「고려의 다원적 종족 구성과 '我國·我東方' 의식의 추이」, 『역사와 경계』 109, 부산경남사학회, 2018, 113-114쪽.
39 『高麗史』 卷2 「世家」 2, 태조 17년 7월. "秋七月 渤海國世子大光顯率衆數萬來投, 賜姓名王繼, 附之宗籍. 特授元甫, 守白州, 以奉其祀. 賜僚佐爵, 軍士田宅, 有差."
40 노명호, 「동명왕편과 이규보의 다원적 천하관」, 『진단학보』 83, 진단학회, 1997, 293-315쪽; 전영준, 「동아시아의 문화교류와 재현 양상-고려시대를 중심으로」, 『역사와 교육』 14, 역사와 교육학회, 2012c, 30-33쪽; 추명엽, 앞의 글, 2018, 109-145쪽.
41 이효형, 앞의 책, 2007, 380-381쪽.

III. 고려 전기 대외정책과 주변국 포섭

1. 북방 羈縻州의 설치와 동화정책

고려의 북방정책은 築城과 徒民, 내투인의 수용 및 윤관의 동북 9성 축조로 경계를 명확히 하는 방향으로 추진되었다. 이때 경계와 인접한 여진 촌락을 편입하여 영역으로 끌어들이고 고려의 경계로 정착시켰다. 이후 양계 이남의 주민을 이주시켜 경제기반을 조성한 뒤 행정구역으로 편입하는 단계적인 정책을 시행하였다.[42] 축성과 군대의 배치로 여진 촌락들은 해당 지역의 자치권을 보장받는 대신 군사적인 협력과 작위를 받기도 하였다.

고려가 설치한 여진 기미주의 존재가 처음 확인되는 시기는 1038년(정종 4)으로 이미 1033년(덕종 2) 關防 설치와 지속적인 축성으로 기미주의 편제가 본격화되었다. 이것은 고려의 관할권 행사를 통한 적극적인 북방정책으로 이해할 수 있지만, 동여진 蕃賊에 대한 대응과 고려에 협력하던 여진세력을 포용하기 위한 적극적인 여진정책을 추진했던 것은 분명하다.[43] 고려의 기미주 설치는 적대 관계의 번적을 분리하고 1차적인 완충지대를 확보하기 위함이었다. 이와 같은 고려의 여진 인식은 다음의 사료에서 확인할 수 있다.

> ② 동계병마사가 威雞州에 사는 여진인 仇屯과 高刀化 두 명이 都領, 將軍인 開老와 재물로 다투어 開老의 취기가 오르자 살해하였다고 보고하였다. 시중 徐訥 등이 뜻을 말하길, "여진은 다른 무리지만, 이미 귀화하여 版籍에 이름이 실려 있고, 編氓과 같이 여겨야 하니 우리의 법을 따라야 합니다. 이제 재물

---

42 방동인, 「高麗의 成長과 北方築城」, 『백산학보』 47, 백산학회, 1996.

43 정병준, 「唐代 異民族 管理方式의 다양성 및 그 변용 - 羈縻府州 제도를 중심으로 - 」, 『동양사학연구』 143, 동양사학회, 2018, 1-48쪽.

을 놓고 다투다가 우두머리를 죽였으니 죄를 용서할 수 없습니다. 법으로 논죄
해야 합니다." 이에 내사시랑 黃周亮이 뜻을 말하길, "이 무리들이 귀화하여 우
리의 藩離가 되었으나, 본래 인면수심이어서 사리를 모르고 관습과 풍속이 교
화되지 않았으니 형을 가할 수 없습니다. 또 律文에는 化外人 同類 간의 범죄는
각각 본래 속한 곳의 법을 따른다고 하여 가까운 마을의 늙은 우두머리가 俗法
에 따라 죄를 범한 두 집의 재물을 開老의 집에 보냈으니, 어찌 논의가 필요합
니까?", 왕이 周亮 등의 뜻을 따랐다.[44]

　　1038년의 開老 살해사건이 벌어진 威雞州가 동계병마사의 관할지역인
점, 내헌한 이들의 출신지역이 동여진인 점에서 1033년(덕종 2)에 동계지
역에서 축성된 耀德·靜邊·和州 접경이었을 것이다. 이 사건에 대하여 시중
徐訥은 기미주의 여진인이 고려에 귀화하여 版籍된 상황이니 고려율에 따라
처벌해야 한다고 주장한 반면, 黃周亮은 여진인들이 귀화하였지만 풍속이
교화되지 못하여 관습법[45] 따라야 한다는 주장도 있었다. 결국 황주량의
견해를 따라 처리하였지만 이들을 고려의 蕃으로 인식하면서도 고려인과는
다른 대우였다는 점에서 기미주의 여진인의 지위는 모호한 상태였다.[46]
　　한편, 장성의 축조는 국경의 획정과 함께 기미주의 편제 등 고려 북방
정책의 전환으로 이루어진 축성과 함께 인접 촌락의 편입으로 이어졌다.

---

44 『高麗史』卷84, 刑法志1 殺傷. "靖宗四年五月 東界兵馬使報 威雞州住女眞仇屯高
　刀化二人 與其都領將軍 開老 爭財 乘開老醉 毆殺之 侍中 徐訥等議曰 女眞 雖是
　異類 然旣歸化 名載版籍 與編戶同 固當遵奉邦憲 今因爭財 毆殺其長 罪不可原 請
　論如法 內史侍郎 黃周亮等議曰 此輩雖歸化 爲我藩離 然人面獸心 不識事理 不慣
　風敎 不可加刑 且律文云 諸化外人 同類自相犯者 各依本俗法 況其隣里老長 已依
　本俗法 出犯人二家財物 輸開老家 以贖其罪 何更論斷 王從周亮等議"
45 『唐律疏議』卷6, 名例48 化外人相犯. "化外人 謂蕃夷之國 別立君長者 各有風俗
　制法不同 其有同類自相犯者 須問本國之制 依其俗法斷之 異類相犯者 若高麗之與
　百濟相犯之類 皆以國家法律 論定刑名"
46 정병준, 앞의 글, 2018, 26-41쪽.

1040년(정종 5)에 都兵馬副使 朴成傑이 靜邊鎭에 성을 쌓아 적을 막아야 한다는 보고[47] 이후 동계에 인접한 북계의 영원·平虜鎭과 동계의 장주·정주·元興鎭에도 城과 戍를 설치하는 등 동북면 지역에 집중된 축성이 있었다.

③ "… 세 성이 있는 지역은 본래 적의 소굴로서, 적의 침략을 많이 걱정하여 병마 와 군사들을 주요 피해지역에 분산 주둔시켜 수륙양면에서 적의 침입을 막고 있습니다. 축성 당시 출전해서 공을 세운 1科의 攝兵部尙書 高烈 등 10명, 次 1科의 小府監柳喬 등 5명, 2科의 大樂丞 鄭𩣡 등 5명에게도 포상을 하여 이후에도 모범으로 삼으소서."[48]

④ 동여진 將軍 烏乙達 등 남녀 144명이 좋은 말을 바치며 아뢰길, "저희들은 貴國의 경계에 살며 덕화를 흠모하여 신하로 섬겨온 지 여러 해가 되었습니다. 그러나 추잡한 賊이 침입해 올 것을 걱정하여 정착하지 못했는데, 이제 세 곳에 성을 쌓아 적의 침입로를 막아주신 은혜에 감사하고자 내조했습니다." 왕이 우대하여 상을 주어 돌려보냈다.[49]

---

47 『高麗史』 卷83, 兵志2 城堡. "五年 都兵馬副使 朴成傑奏 東路靜邊鎭 蕃賊窺覦之地 請城之 從之"

48 『高麗史』 卷6, 世家6 靖宗 10年 11月. "冬十一月 乙亥 兵馬使 金令器奏 今築長定二州及元興鎭城 不日告畢 勞效甚多 其督役州鎭官吏 一科七品以上 超正職一級 父母封爵 八品以下 超正職一級 加次第階職 二科 加正職一級 幷階職 且三城之地 元是賊巢 侵擾加慮 兵馬軍事 分屯要害 水陸捍禦 賊不得近 其軍士 一科別將以上 超正職一級 父母封爵 隊正以上 超正職一級 幷䄷職 軍人超䄷職一級 二科隊正以上 及船頭 加正䄷職一級 軍人及梢工水手 加䄷職 且賜物有差 當築城時 出戰有功 一科攝兵部尙書 高烈等十人 次一科少府監 柳喬等五人 二科大樂丞 鄭𩣡等五人 亦加褒賞 以勸後來 制可", 『高麗史』 卷82, 兵志2 城堡. "命金令器·王寵之 城長州 定州 及元興鎭 長州城 五百七十五閒 戍六所 曰靜北 高嶺 掃兎 掃蕃 壓川 定遠 定州城 八百九閒 戍五所 曰防戍 押胡 弘化 大化 安陸 元興鎭城 六百八十三閒 戍四所 曰來降 壓虜 海門 道安"

49 『高麗史』 卷6, 世家6 靖宗 10年 11月. "癸未 東女眞將軍 烏乙達等男女一百四十

⑤ 서여진 亏火 등 156인은 關城을 개척할 때 공로를 세웠으므로 작을 올려 주었다.[50]

⑥ 서여진 酋長 高之知 등 12명이 와서 토산물을 바쳤다. 禮賓省에서 高之知 등이 작년 平虜城과 寧遠城을 개척하면서 큰 공을 세웠으니 예물을 넉넉히 주라고 아뢰자 따랐다.[51]

동북면의 전략요충지를 중심으로 축성이 진행되는 과정에 인접촌락이 편입되었고, 축성 직후 烏乙達 세력이 안정적인 정착에 대한 감사로 土産을 보냈다는 것 자체가 유목 촌락의 점진적인 정착이 이루어졌다고 볼 수 있다.[52] 또한 여진인들이 내헌할 때마다 공물로 말, 貂鼠皮, 靑鼠皮, 旗幟, 甲冑 등의 주요 토산이었는데, 이것은 고려의 군수품 조달에 유용하였으며 특히 거란과의 전쟁 중에 여진인의 내헌이 집중되었다.[53]

羈縻州에 거주하며 고려에 귀부한 여진인에 대한 우선적인 동화정책은 編籍이었다. 기미주의 여진에 대한 編籍 사례가 정종 연간의 축성시기와 일치하는 것은 북방경계의 확정과 함께 편적도 이루어지고 있음을 의미한다. 아울러 고려의 번국이었던 우산국의 경우에도 동여진의 침입을 피해

四人來 獻駿馬 奏曰 我等在貴國之境 慕化臣服有年矣 每慮醜虜來侵 未獲奠居 今築三城 以防賊路 故來朝謝恩. 王優賞遣還"

50 『高麗史』卷7, 世家7 德宗 2年 11月. "以西女眞 亏火等 一百五十六人 開拓 關城時 竝有功勞 加爵一級"

51 『高麗史』卷6, 世家6 靖宗 8年 2月. "西女眞 酋長 高之知等 十二人 來 獻土物 禮賓省奏 之知等於往年 平虜 寧遠 兩城 拓開之時 頗有勞效 請優賜禮物 從之"

52 이근화, 「高麗前期의 北方築城」, 「역사와 담론」 15, 호서사학회, 1987, 15쪽.

53 최규성, 「高麗初期의 女眞關係와 北方政策」, 『동국사학』 15・16, 동국사학회, 1981, 160-164쪽; 노계현, 「高麗文宗의 對宋外交再開와 多邊外交展開」, 『國際法學會論叢』 34-2, 大韓國際法學會, 1989, 65쪽; 정요근, 「11세기 동여진 해적의 실체와 그 침략 추이」, 『歷史研究』 107, 한국사학회, 2012, 73쪽.

고려의 禮州 주민으로 편성하는 과정에서도 적용되었다.[54] 이와 함께 내투한 여진인에 대해서는 우선적으로 양계에 배치하여 군사적인 목적으로 활용하였다. 이때의 내투인도 기미주 편제방식을 적용하였는데, 촌락의 추장들에게는 편적과 賜爵·賜物[55]이 일반직으로 시행되었나.

한편, 기미주의 여진인을 활용하여 아직 귀부하지 않은 여진을 초유하는 정책도 확인된다. 化外 여진의 초유에는 강제적인 측면과 자발적인 측면이 혼재되어 있었다. 고려는 거란과 통교했던 세력이나 변경을 침입했던 여진촌락을 化內 여진 酋長들이 합심해서 고려에 귀부시키거나, 거란에 복속된 여진인이 고려의 관작을 받고자 내조한 사례도 확인된다.[56] 化外 여진 촌락을 포섭한 사례는 다음과 같다.

⑦ 동여진의 歸德將軍 仇知羅 등 32명이 같은 족속인 恢八 등 30명을 회유해서 입조했다.[57]

⑧ 동북로병마사가 女眞의 柔遠將軍 沙伊羅가 물과 뭍에서 횡행하는 賊首 羅弗 등 494명을 회유하여, 和州館에서 입조를 요청했다고 보고했다. 해당 기관에서 논의하여 "그 무리들은 人面獸心이니 兵馬使에게 지시해서 인원수를 줄이고 차례로 나누어 들여보내십시오." 라고 하여 따랐다.[58]

---

54 전영준, 앞의 글, 2012a, 420-421쪽; 2012b, 34-37쪽.

55 고려가 하사한 예물은 銀器가 많았는데, 1102년(숙종 7)에 동여진의 盈歌가 고려에 사신을 보내 銀器匠을 요청한 사실로 보아 고려의 銀製品은 實益과 지위를 인정받는 상징물이었다.

56 이근화, 「高麗前期 女眞招諭政策」, 『백산학보』 35, 백산학회, 1988.

57 『高麗史』 卷6, 世家6 靖宗 4年 3月. "庚申 東女眞 歸德將軍 仇知羅等 三十二人 誘其屬 恢八 等 三十人 來朝"; 恢八은 1103년(肅宗 8)에 동여진 豆門 등 90명이 내조한 기록에서도 확인된다. 『高麗史』 卷12, 世家12 肅宗 8年 2月. "東女眞 豆門 恢八等 九十人 來朝"

58 『高麗史』 卷6, 世家6 靖宗 9年 4月. "夏四月 戊戌 東北路兵馬使奏 女眞 柔遠將軍

⑨ 동여진 寧塞將軍 冬弗老와 柔遠將軍 沙尹羅 등이 化外 여진 80명을 데리고 입조해 와서 이렇게 알렸다. "化外人들이 그릇되게 짐승처럼 사나운 마음을 품고 邊疆을 어지럽혔으나, 넓은 은혜를 입어 과거의 죄를 뉘우치고 머리를 조아렸습니다. 물과 뭍에 흩어져 사는 蕃長들을 데리고 대궐 앞에서 정성을 보이면서 邊民이 되기를 청하였고, 이제부터 가까운 곳에 있는 도적들의 동향을 보고하겠다고 합니다." 국왕이 가상하게 여겨 특별하게 금색 비단을 하사하고 爵을 올려주었다.[59]

化內 여진인이 化外 여진을 초유하여 귀부시킨 사례 중 대표적인 것은 柔遠將軍 沙尹羅가 賊首 羅弗 등 494명을 설득해서 和州館에 데려온 일이다. 沙尹羅[60]는 1037년(정종 3)에 거란과 통교했다는 죄목으로 서경으로 압송한 인물인데, 이후 석방하여 化外 여진의 포섭과 납치된 고려인의 송환에 협력하도록 회유하였다. 이 과정에서 和州館에 들어온 沙尹羅의 내조 요청에 대해 고려 조정은 蕃賊 출신 여진인 수백 여 명의 도성 출입을 제한하였는데, 적대적인 세력이 대규모로 들어오는 것과 변경 군사시설의 노출을 꺼렸기 때문이었다.

太祖 이후 특정 지역에 군진을 설치하고, 남계 주민을 徙民하여 점유하는 방식의 북진정책은 영토를 점진적으로 확장하였다. 특히 10-11세기 초 고려는 거란과의 압록강 지역 영토분쟁과 여러 차례의 전쟁으로 국력이 소

沙尹羅 誘致 水陸 賊首 羅弗等 四百九十四人 詣和州館 請朝 有司議奏 此類人面獸心 宜令兵馬使 量減人數 分次赴朝 從之"

59 『高麗史』 卷6, 世家6 靖宗 9年 9月. "庚辰 東女眞 寧塞將軍 冬弗老 柔遠將軍 沙尹羅等 率化外女眞 八十人 來朝 奏云 化外人 妄懷狼戾 曾擾邊疆 泊蒙洪育 頓改前非 今引水陸蕃長 詣闕陳款 願爲邊民 自今每俟隣寇 動靜以報 王嘉之 特賜金帛加等"

60 沙尹羅는 서경으로 압송된 이후 석방되어 化外 여진 포섭에 활용되었던 것으로 보이는데, 납치된 고려인의 송환에도 관여하였다.

모되어 동북면의 안정을 도모하는데 애로가 많았다. 이를 보완하기 위하여 고려에 우호적인 여진 중심의 기미주를 설치하여 군사 방어선으로 삼았으며, 장기적으로는 동화정책을 시행하여 고려의 영역으로 삼기 위한 전략이었다.

이처럼 고려가 기미주를 설치하고 영향력을 유지한 것은 불안한 북방 정세와 유동적인 북방 경계를 획정하는 것에 있었다. 또, 내투하는 渤海·契丹·女眞人을 수용하여 군사 및 경제적 목적을 달성하기 위한 새로운 북방정책의 요구에 따른 것이었다.

2. 고려의 탐라 인식과 羈縻支配 강화

탐라사 연구에서 10~12세기는 탐라후기 문화에서 고려의 지방정부로 편입되는 정치 및 사회적 변화를 직접 겪는 중요한 시기였다. 그래서 이 분야의 선행 연구들은 탐라와 고려의 인식이나 정책 등과 같은 양자 간의 직접적인 접촉을 중점적으로 다루고 있다.[61] 특히 고려는 주변국으로 거란과 東西蕃, 탐라를 염두에 둔 대외정책을 시행하여 북방의 이민족들과는 기미주의 설치나 일리천 전투에 참여한 諸蕃勁騎에 대한 重幣卑辭 전략이거나, 발해 난민의 수용과 정착을 위한 諸정책을 추진해 왔음은 앞에서 살

---

61 고창석, 「耽羅의 郡縣設置에 대한 考察－고려전기를 중심으로－」, 『제주대 논문집』 14, 제주대학교, 1982; 진영일, 「高麗前期 耽羅國 硏究」, 『탐라문화』 16, 탐라문화연구원, 1996; 김창현, 「高麗의 耽羅에 대한 정책과 탐라의 동향」, 『한국사학보』 5, 고려사학회, 1998; 김일우, 「고려와 탐라의 관계 형성과 그 형태」, 『한국학보』 30(2), 일지사, 2004; 노명호, 「10~12세기 탐라와 고려 국가」, 『제주도연구』 28, 제주학회, 2005; 이근우, 「탐라국 역사 소고」, 『부대사학』 30, 효원사학회, 2006; 전영준, 앞의 글, 2010; 전영준, 「고려의 탐라 수탈과 良守의 난」, 『역사와 교육』 25, 역사교과서연구소, 2017; 김보광, 「고려전기 탐라에 대한 지배방식과 인식의 변화」, 『역사와 담론』 85, 호서사학회, 2018; 최희준, 「탐라국의 대외교섭과 항로」, 『탐라문화』 58, 탐라문화연구원, 2018.

펴본 바와 같다.

　아울러 탐라와의 관계 또한 이 시기에 집중되는 바, 대체로 최초의 접촉을 925년(태조 8)에 탐라가 고려에 방물을 바친 것으로 시작하고 있다.[62] 이를 시작으로 10~12세기까지의 탐라와 고려 접촉 기사를 『고려사』에서 정리하면 다음의 〈표 2〉와 같다.

〈표 2〉 10~12세기 탐라의 고려 진헌 및 관련 기사

925년(태조 8) 11월	己丑에 탐라에서 方物을 바침.
938년(태조 21) 12월	耽羅國 태자 末老가 來朝하자 星主 王子의 벼슬을 내려줌.
1011년(현종 2) 9월	乙酉에 탐라가 州郡의 예에 따라 朱記를 하사할 것을 간청하자, 이를 허락함.
1012년(현종 3) 8월	壬寅에 탐라인이 와서 大船 2척을 바침.
1019년(현종 10) 9월	壬戌에 重陽節(9월 9일)이므로 宋 및 耽羅 黑水 등 여러 나라 사람에게 邸館에서 잔치를 베풂.
1021년(현종 12) 7월	丙子에 耽羅가 특산물을 바침.
1022년(현종 13) 2월	己酉에 耽羅가 특산물을 바침.
1024년(현종 15) 7월	壬子에 耽羅의 추장 周物과 아들 高沒을 함께 雲麾大將軍 上護軍으로 삼음.
1027년(현종 18) 6월	耽羅가 특산물을 바침.
1029년(현종 20) 7월	• 戊午 朔에 … 耽羅가 특산물을 바침. • 乙酉에 耽羅人 貞一등이 일본으로부터 돌아옴. 처음 정일 등 21명이 항해 중에 바람에 밀리어 동남쪽 끝에 있는 머나먼 섬에 표류하니 섬사람들은 기골이 장대하고 온몸에 털이 나고 언어가 다른데 7개월 동안 잡혀 있었다. 정일 등 7명이 가만히 작은 배를 타고 동북쪽으로 일본 那沙府 長岐에 이르렀다가 이에 살아 돌아옴.

<hr>

62 『高麗史』 卷1 世家1, 태조 8년 11월. "十一月 己丑 耽羅貢方物."

1030년(현종 21) 9월	辛亥 朔에 탐라가 특산물을 바침.
1034년(靖宗 즉위) 11월	●庚寅에 神鳳樓에 거동하여 크게 사면하고 中外 群臣들의 賀禮 를 받음. 宋의 商客과 東西蕃과 耽羅國이 각각 방물을 바침. ●庚子에 八關會를 설하고 신봉루에 거동하여 百官들에게 잔치 를 베풀고 저녁에는 法王寺에 행차함. 이튿날 大會에 또한 잔 치를 베풀고 觀樂하니 동서 2京과 동북 兩路의 兵馬使 4都護 8 牧이 각각 表를 올려 陳賀하였으며, 송의 商客과 東西蕃과 耽羅 國도 또한 方物을 바치매 좌석을 주어 觀禮케 하니 이후로는 常例로 삼음.
1036년(정종 2) 11월	己丑에 팔관회를 열었는데 宋商 및 東女眞·耽羅가 각각 방물을 바침.
1043년(정종 9) 12월	庚申에 毛羅國 星主 遊擊將軍 加利가 아뢰기를, "王子 豆羅가 요새 졸하였는데 하루라도 後嗣가 없어서는 아니 될 것이오니 청컨대 號仍으로써 王子를 삼으소서."하고, 아울러 방물을 바침.
1049년(문종 3) 11월	壬寅에 耽羅國의 振威校尉 夫乙仍 등 77인과 北女眞의 首領 夫 擧 등 20인이 와서 토산물을 바침.
1052년(문종 6) 3월	壬申에 三司가 아뢰기를, "耽羅國의 歲貢하는 굴橘子의 양을 고 쳐 100包로 정하고 길이 定制로 삼으소서."라고 하니 이를 따름.
1053년(문종 7) 2월	丁丑에 … 耽羅國 王子 殊雲那가 그 아들 陪戎校尉 古物 등을 보 내와 牛黃·牛角·牛皮·螺肉·榧子·海藻 등 龜甲 등 물품을 바치므로 왕은 王子에게 中虎將軍을 除授하고 公服·銀帶·彩段·藥物을 내 려줌.
1054년(문종 8) 5월	己卯에 …耽羅國이 使者를 보내어 太子 冊立을 축하하였으므로 使者 13인에게 職을 더하고 사공과 隨行員에게는 물품을 차등 있게 내려줌.
1055년(문종 9) 2월	戊申. 寒食이므로 송 상인 葉德寵 등 87인은 娛賓館에서, 黃拯 등 105인은 迎賓館에서, 黃助 등 48인은 淸河館에서, 耽羅國 수 령 高漢 등 158인은 朝宗館에서 음식을 대접함.
1056년(문종 10) 2월	己酉에 耽羅國이 방물을 바침.
1057년(문종 11) 1월	己丑에 高維를 右拾遺로 삼았다. 중서성에서 아뢰기를, "고유는 탐라 출신이므로 諫省에는 합당하지 않은데, 만일 그 재주를 아 깝게 여긴다면 다른 관직을 제수하길 요청합니다."라고 하자, 이 를 받아들임.

1058년(문종 12) 8월		乙巳에 宋의 상인 黃文景 등이 와서 토산물을 바침. 왕이 탐라와 靈巖에서 材木을 베어 큰 배를 만들어 장차 송과 통하고자 하거늘 내사문하성이 上奏하기를, "국가가 北朝(거란)와 우호를 맺어 변방에 급한 警報가 없고 백성은 그 生을 즐기니 이로써 나라를 보전함이 上策이옵니다. 옛적 庚戌年에 거란의 問罪書에 말하기를, '東으로 女眞과 결탁하고 西로 宋國에 왕래하니 이것이 무슨 꾀를 쓰고자 함인가?'라고 하였고, 또 尙書 柳參이 使臣으로 갔을 때 東京留守가 南朝(송)와 通使한 일을 물을 만큼 嫌猜함이 있는 듯하오니, 만약 이런 일이 누설되면 반드시 틈이 생길 것입니다. 또 耽羅는 땅이 척박하고 백성이 빈곤하여 오직 해산물과 배를 타는 것으로써 생계를 도모하는 바, 지난해 가을에 재목을 베어 바다를 거쳐 佛寺를 新創한데 疲勞가 이미 많거늘 지금 또 이 일로써 거듭 괴롭히게 되면 다른 변이 생길까 두렵습니다."함.
1062년 (문종 16)	2월	乙巳에 탐라의 高旪 등이 와서 토산물을 바침.
	10월	己卯에 耽羅星主 高逸이 와서 방물을 바침.
1063년(문종 17) 3월		辛亥에 耽羅의 새 星主 豆良이 내조하니, 특별히 明威將軍을 제수함.
1068년(문종 22) 3월		丁卯에 耽羅星主 遊擊將軍 加也仍이 와서 토산물을 바침.
1073년(문종 27) 11월		辛亥에 八關會 열고 신봉루에 거동하여 觀樂함. 다음 날 大會에 大宋, 黑水, 耽羅, 일본 등 여러 나라 사람들이 각각 禮物과 名馬를 바침.
1077년(문종 31) 12월		丁丑 朔에 遼가 檢校太傅 楊祥吉을 보내와 생신을 축하함. 耽羅國이 방물을 바침.
1079년(문종 33) 11월		壬申에 耽羅勾當使 尹應均이 큰 眞珠 두 알을 바쳤는데 빛이 별같이 반짝이니 당시 사람들이 夜明珠라고 말함.
1092년(선종 9) 2월		己卯 …耽羅星主 懿仁이 와서 토산물을 바치거늘 定遠將軍을 더하고 衣帶를 줌.
1095년(헌종 1) 7월		癸丑에 乇羅의 高物 등 80인이 와서 토산물을 바침.
1096년(숙종 1) 9월		庚子에 乇羅星主가 사람을 보내와 즉위를 축하함.
1100년(숙종 5) 11월		戊寅에 송 商人과 乇羅 女眞 등이 와서 토산물을 바침.
1101년(숙종 6) 11월		辛未에 八關會를 열고 법왕사에 행차함. 宋商, 耽羅, 東北蕃酋長 등이 와서 토산물을 바침.
1105년(숙종 10)		肅宗 10년에 乇羅를 耽羅郡으로 고침.

1153년(의종 7) 11월	庚子에 耽羅縣의 徒上 仁勇副尉 中連珍直 등 12인이 와서 방물을 바침.
1168년(의종 22) 11월	丁丑에 耽羅安撫使 趙冬曦가 入覲하였다. 耽羅는 險遠하여 攻戰이 미치지 못하는 바이며, 토지가 기름져서 經費가 나오는 곳이다. 이보다 앞서 貢賦가 번거롭지 않고 백성들이 生業을 즐길 수 있었는데, 근자에 官吏들이 不法하므로 賊首 良守 등이 謀叛하여 守宰를 축출하였다. 왕이 조동희에게 명하여 符節을 가지고 가서 宣諭하도록 하였더니, 적들이 스스로 항복한 지라 良守 등 2인 및 그 黨 5인을 베고, 그 나머지는 모두 곡식과 布帛을 주어서 慰撫함.
1186년(명종 16) 7월	갑신에 어떤 사람이 耽羅에 반란이 일어났다고 보고하였다. 왕이 깜짝 놀라서 兩府를 불러서 대처할 방안을 묻고는 곧 閣門祗候 獨孤忠과 郎將 池資深을 안무사로 임명하여 파견하고, 식목녹사 張允文을 大府注簿 行耽羅縣令으로 임명하여, 각각 능견 7단씩을 주어 길을 떠나라고 재촉하였다. 그리고 조서를 내려서 종전의 현령과 현위에게 둘 다 중벌을 내렸는데, 조금 뒤에 들어보니 반란의 낌새가 없다고 하였다. 그러나 조서로 내린 명령이 이미 내려졌으므로 장윤문은 그대로 부임하게 하고 종전의 현령과 현위는 결국 파면됨.
1197년(신종 즉위년) 11월	경자 초하루에 왕이 儀鳳樓에 거동하여 詔書를 내려 이르기를, "… 이 달 초하루 먼동 트기 전을 기준으로, 전국의 참형과 교형 이하부터 贖銅과 徵瓦에 해당하는 죄에 이르기까지 모두 사면하여 면제하노라. 국내의 명산대천과 耽羅의 신령들에게 각각 尊號를 덧붙여주고, 조상들과 역대 名王들에게 시회尊諡를 높여 주도록 한다.…"라고 함.

그런데 고려와 탐라의 관계 설정은 이미 동아시아의 전통적인 질서에서 논의되고 있어서 북방 이민족에 대한 관계와는 다른 양상을 보이고 있다. 즉, 동북아시아 사회의 전통적인 국제질서는 朝貢과 册封體制로 설명되고 있는데, 唐代 이후부터 약화되기는 하였으나 책봉체제는 여전히 동아시아 사회에서 일정한 의미를 갖고 있었다. 이는 원래 周代 봉건제도에서 유래된 것으로 한족 특유의 종법제도와 관련하여 主家와 分家의 관계에서 출발하였고, 이것이 주대 봉건제도하에서 황제국과 제후국과의 관계를 나타내는 개념으로 발전하였다.[63] 따라서 책봉체제의 질서의식은 사적인 주종관

계를 공적인 국가 간의 질서로 확대 해석한 것이다. 그 핵심적 내용은 宗과 藩의 개념이며, 종을 보호하는 번의 역할이 설정된 것이라 할 수 있다.[64]

〈그림〉 10-13세기 동북아 해양교류도(국립제주박물관 제공)

그리고 이러한 관계들을 더욱 공고히 한 것은 고려에서 매년 개최한 팔관회를 통해 더욱 강력한 체제 질서를 만들어 갔다. 주변국의 상인이나 사신들의 조하의식을 가미함으로써 동북아시아에서 고려의 위상은 균형추와 같은 역할을 하였다고 볼 수 있다. 고려에 온 송상들은 왕실이나 관청, 관료들을 상대로 물품을 바치고 하사품을 받아가는 진헌무역을 행하였다. 송

---

63 진영일은 고려와 탐라의 관계에서 의종대 현령관이 파견될 때까지 帝國인 고려의 제후국으로서 탐라를 설정하였는데, 이는 고려왕이 중국과의 관계에서 '外王內帝'의 존재였다고 보았다(진영일, 앞의 글, 1996, 168-169, 177-180쪽).

64 전영준, 앞의 글, 2019, 79-80쪽.

상이 고려 국왕에게 바친 진헌품은 원래 가치의 몇 배에 해당하는 물건으로 답하였으며, 팔관회의 설행 시기와 비슷한 시점에 이루어졌다.[65] 이처럼 고려와 동북아시아 諸국가 간에는 해로를 이용한 해양교류가 활발히 전개되었던 것에도 기인하다고 볼 수 있다(앞의 그림 참조).

팔관회의 의식 중에는 각국 사신이나 상인의 조하의식이 있었는데, 이를 통해 고려는 대외적으로 고려의 위상을 세우고자 하였으며, 이의 대가로 사신들과 상인들에게 하사품 형식의 답례가 있었다.[66] 외국 사신의 조하의식은 팔관회가 대외적으로 중요한 의의를 지니고 있었음을 반증한다. 고려는 이 의식을 통하여 국제관계에 대한 고려 나름대로의 입장을 대외적으로 천명하고 있었다.[67] 팔관회에서 외국인 조하의식이 상례가 된 것은 1034년(靖宗 즉위년) 11월 팔관회부터이다. 이때 송의 商客과 東西蕃, 耽羅에서 방물을 헌납하였고, 정종이 그들에게 특별히 음악을 관람할 수 있는 좌석을 배정하였는데 그 후부터 이것이 전례가 되었다.[68] 그렇지만 동서번은 탐라와 함께 태조 대부터 고려에 조공을 바치고 있었다.[69] 고려는 현종 때에 거란의 침입을 성공적으로 막아낸 후 외교적으로 국제관계에 있어 자신감을 드러냈다. 거란과 송에 대하여 조공관계를 유지하기는 하였으나 형식적이었고, 도리어 동·서 여진과 탐라, 鐵利國,[70] 弗奈國[71] 등으로부터 조공을 받고 있었으며, 송과 아라비아의 大食國[72] 상인들도 토산물을 바

---

65 전영준, 앞의 글, 2010, 213-243쪽.
66 『高麗史』 권69, 志23 禮11. "嘉禮雜義 仲冬八關會儀."
67 안지원, 『고려의 국가 불교의례와 문화』, 서울대출판부, 2005, 213쪽.
68 『高麗史』 권6, 世家6 靖宗 즉위년 11월 경자; 『고려사』 권69 志23 禮11 "嘉禮雜儀 仲冬八關會儀."
69 『高麗史』 권4, 世家4 현종 11년 2월.
70 鐵利(鐵勒)는 발해의 지배를 받던 말갈의 한 부족이다. 1014년(현종 5)부터 고려에 조공하였고, 1021년(현종 12)에는 귀부를 청하는 표문을 바치기도 하였다(최규성, 「대외관계」, 『한국사』 15, 국사편찬위원회, 1995, 266-267쪽).
71 『高麗史』 卷4, 世家4 현종 9년 6월 乙亥.

치고 있었다.

팔관회에 참여하기 이전인 1011년(현종 2) 9월에 탐라가 州郡의 예에 따라 朱記를 하사해 주기를 요청하자 고려가 허락한 사실이 눈에 띤다. 이것은 탐라가 고려의 내정간섭을 수용하겠다는 의사였기 때문이다.[73] 이에 따라 탐라에 대한 고려의 영향력은 강화되어 갔지만, 독립국으로서의 지위를 유지하여 고려의 군현으로 편입되지는 않았으며 그 대신 勾當使가 파견되었다.[74] 탐라가 1105년(숙종 10)에 郡으로 개편되기 이전에는 구당사가 파견되었음에도 고려의 지방이 아니라 독립국의 지위를 유지하였던 것으로 보인다.[75]

〈표 2〉의 기사를 보면 탐라는 외국으로 취급되어 송상, 여진, 일본 등과 함께 고려의 중요한 행사 때 방물을 바쳐 축하하는 존재로 묘사되고 있다. 그중에서도 1034년 팔관회(靖宗 즉위년), 1053(문종 7)에 탐라국 왕자가 아들을 보내 바친 물품이 구체적으로 명기되었다는 사실, 1073년(문종 27년) 9월 팔관회 때 大宋, 黑水, 耽羅, 日本 등 諸國人이 각기 예물과 명마를 바친 일, 1092년(선종 9)에도 성주가 토물을 바치자 의대를 하사한 일과

---

72 1024년(현종 15)으로 대식국 상인 悅羅慈 등 100명이 와서 토산물을 바친 일이 최초의 기록이다(『고려사』 권5, 世家5 顯宗 15년 9월). 大食은 북아라비아 부족인 Tayyi를 페르시아가 Taji·Tajik로 부른 것을 중국인이 음역한 데서 유래하였다(김정위, 「中世 中東文獻에 비친 韓國像」, 『한국사연구』 16, 한국사연구회, 1977, 47쪽). 한편 고려 시기의 대식은 압바스아시아朝(750-1258)를 지칭한다. 현재의 이란, 이라크, 아라비아 반도, 아프리카 북부에 걸쳤다(김철웅, 「고려와 大食의 교역과 교류」, 『문화사학』 25, 한국문화사학회, 2006, 130쪽).

73 김창현, 앞의 글, 1998, 311-315쪽.

74 『高麗史』 卷9, 世家9, 문종 27년 6월 6일. "東北面兵馬使奏, '三山·大蘭·支櫛等九村, 及所乙浦村蕃長鹽漢, 小支櫛前里蕃長阿反伊, 大支櫛與羅其那烏安撫夷州骨阿伊蕃長所隱豆等一千二百三十八戶來, 請附藉. 自大支櫛, 至小支櫛裏應浦海邊長城, 凡七百里, 今諸蕃, 絡繹歸順, 不可遮設關防. 宜令有司, 奏定州號, 且賜朱記.' 從之.";『高麗史』 卷9 世家9, 문종 33년 11월. "壬申 耽羅勾當使尹應均獻大眞珠二枚, 光曜如星, 時人謂夜明珠."

75 김창현, 앞의 글, 1998, 318쪽.

같이 진헌품에 대한 回賜品이 있었다는 내용으로 볼 때 탐라와 고려는 조공과 책봉의 관계로 설정되었다고 볼 수 있다.[76]

특히 1052년(문종 6)년의 기사에서 탐라국의 歲貢量을 정하였던 것은 고려기 탐라의 물산에 대해 잘 알고 있었음을 의미한다. 팔관회의 참여가 蕃國의 지위 유지와 직접 관련되었지만 1168년 양수의 난을 진압한 耽羅安撫使 趙冬曦가 보고를 올릴 때까지 30여 회에 이르는 진헌이나 토공이 이루어지고, 지속적으로 탐라 지배층의 입조는 탐라의 고려 군현 편제에 빌미를 제공하였을 것이다.[77] 이것은 고려의 과거제에서 외국인에게 문호를 개방하는 賓貢科를 설치하여 탐라인에게도 문호를 개방한 것과 관련되어 있다. 탐라인이 과거에 처음 합격한 기록은 977년(경종 2) 진사시 갑과에 高凝 등 3인과 을과 3인이었다. 1057년(문종 11)에는 高維를 右拾遺로 임명했던 일과, 그의 아들 高兆基가 1107년(예종 2)에 문과에 급제하여 1135년(인종 13) 김부식의 보좌관으로 활약하였고, 의종 때는 參知政事判兵部事와 中書侍郎平章事를 역임하였다.[78]

이처럼 탐라인의 고려 입조에서부터 지방 정부로 편입까지 중앙과의 관계 유지는 고려가 탐라의 사정을 보다 면밀하게 파악할 수 있는 기회였다. 탐라의 유력자가 고려의 지방 편입에 필요한 정보를 제공하고 그에 따르는 조처가 취해졌을 가능성도 높다. 이것은 결국 탐라민의 지속적인 고려 입조에서 양수의 난까지의 기간이 짧다는 것도 중앙 정부와 탐라 토호세력 간의 정치적 조율을 통한 관계가 성립되었을 가능성이 매우 크다.[79]

탐라의 지배자가 독자적으로 방물을 바치는 기사는 1153년(의종 7)에 徒

76 진영일은 고려가 탐라국이라 호칭한 점, 탐라의 星主를 지방 향리가 아니라 '國主'처럼 대한 점에 주목하여 탐라가 독립 국가였음을 강조하였다(진영일, 앞의 글, 1996, 177-178).
77 전영준, 앞의 글, 2017, 128쪽.
78 김봉옥, 『제주통사』, 제주발전연구원, 2013, 45-46쪽.
79 전영준, 앞의 글, 2017, 129쪽.

上 仁勇副尉 中連珍直 등이 방물을 바친 예를 제외하면 1105년(숙종 10)[80] 이후에는 나타나지 않는다. 이때부터 탐라는 고려의 지방으로 편입되어 歲貢을 납부하였고, 이로 인한 경제적 폐해와 사회적 혼란이 증가하기 시작하였다.[81] 이후 1168년(의종 22)에 耽羅安撫使 趙冬曦가 파견되어 良守의 난을 진압하면서부터는[82] 탐라는 半독립국의 지위를 상실하게 되었다. 또, 1202년(신종 5) 10월에 탐라에서 煩石과 煩守의 난이 일어나자 안무사의 파견으로 진압되었지만, 탐라의 저항운동은 중앙정부로 하여금 탐라정책의 再考를 가져오는 계기가 되었다. 그리하여 1220년(고종 7) 3월에 탐라현을 탐라군으로 회복시키고 지방정부로 격상하는 조치를 취하고자 하였다. 이것은 濟州라는 공식 명칭이 1229년(고종 16) 2월에 보인다는 점[83]에서 1220년과 1229년 사이에 탐라를 제주로 격상시키고 고려의 지방으로 완전하게 편제함으로써 중앙에서 이탈하는 분리운동의 여지를 없애려 했던 것으로 생각된다. 이러한 점에서 고려는 건국 직후부터 북방의 蕃國과 탐라에 대한 영향력을 강화하기 위해 기미주의 설치와 기미지배를 운용하여 주변국들의 동화를 끌어내려는 적극적인 정책을 시행하였다.

IV. 맺음말

동북아시아의 국가들이 추구했던 종주국 천하관은 고려의 정치적·대외적 관계에 지대한 영향을 미쳤다. 고려는 후삼국 통일 후 줄어든 인구를 확

---

80 『高麗史』卷57, 地理 2, 全羅道, 珍島縣 耽羅縣. "肅宗十年, 改乇羅, 爲耽羅郡."
81 김보광, 앞의 글, 2018, 292-294쪽.
82 전영준, 위의 글, 2017, 111-140쪽.
83 『高麗史』卷22, 世家22, 고종 16년 2월 26일. "乙丑 宋商都綱金仁美等二人, 偕濟州飄風民梁用才等二十八人來."

충하고 국가의 면모를 일신하고자 하였다. 그래서 내부적으로는 중앙집권을 강화하고 외부적으로는 기미주의 설치와 운용을 통한 이민족의 내투나 귀화를 적극적으로 추진하였다. 또 주변국에 대한 고려의 영향력을 강화하기 위한 팔관회의 개최 등을 통하여 기미지배 방식을 투영하고자 하였다.

그에 따라 925년부터 시작된 발해난민의 수용은 934년 발해의 세자 대광현의 망명으로 정점을 이루었다. 아울러 동-서여진인의 수용을 위한 기미주의 설치는 국경의 수비를 강화하면서도 영역의 확장을 꾀하는 정책이었다. 특히 번국의 내투를 유도하기 위한 무산계의 작위를 내리거나 賜姓 名이나 직첩의 수여는 수많은 번국인의 내투를 가져왔다. 그리고 고려의 영역으로 받아들인 이들에 대한 경제적·사회적 처우 개선은 고려인의 정체성을 각인시키는 장치가 아니었을까 한다. 또 戶籍 編成을 통한 이민족 동화정책은 고려의 편호제도를 적극 활용하였고, 투화한 이들의 능력을 파악한 후 전시과 내에 편제하기도 하였다.

한편, 고려와 탐라는 동북아시아의 질서로 알려진 조공-책봉의 관계로 설정되어 상당기간 존속되었다고 할 수 있다. 925년에 발해난민의 망명이 시작될 때 탐라는 고려 태조에게 방물을 바치면서 외교관계가 형성되었다. 백제 멸망 이후 고려의 영향력 내에 포함될 수밖에 없었던 당시의 현실에서 탐라의 고려 접촉은 불가피한 선택이었다. 여기에 고려 또한 북방 이민족의 내투를 강화하고자 하였던 기미주의 운용을 적용하여 탐라국에 대해서도 蕃土의 개념을 적용한 기미지배를 강화하였던 것으로 보인다. 탐라는 팔관회 참가 때 방물 진헌을 비롯하여 부정기적인 세공을 제공함으로써 정체성과 자주권을 보장받았으며, 고려는 10~12세기까지 탐라를 외국으로 인식하여 진헌품에 대한 회사품의 절차를 통하여 탐라를 고려의 정치적 영향권 내에 두고자 하였다.

의종 때의 마지막 방물 진헌 기록을 끝으로 탐라 내의 정치적 역학관계와 고려 정부로부터 받은 차별로 민란이 자주 발생하자 고려는 탐라에 대한 정책을 수정하기에 이르렀다. 12세기 초 설정된 縣에서 郡 및 州로 승격시킴으로써 분리운동을 통한 독립의 의지를 상쇄시키고자 하였다. 이와 같이 고려는 건국 직후부터 북방의 여러 민족에 대한 기미주 설치와 운용 및 탐라에 대한 기미지배를 통하여 주변국들의 움직임에 적극적으로 대응하고 있었다.

(전영준)

조선전기 제주도 출륙 포작인,
문명 전환기의 遺民 혹은 難民

I. 머리말

조선전기 제주도 역사에서 제주인의 출륙과 그로 인한 流民의 발생은 주요한 연구 주제 중 하나이다. 그래서 관련 연구 성과들이 단행본을 포함하여 몇 편이 발표되었다.[1] 그 연구 성과들을 통해서 제주 유민의 출륙 배경, 생활 방식, 그 성격 등을 이해할 수 있게 되었다. 그런데 기존 연구 성과에도 불구하고 아쉬운 부분이 없는 것은 아니다.

우선 출륙 제주인을 유형별로 구분하여 고찰하려는 문제의식이 비교적 약했다. 지금까지 조선전기 출륙 제주인에 대한 연구는 대개 '포작인'[2]을

---

1 주요한 성과로는 한영국, 「두모악고」, 『한우근박사정년기념사학논총』, 1981; 박찬식, 「제주 해녀의 역사적 고찰」, 『역사민속학회』 19, 2004; 조성윤, 「조선시대 제주도 인구의 변화 추이」, 『탐라문화』 26, 2005; 장혜련, 「조선 중기 제주 유민의 발생과 대책」, 제주대학교 석사논문, 2006; 김나영, 「조선시대 제주지역 포작의 사회적 지위와 직역변동」, 제주대 사학과 석사논문, 2008; 이영권, 『조선시대 해양 유민의 사회사』, 한울, 2013; 송윤철, 「조선시대 제주유민의 발생과 울산지역 '두모악'」, 울산대 석사논문, 2019 등 참조.

2 '포작인'은 말 그대로 '전복을 따는 사람' 나아가서 그 채취한 전복으로 진상하거나 그것으로 생계를 이어가는 사람을 말한다. 조선전기 실록 기록에도 보이고, 조선후기 기록에도 보인다. 본고에서는 조선 전기 출륙 제주인 가운데 바다를 생활 터전으로 삼고 살았던 이들을 '출륙 포작인' 혹은 줄여서 그냥 '포작인'으로

대상으로 삼고 있다. 그런데 제주 유민들 중에는 포작인과는 계열을 달리하는 이들도 있었다. 대개 농업이나 목축업적 기반을 가진 존재들이다.[3] 조선 전기 제주도 유민이라고 하지만 그 내부를 보면 계열이 다른 존재들이 있었으므로 구분하여 고칠힐 필요가 있다. 그렇지 않고 서로 뒤섞어서 분석하게 되면 농업적 기반을 가진 이들의 출륙 배경을 바다를 터전으로 살았던 포작인의 출륙 배경으로 설명하게 되어 어색함을 줄 수 있다. 예컨대 기존 연구에서는 대체로 포작인의 출륙을 다루면서, 그 출륙 배경 중 하나로 의례히 제주의 척박한 자연환경, 빈발하는 자연 재해 등 농업적 환경을 언급하였다. 그런데 과연 이런 농업적 요인들이 바다를 무대로 삼아 살아갔던 포작인의 출륙에 얼마만큼의 영향을 끼쳤을지는 의문이다. 해상 세력으로 볼 수 있는 포작인들에게 농업적 환경 및 그 변동은 출륙의 간접적인 계기가 될 수 있지만, 직접적인 계기가 되기에는 어색함이 있다고 생각한다. 포작인의 출륙 배경은 그들이 살아온 역사적 배경 속에서 추구되어야 할 것이다.

　포작인의 역사적 배경을 살펴보기 위해서는 그들의 기원에 대한 검토가 필요하다. 기존 연구에서는 출륙 포작인의 역사적 중요성을 충분히 인정하면서도 그 기원에 대한 관심은 크지 않았다. 물론 일부 연구에서 다루고 있지만[4] 깊이 있게 고찰하지는 못하였다. 대부분의 기존 연구들은 출륙 포

　표기하고자 한다. 조선전기 실록 기록에 등장하는 '포작인'은 거의 대부분 이들 '출륙 포작인'을 지칭한다. 혹자는 이들을 '海民'으로 부르기도 하였다. 그런데 '해민'이란 용어는 말 그대로 '바닷사람'이라 뜻으로, 포작인의 역사적 성격을 드러내는 데는 한계가 있다.

3　땅에 긴박되어 생활하던 사람이 자연 재해나 전염병 혹은 관리의 침탈 등으로 더 이상 제주도에서 먹고살기 힘들게 되어 제주도를 떠나기로 결심하였을 때, 그가 바닷사람으로 변신하여 배 타고 험한 바다를 헤치며 고기 잡고 미역 따는 일을 생업으로 하였을 가능성은 낮다고 생각한다. 따라서 조선전기 제주도 流民은 크게 바다를 삶의 터전으로 삼았던 사람과 땅을 삶의 터전으로 삼았던 사람으로 구별하여 고찰할 필요가 있다고 생각한다.

4　국내 연구 성과 중에서 포작인의 역사적 기원 혹은 배경에 관심을 가진 연구는

작인에 대한 기록이 등장하는 성종 대 이후 시기에 집중하여 논의를 전개하였다. 이는 현전하는 자료의 한계로 인해서 어쩔 수 없는 측면이 있다. 그렇지만 출륙 이전 제주도에서 포작인들이 어떤 존재였는지, 특히 해상 활동에서 우수한 능력을 지닌 사람들이 어떻게 존재할 수 있었는가 하는 문제는 중요하다. 포작인의 뛰어난 해상 능력에 대해서는 당시 조선 조정에서도 인정하는 바였다. 특히 그들이 타고 다니던 배는 조선 본토의 배보다 뛰어난 능력을 지닌 것으로 평가받았다. 포작인은 어떻게 해서 뛰어난 해상 능력을 지닐 수 있었을까. 이는 그들의 역사적 배경을 검토하는 과정에서, 그들의 기원을 검토하는 과정에서 밝혀질 수 있다고 생각한다. 자료의 한계는 존재하지만, 포작인의 출륙 배경, 그들의 성격 등을 해명하기 위해서는 포작인의 기원에 대한 고찰이 필요하다고 판단하고 있기 때문에 그 작업을 시도해 보려고 한다.

이처럼 기존 연구는 출륙 포작인에 대해 많은 정보를 제공하고 있지만 여전히 미흡한 부분이 없지 않다고 생각한다. 따라서 이 글에서는 우선 조선전기 포작인의 특징을 살펴볼 것이다. 그리고 그러한 특징을 지닌 포작인은 어떤 역사적 경험 속에서 형성되었는지, 그 기원을 살펴보려고 한다. 마지막으로 그러한 기원을 염두에 두면서 조선전기 포작인의 출륙 배경을 지금까지 연구 성과와는 다른 관점에서 논해보고자 한다.

포작인의 기원 등에 대한 필자의 생각을 미리 밝히면 다음과 같다. 제

조성윤, 「제주도 해양 문화 전통의 단절과 계승」, 『탐라문화』 42, 2013이 있다. 포작인의 역사적 기원을 주목한 점은 본고의 문제의식과 비슷하다. 한편 일본인 연구자들의 성과도 있다. 다카하시 기미아키(高橋公明), 「중세 동아세아 해역에서의 해민과 교류」, 『탐라문화』 8, 1989; 高橋公明, 「해역세계 가운데 제주도와 고려」, 『도서문화』 20, 2002 참조. 이 연구 역시 조선전기 포작인의 역사적 기원을 논한다는 점에서는 본고의 문제의식과 통한다. 그런데 포작인의 존재를 왜구와 연결시키려고 하는 부분은 좀더 신중한 검토가 필요해 보인다. 두 연구자가 고려 말까지 탐라의 해양 전통 속에서 조선전기 출륙 포작인의 존재를 이해하려는 시도는 의미있는 문제의식이라고 생각한다.

주도는 탐라국 이래 해상활동이 활발하였고, 특히 원 간섭기에 중국 강남 지역과 직항로를 통해 교류·교역하면서 탐라인의 해상능력은 크게 발전하였다. 그 과정에서 일정하게 해상 세력이 형성되었다고 판단된다. (해상 세력을 형성하고 있었다고 볼 수 있는 근거로는 출륙 포작인 수가 수 천명에 이른다는 기록이다. 이는 해상 활동에 종사하는 탐라인이 매우 많았음을 의미하고 그들이 하나의 세력을 형성하였을 가능성이 매우 높다.) 그런데 조선이 건국하고 海禁 정책을 펼치면서, 탐라의 해상 세력은 위축될 수밖에 없었다. 이제 그들의 활동 무대는 국내로 한정되었다. 주로 물고기를 잡고 해산물을 채취한 후 그것을 육지로 싣고 가서 교역하는 방식으로 활동이 위축된 것이다. 이렇게 되자 탐라의 해상세력은 굳이 제주도 연해에서 해산물을 채취한 후 그것을 육지로 싣고 가서 판매할 이유가 없었다. 육지 연안으로 진출해서 그곳에서 해산물을 채취하여 바로 육지 사람들과 교역하는 것이 훨씬 유리하였다. 이를 알아차린 소수가 먼저 육지 연해로 떠나기 시작하였다. 그리고 차츰 그 방식이 유리하다는 것이 알려지면서 다수의 해상 세력 후손들이 육지 연안으로 떠나게 되면서 조선전기 출륙 포작인의 문제가 발생하였다고 생각한다. 조선전기 출륙 포작인의 기원과 출륙 배경을 이렇게 본다면, 그들은 고려시대까지 이어지던 해양 문명이 조선 건국 이후 海禁 문명으로 바뀌게 되자 그에 적응하는 과정에서 발생한 해양 문명의 遺民 혹은 난민으로 규정할 수 있을 것이다.

II. 포작인의 특징

조선전기 제주도 역사에서 주목할 만한 존재인 포작인, 그들의 기원을 어디에서 찾을 수 있을까. 포작인에 대한 연구는 몇 편 있지만, 그 기원을 자세히 탐구한 성과는 없다고 할 수 있다. 조선전기 포작인의 기원은 조선전기 이전 시기로 거슬러 올라가서 찾아야 할 것이다. 포작인의 기원에 대해서 직접적으로 알려주는 자료를 찾기는 매우 어렵다. 그래서 우선 포작인의 기원을 검토하기에 앞서 조선전기 포작인의 특징을 확인하고, 그러한 특징을 토대로 기원을 추적해 보고자 한다.

조선전기 포작인의 존재를 처음으로 언급한 이는 성종 임금이었다. 신하가 성종에게 보고해서 국왕이 알게 되는 형식이 아니라, '어떤 사람'이 와서 국왕 성종에게 포작인에 대해 말하였고, 그것을 들은 성종이 경상도 관찰사, 좌·우도 병마절도사, 수군절도사에게 포작인과 관련하여 유시하는 내용으로 되어 있다. 성종이 전해들은 포작인에 대한 내용은 그들의 특징들을 잘 포착한 것이었다. 그 내용을 보면 아래와 같다.

> 도내의 사천, 고성, 진주 지방에 제주의 두독야지라고 칭하는 사람들이, 처음에는 두세 척의 배로 오더니 이제는 서른 두 척이 되었습니다. 물가에 의지하여 오두막을 짓고, 의복은 왜인으로 가장하고, 언어는 왜말도 아니고 중국말도 아닙니다. 선체는 왜선보다 더욱 견실해 보이고, 빠르기는 왜선보다 더 합니다. 항상 고기 잡고 미역 따는 것으로 업을 삼습니다. 군현에서도 役을 부과하지 못합니다. 근처에 사는 백성들은 모두 생각하기를, 우리나라 사람을 약탈하는 자가 바로 이 무리들이라고 의심합니다.[5]

위 내용에서 언급된 제주도 출륙 포작인의 특징을 정리하면 다음과 같다. ①포작인의 의복은 왜인과 비슷하다. ②언어는 일본말도 중국말도 아닙니다.[6] ③그들의 배는 왜선보다 더 견실하고 속도도 빨라서 성능이 매우

---

5 『성종실록』 83권, 성종 8년(1477) 8월 5일. 道內泗川固城晋州地面 濟州豆禿也只稱名人 初將二三船出來 今轉爲三十二隻 依岸爲廬 衣服混於倭人 言語非倭非漢 船體視倭尤牢實 而迅疾則過之 恒以釣魚採藿爲業 郡縣亦不能役 近處居民皆以爲掠我國人者疑是此徒.

뛰어나다. ④그들의 생업은 바다에서 고기 잡고 미역 따는 것이다. ⑤포작인이 거처하는 군현에서는 그들에게 역을 부과하지 못하고 있다. ⑥남해 연안 원주민들은 포작인이 자신들을 약탈하는 무리가 아닌지 의심하고 있다. 성종이 언급한 여섯 가지 특징은 포작인의 모습을 잘 드러내고 있다.

성종의 언급한 포작인의 여섯 가지 특징 가운데 둘째와 다섯째를 제외하면 모두 포작인의 해상활동과 관련된 것이다. 포작인들은 왜인과 비슷한 옷을 입고 있었고, 바다를 무대로 생업에 종사하였다. 남해 연안의 주민들은 낯선 포작인들이 자신들을 약탈하는 무리가 아닌지 의심하였다. 그리고 무엇보다 그들이 타고 다니는 배는 왜선보다 견실하고 속도도 빨라서 성능이 매우 뛰어났다. 그리고 처음에는 두세 척의 배로 남해 연안에 출현하였는데, 시간이 흐르자 그 숫자가 서른 두 척에 이르렀다. 서른 두 척이라는 적지 않은 배의 숫자도 주목된다. 이처럼 포작인에 대한 첫 기록에서 주목되는 것은 그들이 해산물 채취로 생업을 삼는다는 것과 그들의 배가 매우 우수한 성능을 지니고 있다는 점, 그리고 서른 척이 넘는 배의 존재에서 알 수 있듯이 그들이 일정하게 집단을 형성하고 있었던 것으로 보인다는 점 등이다.

성종은 포작인이 단순히 해산물을 채취하는 어부인 것처럼 말하였지만 다른 기록은 포작인이 단순한 어부가 아니었음을 보여준다. 1485년에 당시 영사였던 홍응은 직접 연해 제읍의 포작인들을 두루 살펴보았다. 포작인을 직접 관찰한 그에 의하면, 포작인의 사람됨은 날래고 사나웠다. 또 그들의 배는 가볍고 빠르기가 비할 데 없었다. 포작인들은 폭풍과 사나운 파도를 만나도 조금도 두려워하거나 꺼려함이 없었다. 왜적이 포작인을 만나면 오히려 두려워서 피해 달아난다는 것이다. 홍응은 포작선을 직접 관찰

---

6 이는 제주어를 구사하였을 포작인의 언어를 남해 연안 사람들이 알아듣기 어렵고 생소해서 이렇게 표현한 것으로 이해된다.

하였다. 그가 포작선을 살펴보니 큰 돌 수십 개가 배 안에 있었다. 홍응이 돌의 용도를 물어보니, 포작인들의 대답은 왜선을 만났을 때 이 돌을 사용하여 던져서 치면 부서지지 않는 왜선이 없다고 대답하였다.[7]

홍응의 발언을 통해서 보면, 포작인은 단순한 어부가 아니라 매우 용맹스럽고 날랜 존재였음을 알 수 있다. 그들은 심지어 왜적을 만나면 도망쳐서 목숨을 부지하는 것이 아니라, 직접 맞서 싸울 정도로 용맹한 존재였다. 또 그들은 폭풍과 사나운 파도를 만나도 두려워하지 않고 항해를 할 수 있는 뛰어난 항해술도 보유하고 있었다. 홍응의 발언에서 연상되는 포작인의 이미지는 매우 뛰어난 해상 능력을 지닌 존재, 해상활동에 특화된 전문가 집단이라는 것이다. 바다에 나가 고기 잡고 살아가는 순박한 어부의 이미지와는 많이 다르다.

조선정부는 시간이 지나면서 포작인의 뛰어난 해상 능력을 알게 되었다. 출륙 포작인은 쇄환 대상이지만 그들의 능력을 활용하기 위해 쇄환을 거의 하지 않기에 이른다. 포작인의 해상 능력을 이용하고자 하는 조선 정부의 노력과 관련된 기록을 실록에서 찾는 것은 어려운 일이 아니다. 1485년에 이미 포작인을 왜적 방어를 위해 활용하자는 건의가 있었다. 즉 포작인들은 배로 생활하고 있으니 바다를 방어하는 데 이용하면 국가의 이익이라거나, 만일 변방에서 위급한 일이 있으면 이 무리들이 바다에서 쓸 만한 군사가 될 것이라는 언급이 그것이다.[8] 이러한 언급은 이후에도 종종 보인다. 경상도 관찰사는 곤양, 진주, 사천, 고성에 포작인을 나누어 두면 모두 배를 잘 부려서 물결에 달려가는 것이 나는 새와 같으니 그들을 어루만져 편히 살게 하면 급할 때 쓸 수 있다고 하였다. 더 나아가서는 구체적인 계

---

7 『성종실록』 177권, 성종 16년(1485) 4월 12일. 爲人勇悍 其船輕疾無比 雖暴風虐浪 略無畏忌 倭賊遇之 反畏避而去 臣見其船中有大石數十 臣問所用 答云 遇倭船用此石投擊 則無不破碎.
8 『성종실록』 178권, 성종 16년(1485) 윤4월 19일.

획까지 제시하는데, 매년 봄과 가을에 병사와 수사가 삼천진에 모여서 크고 작은 맹선과 포작인 등의 작은 배를 동원하여 水戰을 익히도록 하면 급할 때 도움이 될 수 있다고 하였다.[9]

1497년 무렵이 되면 실제로 포작인이 왜구 搜討 작전에 투입되었다. 전라도 순변사 이계동은 전라도 연해 일대의 왜적을 토벌하는 것과 관련하여 그 계획을 조정에 보고하였다. 그에 의하면 전라 좌·우도 수사와 좌도 병사 등이 함께 작전에 참가하였는데, 순변사 이계동은 전라 좌도 수사와 함께 병선 2척, 포작선 29척 및 돌산 만호가 거느린 작은 배 6척을 통솔하였고 토벌에 동원된 병력을 보면 광양과 순천의 날랜 군사 184명, 수군 112명, 포작인 142명으로 구성되었다.[10]

이 작전에 동원된 선척을 보면 모두 37척 가운데 29척이 포작선이었다. 물론 배의 크기 등을 감안해야 하므로 숫자만으로 포작선의 비중과 중요성을 예단하기는 어렵다. 그렇지만 동원된 선척 중에서 압도적인 다수가 포작선이라는 사실은 주목된다. 그리고 출정한 병사 438명 가운데 포작인이 142명으로 그 비율은 32.4%로 약 1/3을 점하고 있다. 포작인이 중요한 존재였음을 알 수 있다. 이 무렵이 되면 출륙 포작인과 포작선이 조선 수군의 군사 활동에서 일정한 역할을 담당하기 시작하였던 것이다.

1502년에도 왜적 소탕 작전에 포작인이 참가한 사실이 확인된다. 왜적을 죽인 군공을 논하는 자리에서 포작인도 그 대상에 포함되었다. 군공 등급에 따라 포작인에게 논상이 예정되었는데, 논상의 구체적인 내용으로 1등에게는 면포 10필, 2등에게는 6필, 3등에게는 3필을 주자는 의견이 제시되었다. 그러나 채택된 것은 천인 1등에게 면포 10필과 쌀 1석, 2등에게 면포 10필, 3등에게 면포 5필로 상을 주자는 건의였다.[11] 후자의 경우에는

---

9 『성종실록』 197권, 성종 17년(1486) 11월 22일.
10 『연산군일기』 22권, 연산 3년(1497) 3월 28일.
11 『연산군일기』 46권, 연산 8년(1502) 10월 21일.

천인이라고만 되어 있고 포작인이 명기되어 있지 않다. 그러나 전후 맥락을 보면 당시 포작인은 천인에 준하여 논상 받았을 가능성이 높아 보인다. 위 기록은 포작인이 실제 왜적 소탕 작전에 참전하여 공을 세웠음을 보여주고 있어서 주목된다.[12]

국왕 중종이 경상도 병사에게 내린 9개의 방비 방략 가운데 하나에도 포작인을 활용하자는 내용이 있다. 즉 사량도에 변고가 있으면 의령 현감이 본현의 군사를 거느리고 삼천진에 달려가서 사천 현감과 함께 병력을 합세하고 근처 포작선을 많이 모아서 들어가 구원하려는 聲勢를 크게 벌여 성원하라는 것이었다.[13]

왜구 搜討에 포작인이 참전하는 것은 남해안에 한정된 일이 아니었다. 황해도와 충청도에서도 포작인이 동원되었다. 1523년에 왜구가 충청도를 침입하여 논란이 되었다. 대책을 세웠는데 그 하나에 포작인 관련 내용이 들어 있다. 즉 왜적을 수토할 때에 해주, 옹진 연해의 각 고을에 와 살고 있는 포작인 등을 가려 뽑아서 병선 등에 나누어 태우라는 내용이 그것이다.[14] 또 한 달 정도 지난 기록에는 조선 수군이 병선과 포작선 12척을 거느리고 효용군 100여 명을 인솔하여 바다로 들어가 수토하다가 왜적을 만나 패하였다는 내용이 있다.[15] 이는 포작인이 남해 연안뿐 아니라 충청도와 황해도가 있는 서해안까지 진출하였음을 의미하며, 그곳에서도 해상능력을 인정받아 왜구 수토 작전에 동원되었음을 알 수 있다.

1538년 기록에도 '水營 소속 포작한'이란 내용이 나온다. 당시는 제주

---

12 1523년에도 포작인이 왜적 포획에서 공을 세워 군공을 받은 기록이 나온다. 즉 임술년 論兵節目에 수군 포작간 가운데 면포 받기를 원하는 자에게는 그 소원을 들어주었다고 하면서 이에 따라 포작인에게 논공할 것을 청하였고, 국왕은 승낙하였다(『중종실록』 48권, 중종 18년)1523) 7월 7일).
13 『중종실록』 12권, 중종 5년(1510) 8월 20일.
14 『중종실록』 48권, 중종 18년(1523) 5월 28일.
15 『중종실록』 48권, 중종 18년(1523) 6월 26일.

도 출륙 유민이 너무 많아서 그 중 일부를 쇄환하기도 하였다. 포작인도 그 대상에 포함되었는데, 수군 소속 포작인들을 돌려보내면 위급할 때 방비가 소홀해질 수 있다고 하여 포작인의 쇄환을 반대하고 있다.[16] 이 무렵이 되면 출륙 포작인 중 일부는 수군에 소속되어 활동하고 있었음을 확인할 수 있다. 1540년 기록에도 전라우도 수영안에 올라 있는 포작한은 쇄환할 수 없다는 기록이 있다.[17] 시간이 흐르면서 뛰어난 해상 능력을 인정받은 포작인들이 수영에 소속되기도 한 사실, 그런 포작인은 쇄환 대상에서 제외되고 있는 사실들을 확인할 수 있다. 출륙하기 시작해서 70여 년이 지났는데도 포작인이 독자적인 세력을 여전히 유지하고 있는 것을 보면 포작인들은 자신들의 일을 대를 이어서 계승시키고 있었던 사정도 알 수 있다.

출륙 포작인의 뛰어난 해상 능력을 그들이 타고 다닌 배의 성능을 통해서도 확인할 수 있다. 포작선의 뛰어난 성능은 포작인 관련 첫 기록에서부터 등장한다. 성종이 들은 포작인 관련 정보 중에는 그들의 '선체가 왜선보다 더욱 견실하고, 빠르기도 왜선보다 낫다'는 내용이 포함되어 있다.[18] 두 달 정도 후에 병조가 포작인 관련 보고를 하였는데, 그 내용 중에도 포작선에 대한 언급이 있다. 포작인들이 타고 다니는 배가 튼튼하고 치밀하면서 가볍고 날카롭다는 것이다. 이러한 포작선은 왜적을 추포하는 데 아주 편리하다고 보았다. 그래서 포구의 병선을 포작선에 의거하여 만들 것을 청하기까지 하였고, 왕은 병조의 건의를 따랐다.[19]

조선 정부는 왜구 수토와 관련하여 경쾌하고 빠른 왜선을 추적하기 위해서 포작선에 준하는 배를 만들 필요를 절감하고 실제로 그러한 정책을 추진하기도 하였다. 예컨대 1489년에 전라도 절도사는 포작선을 모델로

---

16 『중종실록』 87권, 중종 33년(1538) 2월 11일.
17 『중종실록』 92권, 중종35년(1540) 1월 10일.
18 『성종실록』 83권, 성종 8년(1477) 8월 5일.
19 『성종실록』 85권, 성종 8년1477) 10월 16일.

하여 가벼운 배를 만들 것을 건의하였다. 그 이유는 왜선을 견제하기에 포작선이 적당하였기 때문이다. 당시 왜적들은 도적질할 때 바람이 순하면 돛을 달고, 바람이 없으면 노를 젓고 이동하였다. 특히 바다를 노를 저어서 이동할 수 있는 것은 배가 경쾌하기 때문이었다. 반면 조선 수군의 배 종류에는 왜선을 따라잡을 수 있는 가볍고 빠른 배가 없었다. 이에 절도사는 여러 포구에 있는 포작선의 체제에 의거하여 가벼운 배를 만들어서 예기치 못한 일에 대비할 것을 건의하였던 것이다. 이 건의에 대해 병조는 여러 포구에서 일시에 포작선을 만들면 시끄러워서 폐단이 있을 것을 우려하여, 각 포구의 형세와 선척의 많고 적음을 헤아려 아뢰게 한 뒤에 허락할 것을 아뢰었고, 왕도 승낙하였다.[20]

가볍고 빠른 배가 없었던 조선 수군에서 포작선의 장점에 주목하여 그를 본떠서 작고 빠른 배를 만드는 사업이 추진되었음을 알 수 있다. 전라도 순변사 이계동도 왜적 방비책으로 포작선을 모델로 한 배를 많이 만들어 배치할 것을 건의하였다. 그에 의하면 당시 각 포구의 병선은 질둔하여 바람이 없으면 다니기 어려운 문제가 있었다. 그래서 포작선 모양에 의거하여 배를 많이 만들어서 각 포구에 나누어 배치하여 사용하기에 편리하게 할 것을 요청하였다.[21]

몇 달 후에도 비슷한 건의가 있었다. 장령 강겸은 각 포구에 있는 대맹선은 바탕이 무거워서 역풍을 만나면 가지를 못하니 왜적을 만나도 잡을 수가 없다고 하였다. 그런데 포작선은 가볍고 빨라서 비록 역풍을 만나도 노만 저으면 갈 수 있다는 것이다. 특히 대맹선 한 척을 만들 재목이면 포작선 3-4척을 만들 수 있다고 언급하였다.[22] 대맹선이 80명 정원임을 감안하면 포작선은 20-30명 정도 탈 수 있는 크기의 배였을 것으로 짐작된다.

---

20 『성종실록』235권, 성종 20년(1489) 12월 10일.
21 『연산군일기』23권, 연산 3년(1497) 5월 29일.
22 『연산군일기』26권, 연산 3년(1497) 8월 17일 丙戌.

가볍고 빠른 포작선이 당시 횡행하던 왜적과 왜선을 방어하고 격퇴하는 데 적당하였음을 다시 한 번 알 수 있다.

이후에도 왜적 방어 및 토벌과 관련하여 포작선을 활용하자는 논의는 지속되었다. 1510년에 지중추부사 안침은 왜적을 제어할 방략으로 병선과 관련하여서는 파손되지 않은 병선과 전라 좌우도 병선을 딘춰하고, 아울러 포작선을 초발할 것을 건의하고 있다.[23]

1523년에는 병선 제도에 대해서 국왕 이하 대신들이 의논하였다. 당시 조선에는 대중소의 猛船이 있었고 작고 빠른 비거도선도 있었다. 왜적의 침입을 물리치거나 왜적을 수토할 때 대맹선은 크기가 커서 군인을 많이 실을 수 있었다. 그렇지만 선체가 경쾌하지 못해서 운용에 한계가 있고 속력도 떨어져서 별 도움이 되지 않았다. 오히려 비거도선같이 작고 빠른 배가 유용하였다. 그러나 대맹선은 조운선으로 가치가 있어서 이를 없애기도 어려웠다. 실제로 앞서 이계동의 왜구 수토 때 군관으로 참전하였던 심순경은 대맹선은 선체가 크고 경쾌하지 못하여 위급할 때는 쓸 수 없었고 모두 포작선을 모아 사용하였다고 하여 자신의 경험을 말하고 있다.[24]

이처럼 제주도 출륙 포작인은 15세기 중엽 이후 본토 연해에서 출현하였는데, 그들은 뛰어난 해상 능력을 갖고 있었음을 확인할 수 있다. 해금정책으로 해상 능력이 쇠퇴하고 있던 조선 정부 입장에서 포작인이 갖고 있는 해상 능력, 또 그들이 타고 다니는 배의 성능은 왜적을 수토하는 데 큰 도움이 될 수 있었다. 그래서 포작인과 포작선을 적극 활용하는 모습을 확인할 수 있다. 조전전기 출륙하여 문제가 되던 포작인은 단순한 어부가 아니라 매우 뛰어난 해상 능력을 지닌 존재들이었던 것이다.

---

23 『중종실록』 11권, 중종 5년(1510) 4월 13일 戊戌.
24 『중종실록』 48권, 중종 18년(1523) 6월 26일 乙丑.

Ⅲ. 포작인의 기원

조선전기 포작인은 단순한 어부의 이미지가 아니었다. 그들은 왜구와 맞서 싸우는 것을 두려워하지 않을 정도로 용맹하였다. 또 그들의 배는 왜선보다 더 성능이 뛰어나다는 평가를 받았다. 그래서 그들은 조선의 수군으로 적극 활용되었고, 그들의 배 역시 수군이 참조해야 하는 모델로 인정받았다. 이러한 포작인의 이미지는, 조선후기 과중한 진상 부담과 수령의 탐학으로 피폐한 포작인과는 사뭇 다르다. 이러한 포작인은 어떤 역사적인 과정 속에서 형성되었을까. 그 기원에 대해서 논해보자.

1467년에 처음 기록에 등장하는 포작인의 선조가 조선 건국 이후에 비로소 등장하였다고 보기는 어렵다. 그들은 조선 건국 이전의 역사 속에서 형성된 존재로 파악해야 할 것이다. 포작인의 기원을 고려시대로 거슬러 올라가서 고찰하려는 이유이다. 포작인의 기원을 이해하기 위한 전제조건으로, 전근대 제주도의 경제 환경에 대한 이해가 필요하다. 전근대 제주도는 토질이 척박하여 농업이 극히 불리하여 농업으로는 생계를 이어가기 힘들었다. 대신 제주도는 섬이어서 사면이 바다로 둘러싸여 있으므로 해산물이 상대적으로 풍부하였다. 또 이른바 중산간 지대의 목초지대는 우마 등을 사육하기에 적합하여서 목축업이 발달하였다. 그래서 전근대 제주도민은 대개 해산물과 우마 등을 본토에 내다팔고 곡식 등을 사와서 생활하였다. 이러한 교역은 바다를 건너서 이루어졌으므로 자연스럽게 제주도민은 해상 능력을 발전시킬 수밖에 없었다. 그것은 항해술은 물론 조선업까지 포함하는 것이었다. 요컨대 전근대 제주도는 농업은 극히 부진한 반면 수산업과 목축업 그리고 해운업이 발달하여서 농업의 불리함을 보완할 수 있었다.

이러한 환경적 요인은 고려시대에도 마찬가지였다. 단편적인 기록들이지만 그런 사실을 확인할 수 있다.

탐라는 땅이 척박하고 백성이 빈곤하여 오직 해산물과 배 타는 것으로 집안을 경영하고 생계를 도모하고 있습니다.[25]

위는 1058년 자료인데, 제주도 땅이 척박하여 농업에 불리하여 백성이 빈곤한 점, 그렇지만 해산물과 배 타는 것으로 생계를 유지할 수 있었던 사실을 전하고 있다. 위 기록에는 당시 제주도의 목축업에 대한 언급이 없다. 그렇지만 다른 자료를 보면 원 간섭기 탐라에 국영 목마장이 설치되기 이전에도 제주도 말은 꽤 유명하였음을 할 수 있다.

제주 貢馬 및 최의가 기르던 호마를 문무 4품 이상에게 나누어 주었다.[26]
제주 貢馬를 동서 4품 이상에게 하사하였다.[27]

위 기록은 1258년과 1260년 기록으로 원 간섭기 이전이다. 두 기록에 의하면 제주도는 貢馬, 즉 말을 고려 정부에 바친 사실이 있다. 국왕은 그 말들을 4품 이상의 고관들에게 나누어주었다. 이를 보면 원 간섭기 이전에도 제주도는 말 사육이 이루어져서 목축업이 일정하게 발전하였음을 알 수 있다. 또 공납된 제주 말이 고관에게 하사된 것을 보면 그 말의 자질도 우수하였다고 할 수 있다.

원 간섭기 이전에도 제주도민은 일정한 해상능력을 보유하고 있었다. 이를 뒷받침하는 자료들은 대개 배 건조와 관련된 것들이다.

탐라인이 와서 큰 배 두 척을 바쳤다.[28]

---

25 『고려사』 세가8, 문종 12년(1058) 8월 7일. "耽羅地瘠民貧 惟以海産 乘木道 經紀謀生."
26 『고려사』 세가24, 고종 45년(1258) 5월 13일.
27 『고려사』 세가25, 원종 원년(1260) 7월 9일.

왕(문종)이 탐라와 영암의 목재를 베어 큰 배를 만들어 장차 송과 통하려고 하였다. … 지난 해 가을에는 목재를 베어 바다 건너 사찰을 새로 창건하여 피로가 이미 쌓여 있으므로, 지금 또 이 일로 거듭 괴롭히면 다른 변이 생길까 두렵습니다.[29]

만일 탐라에 이미 전함 건조의 일을 맡겼다면 번거롭게 다시 맡기지는 말 것이나, 아직 일을 맡기지 않았으면 즉시 별도로 1백 척을 건조하도록 하라.[30]

(원나라 중서성에서 지시하기를) 큰 배 3백 척을 전라도와 탐라 두 곳에서 건조하라.[31]

네 개의 자료는 탐라에서 큰 배를 건조한 사실을 전하고 있다. 1012년에 이미 큰 배 두 척을 고려에 바쳤다. 1058년에는 송과 통할 수 있는, 즉 송을 오갈 수 있는 배를 만드는데 탐라의 목재를 활용하려고 하였다. 탐라의 목재로 원양 항해를 할 수 있는 배를 만들 수 있었다. 이 기록에는 그러한 국제 무역선을 제주도민이 만들었는지는 명확하지 않다. 그런데 앞 자료에서 이미 큰 배 두 척을 바친 일이 있었기에 이와 연계해서 보면 당시 탐라인이 배를 만들기 위한 목재만 공급하지 않고 직접 그러한 배를 만들었을 가능성도 높다고 본다.

2백여 년 정도가 흐른 1260-70년대가 되면 제주도인의 조선술은 더욱 발전한 것으로 확인된다. 몽골은 제주도를 남송과 일본 정벌을 위한 전진기지로 상정하고, 관련 준비를 하면서 제주도에 1백 척 혹은 그 이상의 배를 건조할 것을 지시한 적이 있다. 이 배는 당연히 일본 정벌에 동원될 배

---

28 『고려사』 세가4, 현종 3년(1012) 8월 7일.
29 『고려사』 세가8, 문종 12년(1058) 8월 7일. "王欲於耽羅及靈巖, 伐材造大船, 將通於宋 … 往年秋, 伐材過海, 新創佛寺, 勞弊已多, 今又重困, 恐生他變."
30 『고려서』 세가26, 원종 9년(1268) 10월 13일.
31 『고려서』 세가 27, 원종 15년(1274) 2월 17일. "大船三百隻, 令就全羅·耽羅兩處打造."

이므로, 원양 항해가 가능한 큰 배임은 의심의 여지가 없다. 이처럼 제주도인은 일본이나 중국으로 항해할 수 있는 선박 건조 기술을 11세기에 이미 확보하고 있었고, 13세기에는 1백여 척 이상을 건조할 수도 있었다. 당시 제주도인의 해상능력은 생각보다 높은 수준이었다고 생각된다.

당시 제주도는 송나라 상인과 일본인이 무시로 왕래하는 곳이었다는 기록도 있다.

> 제주 부사 나득황으로 방호사를 겸직하게 하였다. 조정에서 의논하기를 제주는 바다 바깥에 있는 큰 진이므로 송 상인과 섬나라 왜인이 무시로 왕래하기 때문에 특별히 방호별감을 파견하여 비상시를 대비해야 한다고 하였다.[32]

13세기 중엽 제주도인은 꽤 우수한 해상능력을 갖추고 있었고, 제주도 자체는 거진으로 송나라 상인과 섬나라 왜인이 무시로 왕래하는 곳이었다. 이처럼 13세기까지 탐라는 일정한 수준의 해상 활동 능력을 갖고 있었음이 분명하다. 그러나 그것이 세계적인 수준이었다고 말하기에는 한계가 있다. 그런데 탐라인들이 목축업과 해상 능력을 세계적인 수준으로 발전시킬 수 있는 기회를 맞게 되었다. 그것은 바로 14세기의 일이었다.

원 간섭기 제주도는 원제국의 14개 국영 목장 중 하나가 설치되면서 말 공급지로서 명성을 확고히 하게 된다. 원 간섭기 목축업의 발전에 대해서는 이미 많은 연구 성과가 있다. 그것을 간략히 요약하면 다음과 같다.

원 간섭기는 비록 식민지였지만 14세기 이후는 경제적으로는 이전보다 번성한 것으로 이해되고 있다.[33] 탐라가 세계사적인 주목을 받게 된 것은 쿠빌라이가 일본 정벌을 위한 전진기지로 탐라를 중시하면서부터이다. 그

---

32 『고려사』 세가25, 원종 원년(1260) 2월 2일. "以濟州副使判禮賓省事羅得璜, 兼防護使. 朝議濟州, 海外巨鎭, 宋商島倭, 無時往來, 宜特遣防護別監, 以備非常."
33 김일우, 『고려시대 탐라사 연구』, 신서원, 2000, 279·336쪽.

는 일본 정벌에 필요한 병선과 말 등을 조달하기 위한 배급지로 탐라를 주목하였다. 특히 군마 조달과 관련하여서 원 세조는 1276년에 직접 164필의 말을 탐라에 보내 사육하도록 하였다.[34] 그 164필이 번식시킨 말들은 전적으로 일본 정벌을 위한 군마로 사육되었다. 때문에 일본 정벌이 추진되는 기간에는 그 말들이 탐라 외부로 반출되지 않았다. 쿠빌라이가 생존해 있던 시기에는 탐라 말이 외부로 반출된 기록이 없는 것은 이러한 맥락에서 이해할 수 있다. 그리고 원 세조 생존 시기에는 탐라가 군사 기지로서 역할이 부과되었기 때문에 제주도인은 전쟁 준비를 위해서 많은 고초를 겪었음은 말할 것도 없다.

그런데 1294년에 원 세조가 사망하면서 획기적인 변화가 있게 된다. 쿠빌라이를 이어 황제에 오른 이들은 일본 정벌에 관심이 없었다. 뿐만 아니라 일본 정벌을 폐기하면서 탐라에 대한 관심도 일시 거두었던 것 같다. 그러한 사정을 간파한 충렬왕은 탐라를 고려에 돌려줄 것을 요청하였다. 탐라에서 사육된 말들의 경제적 가치를 미처 이해하지 못한 원에서는 탐라를 고려에 돌려주었다. 그런데 원나라가 군사기지가 아닌 목마장으로서 탐라의 가치를 인지하는 데는 오랜 시간이 걸리지 않았다. 탐라에 쿠빌라이가 키워놓은 우수한 말들이 많이 있었다. 원나라는 그 말들이 고려에 귀속되는 것을 방관하지 않았다. 그래서 탐라를 고려로 넘겨주고 몇 년 후에 다시 탐라를 원의 직할령으로 삼았다. 이때 탐라를 직할령을 삼은 것은 군사적인 목적이 아니라 탐라의 우수한 말을 차지하기 위한 경제적 목적 때문이었다.

탐라 말의 반출은 쿠빌라이 사망 직후부터 시작되었다. 그리고 그것은 매해 끊임없이 지속되었다.

---

34 『고려사』 세가28, 충렬왕 2년(1276) 8월 25일. "元遣塔剌赤, 爲耽羅達魯花赤, 以馬百六十匹來牧."

탐라 왕자 문창유, 성주 고인단에게 홍정, 아홀, 모자, 양산, 신발을 각 하나씩 하사하였다. 탐라가 이제 우리에게 귀속되었기에 이를 하사하였다. 그러나 원에게 말을 진상하는 일은 끊인 적이 없었다.[35]

위 기록은 쿠빌라이 사후 원 조정에서 탐라 말의 가치를 미처 인식하지 못해서, 탐라를 고려로 돌려주자 이에 충렬왕이 그 기념으로 탐라 성주와 왕자에게 선물을 하사한 내용을 담고 있다. 그러면서 말미에 비록 탐라가 고려에 다시 복속되었지만, 원에게 말 진상은 끊이지 않고 지속되었음을 적고 있다. 이 기사를 통해서 1294년 이래 원이 멸망할 때까지 탐라 말이 끊임없이 원나라로 진상되었음을 알 수 있다.

다만 이후 탐라 말이 원으로 보내진 기록은 매우 드문데 이는 탐라가 원의 직할지였고 그런 만큼 탐라 말의 진상은 지방에서 공물을 바치는 것과 같다고 볼 수 있기 때문에 그것을 일일이 기록하지 않았던 것으로 이해할 수 있다.[36] 이런 연유에서 탐라 말이 원으로 반출된 기록이 거의 남지 않게 된 것으로 이해된다.

14세기에 탐라 말이 매년 끊임없이 원나라로 보내진 사실은 확인되었는데, 그렇다면 누가 어떤 경로를 이용하여 그 말들을 원나라로 싣고 갔을까. 몇 가지 경로를 생각해 볼 수 있다. 남해안으로 말을 싣고 가서 육로로 원에 보내는 방법, 남해안 및 서해안을 따라 북상하다가 산동 반도로 건너가는 방법, 제주도에서 직접 중국 강남으로 보내는 방법 등이 그것이다. 이 세 가지 방법 가운데 마지막 세 번째 방법으로 말을 보냈다는 기록이 남아

---

35 『고려사』世家31, 충렬왕 20년(1294) 11월 4일. "賜耽羅王子文昌裕 星主高仁旦 紅鞓・牙笏・帽・盖・靴 各一事. 耽羅今歸于我 故有是賜 然進馬于元不絕."

36 탐라가 고려의 한 군현으로 편입되기 이전에는 탐라에서 고려에 방물을 바친 기록이 고려사에 빈번하게 기록되어 있지만, 편입 이후 방물이 아니라 공물 즉 조세의 형태를 띠게 되면서 그와 관련된 기록이 거의 등장하지 않는 것과 비슷한 이유라고 생각된다.

있다. 1372년의 '김갑우 사건'을 다룬 기록이 그것이다.[37]

김갑우는 제주마 50필을 명나라 조정 바치는 임무를 부여받은 헌마사로 임명되었다. 그런데 명에 도착한 김갑우가 말 한 필을 개인적으로 매매하여 조선과 명 조정 간에 큰 문제를 일으켰다. 이 사건을 조사하는 과정에서 김갑우가 말 50필을 중국 강남으로 운송한 경로가 나온다. 김갑우는 8월 24일에 배에 말을 싣고 제주 명월포를 출항하였고, 9월 10일에 명의 명주부 정해현에 도착하였다. 명주는 원나라에서 최대 무역항 중 하나로 강남에 위치하였다. 이를 보면 김갑우 일행은 제주도에서 중국 강남으로 바로 항해한 것으로 보인다. 이는 당시 제주도와 중국 강남 사이에 직항로가 이용되고 있었음을 보여주는 사례이다. 김갑우 사건은 원이 망한 이후 일어났지만, 공민왕 대에 제주도와 중국 강남 사이에 직항로가 갑자기 개설되었다고 보기는 어렵다. 그 이전부터 있었던 직항로를 김갑우가 이용한 것으로 봐야 할 것이다. 그렇다면 원 간섭기에 제주도에서 중국 강남으로 바로 가는 직항로가 존재하였던 것이다.

당시 직항로의 존재는 후대의 기록들에 의해서도 뒷받침된다.

> 제주 서남쪽 백해가 있다는 말도 흥미롭다. … 나는 권산 등에게 말하기를, "고려 때 너희 제주가 원에 조공할 때 명월포에서 순풍을 만나 직항로로 7일만에 백해를 지나 대양을 건넜는데, 지금 우리가 표류하는 길이 직항로인지 옆길인지 알 수가 없다. 다행히 백해 가운데로 들어갈 수 있다면 분명히 중국의 경계에 가까워질 것이다."라고 했다.[38]

위 인용문은 최부가 조난당한 후 대양을 표류하다 백해에 이르렀을 때

---

37 김갑우 사건에 대해서는 고창석, 「헌마 사신 김갑우의 단죄 사건」, 『제주도사연구』 3, 1996.
38 崔溥, 『漂海錄』.

의 상황을 기록한 것이다. 최부는 고려 때 제주가 원에 조공할 때 명월포에서 순풍을 만나면 직항로 7일만에 백해를 지나 대양을 건넜다고 말하고 있다. 최부는 분명하게 원 간섭기에 제주도 사람들이 대해를 바로 건너 중국 강남으로 갔던 사실을 기록하고 있다. 그리고 중국 강남으로 바로 건너간 목적이 조공하기 위함이었음도 밝히고 있다.

최부의 『표해록』 이외에도 원 간섭기에 제주도에서 중국 강남으로 바로 가는 직항로의 존재를 보여주는 기록들이 『동국여지승람』에 전한다.

> 西林浦. 현 서쪽 12리에 있다. 원에 조공을 바칠 때에 바람을 기다리던 곳이다.[39]
>
> 홍로천. 현 서쪽 65리에 있다. 세속에 전하기를 '탐라에서 원에 조공을 바칠 때에 바람을 기다리던 곳이다.'라고 한다.[40]

『동국여지승람』도 비록 15세기에 간행된 것으로 원 간섭기와는 시간적 거리가 있지만, 모슬포 근처의 서림포와 홍로천에 대해서 원 간섭기에 조공을 바치기 위한 배가 출항하던 곳임을 기록하고 있다.[41]

이상의 검토를 통해서 원 간섭기에 제주도에서 중국 강남 지역으로 바로 가는 직항로가 운영되었음을 확인할 수 있다. 그렇다면 그 직항로를 이용하여 백해를 건너 제주와 중국을 오간 사람들은 누구였을까? 최부의 언급에서도 알 수 있듯이, 그 주체는 바로 탐라 사람들이었다. 탐라인들은 늦어도 14세기에는 백해를 바로 건너 중국 강남에 갈 수 있는 해상능력을 갖

---

39 『동국여지승람』 전라도 대정현.
40 『동국여지승람』 전라도 정의현.
41 이 외에도 구전에 의거해 볼 때 대평과 강정 포구도 중국 강남으로 가는 배편이 출항하던 항구로 이용되었을 가능성이 매우 높다. 이들 지역이 제주도 서남쪽에 위치하고 있음은 결코 우연이 아니다.

고 있었다. 그 해상능력은 조선술과 항해술 등을 포괄하는 것이다. 그렇다면 당시 탐라 사람들은 매우 높은 수준의 해상 능력을 보유하고 있었다고 보아도 무리는 아닐 것이다. 이러한 능력은 갑자기 성취된 것은 아니다. 앞서 보았듯이, 원 간섭기 이전부터 축적된 역사적 경험이란 토대 위에서 가능하였다고 할 수 있다.

그렇다면 당시 실제 중국 강남을 오고간 사람들의 구체적인 모습은 어떠했을까. 이에 대한 사실을 전해주는 문헌 기록은 없다. 탐라인은 자신들의 역사를 기록으로 남기지 않았다. 그러나 탐라인은 글로 경험을 전하지는 못했지만 입에서 입으로, 즉 구전을 통해서 자신들의 경험을 전하는 데는 능숙하였다. 제주도가 일만팔천 신들의 고향이고 수다한 전설의 고향이 된 것은 탐라인들이 자신의 경험을 글이 아닌 구전으로 후세에 남긴 덕분이다.

그 많은 전설들 중에는 원 간섭기에 탐라인의 해상 활동 모습을 전하는 것들이 있다. 전설을 역사 자료로 활용하는 것에 대해서 이의제기가 있을 수 있지만, 관련 기록이 매우 부족한 상황에서 전설을 통해서라 그 일면을 추적해하는 작업이 의미가 없다고는 생각하지 않는다.

이어도 전설 속에는 원 간섭기에 활동했던 제주도 행상 세력의 일면이 남아 있다. 일제강점기 일본인 다카하시 토오루[高橋亨]는 잡지 『朝鮮』에 「民謠에 나타난 濟州女性 – '이허도(離虛島)' 전설」라는 글을 게재하였는데 그 일부 내용을 보면 다음과 같다.[42]

옛날 고려시대 충렬왕 3년 원나라의 지배를 받아 목관이 내려와 통치하기 시작한 때부터 원나라 말기까지 제주는 매년 공물을 보내지 않으면 안 되었다.

---

42 高橋亨, 「民謠에 나타난 제주여성 – '이허도(離虛島)' 전설」, 『朝鮮』212號, 1933. (제주시 우당도서관 편, 『제주도의 옛 紀錄 – 1878~1940년』, 1997, 141-142쪽에서 인용).

이 공물선은 북쪽 산동으로 가기 위해 섬의 서북쪽 모슬포에서 준비하여 출항했다. 언제부터인지 모르지만 대정에 강씨라고 하는 해상운송업의 거간인 長子가 있어서 이 공물선의 근거지를 이루고, 그때마다 수척의 큰 배가 공물을 만재하여 황해를 가로질러 출항했다. 그런데 이들 공물선은 끝내 돌아오지 않았다. 강씨에게는 늙은 부인이 있었다. 그녀는 슬픔은 이기지 못하고 '아아, 이허도야 이허도'로 시작하고 끝나는 노래를 짓고 이를 불렀다. 적어도 내 남편이 이허도까지만 가고 왔으면 하는 의미이다. 그 곡조는 처참하도록 슬펐다. 따라서 같은 처지의 대정 과부들이 이것을 듣고 모두 동조했다. 다른 부인네들도 동정하여 동조했다. 이렇게 해서 섬 전체로 퍼져갔다. 중국과의 교류가 끝나도 뱃사람이 많은 섬의 부녀자들은 역시 이 노래에 공명한다. 이렇게 해서 본디 의미는 이미 잊혀져버린 오늘날에 이르기까지 '이어도야 이어도'는 그네들 노래의 서두로, 끝맺음으로서 불리고 있다.[43]

위 기록은 1930년대 제주도 모슬포 지역에서 채록된 이어도 관련 전설이다. 흥미로운 점은 전설은 원 간섭기 충렬왕 대를 시대적 배경으로 하고 있다는 것이다. 1930년대 채록이니 어떤 목적을 갖고 전설을 가공하였을 가능성은 거의 없다. 즉 위 기록은 아주 오래전부터 그 지역에서 입에서 입으로 전해져 온 것이며, 그 내용은 어떤 역사적 경험을 기반으로 하였음을 짐작케 한다. 위 기록에서 우리의 관심을 끄는 내용은 강씨라고 하는 해상운송업자의 존재, 또 그가 수척의 큰 배에 공물을 가득 싣고 중국으로 출항한 사실 등이다. 이를 통해서 강씨로 대표되는 공물 납부의 중심인물이 있고, 그가 주도하여 한 척이 아닌 수 척의 큰 배가 함께 백해를 횡단하여 중국 강남 지역을 오가던 모습을 떠올릴 수 있다. 수 척의 큰 배에는 꽤 많은 사람들이 타고 있었을 것이다. 이런 추론은 후반부에 나오는 대목,

---

[43] 고충석 외, 『이어도 깊이 읽기』, 도서출판 인간사랑, 2016, 273-274쪽.

즉 '같은 처지의 대정 과부들'이라는 표현에 의해서 뒷받침될 것이다. 전설을 통해서 우리는 원 간섭기 대정 지역에는 강씨와 같이 해상 운송업에 종사하는 다수의 사람들이 활동하고 있었던 사실을 추론할 수 있다.

또 다른 기록도 있다.

옛날 조천리에는 고동지라는 사나이가 살고 있었는데, 어느 해에는 중국으로 국마 진상을 가게 되었다. 그날따라 바람 한 점 없이 바다는 잔잔하여 고동지는 동료 배들과 함께 말을 잔뜩 싣고 순풍에 돛을 달아 배는 조천포구 수진개를 떠나게 되었다. 그런데 배가 수평선에 이르렀을 때 갑자기 폭풍이 불어 닥쳐 배는 나무 조각처럼 흔들리며 표류하기 시작하였다. 몇날 며칠을 표류했던지 마침내는 한 섬에 표착하게 되었는데, 이때 고동지는 동료들을 모두 잃고 자기만 살아났다는 것을 알게 되었으며, 표류하여 도착한 땅은 '이어도'라는 것도 알 수 있었다. … 그 후 고동지는 뜻밖에 중국 상선을 만나 그 배의 도움으로 귀향하게 되었다.[44]

위 전설을 통해서도 국마 진상을 위해 배를 타고 떠나던 당시 제주도 사람들의 모습을 확인할 수 있다. 고동지가 중국을 떠날 때도 여러 척의 배가 함께 출항하였다. 그리고 그 배들에는 말들이 가득 실려 있었다. 폭풍을 만난 난파당한 고동지는 중국 상선의 도움으로 귀향할 수 있었고 하니, 당시 제주도인들이 활용한 항로에는 중국인 상선도 왕래하였음을 알 수 있다.

이상의 검토를 통해서 14세기 제주도 사람들 중에는 큰 배에 말들을 가득 싣고 대해를 건너 중국으로 오갈 수 있는 능력을 지닌 사람들이 다수 존재한 사실을 확인할 수 있다. 그들은 공물 진상을 위해 매년 끊임없이 대해를 건너야 했기 때문에 해상 운송업에 종사하는 이들은 꽤 많았을 것

---

44 고충석 외, 위의 책, 274-276쪽에서 재인용.

이다. 그리고 그들은 일정하게 세력을 형성하고 있었을 가능성도 매우 높다고 하겠다. 그들 해상 집단은 큰 배를 건조할 수 있었을 뿐 아니라, 짧게는 일주일, 길면 보름 정도의 원양 항해를 심상하게 할 수 있는 항해술도 갖고 있었다. 이는 당시로서는 매우 높은 수준의 해상능력이었다. 이렇게 보면 이14세기에 탐라에는 해양 문명 시대에 백해를 종횡으로 항해하던, 고도의 해상능력을 소유한 해상 집단이 형성되어 있었다고 할 수 있다. 그들이 바로 조선전기 포작인의 기원이면서 선조라고 생각한다.

Ⅳ. 포작인의 출륙 배경

조선전기에 포작인은 왜 제주도를 떠나 본토로 옮겨갔을까. 포작인의 출륙 배경에 대해서는 기존 연구에서 다룬 바가 있다. 우선 정치적 배경, 사회경제적 배경으로 나눠서 살펴본 연구가 있다.[45] 정치적 배경으로는 조선 정부의 중앙집권 정책이 강화되는 과정에서 제주도 정치구조는 수령과 토관이 지배하는 체제가 성립되었고, 이후 이러한 이중적인 지배구조체제에서 이중의 수탈과 착취를 당한 제주도민들은 그것을 견디지 못하고 제주를 떠나 유민이 될 수밖에 없었다고 보았다. 대외적으로 왜구의 침입도 포작인의 출륙 배경으로 꼽았다. 태종 초기에 왜구가 직접 제주도를 침입한 사실, 16세기 삼포왜란, 을묘왜변 등을 왜구 침입의 사례로 제시하고 있다. 사회경제적 배경으로는 빈발하는 자연재해와 수취체제 운영과정에서 공물과 진상에 따른 과도한 노역 징발 그리고 수령들의 탐학이 가중되자 살기 힘들어진 제주도민들이 출륙을 하게 되었다고 보았다. 또 다른 연구도 포작인의 출륙 배경에 대해서 비슷하게 다루었다.[46] 제주도민들에게 부과되

---

45 장혜련, 「조선 중기 제주 유민」, 제주대 사학과 석사논문, 2006

었던 과중한 부역과 조세, 가혹한 착취와 수탈로 인해 포작인들은 결국 바다를 유랑했으며 혹은 내지 해안에 정착하기도 한 것으로 보았다. 사회경제적 배경으로는 제주도의 열악한 자연환경, 빈발하는 자연재해, 열악한 자연조건, 중앙관리와 토호의 수탈, 공물 진상의 과중한 부담, 관리들의 포작인 수탈 등을 거론하고 있다.

기존 연구에서 포작인의 출륙 배경으로 언급한 내용들이 과연 포작인 출륙의 직접적인 배경으로 적절한지 재고의 여지가 있다고 생각한다. 우선 제주도의 척박한 농업 환경, 빈발하는 자연재해는 전근대 제주도의 일반적인 특징이라고 할 수 있다. 포작인의 출륙 배경으로는 너무 포괄적이라는 인상을 지울 수 없다. 그리고 이 둘은 대개 농업과 관련된 요인으로 해상 세력이었던 포작인의 출륙 이유를 설명하는 데는 어색함이 없지 않다.

둘째, 과중한 진상 부담과 관리·토호의 탐학 문제인데, 이 두 문제가 15세기 그렇게 심각하였는지도 다시 살펴볼 필요가 있다. 사실 기존 연구에서 위 두 문제와 관련해서 제시하고 있는 사료들은 대개 16세기 이후의 것들이다. 16세기 이후의 자료를 갖고 15세기 제주도 상황을 유추하는 방식은 신중해야 한다. 조선전기라고 해도, 대개 30년 혹은 50년 단위로, 더 세부적으로는 왕대별로 정치와 사회의 분위기가 다른 경우가 많다. 따라서 15세기 제주도 사회 상황을 16세기 이후 자료로 판단할 경우 사실과 다를 가능성이 있다. 따라서 다른 시기 자료를 활용한 검토는 관련 자료가 없는 경우에 한해 제한적으로 이루어져야 할 것이다. 태조-세종-세조-성종으로 이어지던 15세기 조선 사회는 조선왕조 500년의 역사에서 그나마 정치 기강이 잡혀 있어서 관리의 탐학 등이 적절하게 제어되던 시기로 볼 수 있다. 그러다 연산군 시기를 지나면서 정치 기강이 해이해지기 시작하면서 지방관을

---

46 김나영, 「조선시대 제주도 포작의 사회적 지위와 직역 변동」, 제주대 사학과 석사논문, 2008.

적절하게 통제하지 못하게 되어 탐학을 일삼는 지방관이 나오게 된다.

그리고 과중한 진상 부담 문제도 재고의 여지가 있다. 15세기 제주도 자료에는 진상 등이 심각한 문제로 제기되지 않기 때문이다. 진상 등의 문제도 16세기 이후 본격적으로 심각해진다고 할 수 있다. 그런데 기록에 의하면 포작인은 1467년부터 출륙하기 시작하였고[47] 성종대에 포작인 관련 논의가 집중적으로 이루어진다. 15세기 중엽부터 출륙이 시작되었는데 그 배경으로 과중한 부담과 수탈을 언급하는 것은 설득력이 떨어진다고 생각한다. 따라서 관리의 탐학이라든가 과중한 진상 부담 등이 포작인의 출륙 배경이 전혀 아니라고는 할 수 없겠지만, 그것은 제한적으로만 영향을 끼쳤다고 보아야 할 것이다.

한편 다른 연구는 기존 연구와 달리 여말선초 변동을 염두에 두면서 포작인의 출륙 배경을 검토하고 있어서 진일보한 문제의식을 확인할 수 있다.[48] 물론 이 연구도 토지 척박이라든가, 자연재해, 과다 수취 등도 출륙 배경으로 언급하여 이전 연구와 비슷한 입장을 취하면서도 거기에서 한 걸음 더 나아가서 여말선초에 있었던 제주도의 경제 변화로 인해 제주도 경제의 기반이 붕괴된 사정이 출륙의 핵심적인 배경으로 지적하고 있다.

그 연구는 원 간섭기 말 산업으로 번성했던 제주도 경제가 조선에 들어와서 말 사교역이 금지당하면서 경제 기반이 붕괴된 것으로 이해하였다. 유민의 출륙 배경을 출륙 이전 시기에서 찾은 것은 이전 연구에서 없던 시도로 올바른 관점이라고 할 수 있다. 다만 농업이나 목축업에 종사하던 사람들의 출륙 배경으로는 말 산업 위기가 적절하겠지만, 포작인에 한정해서 보면 약간 초점이 벗어나 있다고 생각한다. 포작인은 제주도 유민의 일부이기는 하지만, 해상 활동에 특화된 존재들이었다. 말 산업 위기론은 포작

---

47 『성종실록』 성종 8년(1477) 10월 25일.
48 이영권, 『조선시대 해양 유민의 사회사』, 한울, 2013.

인 출륙의 간접적인 배경으로 볼 수 있지만 직접적인 배경으로 보기에는 아쉬움이 있다고 생각한다. 포작인 출륙의 직접적인 배경은 다른 관점, 즉 해양사적인 측면에서 추구되어야 할 것이다. 이처럼 기존 연구에서 포작인의 출륙 배경에 대해서 살펴보았는데, 그 배경들은 포괄적이고 간접적인 원인으로 볼 수는 있지만, 출륙의 직접적인 배경으로 보기에는 아쉬움이 있었다고 생각한다.

기본적으로 포작인 출륙의 직접적인 배경은 해양사적인 맥락에서 추구되어야 한다고 생각한다. 그것은 고려에서 조선으로의 왕조 교체로 인해서 고려시대까지 바다가 국외로 열려 있던 문명에서 조선 시대 이후 국내로 바다가 닫힌 문명으로 전환에서 찾아야 할 것이다. 바다가 국외로 열려 있던 시기에 해상 활동은 활발하게 전개되었고, 그로 인해 해운업 등에 종사하는 사람들이 수적으로 크게 증가하였다. 그런데 해양 문명이 海禁 문명으로 바뀌면서 해양 문명 시기에 활동하던 다수의 해상 세력은 위축될 수밖에 없었다. 문명 전환으로 인한 위기에 직면한 제주도 해상 세력이 선택한 타개책 중에 하나가 바로 출륙이었다고 할 수 있다.

조선전기 포작인의 선조는 고려시대 특히 원 간섭기 국제 무역선을 운영할 정도로 세력을 지니고 있던 해상 집단이었다. 그들은 수적으로도 많았을 것이다. 그런데 조선으로 왕조가 교체되고 이어서 해금정책으로 더 이상 선박을 이용한 국제 교역에 종사할 수 없게 되면서 그들은 서서히 위기를 맞게 되었다. 그러한 위기에 직면하여 그들 중 일부가 타개책의 일환으로 출륙을 감행하였던 것이다. 이처럼 포작인 출륙의 핵심 배경은, 해양 문명 시대 활약하던 탐라 해상 세력의 후손들이 조선 건국 이후 외국을 향한 바다가 닫힌 새로운 상황에서 삶의 타개책을 제주도가 아닌 본토 연안에서 찾아 떠난 데 있었다.

앞서 보았듯이, 14세기 제주도는 목축업이 비약적으로 발전하여 원 제국 14개 국립목장 중에 하나가 위치하였다. 해운업도 중국 강남 등지를 왕복하는 무역선을 건조하고 운항할 수 있을 정도로 발달해 있었다. 이 둘은 고려에서 조선으로 왕조가 교체되면서 큰 변화를 맞았다. 목축업은 그나마 상황이 나았다고 할 수 있다. 제주도에서 목축업을 통해서 소와 말을 조달하는 것은 조선 정부도 필요로 하는 바였다. 조선 정부도 군사용으로 또 교통용으로 말에 대한 수요는 많았다. 말 공급지로서 제주도는 여전히 중요한 위상을 지녔다. 따라서 조선 왕조가 들어선 이후 제주도의 목축업은 원 간섭기의 번성을 유지하지는 못하지만 그래도 일정하게 세력을 유지할 수 있었다.

반면 해운업은 목축업보다 큰 변화를 맞았다. 조선 정부는 고려와 달리 해금정책, 즉 다른 나라로 열려 있던 바다를 닫아버리는 정책을 실시하였다. 고려시대까지 동아시아에서는 해로를 통한 교류와 교역이 활발하게 전개되었다. 송대에는 송나라 상인들이 고려로 배를 타고 왔고, 고려 상인들도 송나라로 배를 타고 가서 무역 등에 종사하였다. 원 간섭기에도 해로를 통한 교역과 교류가 활발하게 전개되었다. 외국으로 향한 바다가 열려 있던 시대였다. 즉 원대까지는 해외 교류에 대해서 비교적 개방적이었고, 국가가 바다를 통한 교역을 금하지 않고 오히려 적극 후원하여 국가 재정 확충에 활용하기도 하였다.[49]

그런데 원을 북방으로 몰아내고 건국한 명나라는 해금정책을 실시하였다. 명조가 들어설 무렵은 왜구가 창궐하였고 또 장사성·방국진 잔당이 연해안 주민을 침구하고 있었으므로 이를 강력하게 차단하기 위해서 1371년 해금령을 발포하고 관민을 가리지 않고 바다로 나가는 것을 금지하였다. 1374년에는 시박사까지 폐지하여 민간무역을 전면적으로 금지하였다.[50] 이로써 명조는 "조각배도 바다에 띄울 수 없다"는 매우 엄격한 해금정책을

---

49 민덕기, 「중·근세 동아시아의 해금정책과 경계인식─동양삼국의 해금정책을 중심으로─」, 『한일관계사연구』 39, 2011.
50 민덕기, 앞의 글, 108-109쪽.

실시하여 해상활동을 철저하게 금지하였다.[51]

조선도 명의 영향을 받으면서 해금정책을 실시하였다.[52] 구체적으로 1422년에 조선은 해양으로 나가는 배를 7-8척이 되어야 함께 나갈 수 있도록 하였다. 1426년부터는 바다로 나가는 행위를 처벌하는 규정을 만들었다. 즉 바다로 나간 자는 사사로이 국경에서 무역한 자와 마찬가지로 곤장 1백에 처하였다.[53] 이로써 바다를 통한 교역은 불법이 되었다. 이는 고려에서 조선으로 왕조 교체에 따른 정책 변화이면서 동시에 거시적으로 보면 동아시아의 바다가 열려 있던 시대에서 닫힌 시대로의 문명사적인 전환이었다.

이러한 변화가 육지에서 농사짓는 사람들은 크게 다가오지 않았을 것이다. 그러나 14세기 열린 해양 시대에 해상 능력을 발달시키면서 전문 집단을 형성하고 있었던 제주도의 해상 세력에게는 심각한 문제가 아닐 수 없었다. 그들은 원과의 국제 교역을 전제로 형성되어 있었던 만큼 해금정책은 그들의 존립 기반을 크게 흔들었다. 이제 더 이상 국제 무역선을 운항할 수 없게 되었다. 그들에게 남은 것은 본토와의 교역뿐이었다. 국제 무역에 맞게 형성되어 있던 해상 세력은 그 동요가 불가피하였다. 그들은 타개책을 모색해야 했다. 그들이 선택한 타개책은 바로 제주도를 떠나 본토 연해안으로 옮겨가는 것이었다.

그러한 타개책이 실행에 옮겨지기까지는 한두 세대 정도의 시간이 필요하였다. 그 이유는 해금정책이 끼친 위기를 실감하는 데 시일이 필요하였고, 또 조선 초기 제주도는 14세기 이래의 번성했던 경제의 여택이 남아 있어서 일정한 경제력을 유지하고 있어서 어느 정도는 그들을 포용할 수

---

51 홍성구, 「청조 해금정책의 성격」, 『한·중·일의 해양인식과 해금』, 동북아역사재단, 2007, 162쪽.
52 임영정, 「조선전기 해금정책 시행의 배경」, 『동국사학』 31, 1997 참조.
53 민덕기, 앞의 글, 114쪽.

있었기 때문이다.[54] 그러다 위기를 절감하게 되는 15세기 중엽이 되면 보다 나은 삶을 찾아서 한두 척의 포작선이 떠나기 시작하였고 이내 다수의 배가 뒤따르면서 조선전기 포자인 문제를 야기하였던 것이다.[55]

그렇다면 포작인이 위기 타개책으로 출륙을 선택한 이유는 무엇일까. 만약 제주도가 비옥한 농지가 많은 지역이었다면 그들은 출륙을 선택하지 않았을지 모른다. 해상 세력에서 농민으로 전환하여 생계를 이어가는 데 어려움이 없었다면 그들은 아마 그 길을 선택하였을 것이다. 그러나 전근대 제주도의 농업 환경은 대단히 열악하였다.[56] 제주도에서는 농사를 짓고 생계를 유지하는 것이 거의 불가능하였다. 그 만큼 제주도의 농업 환경은 열악하였다. 그들이 목축업에 종사하기도 쉽지 않았을 것이다.

그들은 결국 자신들이 익숙한 해상 활동을 선택하였다. 다만 그들에게 남은 해상 활동은 중국과의 국제 무역이 아니라 본토와의 교역뿐이었다. 그들은 해산물을 채취하여 그것을 본토에 내다 판매함으로써 생계를 유지

---

54 15세기 제주도의 경제 형편과 관련해서는 별도의 검토가 필요하다고 생각하는 데, 본문에서는 아래에 소개하는 김종직의 「탁라가」 중에, 제주도에 대해서 '물산으로 동방의 부고'라고 표현하고 있는 것에서 15세기 제주도의 경제 상황을 짐작할 수 있다.

55 『성종실록』 성종 8년(1477) 8월 5일. 비슷한 시기에 있었던 유사한 사례로 개성인의 상업 방면 진출을 들 수 있다. 개성은 고려시대 수도였고, 조선 건국 이후 한양 천도로 수도로서 누렸던 영화를 잃게 되었다. 그리고 조선 왕조가 개성에 남은 사람들을 고려 遺民이라 하여 정치적으로 차별하였다. 또 개성은 분지형으로 그 내부 면적이 협소하여서 농사짓고 생활하기도 힘들었다. 조선 건국 이후 개성에 남은 사람들은 2~3세대가 지난 15세기 중엽 이후에 본인들의 정치적 경제적 처지를 직시하게 되면서 결국 상업과 수공업 방면으로 진출하기 시작하였다. 이것이 개성상인의 기원이다. 한양 천도 이후 개성 사람들은 고려의 遺民으로서 생계를 위해서 당시 가장 천대받던 상업 방면으로 진출하였다고 하면, 14세기 해양 문명의 세례를 받고 있던 탐라인들은 보다 나은 생계를 찾아서 해양 문명이 쇠퇴하자 본토 연안으로 출륙을 선택하였다고 할 수 있다. 개성상인의 기원에 대해서는 양정필, 「조선전기 개성상인의 기원과 발전」, 『학림』 33, 2012 참조.

56 『성종실록』 성종 24년(1493) 8월 5일.

해 갔다. 출륙 포작인의 아버지 혹은 할아버지 세대에 해당하는 사람들이
활발하게 본토를 오가면서 상업 활동에 종사한 기록을 실록에서 찾는 것은
어려운 일이 아니다. 몇 가지 사례를 제시해 보자.

제주의 토지는 본래 메말라서 농사짓는 사람이 토지에서 부지런히 일하고
온갖 고생을 다 하면서 그 공력을 백배나 들여도 항상 한 해의 양식이 모자랄까
걱정하여, 농업을 하지 아니하고 상업에만 힘쓰는 자가 매우 많습니다.[57]

혹자는 말하기를, 제주는 토지가 척박하고 백성은 조밀하여, 농사와 누에치
기를 힘쓰지 않고, 水陸의 소산으로써 장사하여 생계를 삼는다고 합니다.[58]

미역은 다른 나라에는 없는 것으로 오직 우리나라에는 곳곳에서 나는데, 제
주에서 나는 것이 더욱 많아서, 토민이 쌓아 놓고 부자가 되고, 장삿배가 왕래
하면서 매매하는 것이 모두 이것이옵니다.[59]

첫 번째와 두 번째 자료는 제주도의 불리한 농업 환경으로 인해서 농업
으로는 생계를 유지하기 곤란하기 때문에 제주도 사람들이 상업에 힘쓰고
있던 모습을 전해준다. 이때 상업은 대부분 본토와의 교역일 것이고, 그 교
역을 위해서는 배를 이용하지 않을 수 없다. 해상 세력은 이러한 일에 종
사하면서 살아가고 있었을 것이다. 세 번째 자료는 대표적인 해산물로 미
역을 언급하면서 제주도 사람들이 미역을 채취하여 그것을 본토에 내다팔
면서 부를 축적하고 있던 상황을 전해준다. 이 기록에 등장하는 장삿배와
관계된 다수의 사람들 역시 1467년 출륙을 선택하기 시작한 포작인의 아

---

57 『세종실록』세종 1년(1419) 9월 11일. "濟州土地磽薄 農人之家 服勤南畝 艱難辛
苦 百倍其功 而常有卒歲無食之嘆 因此 不事農業 而務行商賈者頗多.

58 『세종실록』4권, 세종 1년 7월 13일 丙辰 5번째기사 1419년. 或謂 濟州土瘠民稠
不事農桑 以水陸所産 商販爲生.

59 『세종실록』117권, 세종 29년 9월 23일 壬子 1번째기사 1447년. 夫藿者 他國之所
無 獨於東方 處處皆有之 濟州所産尤繁 土民之居積致富 商船之往來販鬻 皆用此也.

버지 혹은 할아버지로 볼 수 있을 것이다. 출륙 포작인의 아버지 혹은 할아버지 세대는 제주도에서 해산물을 채취하여 그것을 본토에 내다파는 방식으로 활동하였다.

해상에서 활동한 구체적인 인물과 관련해서는 김종직의 「탁라가」를 주목된다. 김종직은 「탁라가」를 짓게 된 계기를 그 서문에서 밝히고 있다. 성종 11년(1465) 2월 28일에 김종직은 직산의 성환역에서 하룻밤 묵을 일이 있었다. 마침 제주의 貢藥人인 김극수도 함께 묵게 되어 서로 이야기를 나누었다. 김극수와의 대화를 통해서 김종직은 제주도의 풍토와 물산에 대한 정보를 얻게 되었다. 그 정보를 토대로 지은 시가 바로 「탁라가」 14수이다. 이를 보면 김종직의 「탁라가」는 제주도 사람 김극수의 당시 제주도에 대한 인식에 크게 기대고 있음을 알 수 있다. 그 시를 보면 활발하게 본토를 오가는 사람이 나오고 제주도의 물산이 풍부함이 묘사되어 있다.

> 바닷길이 어찌 수천 리만 되리오마는
> <u>해마다 왕래하여</u> 일찍부터 잘 아는지라
> 구름 돛을 달아 쏜살같이 달리니
> 하룻밤 순풍에 해남에 도착하네.
>
> 오매 대모 흑산호
> 부자 청피는 천하에 없는 것
> 물산으로 <u>동방의 부고</u>일 뿐 아니라
> 그 우수함으로 사람들을 소생하게 하네.

첫 번째 시에는 당시 왕성하게 해상 활동을 전개한 제주도 사람이 나온다. 아마도 그 사람은 김극수일 것이다. 제주도는 바다 멀리 떨어진 섬이었지만, 15세기 제주 사람들은 해마다 본토를 왕래하였고, 바닷길을 잘 알아서 항해에는 어려움이 없었다. 특히 해마다 왕래한다는 구절이 주목된다. 국제 교역은 차단되었지만, 본토와의 교역은 매우 활발하였음을 잘 보여준다. 김극수는 14세기 형성된 해상 전문가 집단의 후예라고 생각해도 크게 틀리지 않을 것이다. 그리도 당시만 해도 제주도는 동방의 부고로 인식될 정도로 경제력이 유지되고 있었다. 그렇지만 서서히 위기는 심화되고 있었다.

이에 김극수와 같은 이들 중에서 일부는 차츰 다른 생각을 하게 되었다. 해산물을 채취하여 판매함으로써 생계를 유지하는데 굳이 제주도에서 해산물을 채취해야 할 이유는 없었다. 본토 연해안에도 해산물은 있었다. 그곳에서 해산물을 채취하여 판매하게 되면 제주도에서 본토로 운반해야 하는 수고로움을 피할 수 있었다. 이런 생각을 갖게 된 사람들이 우선 남해 연안으로 진출하였고, 그들이 왕조실록 기록에 나오는 포작인으로서 활동을 시작하였다고 생각한다. 그들의 선택은 나쁘지 않았다. 왜냐하면 이후 그들을 따라서 남해 연안으로 와서 생활하는 포작인 수가 급증하였기 때문이다. 1477년 기록에 의하면 당시 처자를 거느리고 배를 타고 남해 연안에 옮겨 정박한 자가 수천 여 명이었다고 한다.[60]

14세기 말이 되면서 원이 망하고 명조가 건국되면서 바다가 서서히 닫히기 시작하였다. 이른바 海禁 정책이 시행되기 시작한 것이다. 중국 강남과의 직항로 노선에 의지하여 살아가던 제주도의 해상 집단은 위기에 직면하였음은 물론이다. 다만 그 위기가 당장 현실화되지는 않았다. 비록 중국 강남 지역과의 교역이 끊겼지만, 탐라 경제가 일시에 붕괴되지는 않았기 때문이다. 본토와의 교역도 가능하였으므로 위기를 일정 부분 완화시킬 수 있었다. 그러나 시간이 흐르면서 위기는 심각화 되어서 그들은 선택의 기로에 서게 되었다. 제주도에서 토지에 긴박되어 생활할 것인가, 아니면 지

---

60 『성종실록』 성종 8년(1477) 11월 21일. 1477년 무렵 수천 명에 이르는 포작인의 존재는 14세기 형성된 해상 전문가 집단이 매우 큰 조직이었음을 의미하기도 한다.

금까지의 바다 생활을 유지하기 위해 제주도보다 해산물 시장 규모가 큰 본토로 이주할 것인가. 이러한 선택의 기로에서 다수의 포작인은 육지로의 이주를 선택하고 한둘씩 제주를 떠나기 시작하였다고 생각한다. 그들이 바로 조선전기 문제가 되었던 포작인이다. 어떻게 보면 조선전기 출륙 포작인은 바다로 열린 문명에서 바다가 닫힌 문명으로의 전환기에 발생한 해양 문명의 遺民 혹은 難民이었다고 할 수 있다.

V. 맺음말

15세기 중엽 이후에 포작인으로 불리는 존재가 제주도를 떠나서 본토 연해안으로 진출해서 생활하고 있었다. 조선전기 제주도 역사에서 매우 특이한 사건인 포작인의 출륙에 대해서는 기존에 연구자들이 관심을 보였다. 그러나 포작인의 기원이나 출륙 배경에 대한 설명에서 아쉬움 부분이 없지 않았다. 이에 이 글에서는 포작인의 특징을 먼저 살펴보고, 그러한 특징을 지닌 집단이 형성된 기원을 고찰하였다. 이러한 고찰을 토대로 포작인의 출륙 배경을 새롭게 제시해 보았다.

15세기 중후반 기록에 등장하는 포작인은 단순히 전복을 따고 물고기를 잡는 순박한 어부의 이미지가 아니었다. 그들은 용맹하여서 왜적을 만나더라도 도망하지 않고 그들과 맞서 싸우는 존재였다. 그리고 그들이 타고 다니는 배의 성능은 조선 배보다 우수하여서 정부는 포작선을 모델로 병선 개량을 시도까지 하였다. 이를 보면 포작인은 해상 활동에서 뛰어난 능력을 지닌 존재였다. 그리고 출륙 포작인 숫자에 대해서 수천 명이라는 언급이 있는데, 다소 과장되었을 가능성이 있지만, 그럼에도 출륙 포작인 숫자가 천 단위에 이를 정도로 매우 많았다는 사실도 주목된다.

이렇게 용맹하고 또 수천을 헤아릴 정도로 많았던 포작인은 어떤 역사적 경험 속에서 형성되었을까. 이와 관련해서는 탐라국 이래로 해양을 주요한 무대로 살아왔던 탐라인의 경험과 여기에 더해서 원 간섭기였던 14세기 크게 발전했던 탐라인의 해양 진출에 주목하게 된다. 당시 탐라에는 원 제국 14개 국영 목장 가운데 하나가 들어서 있었다. 그 목장에서 기른 말들은 매년 중국으로 보내졌다. 그 수송을 담당한 이들은 다수가 제주도민들이었을 것이다. 그들은 원양 항해를 위한 선박을 만들 수 있었고, 또 그 배를 타고 중국 강남을 오갈 수 있는 항해술도 지니고 있었다. 그들은 수준 높은 해상 능력을 보유한 세력이었고, 동시에 꽤 큰 집단을 형성하고 있었다고 생각한다. 그들이 바로 조선전기 포작인의 선조라고 할 수 있다.

고려를 이은 조선 정부는 고려와는 다른 해양 정책을 시행하였다. 그것은 해금정책으로 바다를 통한 국제 교역을 금지시켰다. 이는 제주도의 해상 집단에게 큰 위기로 다가왔다. 그들은 중국과의 무역을 전제로 형성된 집단이었는데, 그 전제가 무너지면서 존립 기반이 흔들리기 시작한 것이다. 그들에게 남은 것은 본토와의 교역뿐이었다. 자신들이 채취한 해산물을 갖고 본토와 교역을 하는 것이라면 굳이 제주도에서 해산물을 채취해서 본토로 운송하는 수고로움을 감수할 필요는 없었다. 본토 연해안에서 해산물을 채취해서 판매하면 훨씬 유리하였다. 이러한 배경 속에서 제주도의 해상 집단은 제주도를 떠나서 본토 연안으로 옮겨 갔던 것이고 판단된다. 조선전기 포작인의 출륙 배경은 이처럼 해양사적 맥락에서 이해할 수 있을 것이다.

그들은 문명사적인 전환기에, 이전 문명에서 활약했던 사람들이 새로운 문명에서 입지가 위축되자 그 타개책을 찾는 과정에서 등장한 존재였다. 그들은 고려시대까지 활발하게 전개되었던 탐라 해상세력의 후손이면서. 동시에 동아시아 해양 문명의 遺民이자 난민이었다고 하겠다.

(양정필)

제주(濟州)·유구(琉球) 표류 난민의
신분 위장과 경계인 의식

Ⅰ. 머리말

해상(海上)에서 위험에 빠진 선박 등의 구조에 관한 문제를 다루고 있는 해난구조법은 해상법(海商法)의 일부로 취급된다.[1] 상법에서 말하는 '해난구조'란 넓은 의미로 "위난을 당한 선박 또는 그 적하를 구조하는 것"인데, 해난구조라고 하면서도, 구난이라는 용어를 섞어 쓰는 이유는 구조와 구난의 개념을 구분하기가 쉽지 않기 때문이다. 우리나라에서는 「수상에서의 수색·구조 등에 관한 법률」에서 구조와 구난을 비교적 잘 구분하고 있다. 이 법 제2조에서는 '구조(Rescue)'를 "조난자를 구출하여 응급조치 또는 기타 필요한 도움을 주고 안전한 장소로 인도하기 위한 활동"으로, '구난(Salvage)'을

---

1 林東喆, 「海難救助法의 發展과 1989年 海難救助協約의 槪要 및 特色」, 『월간 해양한국』 196, 한국해사문제연구소, 1990, 180-185쪽. 구조행위는 인도주의를 바탕으로 하지만, 현실적으로는 구조자의 보수청구권(報酬請求權)이 핵심 쟁점이기 때문이다. 근대 이후로는 국적을 달리하는 선박 사이에서 해난구조 행위가 발생하면 여러 국가의 법률에 관계를 가지는 법률관계, 곧 섭외적(涉外的) 법률관계가 생기므로 선박충돌 등과 같은 해법(海法)의 다른 분야처럼 국제적 통일법 성립이 요청되었다. 이에 따라 1910년 '해난에 있어서의 구원, 구조에 대한 규정의 통일에 관한 협약(Convention for the unification of certain rules of law relating to assistance and salvage at sea)'이 성립되었다.

"조난을 당한 선박 또는 선박 등에 실린 화물을 포함하는 그 밖의 다른 재산에 관한 원조를 위하여 행하여진 행위 또는 활동"으로 정의한다.[2] 곧, 구조는 사람의 목숨을 구하는 행위이고, 구난은 선박이나 화물을 구하는 행위이다.

해난구조법에서 구조보다는 구난에 초점을 맞추고 있는 이유는, 이 법이 조난 선박이나 물건을 약탈하던 유럽 해안 주민들의 악습을 제재하고자 하는 취지에서 출발했기 때문이다. 중세시대에는 지방에 따라 연안의 제후들이 조난물을 점유하여 취득하는 것을 그들의 특권(droit de beris ou de naufrages)으로 생각하여 주된 수입원으로 삼기도 했다. 이에 대한 법적 제재는 기원전 9세기 경의 로드해법전(Rhodian maritime code)에서 이미 등장하는데, 근세 봉건제도의 붕괴와 왕권 확립에 따른 권리사상의 발달, 통상항해의 증진과 국제관계의 융화, 종교 등의 영향으로 조난 선박이나 물건의 약탈이 사라지게 되었다.

해양국가인 우리나라에서도 해양사고가 빈발했는데, 특히 인도와 중국, 일본을 오가는 해로(海路) 상에 위치한 제주도 연안에서 해양사고가 잦았다. 그래서 조선시대 해난사고로 인한 난민의 발생빈도에서 제주도가 타지역보다 압도적으로 높다. 외국에 표착한 제주인들이 전라도 해남, 영암, 강진, 나주 등 다른 지역 출신으로 위장[諱稱]한 사례를 포함하지 않았다는 점을 고려하면 상당히 높다. 마찬가지로 제주 해로를 지나는 외국 선박의 난파도 잦았기 때문에 중국, 일본, 유구인들을 비롯한 동아시아 각국 난민의 제주 표착도 빈발했다. 이렇게 제주를 둘러싼 동아시아 각국의 표류 표착 난민 발생에는 조류와 바람의 영향이 컸다.

표류가 월경(越境)이라면 표류민은 해난사고로 발생한 난민이다. 동아시아 사람들은 고대와 중세 유럽인들과는 달리 표착 난민을 경계하지 않고

---

2 방호삼·주종광, 「해양구난역량 강화를 위한 협력 거버넌스 모색」, 『경찰학논총』 14-2, 경찰학연구소, 2019, 236.

해난사고에서 살아 돌아온 뱃사람으로 인식했다. 『만기요람(萬機要覽)』에 따르면, 조선에서는 다른 나라 사람이 표착한 경우 해로와 육로를 불문하고 그들이 바라는 대로 송환하도록 규정하고 있었다. 해로로 송환할 때는 해당 지역 지방관의 지휘 감독하에 선박을 보수해주거나 항해에 필요한 식량과 의복, 땔감 등을 제공해주었다. 육로로 송환할 때는 표착 지점에서 연안, 연안에서 내륙, 내륙에서 국경에 이르기까지 역관과 낭청이 동행했다. 표류 선박에 화물이 남아 있어 이동하기가 용이하지 않으면 돈이나 옷감으로 바꾸어 지급했다.

그런데 인도주의적인 송환 절차가 이렇게 구비되어 있음에도 불구하고, 유구(琉球)에 표착한 제주 난민 가운데 출신지를 위장하는 사례가 자주 발견된다. 이와 관련하여 선행연구에서는 당시 제주 사람 사이에 떠도는 풍문을 주요 원인으로 제시하고 있다. 하지만 풍문이 직접적 원인이었다 하더라도 그것이 제주 사람 사이에서 작동하게 된 메커니즘에 대해서는 충분한 비교 분석이 필요하다. 이러한 점에서 1821년 8월 일본 살마번(薩摩藩; 사쓰마번) 사람들과 함께 제주에 표착한 유구(琉球; 류큐) 난민 20명이 자신들을 일본인으로 위장하여 일본으로 송환된 사례는 유구 표착 제주 난민의 출신지 위장, 곧 휘칭과 비교 분석된다는 점에서 특별한 의미를 가진다.

사실 출신지나 국적을 위장하는 사례는 출신국에서 확인될 수밖에 없으므로, 유구 난민의 국적 위장 사례가 우리나라에서 밝혀진 것 자체가 특별한 사례이기는 하다. 이러한 점을 바탕으로 하여, 이 연구에서는 유구에 표착한 제주 난민과 제주에 표착한 유구 난민의 출신지 휘칭 또는 국적 위장 사례와 그 원인에 대해서 검토해보고자 한다. 그리고 한일 경계지역으로서 역사와 문화, 지정학적 위치 등에서 유사점이 많은 제주와 유구 표류 난민의 신분 위장의 원인을 경계인 의식에서 비교 분석하고자 한다. 이를 통하여 '중앙'에 부속된 '주변'의 난민을 담론의 중심으로 끌어낼 수 있을 것으로 기대하기 때문이다.

Ⅱ. 유구 표착 제주인과 출신지 휘칭

제주는 삼면이 바다와 접한 한반도 최남단 섬으로, 실질적으로 병합되기 전인 고려말 조선초 이전에는 독립국 지위를 유지했다. 병합된 이후에는 중앙정부와 토착세력에 의한 이중수탈을 겪어야 했기 때문에 종종 반란이 일어났지만, 사료에 따르면 중앙에서 안무사(安撫使)를 파견하는 등의 유화책이 실효를 거두었다. 그런데도 제주 사람이 왜구의 빈번한 침입, 조세 수취 부담 등에서 벗어나기 위해 내륙으로 도주하는 것을 막는 출륙금지령(인조 7; 1629년 이후)이 백여 년 동안 유지되었고, 1702년에서 1703년까지 부임했던 이형상(李衡祥, 1653-1733) 목사가 의례를 정비하고 음사(淫祠)를 철폐한 사실로 보건대, 병합 이후에도 한동안 중앙의 손길이 미치지 않았음을 짐작할 수 있다.

중국 사료에 따르면, 독립 국가였던 탐라국 시절에는 한국 고대국가들과 어깨를 나란히 할 수 있을 만큼 해상교역활동이 활발했다. "척박한" 화산섬을 기반으로 한 도서 국가로서는 일찍부터 해상교역활동에 집중할 수밖에 없었겠지만, 인도에서 중국을 거쳐, 일본으로 향하는 해로상에 위치한다는 지정학적 요인이 크게 작용했던 것으로 보인다. 고대 제주의 해상 항로에는 제주해협을 통과하여 대마도(對馬島; 쓰시마)와 일기(壹岐; 이키)섬을 경유, 일본 구주(九州; 규수) 박다항(博多港; 하카다항)으로 향하는 북로(北路)와 박다항에서 제주도 남쪽을 거쳐 중국 절강성(浙江省; 저장성) 명주항(明州港; 밍저우강), 복건성(福建省; 푸젠성) 천주항(泉州港; 취안저우강) 등으로 횡단하는 남로(南路) 등이 있었기 때문이다.

출륙금지령이 유지되던 1653년에 편찬된 『탐라지(耽羅志)』에서도 "매양 봄 여름에 남쪽 수종 밖을 바라보면 높은 돛대를 단 큰 선박들이 무수히 지나가고, 흑치(黑齒)의 오랑캐들이 중국과 통상(通商)하는 길목이며 또한 해외 여러 만이(蠻夷)들의 물화(物貨)가 유통되는 곳이다."라고 한 것으로 보건대, 제주 연안에서 조업하던 제주 사람 외에도 중국과 일본, 그리고 유구 등 주변국의 교역선이 해난사고를 겪는 일이 많았을 것으로 짐작된다. 남로와 북로 등 해로가 개척되어 있었지만, 불규칙한 해안선의 암초와 바람, 해류 등 제주의 자연 환경적 요인 때문에 해난사고가 빈발했던 것이다.

해난사고가 발생할 때 표착에 영향을 끼치는 자연 환경적 요인으로는 해류(海流)를 손꼽을 수 있다. 특히 태평양 서부 필리핀 북부에서 시작해서 북동진하는 쿠로시오 해류[黑潮]가 제주도 동남쪽 외해에서 대마도 쪽으로 가는 대마난류와 황해로 들어가는 황해난류로 나뉘면서 제주 인근에서 발생한 해난사고의 표착지에 영향을 끼치는 요인이 되었다. 해류가 북상하는 지점에 위치하지만 대한해협 동수로에서 서쪽으로 꺾여 역전된 순환 해류가 황해로 흐르기 때문에 북풍을 만나면 제주 인근에서 해난사고가 났을 때는 중국으로 흘러가게 되고, 일본에서 중국으로 향할 때는 제주에 표착하였다. 남방으로 흘러 들어간 해류가 다시 북상하기 때문에 중국이 아니라 일본으로 표착하는 경우도 있었다.

이러한 제주의 지정학적 위치와 자연 환경적 요인이 제주 인근 바다의 해난사고로 인한 표류 난민 발생의 주된 원인으로 손꼽힌다. 그런데도 제주 표류 난민 연구에서 "척박한 자연환경에 기인한 산업구조"와 "수취체제 강화"가 빠지지 않는 이유는 해난사고의 발생보다는 "난민"에 초점을 맞추고 있기 때문이다. 내륙에 비해 해양활동이 많을 수밖에 없는 섬이기 때문에 해난사고의 위험이 상시적이라는 분석은 동어반복이다. 그런데 해난사고로 발생한 난민의 대부분은 생계유지를 위한 조업이나 교역활동이 아니라, 수취체제의 변화에도 불구하고 지역특산물의 진상(進上)이 여전히 유지되고 있었던 당시 상황에서 사적, 공적으로 내륙을 왕래해야 했던 이들이 차지하였다.

최부(崔溥, 1454-1504)의 『표해록(漂海錄)』에는 제주 출신 이효지(李孝枝)가 표류 상황에서 "우리 제주는 멀리 큰 바다 가운데에 있으며 수로가

900여 리입니다. 파도를 다른 바다와 비교하면 매우 험악하여, 공선(貢船)과 상선의 왕래가 끊이지 않은데 표류 침몰하는 것이 열 중에 다섯 여섯이어서, 제주 사람들은 먼저 죽지 않으면 반드시 나중에 죽습니다."라고 술회한다. 『세종실록』에 따르면 제주의 공선(貢船)이 매년 3척이 왕래하는데, 1척당 영선천호 1명, 압령천호 1명, 두목 1명, 사관 4명, 격군 34-43명이 승선하고 있었다. 육고역(六苦役) 가운데 이들 선격(船格)은 물론, 진상물을 조달해야 하는 잠녀(潛女)와 포작(鮑作) 등의 희생이 적지 않았음을 짐작할 수 있다.

조선시대 관찬 사료 및 개인 문집을 전거로 제주 사람의 표류 발생 현황을 분석한 연구에 따르면, "365건의 표류 가운데 그 人數가 미기재된 41건의 표류 사건을 제외한 표류 제주인의 數"는 총 4,427명으로, 이 가운데 "760명은 표류 도중 불의의 사고[익사·병사·실종·사망] 등으로 죽음을 면치 못해 생환되지" 못하였고, "3,667명은 해난사고로 말미암아 타국으로 표류, 그곳 주민들로부터 구조되어 본국으로 살아 돌아" 왔다.[3] 앞서 언급했듯이 표착 난민의 대응, 처리 방식을 제도화하면서 송환 및 사후처리 건수가 증가했다는 점을 감안해야 하겠지만, 80% 생환이라는 수치는 상호호의에 입각한 송환체제가 유지되고 있었음을 뒷받침한다.

한편, 위 연구에 따르면, "총 364건의 표류 사건 중 제주도 인근 지역 및 전라도로 표류해 갔거나, 혹은 실종되거나 사망하여 그 표착 지역을 알 수 없는" 78건(21.4%)을 제외한 나머지 287건의 표류 사례 가운데 "일본으로 표류해 간 경우가 207건(72.1%)으로 절반 이상을 차지하고 있으며, 그 다음으로 중국 53건(18.5%), 유구 19건(6.6%), 대만 6건(2.1%), 안남 2건(0.7%)" 순이다. 일본에서는 오늘날 장기현(長岐縣: 나가사키현) 오도열도

---

3 김나영, 「조선시대 제주인의 표류 발생 배경과 실태」, 『탐라문화』 57, 탐라문화 연구원, 2018, 219-222쪽.

(五島列島; 고토열도)에 해당하는 지역 92건(44.4%), 대마도(對馬島) 31건 (15.0%) 등에 표착한 사례가 많았고, 중국에서는 미기재된 21건(39.6%) 외에 절강성(浙江省) 11건(20.8%), 복건성(福建省)과 강소성(江蘇省; 장쑤성) 각 8건(15.1%) 등을 차지했다.[4]

이 가운데 일본에 표착한 난민들은 1645년 이래 정비된 덕천막부(德川幕府; 도쿠가와)의 송환 절차에 따라 모두 장기현으로 보내졌다. 막부는 외부세계와의 접촉을 4개 창구[長崎·薩摩·對馬島·松前]으로 제한하였는데, 조선인 표착 난민에 대해서는 장기현으로 창구를 제한했다. 따라서 표착지가 어디건 장기현을 거쳐, 대마도에서 조선 송환이 이루어지도록 하였다. 그 때문에 송환 기간이 길어졌지만, 송환 비용의 일부를 막부가 부담함으로써 무상송환 원칙을 준수했다. 이를 계기로 조선은 대마번(對馬藩)의 표류민 송환자를 '표차왜(漂差倭)'라는 정식 외교사절로 인정하여 접대를 아끼지 않았다. 이러한 구조 속에서 조선인 표착 난민 송환은 비교적 순탄하게 이루어졌다.[5]

중국에 표착한 난민들은 해안 방위를 담당하는 비왜관(備倭館)에서 심문과정을 거친 후 표착지를 출발하여 경사로 보내어져 송환될 기회를 기다렸다. 명나라 때 조선 표류민에 대한 송환 방법은 일반적으로 두 가지가 있었는데, 빈번한 사절교류가 있었던 덕분으로 사신이 왔을 때 함께 귀국하는 방법이 많이 이용되었다. 이때 사신을 통해서 표류민의 신분을 다시 확인할 수 있다는 장점도 활용되었다. 그런데 표류민의 입장을 고려하여 병부의 좌군도독부(左軍都督府) 차관(差官)이 요동(遼東)까지 호송하고, 조선 경계지역에서 송환하는 방식도 취하였다. 청나라 때에는 예부가 통사(通事)를 파견해 역체(驛遞)의 방법으로 조선에 송환하였다.[6]

---

4 이와 관련된 데이터와 도표 등은 김나영, 위의 논문, 226-230쪽을 참조할 것.
5 이훈, 「漂流를 통해서 본 근대 한일관계」, 『한국사연구』 123, 한국사연구회, 2003, 279-280쪽.

유구에 표착한 난민들은 세 가지 경로로 송환되었다. 유구 사신에 의한 직접 송환, 일본을 경유하는 송환, 중국을 경유하는 송환이다. 일본을 경유할 경우 유구에서 장기현으로 보내진 후 대마도를 거쳐 송환되었다. 중국으로 우회할 경우 유구에서 복건성으로 보내진 후, 북경을 거쳐 조선으로 송환되었다. 15세기 중엽까지는 유구에서 조선까지 직접 송환하였지만, 15세기 말엽부터는 직접 송환 대신 명(明)나라를 통한 우회 송환, 또는 일본을 경유하는 송환 등이 이루어졌다. 명나라를 우회하느냐, 일본을 경유하느냐에 대한 원칙도 분명하지 않았다. 1698년 이후부터는 청(淸)나라를 경유하여 송환되었는데, 조선과 유구, 유구와 일본, 조선과 일본, 그리고 명·청과 조선·유구·일본의 관계 등 동아시아 국제 관계의 영향을 받은 것으로 추정된다.[7]

이렇게 동아시아 국제 관계에 따라 해난사고로 인해 발생한 난민의 송환 경로가 달라지기는 하지만, 앞서 살펴보았듯이 중국과 일본, 그리고 유구에 표착한 제주 표류 난민은 각국에서 정해놓은 송환 절차와 경로에 따라 고향으로 돌아올 수 있었다. 그런데 15-19세기에 발생한 제주 표류 난민은 국내 다른 지역의 표류 난민과는 다른 양상을 보인다. 곧, 그 지역 땅에 닿기도 전에 차고 있던 호패(戶牌)를 비롯하여 '제주(濟州)'라고 표기된 문서 등을 태워버리거나 바닷속에 던져버렸으며, 현지조사를 받을 때 다른 지역 출신으로 허위 진술하는 사례가 많았다. 국내외 연구자들의 선행연구에 따르면 이러한 양상은 제주 표류 난민에게서만 발견된다.

제주 표류 난민에게서만 발견되는 이러한 양상을 국내외 문헌에서는 환고(換告)·양칭(佯稱)·엄휘(掩諱)·탁칭(托稱)·환명(換名)·환칭(換稱)·언위사

---

6 王天泉, 「朝鮮 漂流民에 대한 明의 救助體制－중국표착 제주 표류민을 中心으로－」, 『역사민속학』 40, 한국역사민속학회, 2012, 179-180쪽.

7 이수진, 「조선 표류민의 유구 표착과 송환」, 『열상고전연구』 48, 열상고전연구회, 2015, 456-457쪽.

(言僞辭)·궤칭(詭稱)·휘고(諱告)·사칭(詐稱)·휘칭(諱稱) 등 다양한 용어로 표기하고 있다. 이 가운데서 휘칭은 1846년 2월에서 1884년 10월 사이에 제주목에서 조정에 보고한 계문을 비변사(備邊司)에서 옮겨 기록한 『제주계록(濟州啓錄)』에 기재된 용어이다. 휘(諱)는 본래 임금이나 어른의 이름을 직접 부르기를 꺼리는 것을 가리키는 용어로, 표류 난민이 표착지에서 출신지를 속여 진술하는 행위에 어울리지는 않는다. 따라서 읍호환칭(邑號換稱) 정도가 적당한 용어지만, 출신지를 밝히는 것을 '꺼린다'는 의미로 "출신지 휘칭"이라는 용어를 쓴 것이다.

출신지 휘칭은 제주 표류 난민에게서만 발견되지만, 15-16세기에는 거의 발견되지 않다가 17세기에 급증하면서 18-19세기에 이르면 거의 50%에 이르는 수치를 보인다. 일본측에서 취조받을 때는 출신지를 휘칭하였다가 부산에 송환되어서는 제주 출신임을 밝혔기 때문에 이 수치는 일본측 사료에서는 확인할 수 없고 조선측 사료에만 등장한다. 조선측 사료에서 실제 출신지가 확인되지 않은 사례도 있으므로 제주 출신 휘칭의 사례는 이보다 상위할 수도 있다. 휘칭한 출신지로는 해남, 강진, 영암 순의 빈도를 보이는데, 이 지역은 원활한 민간의 해상교류와 사신왕래, 진상품 운송 등의 공무 수행을 위해 도회관(都會官)이 설치된 곳이었다.[8]

제주 출신 표류 난민의 출신지 휘칭에 대해서는 한일 양측에서 다양한 연구가 이미 축적되어 있다. 이케우치 사토시(池內敏)는 조선측의 사료를 근거로 휘칭의 양상을 다섯 가지 유형으로 나누었는데, 이 가운데서 제주 해역에서 해난사고가 잦은 이유를 외국인들이 제주 사람의 약탈로 오해하여 죽이려고 한다는 것을 A유형으로 하고, 여기서 a-d까지의 유형이 파생된다고 주장했다. a는 왜인이 제주 사람을 만나면 곧바로 죽인다는 설, b는 제주 사람이 일본에 표착하면 곧바로 죽임을 당한다고 들었다는 것, c는

---

8 김나영, 앞의 논문, 62-65쪽.

제주 사람이 다른 나라에 표류·표착하면 출신지를 사칭한다는 것, d는 제주 출신이라고 부르는 것을 몹시 싫어한다는 것 등이다.[9]

로쿠단다 유타카(六反田豊)는 이케우치 사토시의 분석에 'e. 제주 사람이 일본에 표착하면 송환되지 못한다는 이야기를 들은 적이 있다.'는 유형을 추가하였는데, 동일사건 내에 a와 e 유형이 중복되는 경우가 있다는 데 주목하였다. 그런데 시간이 지날수록 출신지 휘칭의 이유는 간략화되고, 일본인이라는 대상의 구체성도 약화되어 이국인, 곧 다른 나라 사람으로 모호해진다. 그뿐만 아니라 일본 등 표착지의 관리들도 19세기에 이르러서는 제주 표류 난민의 휘칭을 의례적인 것으로 받아들였다. 휘칭한 사례가 발생한 국가의 비율은 일본, 유구, 중국, 대만, 안남 등의 순으로, 사실상 다른 나라에 표착했을 때는 거의 50%에 가까운 휘칭의 사례가 발견된다.[10]

출신지를 속이는 이유가 '제주 연안에서 발생하는 해난사고의 원인을 제주 사람의 약탈로 오해하기 때문'이라고 하는 것은 역설적으로 그러한 풍문이 제주 사람 사이에 퍼져있었다는 것을 의미한다. 특히 제주 표류 난민이 주로 일본에 표착하였고, 제주 연안에서 발생한 해난사고 가운데 일본인 피해가 컸다면 이러한 오해가 생길 수 있는 개연성은 충분하다. 여기에 왜구의 약탈을 지속적으로 겪으면서 제주 사람에게 일본에 대한 부정적 이미지가 일반화되어 있었다는 것을 고려한다면, 이러한 풍문 때문에 '두려움과 공포'를 가질 수밖에 없었다는 점은 충분히 이해된다.

제주 표류 난민이 표착한 대부분의 국가에서 휘칭의 사례가 발견된다. 그런데 특히 표착 난민의 발생 수가 중국에 비해 적은 유구에서 중국보다 휘칭의 비율이 더 높게 나타나는 이유에 주목해볼 수 있다. 그 이유로는 18-20세기초까지 총 23건의 문헌 및 작품에서 발견되는 '유구 또는 안남

---

9 김나영, 위의 논문, 67-68쪽.
10 김나영, 위의 논문, 76-77쪽.

세자 살해사건'이 주로 손꼽힌다. 이 사건은 『조선왕조실록』 광해군 3년 (1611) 8월 26일, 제주목사 이기빈(李箕賓)과 판관 문희현(文希賢) 등이 제주도에 표착한 외국 배의 탑승자 전원을 살해하고, 그 물화를 탈취한 후 제주에 침입한 왜구를 소탕하였다고 조정에 허위 보고를 하였다가, 이듬해 사실이 밝혀져 유형(流刑)에 처해진 일이다.

『조선왕조실록』에서는 이 사건 피해자의 국적이 중국(광해군 3; 1611. 8.26.), 중국과 안남(광해군 4; 1612.2.10.), 중국(광해군 4; 1612.4.15.), 중국과 왜, 유구(광해군 5; 1613.1.28.), 유구(광해군 14; 1622.5.10.), 유구(인조 1; 1623.4.14.), 유구(인조 3; 1625.1.8.) 등으로 기록되어 있다. 탑승자도 해당국 사신에서부터 상인을 거쳐, 세자, 또는 왕자 등으로 바뀐다. 그 이유를 인조 정권이 광해군 정권에 대한 악정을 강조하면서, 인조의 왕위 정통성을 선양하여 대내적으로 안정을 꾀하려는 의도 때문이라고 보기도 한다. 그래서 실제로는 유구국 또는 중국의 사신에 불과했던 탑승자의 신분이 왕자와 세자로 급상승하게 되었다는 것이다.

그런데 이 사건의 근거로 제시되는 '유구세자절명시'가 선조 28년(1595)에 발생한 삼척부사 홍인걸사건과 관련 있다는 주장도 있다. 이 주장에 따르면 유구세자살해사건은 이른바 '만들어진 이야기(tale)'에 불과한데, 일본에 포로로 끌려갔다 탈출한 조선 유민들이 표류해오자 삼척부사 홍인걸(洪仁傑, 1541-1603)이 공을 탐하여 이들을 몰살시킨 후 왜구로 거짓 보고를 올렸는데, 이때 강릉의 생원 최삼(崔參)이 지은 시가 '유구세자절명시'로 둔갑했다는 것이다. 시간을 달리하는 두 개의 사건이 하나로 뒤섞일 수 있었던 까닭은 "지방관리가 표류한 사람들을 자신의 탐욕(재물, 군공)을 위해 몰살하였다"는 이야기의 원형에서 일치하기 때문이다.[11]

---

11 박혜민, 「소문과 진실의 경계: 유구국세자(流球國世子) 이야기의 형성과정에 대한 일고찰」, 『淵民學志』 21, 연민학회, 2014, 284-292쪽.

'유구 또는 안남세자 살해사건'은 동아시아에서는 일찍부터 해난사고로 인한 표착 난민의 송환에 대한 기본적인 절차가 있었음에도 불구하고, 현실적으로는 왜구토벌 등을 이유로 한 강경 대응 사례가 없지 않았다는 점을 주의환기시킨다. 이러한 강경대응의 대부분은 묵인되지만, 민간의 소문이 확산되면 정부에서는 사건의 전모가 밝힐 수밖에 없게 된다. 표류 난민에 대한 대응은 국내에서 발생하지만, 동아시아 국제질서와 맞물릴 수밖에 없는 문제이기 때문이다. 이렇게 보면 제주 표류 난민의 출신지 휘칭 문제는 명청교체기의 급박한 국제 정세 속에서 조성된 불안감과 국내 정치상황 속에서 생성된 소문이 융합되어 '만들어진 이야기'에서 비롯된 것이다. 하지만 제주 사람들은 그것을 이야기가 아닌 사실로 확신했던 것이다.[12]

Ⅲ. 조선 표착 유구인과 국적 위장

동아시아 고대국가의 해양교류를 선도하던 도서국가 탐라왕국이 고려 말 조선초에 복속된 시기에 일본 구주와 중국 대만(臺灣; 타이완) 사이에 펼쳐진 유구(琉球; 류큐) 군도(群島)의 섬 곳곳에 쿠스쿠(ぐすく; 城, 御城)라고 불리는 성채들이 등장했다. 유구 군도에 부족국가 형태가 출현한 것

---

12 박혜민은 미하엘 셸레가 "유포의 발화점에 따라 소문을 분류하는데 공격소문은 심리적 갈등을 극복하는 출구로서 작용할 때 작동되며, 공포소문은 잠재의식 속의 걱정에 상응할 때 작동된다"고 한 것을 인용하여, "유구국세자이야기는 기존에 지방관리들의 표류민 학살이라는 사건이 풍문으로 존재하고 있었고, 명청교체기라는 국외 戰雲의 여파에 대한 불안감 속에서 생겨난 공포소문과 국내 정치상황 속에서 생성된 정적제거를 위한 공격소문이 융합되어 '만들어진 이야기(Tale)'로 읽어낼 수 있다."고 주장하였다. "그리고 이 소문은 오랜 시간 많은 사람들을 거쳐 '확신'이 된다."면서 박지원이나 이규경 등 이 이야기의 진실성을 의심하는 이들도 있었지만, 사실로 여기는 사람들도 있었다고 주장했다.

은 10세기경으로 다소 늦었지만, 이때부터 대륙과 일본의 철기가 도입되고 정착 농경문화가 확립된 것으로 알려져 있다. 이 성채를 다스리는 족장 또는 영주인 안사(按司)의 경쟁과 충돌로 전국시대 같은 양상을 보였다. 이 시대 후기인 1187년 순천(舜天; 슌텐) 왕이 등장하여 유구 최초의 왕조인 순천왕조가 출범하였고, 1260년 영조왕조(英祖王朝; 에이소왕조)가 그 뒤를 이었다.

영조왕조는 남송으로부터 불교를 받아들이는 등, 대외관계에 적극적으로 나섰다. 그 뒤를 이은 삼산시대(三山時代; 산잔시대)까지를 고유구시대(古琉球時代)라고 하는데, "중국과 조공(교역)과 책봉(외교)의 군신관계를 맺으면서 해양 왕국으로서 해양 교역의 활동과 많은 나라와의 외교적 관계 구축의 활동이 가장 활발했던 대교역시대"로 평가된다. 이 시기 유구에 대한 평가는 1458년 상태구(尙泰久) 왕이 주조했다는 조종(釣鐘)의 명문에서도 확인된다. "류구국은 남해의 승지(勝地)로서 삼한(三韓)의 빼어남을 모으고, 대명(大明)에 보차(輔車)가 되고, 일본 지역에 순치(脣齒)가 된다."[13]

남해의 풍족한 지역에 위치해서, 조선의 뛰어난 문화를 모으고, 중국과는 광대뼈와 턱과 같은 관계, 일본과는 입술과 이 같은 관계에 있다는 명문의 내용은 유구왕국이 탐라왕국에 못지않은 해양교역의 도서국가였음을 짐작하게 한다. 특히, 유구의 정사(正史)인 『구양(球陽)』에 따르면, 수양제(隋煬帝) 시절 조공을 요구받았으나 거절하였을 뿐 아니라, 1296년(영조왕 37)에 원(元) 성종(成宗, 1294-1307 재위)이 침공하였으나 굴하지 않았다고 하는데, 이러한 기록들은 고유구시대에도 독립성을 잘 유지하고 있었다는 근거가 된다. 물론 대외교역이 가장 활발했던 시절은 중국의 책봉을 받아 중화질서에 편승한 상씨왕조(尙氏王朝) 때로 알려져 있다.

---

13 장혜진, 「19세기 중반 근세 류큐왕국의 주체성과 저항 – '목지은하사건'을 중심으로」, 『동양사학회 학술대회 발표논문집』, 동양사학회, 2018, 83쪽.

유구가 명나라와 조공 관계를 시작한 것은 찰도(察度; 삿토) 왕이 즉위하여 명(明) 태조(太祖)에게 사신을 파견한 1373년으로 알려져 있다. 『구양』에서는 이 일을 두고 '인문유신(人文維新)'의 기초를 열었다고 기록하였다. 적대 관계에 놓여 있던 중국과 주종관계를 맺었지만, 중국의 학문 및 문물 수용이 확대되었기 때문이다. 1376년에는 중국의 복건성을 기점으로 실질적인 교류가 이루어졌고, 1405년에는 중국의 책봉사를 위한 천사관(天使館)을 건립하였는데, 중국과의 책봉 관계를 정례화하는 데 큰 역할을 했다. 교통과 무역을 위해 친견세(親見世), 어물성(御物城; 무역 물품을 저장하는 公倉)을 설치했다.

이렇게 삼산을 통일한 상씨왕조가 출범하면서 고유구는 중국과는 조공관계를, 주변 섬들과는 주종관계를, 조선과 일본과는 교역관계를 맺으면서 해양왕국의 면모를 굳건히 갖추어 나갔다. 이러한 질서는 1609년 상녕(尚寧; 쇼네이) 왕 때 살마번의 침공을 받을 때까지 유지되었다. 살마번은 일본 최초의 막부인 겸창막부(鎌倉幕府; 가마쿠라 막부) 때 살마, 대우(大隅; 오스미), 일향(日向; 히나타) 3국의 수호(守護)로 임명된 도진(島津; 시마즈) 가문이 다스리던 곳이었다. 일본 전국시대 도진 가문은 구주를 거의 통일했는데, 임진왜란 때 유구를 동원하려고 했던 것을 필두로, 유구인 송환 등에서 역할을 했던 것을 계기로 삼아 1609년 유구를 침략하였다. 다음 해인 1610년에는 유구와 일본의 종속관계가 시작되었다.

살마번 침략에 이어 암미대도(奄美大島; 아마미오오시마), 희계도(喜界島; 지카이시마), 덕지도(德之島; 도쿠노시마), 충량부도(沖永良部; 오키노에라부시마), 여론도(与論島; 요론도우) 등을 내어주게 되면서 유구의 실질적인 지배영역이 축소되었을 뿐 아니라, 주체적인 교역 및 외교 활동도 축소되었다. 살마번은 유구 지배의 근간이 되는 15개 조의 법도를 지키도록 요구했는데, 이 법을 토대로 동화정책을 실시했다. 임진왜란(壬辰倭亂), 정유재란(丁酉再亂)으로 단절된 중국과 일본의 교역 회복을 위한 강화교섭

책임을 지우기 위해서였다. 당시 유구 왕이었던 상녕(尙寧)은 1614년 복건(福建)의 군문(軍門)에 사신을 보내어 일본과 명나라 무역 재개를 타진했지만 중국측의 거절로 무산되었다.

중국과 일본의 강화 중재에 실패하자, 살마번은 유구와 중국 교역을 활용한 간접적인 경제 이익을 꾀했다. 이 계획이 성공하려면 유구가 일본에로의 복속, 또는 병합 없는 독립국 상태를 유지해야 했다. 그래서 초기의 동화정책을 폐기하고 이국화(異國化) 정책으로 선회하게 되었다. 1624년에는 법령이 다시 공포되었고, 급여권[扶持給與權]과 재판권[科人死罪流罪의 裁判權], 의례권[折目祭] 등이 유구정부에 귀속되었다. 그와 함께 일본 풍속을 금지하고 살마번 외 지역에서 유구로 도항하는 것도 금지되었다. 이렇게 내정(內政)의 권리는 유구에 귀속되었지만, 사실상 살마번의 지시에 따라야 했으므로 독립국 유지는 형식적인 것에 불과했다.[14]

이러한 정책적 조치 덕분에 1633년 상풍(尙豊; 쇼우호우) 왕이 명 황제로부터 책봉을 받으면서 중국과 조공관계가 회복되었다. 이후 이국화 정책의 유지가 대중국 관계 유지에서는 필수 조건이었다. 따라서 중국의 책봉사가 유구에 내항하여 체류하는 기간에는 재번봉행소(在番奉行所)를 비우고, 살마번 관인들이 몸을 숨기는 등 일본과의 일체 관계를 은폐하는 방법이 이용되었다. 재번봉행소는 1631년부터 유구에 파견된 살마번의 지배, 외교 연락 사절이 머무는 곳이었다. 이뿐만 아니라, 유구는 1634년부터 1850년까지 18회에 걸쳐 덕천막부에 이국사절단을 파견하였다. 일본 막번 체제 속에서 유구가 독립국으로 존재한다는 것을 보여주는 조치였다.

이렇게 독립국으로서의 지위를 유지하면서도 사실상 중국과 일본에 이중으로 복속되어 있던 유구는 조선 초기부터 능동적인 대조선(對朝鮮) 외교 정책을 취했다. 『조선왕조실록』 태조 1년(1392) 8월에 "유구국(流球國)

---

14 장혜진, 위의 논문, 87-88쪽.

중산왕(中山王)이 사신을 보냈다."는 기록을 시발점으로 15세기 50여 차례 친선사절단을 조선에 파견했다.[15] 친선사절단의 파견과 함께 무역이 확대된 것은 1431년 삼산의 통일이라는 유구 내부적 요인이 크게 작용하였다. 이 때 유구에서는 특산물과 함께 태국, 베트남 등 동남아시아의 물산을 중계무역하였고, 조선은 기술적 우위에 있는 직물을 주거래 상품으로 하였다.[16]

유교를 지배이데올로기로 하는 조선은 외교적 예우를 갖추고 유구 사신을 맞이했다. 유구 사신으로 인정되면 여느 일본인보다 정중하게 예우했기 때문에 예우가 지나치다는 상소가 제기될 정도였다. 이 상소에서는 유구와 관련된 다양한 평가들을 근거로 예우가 지나치는 주장을 강화하고 있는데, 작고 먼 나라이므로 국방 위협이 적은 나라라는 점, 은사(恩賜)를 갚지 못할 것이고, 보빙(報聘)과 절교(絶交)의 실효성이 없다는 점, 무례해도 꾸짖지 못할 것이라는 점, 장사꾼들이므로 호의를 이용하여 요구가 계속 이어질 것이라는 점, 유구보다 큰 일본의 요구를 유발할 우려가 있다는 등 당시 유구가 처한 현실을 근거로 하였다.

상씨왕조의 출범과 함께 대외교류가 늘어나면서 유구 표류 난민의 조선 표착 건수도 늘었다. 『세종실록』에 따르면, 15세기 유구 표류 난민의 최초 발생은 우리나라로 향하던 친선사절단이었다. 당시 사절단의 규모는 70여 명 이상이었던 것으로 추산된다. "항해 도중 풍랑을 만나 배가 침몰하고, 예물은 유실되었으며, 죽은 사람이 70여 명이고, 살아남은 사람이 한산도(閑山島)에 머물고 있다."는 경상도 관찰사의 보고가 기록되어 있기 때문이다. 이 사건을 시발로 하여, 15세기 4건(21%), 16세기 3건(16%), 17세기 2건(11%), 18세기 4건(21%), 19세기 6건(32%) 등 1891년까지 총 19건의 표

---

15 김경옥, 「15~19세기 琉球人의 朝鮮 漂着과 送還 실태 - 『朝鮮王朝實錄』을 중심으로 - 」, 『지방사와 지방문화』 15-1, 역사문화학회, 2012, 114쪽.

16 沈義燮, 「朝鮮初 對琉球 經濟와 貿易에 관한 研究(1392-1494)」, 『조선왕조와 유규왕조의 역사와 문화 재조명』, 한국오키나와학회, 1998, 42쪽.

류 사례가 실록에 기록되어 있다.[17]

15세기에는 조선으로 향하던 사신들이 해난사고의 피해자였지만, 교역이 확대된 16-17세기에 이르러서는 상인(商人)들의 표착 사례가 증가했다. 이 가운데 1611년(광해군 3) 제주 해역에서 발생한 해난사고는 앞서 언급했던 '유구 또는 안남세자 살해사건'과 관련된 것으로, 『광해군일기』 광해군 5년 1월 28일 기사에서는 탑승자의 신원이 당(唐)과 왜(倭), 그리고 유구로 표기되어 있다. 선적물품도 황견사(黃繭絲) 150석을 비롯하여 명주(明珠)와 마노(瑪瑙) 종류가 1천여 개에 이르는 등 제법 많은 재화가 실려 있었다. 제주목사의 보고에서는 왜구로 표기되었고, 나중에는 세자라는 이야기가 떠돌았지만, 실제로는 상인이었던 것으로 추정된다.

유구 표류 난민 가운데는 유구 부속도서 주민들도 많았다. 이들은 공물을 수송하다가 해난사고를 겪기도 하고, 섬 주민에게 공문을 전달하기 위해 항해하던 공선(公船)이 표류하기도 했으며, 고기잡이를 하다가 풍랑을 만나 해난사고를 겪기도 했다. 특히, 6-9월에 해난사고가 많이 발생했는데, 그 원인은 유구의 기후조건과 관련되어 있다. 유구는 1년 2모작이 가능한 지역이므로, 5월과 10월에 수확한 농산물을 유통시키려고 항해하는 이들이 해난사고를 많이 겪었기 때문이다. 1497년 10월 제주에 표착한 이들도 고향에서 수확한 홍화(紅花)를 싣고 경도(京都)에 다녀오던 중 양식이 떨어져 야마로풍가음도(也麻老風加音島)에서 포목과 벼를 교환하여 귀향하던 중 해난사고를 겪은 것으로 기록되어 있다.

조선에 표착한 유구 표류 난민은 해당 지역 지방관의 관리하에 구호조처를 받은 다음 서울로 후송되었다. 1418년 표류한 유구 사신부터 '전체(傳遞)', 또는 '역전(驛傳)'의 과정을 거쳤는데, 전체는 서울로 이동하면서 통과하는 지역의 지방관이 표류 난민을 관할 구역 경계지점까지 후송하여

17 김경옥, 앞의 논문, 2012, 115-118쪽.

다음 지역 지방관에게 인계하는 것이고, 역전은 서울로 이동하는 동안 숙식했던 역(驛)을 기점으로 관할구역 내 지방관이 다음 지역 지방관에게 인계하는 것이다. 이렇게 해서 서울에 당도하면, 중앙관원이 역관을 대동하고 표류과정을 묻는 '문정(問情)' 또는 '심문(審問)'을 거쳤다. 이 과정에서 국적, 신분, 표류 사실 등이 확인되면 본격적으로 송환절차가 검토되었다.[18]

유구 표류 난민의 송환방법과 관련하여 주목할만한 것은 1530년(중종 25) 10월에 예조(禮曹)와 의정부(議政府)에서 일본을 경유한 해로 송환을 택할 것인가, 중국을 경유한 육로 송환을 택할 것인가를 두고 범정부적인 논의가 벌어졌다는 점이다. 유구로 직접 송환하거나 대마도주를 통해 송환하던 종래의 방식과는 다른 논의가 벌어진 까닭은 이 시기 조선 국내외의 정치 경제 상황 때문이었다. 국정의 주도세력이 자주 바뀌었던 당시 조선에서는 훈척(勳戚)의 이해와 직결된 사무역(私貿易)의 확대로 명나라와 외교적 마찰을 우려되는 상황이었다. 따라서 유구 난민 송환 문제가 외교 문제로 비화되는 것이 부담스러웠던 것이다.[19]

이후 이 사안이 선례가 되어 1589년(선조 22) 진도에 표류한 유구국 상인 30명도 동지사(冬至使) 편으로 중국으로 송환했는데, 유구에서도 1546년(명종 원)에 조선 표류 난민을 중국으로 우회하여 송환하였다. 이렇게 조선과 유구의 표류 난민 송환은 중국으로 우회하여 이루어졌다. 본래 유구에서 사신을 보내면서 시작된 양국의 교섭은 일본인을 대리사절로 내세운 교섭 중계의 형태로 바뀌었다가 일본이 이를 악용하면서 교류가 중단되었던 상황이었다. 그런데 표류 난민이 발생하면서 중국을 통한 상호 송환 조치가 이루어지면서 교류가 재개되었고, 상호신뢰가 재구축되었다. 이후로는 중국을 통한 교류가 유지되었다.

---

18 김경옥, 위의 논문, 130쪽.
19 河政植, 「1530년 濟州漂着 琉球民 送還의 의의」, 『동양사학연구』 63, 동양사학회, 1998, 205쪽.

이런 과정을 거쳐 1601년 조선과 유구는 명나라에 진공(進貢)하거나 연절(年節)에 사신을 파견할 때 상호 표류민을 송환하는 방식을 정례화하였다. 하지만 유구가 살마번을 통해 일본의 통치 하에 들어가면서 정례화되었던 송환이 중단되었다. 18세기 말엽에 이르러서는 조선정부가 제주해역을 포함한 전라도에 표착한 외국 표류 난민의 경우, 해당 지방관이 구호조치를 한 다음, 즉시 송환하는 절차를 모색하도록 하면서, 유구의 표류 난민도 육로와 해로의 구분 없이 그들이 원하는 방식으로 송환되었다. 이때 해당 지방관은 중앙정부의 승인을 기다리지 않고 표착 난민 송환을 추진한 다음, 최종적으로 중앙정부에 보고하도록 하였다.

이러한 송환 원칙은 19세기에도 지켜졌다. 그런데 1821년(순조 21) 8월 제주에 표착한 살마주(薩摩州) 상선에 살마번 출신 일본인들과 동승한 유구인들에게서는 제주 표류 난민의 휘칭과 같은 국적 위장의 사례가 발견된다. 두 달 앞선 1821년 6월 15일자 실록 기사에는 제주에 표류해온 유구국(流球國) 사람 6명을 육로로 북경(北京)에 호송하라고 명했다는 기록이 남아 있고, 5년 뒤인 1826년(순조 26) 6월 16일자 실록 기사에는 흥해현(興海縣) 외나로도(外羅老島)에 표류해온 유구국(流球國) 상인 3명을 육로를 따라 북경(北京)에 호송할 것을 명했다는 기록이 남아 있는 것과는 대조되는 사건이다. 이 사건은 대마도가 작성한 문서에 기록되어 있었기 때문에, 우리나라에서는 2010년까지는 일본 선박의 조선 표착으로 간주되었다.

1821년 8월 29일 제주 정의현에 표착했던 이들은 1822년 1월 20일 제주에서 출선하여 윤 3월 5일 경상도 우암포(牛巖浦)로 회항한 다음, 동래부(東萊府) 초량왜관(草梁倭館)의 대마도 담당자들에게 인도되었다. 7개월 이상 긴 시간이 소요된 이유는 제주에서 한양까지 보고와 지시가 오가는 데 많은 시간이 소요되었을 뿐 아니라, 불순한 일기 탓으로 항해가 지연되기도 했기 때문이다. 그런데 왜관에 도착하기 전인 2월 5일에 편승자 대표로 항우위문(恒右衛門; 츠네에몬)이 작성한 진술서에서는 자신들을 '살마(薩

摩) 녹아도(鹿兒島; 가고시마)의 산천(山川; 야마카와)'에 사는 사람들이라
고 소개하였는데, 그의 이름은 항운(恒運; 츠네카주)이었고 편승자들 가운
데 유구사람이 20명이었다.[20]

이 사실은 진술서가 제출된 지 이틀 뒤에 왜관 관수(館守)가 일본으로
보낸 문서에서도 확인된다. "관수로부터 2월 7일의 문서를 통해서, '일본
표류민[和漂民] 편승인 20명이 곧 유구인(琉球人)이라고 하며, 그 가운데
한 명은 죽고 현재 남아 있는 사람이 19명이다'라는 보고가 대마도에 전달
되었다."라는 기록이 그것이다. 이 기록은 같은 해 4월 2일 왜관 관수가 문
정(問情)할 때 살마와 유구 사람을 구분했다는 것과도 일치한다. 그로부터
두 달여 뒤인 6월 21일 승선하였는데 27일 출범할 때까지 살마인과 유구
인이 각각 1명씩 병사하였다. 생존한 이들은 29일 대마도 좌수내(佐須奈;
사스나)의 세관에 도착했고, 7월 8일에 대마도 번청 소재지인 부중(府中;
후추)에서 조사를 받은 후 8월 7일 장기현으로 향했다.[21]

제주 표류 난민의 휘칭 사례가 일본측에서 취조받을 때는 확인되지 않
다가 부산에 송환되어서 제주 출신임을 밝힘으로써 드러났듯이, 유구인의
국적 위장도 대마도 측 자료에서만 확인된다. 초량 왜관의 대마도 사람들
에게도 살마 출신이라고 거짓 진술을 했을 뿐 아니라, 왜관에서도 이를 알
면서도 묵인 또는 조장했기 때문이다. 그 이유는 왜관 관수가 대마도 본청
으로 보낸 서장(書狀)의 "일찍이 다른 나라에 표류하게 될 때에는 일본인
복장을 하고 일본 이름을 쓰라고 구니모토(본국)에서 지시가 내려졌기에,
조선의 관리들에게는 일본인이라고 말해 두도록 문정하는 역인들에게 말
하였"다는 데서 확인된다.[22] 왜관 관수는 유구인이 있다는 사실과 이들이
국적을 위장하게 된 이유도 알고 있었던 것이다.

---

20 鄭成一, 위의 논문, 183쪽.
21 鄭成一, 위의 논문, 183-188쪽.
22 鄭成一, 위의 논문, 199-200쪽.

1858년에는 제주 모슬포 해변에 표착한 세 척의 배 가운데 한 척에 풍조보(豊助保)를 포함한 유구인 18명이 동승하고 있었다. 이들은 일본인으로 위장했지만, 조선 관리들에게 적발되어 유구인임을 인정하고 모슬포에서 유구로 돌아가고 싶다는 의사를 밝혔다. 1861년에도 제주 대정현에 유구인 3명과 살마인 표류 난민 31명이 표착하여 일본인으로 위장한 일이 있었는데, 이때는 제주 사람들이 유구인임을 밝혀냈다. 이때 왜관의 대마도 사람들은 '유구가 살마번의 속국'이어서 신분을 위장한 것이라고 말했는데 조선에서도 이미 알고 있는 일이어서 더 문제 삼지 않았다고 한다.[23] 19세기 후반에는 유구 표류 난민의 국적 위장이 유구와 중국, 일본의 정치적 이해관계와 관련되어 있다는 사실이 조선에도 알려진 것으로 볼 수 있다.

IV. 제주와 유구 표류 난민의 경계인 의식

근세 동아시아 해역의 국경은 서로를 마주하고 감시하는 망루나 성벽으로 이루어진 선(線)이 아니었다. 바다로 둘러싸여 있었던 까닭에 그 어떤 경계보다도 월경(越境)이 쉽지 않았지만, 그만큼 중첩되는 너비와 두께를 허용하는 공간이었다. 각각의 중심에서 퍼져 나오는 영향력이 미치지만, 멀어진 거리만큼이나 옅어진 파문 덕분에 다른 중심에서 퍼져 나오는 영향력도 겹치는 곳이었다. 이 지역을 삶의 터전으로 하는 이들은 이러한 상황에 민감하게 반응할 수밖에 없었고, 같은 이유로 중앙으로부터 감시와 차별을 받았다. 해난사고의 발생지와 표착지는 이러한 경계지역이고, 표류 난민과 표착지의 주민은 그러한 경계를 넘나드는 경계인이었다.

이런 상황을 전제로 한다면 "천신만고 끝에 조선 표류민들을 데려왔던

---

23 鄭成一, 위의 논문, 201-202쪽.

중국 상인들은 조선 정부에 의해 쌀 대신 은으로 보상을 받았"지만, "어이없게도 이들은 자신들이 타고 온 배가 아닌 육로를 통해 북경으로 돌아가야 했다."는 것이 사실이라면 국가통치의 기본이 의심된다. 마찬가지로 "유구국 태자 살해 사건과 앞서 본 고상영 표류 사건의 후속 처리, 그리고 네덜란드인 하멜 일행이 제주에 표류하여 13년 넘게 억류되어 있다가 탈출하여 국제 문제로 비화되었던 사건 등에서 보인 조선 정부의 대응 태도"가 사실이라면 "당시 조선이 얼마나 국제관례에 무지하고, 해외 정보에 어두웠는지 단적으로 알 수 있"는 근거가 된다.[24]

하지만 "당시 조선의 표류민 관련 일처리는 이처럼 서툴렀고 국제적 안목이 결여되어 있었"기 때문에 "특히 표류민들이 예외 없이 제주도 사람임을 숨기려고 애쓰는 장면이 반복해서" 드러난 것은 아니다. 더구나 앞서 살펴보았듯이 "1612년에 제주로 표착해온 유구국 태자가 탄 상선을 제주목사 이기빈(李箕賓)과 판관 문희현(文希賢) 등이 습격하여 재물을 빼앗고 그들을 죽인 사건의 여파 때문"이라는 것은 떠도는 풍문이 확대 재생산된 것이다.[25] 명백한 한 가지 사실이 있다면 제주 앞바다에서는 국내외 선박의 해난사고가 끊이지 않았으므로 다른 지역에 비해서 표류 난민들을 경험하는 일이 빈번했고, 거꾸로 외국에 표착하는 사례가 빈번했다는 것이다.

1687년 안남에 표착했던 고상영은 "여기는 틀림없이 유구국이다. 만약 제주에 있다고 사실대로 말하면 죽음을 면치 못할 것이다. 전라도 흥덕현에 사는 백성이라고 자칭하여 살기를 구하는 것이 좋겠다.(此必流球國也 若直說在濟州 則死不免矣 莫若以全羅道德興縣居民自稱 以求生也)"라고 당시를 기억했다. 하지만 이들이 도착했던 곳은 안남이었고, 이들을 취조했던 안남 회남군(會安郡) 명덕부(明德府)의 관원은 "우리나라 태자가 일찍이

---

24 정운경, 정민 옮김, 『탐라문견록, 바다 밖의 넓은 세상』, 휴머니스트 출판그룹, 2008, 29-30쪽.
25 정운경, 위의 책, 29쪽.

조선 사람에게 살해되었다. 그러니 너희에게 보복하여 태자의 원수를 갚아야 마땅하다.(我國太子 曾然朝鮮以所殺 亦當殺爾等 以報太子之讐)"라고 이들을 희롱하였다.[26]

그런데 당시 안남은 물론 유구 태자가 조선 사람에게 살해된 일이 확인된 바 없었고, 관원들에 이어 등장한 귀부인이 두려워하는 표류 난민들을 위로했다.[27] 이러한 정황으로 보건대, 일본과 유구, 안남인들은 조선 사람, 특히 제주 사람 사이에서 떠도는 풍문을 알고 있었던 것으로 짐작된다. 그런데 이 점은 앞서 살펴보았듯이 조선 후기에 접어들면서 유구 표류 난민이 살마번 출신 일본인으로 신분을 위장한 사례를 조선 관원과 제주 사람이 알아내고, 그 이유에 대해서도 어느 정도 알고 있었다는 기록을 연상시킨다. 그러므로 동아시아 표류 난민의 신분 위장은 당시 복잡한 국내외 정세에 따른 복합적인 요인이 작용한 것으로 볼 수 있다.

같은 맥락에서 "조선 표류민에 대한 일본인의 태도는 대부분 우호적이었"던 이유가 "이전에도 많은 표류민들을 보아왔으므로 후속 처리 과정도 일사불란하게 이루어"졌기 때문이라고 단정 짓기는 곤란하다.[28] 16-17세기 전쟁으로 인한 동아시아 질서의 재편을 겪는 동안에도 한·중·일에서 발생한 표류 난민의 구조와 송환이 이전처럼 유지되고 있었기 때문이다. 조선 후기 한일의 표류 난민 문제가 조선이라는 국가와 일본의 지방 영주에 의한 교섭으로 진행되었기 때문에 국가 차원의 외교체제를 강조하는 경우와

---

26 정운경, 위의 책, 231-232쪽.

27 안남 관원들에 이어 등장한 귀부인은 두려움에 울고 있는 표류 난민들에게 "너희들은 울지 말라. 우리는 본디 사람의 목숨을 상하게 하는 일이 없으니, 안심하도록 하라. 머물고 싶으면 머물고, 돌아가고 싶으면 돌아가도록 하여라. 너희가 바라는대로 해주겠다.(爾等勿哭 我國本無殺害人命之事 爾等放心 欲留則留 欲還則還 從爾等所願)"라고 적어주었다고 한다.

28 김강식, 「『표인영래등록(漂人領來謄錄)』속의 제주도(濟州島) 표류민(漂流民)과 해역(海域)」, 『탐라문화』 51, 탐라문화연구원, 2016, 35-36쪽.

지역 특수성을 강조하는 경우로 구분되었다는 점을 고려하면, 조선의 표류 난민의 송환 과정이 일사불란하게 이루어지지 않았을 이유는 없다.[29]

한편, 『표인영래등록(漂人領來謄錄)』에서도 확인되지만, 제주 표류 난민들은 유구나 안남에서만 출신지를 위장한 것이 아니다. 일본에서 출신지를 거짓 진술했는데, 귀환한 뒤에는 왜인들이 제주도 근처에서 파선 당한 탓을 제주도민에 의해서 살해된 탓으로 돌릴 것이 두려워서 출신지를 감추었다고 진술했다. 조선 정부에서도 해외 표착지에서 도회관 소재지로 출신지를 위장하는 제주 표류 난민의 행태를 문제 삼지 않았다. 이러한 정황으로 보건대, 제주 표류 난민은 의사소통이 원활치 않은 표착지 관리와 주민들로부터 제주 인근 해난사고의 책임을 추궁당할 것을 염려한 것이고, 조선 정부도 그러한 점을 인정한 것으로 볼 수 있다.

바다를 국경으로 한 동아시아 해역에서 표류 난민의 발생을 피하기는 어렵다. 그런데 표착지 관할 국가는 송환 과정에서 발생하는 비용을, 표류 난민 출신 국가는 표차(漂差), 또는 징채사(徵責事) 등의 외교사절을 접대하는 데 발생하는 비용을 부담해야 했다. 1727년(영조 3)에 표류 난민에 대한 처벌이 제정된 이유도 그러한 부담이 컸기 때문이다. 물론, 고의로 표류한 일이 아닌데도 형벌을 받게 되는 것은 가혹하다는 지적이 있어 곧 폐지되었다. 하지만 해난사고를 위장하여 무역에 나서거나, 송환 과정과 외교사절 접대 비용 등을 편취 하는 등의 부정도 적지 않았다. 그래서 표류 난민의 원적관(原籍官)에 대한 추고(推考)가 송환 절차의 마무리이기도 했다.

이런 일련의 요인들이 복합적으로 작용한 제주와 유구의 표류 난민 신분 위장은 '변경'이 아닌 근대적 의미의 경계 개념과 연결된다. 제주는 고려말에 이미 한국에 병합되었지만, 이형상 목사의 의례정비에 이르기까지

---

29 김강식은 선행연구 가운데 關周一, 高橋公明, 荒野泰典 등과 岸浩, 池內敏, 關周 一, 정성일의 연구를 기초로 조선후기 표류민 문제를 두 가지 경우로 구분하였다. 이와 관련된 논의는 김강식, 위의 논문, 36쪽의 각주 10과 11을 참조할 것.

왕화(王化)가 미치지 않는 변방의 절해고도였다. 유구는 한국과 일본에 비해 상대적으로 뒤늦게 왕국을 형성했지만 활발한 해상교류활동을 하던 독립국가였고, 중국과 일본에 이중 복속된 상태에서도 외교적으로는 독립을 유지하였다. 이렇게 제주와 유구는 한·중·일의 경계지역으로서 빈번한 이문화 체험의 기회를 가질 수 있으면서, "그 과정에서 필연적으로 생기는 심리적 갈등 및 그에 연속하는 타자상의 성립"을 경험할 수 있는 곳이었다.[30]

본래 "경계는 상이한 집단이나 지역을 구분하는 한계"로, "문화·언어·인종·종교 등의 기준에 따라 다양한" 경계가 "때로 구체적 지리 공간에 그 범위가 정해지기도" 하고, "그 내부에 수많은 '내경(內境)'이 포함"되어 있기도 하다. 특히, "문화 및 민족적 경계는 경계를 형성하는 요소에 따라 매우 다양한 성격을 띠게 될 뿐 아니라, 시대적 환경에 따라 가변적일 수밖에 없"는데, "지리 공간에 형성된 정치적 경계는 각 왕조의 지배 영역 변화에 따라 결정"된다. 그뿐만 아니라 "정치적 경계는 때로 문화적 혹은 민족적 경계와 일치하기도 하지만" "항상 동일한 지리 공간에 형성되지는 않"는다.[31] 제주와 유구 사람들은 이 경계를 삶의 터전으로 하는 경계인이었다.

표류 난민이기 이전에 경계인으로서 제주와 유구 사람은 한국과 일본과의 관계에서 근대 이후의 담론을 빌려 말하자면 이른바 트랜스-네이션(trans-nation)을 경험한 주체들이다.[32] 제주는 내륙에 병합된 지 오래였지

---

30 김선희, 「중심공간으로서의 한일 경계지역 연구」, 『도시연구』 12, 도시사학회, 2014, 96쪽.

31 송진, 「商代 境界意識과 境界의 出入」, 『용봉인문논총』 43, 전남대학교 인문학연구소, 2013, 187쪽.

32 주체라는 개념은 서양의 모던(Modern) 이후에 만들어진 개념으로서, 14-19세기 동아시아 해역의 표류 난민들에게 적용하기는 곤란하다. 하지만 근대국민국가의 국민/민족을 가리키는 개념으로서 네이션(nation)은 서양의 중세에 적용하기는 곤란하지만, 근대 이전 동아시아 왕조에는 적용할 수 있다. 특히 유구는 근대 이전까지 이중복속의 상태에서도 독립 왕국으로 존재했고, 제주는 조선에 병합된 상태에서도 실질적으로는 자기 정체성을 유지하고 있었다는 점에서 식민지 주체

만 육지와 구분된 정체성을 유지하고 있었고, 유구는 중국과 일본에 이중 복속되어 있었지만 1879년 메이지 정부에 의해 폐번치현(廢藩置縣)이 실행되기까지 대외적으로는 독립 왕국의 지위를 유지했다. 이러한 정치적 상황은 제주와 유구 사람이 탐라와 유구에서 조선과 일본으로 트랜스-네이션하였음에도 불구하고, 여전히 "식민지에 동화되지 않는 과정에서 타자성으로서 네이션"[33]을 자각하고, 호명하게끔 하였다.

유럽 제국주의와 근대 국민국가의 등장과 함께 네이션은 주체의 문제와 긴밀하게 관련되는 개념으로 여겨졌다. 네이션은 "근대적 네트워크에 근거한 새로운 삶의 방식"으로서, "네이션이라는 네트워크와의 연관을 통해서만 근대적인 주체가 탄생"되는데, "근대를 극복하려는 저항적 주체의 경우도" "네이션의 생성을 전제로 한다." 그런데 식민지인은 "예속된 주체를 생산"하는 "국가에 예속된 공공영역"이 아닌 "다른 방식으로 네이션을 경험하며 주체를 형성한다." 그것은 식민지 일상의 시공간이 아닌 "균열과 틈새, 절단된 역사, 미래의 '다른 시간'을 재현하는" 크로노토프(chronotope; 시공간)[34]에서 가능하다.

식민지 근대에서 타자들이 공감하는 네트워크는 소설의 "크로노토프"에 의해 형성된다. 특히 그것은 "표상불가능한 시공간의 재현을 통해 네이션이라는 네트워크를 형성"한다는 점에서 은유적 네트워크이다. "식민지의 타자들은 이미 무의식적으로 그 공간을 감지하고 있을 것"이지만, 그것은

의 트랜스-네이션 개념을 차용할 수 있다고 판단하였다.

33 나병철, 「식민지 근대의 공간과 탈신민적 크로노토프」, 『현대문학이론연구』 47, 현대문학이론학회, 2011, 155쪽.

34 미하일 바흐친(Mikhail Bakhtin, 1975·1981)이 문학비평에서 처음으로 사용한 이 용어는 시간을 뜻하는 희랍어 Κρόνος와 장소를 뜻하는 희랍어 τοπος의 합성어이다. 그는 시간과 공간(Time and Space)이 각각 존재할 수는 없다고 주장하면서, 시공간이라는 용어를 만들어내었다. 관련 내용은 나병철, 앞의 논문, 153-154쪽을 참조할 것.

"입 밖으로 말할 수 없고 눈앞에 표상할 수 없는 것을 암시적으로 재현"하는 것이다. 이러한 "도전적인 암시에 공감하는 과정에서의 네트워크가 식민지인의 네이션이며, 그런 은유적 네트워크를 통해 주체가 형성된다." 그 주체는 "민족적 코드로 호명된 동일성의 주체가 아니"며, "식민지에 동화되지 않는 과정에서 타자성으로서" 생성된 네이션에 의해 탄생한 것이다.[35]

조선시대 제주도민에게는 서사무가나 풍문 등이 재현하는 "크로노토프"에 의해 "섬사람[島民]"이라는 네이션이 형성되었다고 볼 수 있다. 본래 소설의 시공간을 통한 은유적 네트워크는 "공공성에의 틈새적 침투, 신문의 수용적 비틀기, 일상의 이야기나 유언비어 같은 준공공 영역, 그리고 수면 밑의 하위문화들과 맥락을 같이" 한다.[36] 제주에 "당 오백, 절 오백"과 "일만 팔천 신"이 있었던 이유는 그것이 재현하는 은유적 네트워크를 통해 "섬사람"이라는 네이션이 형성될 수 있었기 때문이다. 그것은 중앙정부의 진상 요구는 물론, 토관(土官)과 중앙에서 파견된 관료들이 자행하는 이중 수탈을 견뎌내는 타자성으로서 생성되었다.

조선 후기 각지에서 농민전쟁이 발발했지만, 특히 제주지역의 농민전쟁이 다른 지역과는 사뭇 다른 양상을 보이는 이유도 여기에서 찾을 수 있다. 예컨대 1813년 발발한 양제해(梁濟海, 1770-1814)의 난은 군현(郡縣) 단위에서 간헐적으로 발생하던 이전의 민란 수준에서 벗어난 것으로 평가된다. 풍헌(風憲)을 지낸 양제해가 중심이 된 이 사건은 비록 거사를 계획하고 준비하던 단계에서 실패했지만, 조세수취 구조에 대한 백성의 불만을 엎고 소외된 토호세력이 중앙정부를 거부하고 반기를 들었다는 점에서 분리주의적 성격이 강하게 드러나기 때문이다. 실제로 이들은 지방관 타살을 통한 별국(別國) 건설을 목표로 하였다.

---

35 나병철, 위의 논문, 154-155쪽.
36 나병철, 위의 논문, 155쪽.

1862년 강제검(姜悌儉, ?-1863)의 난, 1890년 김지(金志)의 난, 1891년 이완평(李完平, ?-1891)·현계환(玄啓煥)의 난, 1896년 신제개혁 반대운동, 1898년 방성칠(房星七, ?-1898)의 난, 1901년 이재수(李在守, 1877-1901)의 난 등에서는 제주 출신 여부를 막론하고 중앙정부에 대한 저항을 새로운 왕조 건설로 완성하려고 한다는 유사점이 발견된다. 때때로 그것은 신제개혁 반대 운동에서 확인되듯이 유생들이 선두에 서서 당시의 체제를 유지하려고 하거나, 이재수의 난처럼 제국주의의 첨병 역할을 하면서 중앙정부의 수탈에 앞장서던 "섬사람"에 대한 공격으로 표면화되기도 했다. 하지만 이들이 "섬사람"이라는 네이션을 형성하고 있었다는 점은 공통적이다.

유구왕국의 멸망과 저항운동, 그리고 복국청원운동(復國請願運動)에서도 이와 유사한 점이 발견된다. 폐번치현 이전인 1872년 유구국왕이 유구번왕(琉球藩王)에 봉해지면서 외교사무가 일본 외무성에 접수되면서 유구왕국은 사실상 멸망의 수순으로 접어들었다. 하지만 이때 유구 측에서는 일본의 조치에 크게 대응하지 않았는데, 유구의 내정을 번왕에게 일임함으로써 국체와 제도를 변경하는 일은 없을 것이라는 약속을 믿었기 때문이다. 이전에도 중국과 일본에 이중복속되어 있으면서도 독립국으로서의 지위를 유지하였을 뿐 아니라, 그것이 뒤늦게 동아시아 해역의 국제질서에 편입한 유구왕국이 유지될 수 있는 외교전략이었기 때문이다.

하지만 일본은 약속을 지키지 않았고, 유구측에서는 1875년 청과의 관계를 단절하라는 요구를 거부하면서 청나라는 물론, 이미 조약을 맺고 있었던 미국, 프랑스, 네덜란드 등과 적극적인 외교를 펼쳤다. 그러면서 유구의 관료와 지식인들은 "섬사람들과 모여 일본 정부의 명에 복종하지 말자는 약속"을 하였으며, 1879년 이후 일부가 중국으로 망명하여 복국청원운동을 지속하였다.[37] 이 운동은 유구의 피해를 설명하면서 외교와 군사의

---

37 양수지, 「19세기말 琉球의 滅亡과 君主權」, 『동북아문화연구』 19, 동북아시아문

개입을 요청하는 것을 내용으로 하였고, 국왕의 석방과 국토회복을 목표로 하였다. 하지만 1894년 청일전쟁에서 청국이 패배하자 이들은 고국으로 돌아올 수밖에 없었고, 공동회(公同會) 활동 등과 같이 제한적이지만 복국청원운동을 이어나갔다.

한국에 병합된 지 2-3백년이 지난 후의 제주, 그리고 이중복속되었지만 여전히 독립국의 지위를 누리고 있었던 유구의 표류 난민이 근대 이후의 트랜스-네이션을 경험한 주체의식을 가지고 신분을 위장했다는 것은 과한 분석일 수 있다. 하지만 제주와 유구 사람은 조선인 또는 일본인과는 다른 네이션을 가지고 있는 것으로 자각했다. 하지만 이들은 외국의 표착지에서 내륙의 도회관 출신 또는 일본인으로 신분을 위장했다. 역설적이지만 이러한 신분 위장 행위는 이들에게 요구되는 제국의 '네이션'을 그대로 진술한 것이다. 제주 사람은 이미 조선 사람이었고, 유구 사람은 일본 선박에 있는 한에서는 일본 사람이어야 했기 때문이다.

중앙정부에서 멀리 떨어진 절해고도의 유배지를 삶의 자리로 하는 제주 사람에게 언어가 통하지 않는 이국(異國)의 표착지는 말 그대로 공포과 긴장의 연속이었다. 이들은 평소 타자로 소외당했던 변경의 삶에 자리에서 중앙정부의 기준을 내면화하도록 꾸준히 기율화 되었다. 하지만 삶의 자리에서 네트워크로 형성된 네이션은 저항적 주체로서 인식하고 활동하는 쪽으로 작동되었다. 그런데 해난사고로 난민의 처지에 놓이면서 스스로 타자화시키는 이른바 이중적 타자화가 발현된다. 일반적으로 이러한 이중적 타자화는 식민지적 상황에서 극단적으로 관찰되는데, 이때 '제주 사람'은 조선 사람이 아니라는 "이데올로기적 호명을 경험하게"[38] 되는 것이다.

살마번의 배에 동승한 유구 사람들도 마찬가지다. 앞서 살펴보았듯이

화학회, 2009, 116-118쪽.

38 임의영, 「'지방생산모형'의 도출을 위한 시론적 연구―타자화논리와 내부식민지론의 통합을 중심으로」, 『지방행정연구』 20-4, 한국지방행정연구원, 2006, 139쪽.

1821년 6월 제주에 표착한 유구 표류 난민 6명과 1826년 흥해현(興海縣)에 표착한 유구 표류 난민 3명은 1821년 8월 제주에 표착한 유구 표류 난민 20명과 1858년 제주에 표착한 유구 표류 난민 18명, 그리고 1861년 제주에 표착한 유구 표류 난민 3명과 전적으로 다른 한 가지 면이 있다. 당시 사실상 유구를 지배하던 살마번 출신 일본 사람들과 동승하지 않았다는 것이다. 특히 1851년에는 신분 위장이 발각되자 일본을 경유하지 않고 직항의 형태로 귀국하였는데, 이로 보건대 당시 유구의 정치적 상황에 따른 자기 타자화로 볼 수 있다.

V. 맺음말

1741년(조선 영조 17) 중국 태주부(台州府) 임해현(臨海縣)에 조선인들이 표류해왔다는 소식을 들은 제주화(齊周華, 1698-1767)는 이들을 만나러 가서 5일 동안 함께 하면서 관찰했다. 그는 명나라 때 편찬된 『광여기(廣興記)』에 소개된 조선의 혼인 풍속에 대해 표류 난민에게 물었고, 그것이 잘못된 기록이라는 점을 알게 되었다. 그래서 예의의 나라 조선을 제대로 알리기 위해 『고려풍속기(高麗風俗記)』를 저술하게 되었다고 한다. 1731년 제주 목사로 부임하는 정필녕(鄭必寧, 1677-1753)을 따라 입도한 정운경(鄭運經, 1699-1753)이 표류 난민을 만나 『탐라문견록(耽羅聞見錄)』을 작성한 이유도 외국의 풍물과 생활에 대해 알고 싶었기 때문이다.

제주화나 정운경처럼 근세 지식인이 표류 난민에게 관심을 가진 이유는 '이역(異域)'에 대한 호기심, 곧 이역의 정보를 얻을 수 있는 계기가 되었기 때문이다. 그래서 표류는 하나의 바다를 공유하면서 활발한 교류를 했던 동아시아 각국의 역사에도 불구하고, 전쟁 이후 해금정책 아래 '월경'이 쉽지 않았던 근세 동아시아 세계에서 단순한 해난사고 이상의 의미를 갖게 되었다. 자신의 '삶의 자리' 밖으로 나온 이들은 풍문으로만 들어서 알고 있던 낯선 환경과 맞닥뜨린 상황에서 조속한 귀환을 위해 가능한 모든 노력을 기울여야만 했고, 그렇게 표착한 이들을 구조하고 송환하는 표착지 주민도 같은 상황에 놓여 있었기 때문이다.

『탐라문견록』에 따르면, 표류 난민은 표착지의 낯선 풍속과 생활상을 "마치 현대 인류학의 참여 관찰지를 읽는 듯" 비교적 정확하게 기억해내고 있다.[39] 특히, 특별한 가치 판단이 개입되지 않은 객관적인 사실을 그대로 묘사하고 있다는 점이 높이 평가된다. 그러면서도 당시 동아시아 해역의 정치상황이 반영된 대외 관계 인식이 비교적 분명하고 자세하게 기록되어 있다. 또한 일본이 조선에 비해 송환 절차가 잘 정비되어 있다거나 현지인의 입을 통해 조선 문화에 대한 비판적인 평가가 이루어지기도 했다. 이렇게 중국과 일본, 또는 유구와 안남 등 이국과의 관계에서 우리 자신에 대한 객관적 인식이 가능하다는 점에서 『탐라문견록』은 당시 지식인의 관심을 끌었다.

이들 표류 난민에 대한 공식, 비공식 기록들에서는 동아시아 해역에서 발생한 해난사고의 처리 과정이 중국을 중심으로 어느 정도 표준화되어 있었다는 점이 확인된다. 물론 동아시아 해역을 둘러싼 정치적 상황의 변화에 영향을 받기는 하지만, 인도주의적이고 호혜주의적인 원칙 하에서 표류 난민의 구조와 송환 절차가 합리적으로 구비되어 있었고 실행되었다. 그뿐만 아니라, 때로는 경색된 정치 국면을 타개하기 위한 매개로 표류 난민의 송환 문제가 활용되기도 했다. 이렇게 표류 난민의 발생에 따른 월경을 낯선 이의 침입으로 여기지 않았을 뿐 아니라, 약탈의 대상으로 삼지 않았다는 사실은 동아시아 해역의 문명화 수준을 반증한다.

---

39 한창훈, 「『탐라문견록』에 나타난 제주인의 동아시아 인식과 그 의미」, 『제주도연구』 38, 제주학회, 2012, 144-149쪽.

하지만 이런 상황에도 불구하고 제주 표류 난민과 유구 표류 난민에게서 휘칭과 신분 위장의 사례가 발견된다는 점에 주목하였다. 한국에 병합되고, 일본에 종속되기 전 제주와 유구는 활발한 교역을 하던 독립해상왕국이었다는 공통점 외에도 많은 친연관계를 가지고 있다. 실제로 제주와 유구 간 표류 난민의 표착이 빈발하기도 하였다. 더구나 동아시아 해역에서 제주와 유구 표류 난민만이 표착지에서 자신의 출신지를 위장하는 사례가 발견된다는 공통점도 있다. 더구나 제주 표류 난민은 그 이유를 유구 태자의 사망 사건에 대한 책임 추궁을 두려워하기 때문이라고 답변했다. 그 사실 관계를 밝히고, 이유를 비교 분석하고자 하는 것이 이 연구의 문제의식이었다.

우선 알려진 바와는 달리 제주 표류 난민은 유구에 표착했을 때만이 아니라 안남과 일본에 표착했을 때에도 제주 사람이라는 것을 숨겼다. 그러므로 제주 사람이 제주 인근에서 해난사고를 입은 유구 태자 또는 안남 태자를 살해했다는 책임 추궁을 두려워하였다는 것은 사실과 다르다. 오히려 제주 표류 난민이 표착지에 상륙하기 전에 보인 독특한 신분 위장 행위 때문에 안남과 유구의 현지 관원이 이를 역으로 이용한 사례도 있다. 그뿐만 아니라 관련 사건으로 추정되는 광해군 3년 8월의 사건 피해자 인적에 대한 조선 정부의 기록도 연대별로 달라지는 양상을 보인다. 이러한 정황으로 볼 때 출신지 휘칭의 이유는 실제 사건과는 무관한 풍문에 불과한 것으로 볼 수 있다.

다음으로 제주에 표착한 유구 표류 난민의 신분 위장은 1821년과 1858년, 그리고 1861년 세 번에 걸쳐 보고 되었다. 이전에는 유구 표류 난민이라는 사실을 밝히고 해로로 직접 유구로 귀환하거나, 육로로 북경을 경유하여 귀환한 것에 비해 1821년 이후 세 건의 신분 위장이 이루어졌다. 1858년에는 조선 관원에 의해 유구 사람이라는 것이 밝혀져 해로로 직접 귀환하였고, 1861년에는 제주 사람들에 의해 유구 사람이라는 것이 밝혀졌지만 조선 관원들도 그 이유가 살마번에 의해 일본에 복속되어 있는 상태임을 알았기 때문에 크게 문제 삼지 않았다. 요컨대 유구 표류 난민의 신분 위장은 중국과 일본에 이중복속되어 있던 유구 왕국의 지침에 따른 것으로 볼 수 있다.

제주와 유구 표류 난민의 신분 위장은 이렇게 당시 한국·중국·일본 삼국의 정치적 상황과 긴밀하게 연결된 행위로 볼 수 있다. 당시 동아시아 해역의 국경은 바다를 둘러싸여 있었던 까닭에 어떤 국경보다도 월경이 쉽지 않았지만, 그만큼 각각 다른 중심의 영향력이 겹쳐질 수 있는 너비와 두께를 허용하는 공간이기도 했다. 따라서 이 경계지역을 삶의 자리로 하는 경계인들은 각각의 중심은 물론 겹쳐지는 다른 중심과의 관계에 민감하게 반응할 수밖에 없었다. 특히 해난사고를 겪고 간신히 생명을 건져 표착한 곳이 출신지 관할 국가와 어떤 관계에 놓여 있는지, 그곳 주민과 관리들이 자신들을 어떻게 인식하는지에 대해 촉각을 세울 수밖에 없었다.

이러한 점에서 표류 난민은 근대적 의미의 경계인이며, 특히 제주와 유구 표류 난민은 한국과 일본과의 관계에서 근대 이후의 트랜스-네이션을 경험한 주체라고 할 수 있다. 제주는 한국에 병합된 지 이미 오랜 시간이 지나고 있었고, 유구는 살마번에 복속되었지만 여전히 독립국을 유지하고 있었기 때문에 근대 식민지 타자들이 경험한 트랜스-네이션을 겪었다고 말하는 것은 다소 지나칠 수도 있다. 하지만 바로 그 지점에서 이들은 식민지에 동화되지 않는 과정에서 타자성으로서 네이션을 자각하고 있었고, 일상의 크로노토프(시공간)가 아닌 표착지의 크로노토프에서 자기를 타자화시키는 전략을 활용한 것이다.

동아시아 해역에서 발생한 표류 난민의 송환은 인도주의와 호혜주의에 바탕을 두고 있었다. 하지만 국가간 이해관계에 따라 가변적일 수밖에 없다. 일상에서 변방의 유배지, 또는 이국화 정책에 따라 독립국 형태를 유지하고 있는 식민지를 경험하고 내적 기율화를 강요당했던 이들은 낯선 표착지에서 자신을 타자화시킴으로써 안정적인 귀환을 보장받고자 하였다. 그리고 이것은 역설적으로 일상의 크로노토프에서는 '섬사람'이라는 네이션과 그것을 중심으로 한 네트워크를 구성하고 있었다는 반증이 되기도 한다. 바로 이 지점이야말로 제주와 유구 표류 난민이 표착지에서 신분을 위장한 이유이다.

경계인으로서 제주와 유구 표류 난민은 표착과 송환 과정을 통해서 동아시아 해역의 인적, 물적 교류와 문화 교류에 크나큰 역할을 했다. 살마번의 선박에 동승하지 않는 이상 유구 사람이라는 것을 밝혔던 표류 난민의 네이션은 오늘날 유구독립운동으로 이어지고 있다. 유구 또는 안남의 태자를 살해했던 책임추궁을 핑계로 전라남도 도회관 출신으로 신분을 위장했던 제주 표류 난민의 네이션은 대한제국 농민전쟁을 거쳐 제주 4·3의 정명 요구로 이어지고 있다. 동아시아 해역의 이러한 역사는 중심-주변의 공간위상이 전복되면서 경계가 중심의 자리를 차지하는 지금, 표류 난민의 경계인 의식이 새롭게 주의를 끄는 이유를 말해준다.

(김치완)

국민국가의 틈새에서
– 대만2·28사건의 외국인 '수난자'를 사례로

Ⅰ. 머리말: 초국가적 상흔의 일국적 처방전

　20세기 중엽 동아시아의 탈식민 냉전체제 형성기에 발생한 대규모 폭력은 초국가적 상흔을 남겼지만, 그에 대한 해결책으로 시도되어온 법적, 제도적 프로그램은 자민족, 자국민 중심적 배타성을 강화해 왔다. 대규모 폭력이 초래한 부정적 유산(negative heritage)과 마주함으로써 은폐·왜곡되어온 진실을 규명하고 갈등 당사자 간의 화해와 공생을 모색하기 위한 실천은 국민국가 성립의 정통성과 정당성을 묻는 작업과 연동되었고, 이는 국경과 국적, 민족이라는 경계에 좌우되어 왔다. 때문에 국민국가라는 제도와 질서를 토대로 한 과거사 청산에의 시도는 국가의 경계 혹은 그 너머로 흩어져 버린(離散) 초국가적·디아스포라적 상흔을 불가시화/불가청화시켜 버린다.

　이 논문의 목적은 경계 밖으로 내몰려온 이들의 폭력 이후를 실증적으로 분석함으로써 국민국가를 단위로 하는 과거사 청산의 결함을 지적하고, 통합, 공생과 같은 언어를 동원하여 서둘러 상처와 흔적을 덮으려는 시도와 그 이면에 잠재된 국가주의, 국민주의를 비판적으로 고찰하는데 있다. 구체적으로는 대만2·28사건을 사례로, 1945년을 전후한 시기 대만사회의 구성원이자 이질적 존재였던 조선인, 류큐인(琉球人)이 어떻게 사건에 연루되었는지 추적하고, 민주화 이후의 이행기 정의[1] 프로그램 속에서 공적 희생자로서의 지위를 얻는 과정과 그 의미에 대해 살펴본다.

일본 제국권의 확장과 붕괴, 동아시아 지역질서의 냉전적 재편과 국민국가 형성, 그리고 대규모 폭력 사건을 거치며 조선인, 류큐인의 유민화(流民化), 난민화(難民化)는 가속화되었다. 제국주의 체제의 하위주체로서 혹은 생활세계의 논리에 따라 대만으로 유입된 그들 중 상당수는 1945년 '제국 일본' 해체 직후 각자의 출신지로 돌아갔지만, 귀환 행렬에서 이탈하여 잔류를 택한 사람들은 뒤이어 발생한 2·28사건에 휘말리게 된다. 냉전 대립이 심화되고 국경 관리가 강화되면서 비교적 자유롭던 인적, 물적 이동이 불법으로 규정되어 통제되는 상황 속에서, 특히 대만과 일본의 접경지대인 난세이제도(南西諸島)를 거점으로 밀무역[2]에 가담하며 두 나라를 비밀스럽게 오갔던 류큐인들이 사건의 광풍에 연루되기도 한다.

초국가적 상흔의 당사자들은 20세기 동아시아의 식민지체제와 냉전질서, 신생 국민국가 수립의 정통성과 정당성을 완결성 높게 설명하는데 껄끄러운 존재일 수밖에 없다. 재대(在臺) 조선인이나 재대 류큐인, 혹은 재일(在日) 대만인, 재일 조선인처럼 그들의 아이덴티티는 잠정적인 거주지

---

1 대만에서는 '전형정의(轉型正義)'로 사용된다.
2 1945년 4월부터 3개월여동안 미일 양군이 오키나와에서 벌인 전투로 인해 약20만명의 전사자가 발생했다. 물적 피해도 컸다. 밀무역은 오키나와전으로 인해 생산시설과 유통망이 파괴되고 미군정이 무역을 통제하는 혼란 속에서 어떻게든 살아 보기 위한 선택지였다(川平成雄, 『沖繩 空白の一年 : 一九四五-一九四六』吉川弘文館, 2011, 143쪽). 특히, 밀무역이 성행했던 배경에는 전후 오키나와를 점령 통치한 미군이 식량을 비롯한 생활물자 부족현상에 적극적인 대책을 마련하지 않은 요인이 크다(琉球銀行調查部編 『戰後沖繩經濟史』, 琉球銀行, 1984). 한편, 전후에 밀무역에 종사하며 대만과 류큐를 오가는 어민들은 공식 통계에도 포함되지 못했다(何義麟, 「戰後在臺琉球人之居留與認同」, 『國史館學術集刊』18, 2008, 138쪽).

역을 매개로 설명되는 경우가 많고, 재대 혹은 재일과 같은 형용어구의 근원이나 디아스포라적 상황에 대해서도 생략되는 방식으로 호명되어 왔다.

Ⅱ. 대만2·28사건의 외국인

2·28은 일본의 패전 이후 국민당 정부가 대만을 접수하는 과정에서 발생했는데, 독점적 지위를 확보하려는 외성인 세력에 대한 본성인들의 전면적인 저항과 그에 대한 국민당 정부의 조직적인 진압 및 학살 사건을 통칭한다[3]. 본성인에 대한 외성인의 멸시와 차별, 탄압은 사건의 혼란을 거치며 대규모 인명 살상과 인권 유린으로 표출됐고, 70여년이 지난 오늘날까지 민족간 갈등은 뿌리깊게 남아있다. 13%에 불과한 외성인이 정치, 경제, 사회 전반을 장악해온 국민당의 억압체제 하에서 2·28은 '폭동'으로 규정되고, 민주화를 요구하며 사건의 진실과 정의 회복을 요구하는 시민들은 탄압의 대상이 됐다.

1987년의 계엄령 해제를 계기로 대만 사회가 민주주의 체제로 이행되는 과정에서 2·28에 대한 공적 인식도 변화를 맞게 된다. 1995년 '2·28사건 처리 및 보상 조례'[4]가 제정되고 같은 해 '2·28사건 기념 기금회'가 발족되면서 사건이 남긴 부정적 유산을 청산하려는 시도가 본격화됐다. 법적, 제도적 토대가 마련되고 은폐·왜곡되어 왔던 사건의 전모가 조금씩 드

---

3 민족 간 갈등은 중화민국 정부가 대만을 접수하는 과정에서 보였던 위압적인 태도에서 비롯됐다. 중화민국 정부는 대만 접수를 안정적으로 실현하겠다는 목표와 달리 실제로는 대만인을 일본에 의해 노예화된 존재로 간주하고 자신들은 대만을 해방시킨 정복자로 위치 규정 했는데, 이것이 대만 민중의 반발을 초래했고 결국에는 정치적 충돌까지 이어진 것이다(정형아·정창원, 「두 번째 중화화-전후 초기 진의(陳儀)의 대만 '심리건설」, 『歷史와實學』 64, 2017).
4 2007년 3월에 조례가 개정되면서 '보상'에서 '배상'으로 명칭과 의미가 변경됐다.

러나면서 장기간의 권위주의체제 하에서 터부시되어온 '반역의 역사', '금기의 역사'가 비로소 국가사/국민사의 일부로 편입되어 가는 이행기를 맞게 된 것이다.

진실 규명, 피해자 배상과 함께 '족군 융합(族群融合)'이 이행기 정의 프로그램의 주요 과제로 설정된 것도 이러한 배경과 관련이 깊다[5]. 본성인과 외성인이 갈등하는 담론지형 속에서 '융합'을 모색하는 당사자로 재위치되어 가는 상황은 대만 사회 민주화의 한 단면이자 이행기 정의의 의미있는 성과라 할 수 있을 것이다.

한편 이러한 구도는 본성인, 외성인과 함께 2·28에 연루되어 희생됐지만, '융합'의 당사자로 인식되지 못했던 비대만인(Non-Taiwanese)에 대한 상상을 차단해 버린다. 법·제도의 영역에서 공적 승인의 절차를 거쳐 탄생하는 '수난자'[6]의 범주에서도 조선인, 류큐인과 같은 에스닉 마이너리티[7]는

---

5 2·28사건처리 및 배상조례 제1조의 내용은 다음과 같다. "본 조례는 2·28사건의 배상 업무를 처리하고 역사교육을 시행하며 관련된 책임의 귀속을 명확히 함으로써 국민으로 하여금 사건의 진상을 이해하게 하며 역사의 상처를 치유하고 족군 융합을 촉진하기 위해 제정됐다".

6 배상조례 제2조에는 '수난자'를 '공무원 혹은 공권력에 의해 생명, 신체, 자유 또는 재산 상의 침해를 당한 인민'으로 규정한다. 2·28기금회(https://www.228.org. tw/pages.php?sn=14)가 발표하는 '배상금 신청안 심리 통계표(賠償金申請案審理統計表)'에 따르면 2020년 7월 기준으로 2835건의 신청 가운데 2324건이 '수난자'로 공식 인정됐다. 그 가운데 사망자가 686건, 실종자가 181건, 구금·징역 등이 1457건에 이른다. 그밖에 법적 요건에 부합되지 않거나 증거 부족 등의 이유로 심사가 성립되지 못한 경우가 511건이다. 그러나 이러한 통계는 지금까지의 조사 연구에서 발표됐던 피해자 규모(1만 8천여명)와 큰 차이를 보인다(陳美伶, 「台灣二二八事件的〈補償〉與〈賠償〉?」, 『臺韓人權論壇論文集－政黨輪替與轉型正義』, 二二八事件祈念基金會, 2008, 115-116쪽; 李明峻, 「論個人的國際賠償請求權－兼論2·28 事件的琉球人受害者問題」, 『臺灣國際法季刊』 5-2, 2008, 133쪽).

7 식민지 지배 하의 대만사회에서, 특히 류큐인은 일본인과 함께 공공기관이나 각종 요직을 맡기도 했다. 식민지 정책을 수행하는데 중요한 역할을 담당했다는 점에서(陳美伶, 「台灣二二八事件的〈補償〉與〈賠償〉?」, 『臺韓人權論壇論文集－政黨輪替與轉型正義』, 二二八事件祈念基金會, 2008, 93쪽), 식민자(植民者)라는 측면에

대상 외로 여겨져 왔다. 한국이나 일본에서 진행되어온 2·28 연구 역시 자국민의 관여 여부나 피해 정도, 사건 이후의 행방 등에 대해서는 관심 영역 밖에 있었다. 일제의 식민지 정책과 이주, 패전 직후의 미/귀환 등에 대해서는 다양한 자료가 발굴되고 관련 연구가 축적되어 왔지만, 해방 이후 대만사회의 격동 속에서 조선인, 류큐인과 같은 소수자 집단이 어떠한 경험을 했고, 그들의 존재가 드러나지 못한 이유는 무엇이었는지에 대해서는 오랫동안 관심의 대상이 되지 못했다.

그러한 상황에서, 분절적으로 접근하기 어려운 이들 지역의 '아래로부터의 역사'와 국경을 넘는 이동의 궤적를 추적해온 연구자들이 2·28에 연루됐던 비대만인의 문제를 수면 위로 부상시키고 본성인을 유일한 피해자 집단으로 공식화하려는 대만 정부의 '수난자' 정책에 대한 비판적 개입을 시도하게 된다. 이들은 '대만2·28사건 오키나와 조사위원회'를 결성하고 난세이제도를 중심으로 한 피해자 실태 조사를 실시했는데, 2007년 1월에는 실종자 7명의 신원을 공개하기도 했다[8].

마타요시 세이키요(又吉盛淸)에 따르면, 외국인 가운데서도 대만과 지리적으로 인접한 류큐인들의 인명 피해가 가장 컸다[9]. 식민지 시기부터 형성됐던 류큐촌(琉球村)[10]을 중심으로 1945년 이후에도 '미니(mini) 오키나와 사회'가 지속됐고, 그 곳에 3백여명의 류큐인이 유용자(留用者) 신분으로 거주했다[11]. 또한 지상전의 후유증으로 극심한 식량난과 생필품 부족에

서도 함께 고려해야 할 필요가 있다.

8 고성만, 「타자들의 2·28-실종자의 사후처리를 둘러싼 요나구니섬 유족들의 궁리와 실천」, 『구술사연구』 10-2, 2019, 35-36쪽.

9 又吉盛淸, 「視角とアンテナ－台灣2·28事件と沖繩」, 『植民地文化研究:資料と分析』 6, 2007; 『大日本帝國植民地下の琉球沖繩と台灣』, 同時代社, 2018.

10 지룽(基隆)에 있는 서랴오섬(社寮島) 일대에 형성된 류큐인들의 집단 촌락을 일컫는다.

11 1946년 10월 발표된 통계에 따르면 대만에 잔류한 류큐인은 9174명으로 집계되는데, 그중 지룽에는 타이페이시에 이어 세 번째로 많은 1539명이 거주하고 있

시달렸던 오키나와의 전후 상황은 대만과의 밀무역 수요를 급증시켰는데, 그로인해 난세이제도의 여러 섬들과 류큐촌을 오가는 밀무역이 성행했으며, 거기에 종사했던 류큐인들이 사건에 연루됐을 가능성이 제기된다. 일본의 제국권이 붕괴되고 대만과 오키나와를 잇는 생활권에 새롭게 국경선이 그어지면서 비교적 자유롭던 두 지역 간의 인적, 물적 이동은 불법으로 규정되어 단속의 대상이 되어 버렸고, 익숙한 바다를 오가며 생활하던 사람들은 새롭게 그어진 경계의 실체를 충분히 인지하지 못한 채 생업을 이어 나가야 하는 상황을 맞게 된 것이다[12].

앞서 검토한 것처럼 1995년에 보상조례가 제정되면서 2·28의 공적 해결이 본격화됐지만, 양국 혹은 다국 틈새에 끼여 드러나지 못했던 에스닉 마이너리티의 존재가 공적 영역에 등장하게 된 것은 최근의 일이다. 다양한 국적의 유족들이 신청을 매개로 이행기 정의 프로그램에 참여하면서 '수난자' 인정을 둘러싸고 대만 정부와 지난한 공방을 벌인 끝에, 2016년 2월 외국인으로는 처음으로 일본 요론섬(与論島) 출신의 아오야마 에사키(青山惠先, 남, 1908년생)가 '수난자'로 인정되기에 이른다. 이어 2017년 2월에는 거문도 출신의 박순종(朴順宗, 남, 1911년생)이 '수난자'로 인정됐다[13].

었다. 그 가운데 유용자는 155명, 일반 류큐인은 1384명이다(河原功, 『台灣引揚·留用記錄 : 台灣協會所藏\』 2, ゆまに書房, 1997, 137쪽).

12 고성만, 「타자들의 2·28 – 실종자의 사후처리를 둘러싼 요나구니섬 유족들의 궁리와 실천」, 『구술사연구』 10-2, 2019, 35쪽.

13 이들 외에도 3명의 류큐인 희생자의 유족들이 2016부터 대만 정부에 '수난자' 인정을 요구하고 있지만 모두 각하된 상태이다. 모두 대만과 일본의 접경지역인 요나구니섬 출신자로 유족들은 근친자가 2·28에 연루되어 실종되었다고 주장하지만, 수난 사실을 입증하는데 필요한 자료의 해석을 둘러싸고 대만 정부와 갈등을 빚고 있다(고성만, 「타자들의 2·28-실종자의 사후처리를 둘러싼 요나구니섬 유족들의 궁리와 실천」, 『구술사연구』 10-2, 2019). 한편, 아오야마와 박순종에 이어 2019년 2월에는 일본 나가노현(長野縣) 출신의 호리우치 가네키(堀内金城)가 세 번째로 외국인 '수난자'로 결정됐다.

외국인 '수난자'의 탄생은 본성인 피해자만을 구제 대상으로 선별해온 기존의 국적별, 민족별 구분이 철폐되는 계기가 됐다. 그 점에서 '수난자' 범주의 확대는 공적영역에서 전개되어온 이행기 정의의 새로운 전환이자 일국사 속에서 재위치 되어가는 사건의 역사적 위상을 동아시아사(history of east asia)로 확장시켜 초국적 공감과 실천적 연대의 가능성을 예견하게 한다.

그러나 후술하겠지만, 외국인 '수난자'가 만들어지는 과정을 면밀히 살펴보면 초국가적 상상력은 부재하고 기저에는 국민국가의 논리가 여전히 유효하게 작동되는 것을 알 수 있다. 구체적인 논의를 위해 이 논문에서는 1945년을 전후한 시기의 대만을 중심으로 조선인과 류큐인의 이동과 정주, 2·28과 그 이후의 경험과 관련하여 생산된 문서 자료와 인터뷰 조사에서 얻은 구술 자료를 분석하고자 한다.

외국 국적의 유족과 대만 정부 사이에 오갔던 각종 공문서와 재판 기록들은 모두 유족들의 협조와 허가 없이는 접근 불가능한 자료이다. 앞선 세대가 남긴 호적/제적등본 상의 사망기록이나 엽서, 사진과 같은 사료의 해석 역시 유족들의 적극적인 참여 없이는 불가능한 것이었다. 때문에 엄밀한 의미에서 이 연구는 그/그녀들과의 공동 작업이라 할 수 있다.

III. 안주의 땅을 찾아서

주변 도서부(島嶼部)가 식민지 경제체제로 복속되고 지역별, 민족별 경제 격차와 차별이 발생하면서 아오야마 에사키와 박순종 역시 안주의 땅을 찾아 대만 북동부의 지룽(基隆)으로 이주하게 된다. 그러나 그들의 유민화 경로는 삶의 터전을 빼앗겨 도망치듯 만들어진 것이라기 보다는 식민지 자본주의 체제의 흐름을 파악하고 월경적(越境的) 네트워크를 적극적으로 동원하여 개척된 루트라 할 수 있다. 출신지를 떠나 지룽에 삶의 터전을 개척한 그들이 2·28에 휘말려 실종되고 70여년이 지나 '수난자'로 공인되기까지의 경위를 유족인 아오야마 케이쇼(青山恵昭, 1943년생)와 박영심(朴鈴心, 1940년생)과의 복수의 인터뷰를 통해 재구성했다.[14]

1. 아오야마 에사키 – 요론섬에서 지룽으로

아오야마 에사키는 이토만(糸満) 출신 어부들이 진출하여 어장을 형성했던 가고시마(鹿児島) 인근의 고시키섬(甑島)을 비롯하여 구메섬(久米島)과 이시가키섬을 옮겨 다니다 23세 되던 해 지룽의 서랴오섬(社寮島)에 안착했다. 일본이 대만을 식민지화한 이후 지룽을 '어업의 전진기지'로 개발하면서 많은 수의 류큐인들도 이곳으로 진출하게 됐는데, 청새치 잡이 기술로 명성을 날렸던 사촌형 사키자와(先澤)도 일찍이 가족들을 데리고 서랴오섬의 류큐촌(琉球村)에 정착했다.

사람과 물자의 이동이 활발한 그곳에서 에사키는 어업 기술을 배우고 기관장 면허도 취득한다[15]. 1942년에는 오키나와 북부의 구니가미촌(國頭村)에서 류큐촌으로 이주한 도케시 에미(渡慶次恵美)와 혼인하여 이듬해 아들을 낳고 케이쇼라 이름지었다. 그러나 이들 부부의 신혼 생활은 오래가지 못했고, 아들이 태어난지 5개월 뒤에 에사키는 징병되어 베트남 전장으로 보내졌다.

---

14 인터뷰 조사는 대면과 비대면(온라인) 방식으로 진행했다. 그 가운데 아오야마 케이쇼와의 대면 인터뷰는 2010년 8월 11일부터 2019년 10월 16일까지 이루어졌고, 그 이후는 비대면으로 진행됐다. 인터뷰 내용의 일부는 졸저(2017)에도 인용된 바 있다.

15 그러던 중 1937년 중일전쟁이 발발하자 중국대륙의 전장으로 보내졌고, 2년뒤 대만으로 돌아와 일본 본토인이 경영하는 목재 운송회사에서 일을 하기도 했는데, 그 후 다시 지룽의 류큐촌으로 돌아오게 된다.

그후 호찌민에서 종전을 맞은 에사키는 출신지별로 귀환하라는 명령에 따라 1946년 2월 사세보(佐世保)의 우라가시라항(浦頭港)으로 향하는 귀환선에 오른다. 호찌민을 떠나기 전 에사키는 지룽에 있는 아내에게 '하루라도 빨리 가고시마로 돌아오라'는 전보를 보낸다. 3개월여의 항해 끝에 사세보에 도착한 에사키는 종전 직후의 혼란한 상황에 놓여 있을 가족들의 안위가 걱정되어 직접 지룽으로 가기로 결심한다. 그러나 국경선이 재확정되는 과정에서 일본과 대만 사이의 이동에도 제한이 뒤따랐다. 국경 관리가 강화되면서 발이 묶인 그에게 지룽과 이시가키섬, 요나구니섬(与那國島), 미야코섬(宮古島) 등을 오가는 밀무역선은 국경을 넘어 대만으로 잠입할 수 있는 유일한 기회였을 것이다. 수소문 끝에 승선한 밀무역선은 그러나 국민당군의 진압작전이 전개되고 있던 현지의 상황을 알지 못한채 지룽항에 입항했고, 배에 탔던 에사키는 다른 선원들과 함께 실종되어 버렸다.

한편 에사키가 밀무역선을 갈아 타며 지룽으로 향하던 그때, 호찌민에서 보내온 군사우편을 확인한 그의 아내는 세살 아들을 데리고 귀환선에 올라 사세보로 향하고 있었다. 훗날 그녀는 지룽과 요나구니섬을 오가는 밀무역선의 선원을 통해 그들의 '엇갈린 여정'에 대해 알게 됐고, 남편이 지룽항 인근에서 군인들에게 끌려간 뒤로 실종됐다는 소문도 듣게 된다[16].

에사키가 실종된 후, 그의 아내는 아들과 함께 친정인 구니가미촌으로 이주한다. 미군 부대의 아파트에서 가정부로 일하며 홀로 가계를 꾸려온 그녀는 아들과 손자들에게 '너희 아버지는 대만 폭동사건에 휘말려 개죽음

---

16 1945년을 전후한 시기 난세이제도에는 요나구니신문(与那國新聞)을 비롯하여 사키시마아사히신문(先嶋朝日新聞), 우루마신보(うるま新報) 등 다양한 로컬 미디어가 발행됐고, 1935년부터 야에야마군도(八重山群島) 일대를 대상으로 발행됐던 '해남시보(海南時報)' 역시 당시 대만의 급박한 정세를 보도했다. 1947년 3월 17일자 신문에서는 다음과 같은 기사를 확인할 수 있다. "폭동은, 이제 어쩔 수 없이 소수의 잔류 오키나와 주민들을 철수시켰고, 그들은 어구(漁具)를 버리고 허둥지둥 도망치듯 오키나와로 돌아갔다".

당했다'고 얘기해 왔다[17]. 그녀에게 '개죽음'이란 타지에서 객사당한 남편의 부당하고 원통한 죽음을 의미하는데, 이는 오키나와전에서 전사한 친정 가족들이 민간인 신분임에도 불구하고 '전몰자'라는 공적 신분을 얻고 유족들에게는 일본 정부로부터 매년 원호금이 지급되는 것에서 느껴지는 차별적 처우와 상대적 박탈감의 다른 표현일지 모른다.

가족들의 엇갈린 여정과 아버지의 실종 이후, 케이쇼는 어머니의 증언과 가족사진, 호찌민에서 보내온 엽서 등을 참고삼아 위패와 유골함, 제적등본 등에 기록을 남기는 방식으로 아버지의 사후처리를 진행해 왔다. 유족들이 처음부터 의도한 것은 아니었지만, 2·28과의 관련성이 강하게 반영되어 있는 이러한 기록들은 훗날 대만 정부를 상대로 한 인명피해의 공적 승인 과정에서 중요한 증빙 자료로 활용된다.

2. 박순종 – 거문도에서 지룽으로

강제병합 이듬해인 1911년, 거문도에서 태어난 박순종은 일자리를 찾기 위해 일본 시모노세키(下關)와 기타규슈(北九州)를 거쳐 1942년에 지룽에 정착했다[18]. 동향 출신의 여성과 혼인하여 3남 1녀의 자녀를 두었는데, 장남은 1933년 거문도에서, 장녀는 40년 기타규슈에서, 둘째와 셋째아들은 지룽에서 태어났다.

---

17 2019년 10월 16일, 일본 오키나와현, 아오야마 케이쇼와의 인터뷰에서 발췌.
18 대만총독부가 집계한 『대만 인구 동태 통계(台灣人口動態統計)』에 따르면, 식민지 후반기 대만에 거주하는 조선인이 증가했고, 이는 대만 거주 외국인 가운데에서도 높은 비중을 차지한다. 총독부 통계에 의하면, 1932년에 4만2208명의 외국인이 대만에 거주했는데 그 중 조선인은 959명에 지나지 않았다. 그후 10년동안 외국인은 8천여명 증가한 5만505명인 반면, 조선인은 1천7백여명이 증가한 2천692명이 된다(김승일, 「臺灣 韓僑의 역사적 遷移 상황과 귀환문제」, 『한국근현대사연구』 28, 2004, 292-293쪽에서 재인용).

박순종 일가가 지룽에 정착하게된 것은 일본의 수산업 정책과 연관이 깊다[19]. 그가 선원으로 근무하던 대만성 수산 주식유한회사(臺灣省水產株式有限會社)가 시모노세키에서 창업된 후 1929년에는 '근대의 대어항(大漁港)'으로 불리던 기타큐슈의 도바타(戶畑)로 옮겨져 왔는데, 지룽의 정빈(正濱) 어항이 바로 토바타항을 모방하여 건설된 곳이다[20]. 박순종 일가에게 지룽은 기회의 땅이었다. 해방 후 조선으로 돌아가지 않고 생활의 기반을 다져온 지룽에 잔류한 것도 그 때문이었다. 국민당 정부 역시 식민지 시기에 비약적으로 발전한 수산업을 지속적으로 육성하기 위해 종전 이후에도 일본인과 류큐인, 조선인들을 잔류시켰다[21].

황선익에 따르면, 대만에서 해방을 맞은 4, 5천여명의 한인 가운데, 한적병사(韓籍兵士)나 일반한인(一般韓人) 등 3천5백여명이 1946년에 조선으로 귀환하고 나머지 4, 5백여명은 잔류를 택했다[22]. 대다수의 한인이 고

---

19 일제는 부족한 노동력과 군사력을 보충하기 위해 많은 한국인들을 대만으로 이주시켰고, 그중 대다수는 강제 징집된 한반도 남부지역의 어민들이었다. 일제의 수산업 정책으로 대만 수산업의 물리적 인프라와 기술력이 크게 발전했고, 그로 인해 많은 수의 조선인이 대만으로 이주했으며, 대만총독부의 공식 통계 역시 외부 인구의 증가 현상을 뒷받침한다. 그러나 '상당히 많은 한국 어민들이 전쟁이 끝날 때까지 귀국하지 못하고 지룽에 억류되어 있거나'와 같이 식민지 시기 대만에 유입된 조선인이 모두 강제적으로 이주되었는가에 대해서는 추가적인 검토가 필요하다(김승일, 「臺灣 韓僑의 역사적 遷移 상황과 귀환문제」, 『한국근현대사연구』 28, 2004, 289-90).

20 일본 수산(日本水產)은 1929년 사업 확장을 위해 시모노세키에서 토바타로 거점을 옮겨 대규모 어항을 축조했다. 도바타항에는 일본어망주식회사를 비롯하여 제빙·냉동공장과 어시장 등이 밀집해 있어 '일본수산업의 축도(縮圖)'로 불리기도 했다. 대만의 지룽항은 수산업과 노동자, 일본 제국이 하나로 연결되는 어항이자, 어항(수산업)과 광산(탄광업)이 밀접하게 연계된 개발이었다는 점에서 도바타항의 특징이 잘 드러나는 곳이다(富永悠介, 『〈あいだ〉に生きる-ある沖繩女性をめぐる經驗の歷史學』, 大阪大學出版會, 2019, 118-119쪽).

21 황선익, 『해방 후 대만한교협회 설립과 한인의 미귀환』, 『한국근현대사연구』 38, 2006, 142쪽.

22 황선익, 「해방후 대만지역의 한인사회와 귀환」, 『한국근현대사연구』 34, 2015.

국으로 귀환하면서 대만 내 한인사회의 분위기도 크게 바뀌는데, 해방 직후에 조직된 재대한국인동지회(在臺韓國人同志會)도 이름을 바꾸어 대만한교협회(臺灣韓僑協會)로 새롭게 발족됐다. 한교협회는 '한국 교민의 복리와 대만 지방 당국과의 연락'을 자임하며 한인들의 거주 상황 조사를 비롯하여 거류증 발급, 귀환 희망자 조사, 신원 보증과 같은 역할을 수행했다[23].

유족들에 의하면, 박순종은 1947년 3월 11일 아침 둘째 아들의 생일에 쓸 생선을 사기 위해 항구로 나갔다가 실종됐다[24]. 마을 사람들에게 전해 들은 바에 따르면, 박순종은 정빈리(正濱里)와 진사리(眞砂里)를 가로지르는 중정로(中正路) 일대에서 군인들에게 체포되어 검문을 받던 중 바지 주머니에 소지하고 있던 작은 칼이 발각됐고, 그것이 문제가 되어 진사리에 위치한 군부대로 끌려갔을 가능성이 높다[25]. 박순종의 아내는 곧바로 한교

1947년 대만한교협회가 발간한 『대만 한교 등기 명책(臺灣韓僑登記名冊)』에는 당시 대만에 거주 중인 358명의 명단이 수록되어 있다(국민대학교 한국학연구소, 『대만지역 한인 귀환과 정책 10』, 역사공간, 2016에서 재인용).

23 황선익,위 논문, 2015; ____, 「해방 후 대만한교협회 설립과 한인의 미귀환」, 『한국근현대사연구』 38, 2006.

24 1947년 3월 8일 지룽항에 상륙하는 국민당군의 상황은 여러 문헌에서 소개된 바 있다. "상륙한 국민당군은 대만이 중국의 한 성(一省)인 것조차 모르는 병사가 많았고, 적개심이 가득찼으며, 동포에 대한 배려는 찾아볼 수 없었다. 그들은 이렇게 말했다. '대만인은 중국인이 아니다. 그들은 많은 중국인을 참살했다. 그 원수를 갚아야 한다. 죽이면 죽일수록 두 번 다시 모반(謀反)을 일으키지 않을 것이다'"(楊逸舟, 『台灣と蔣介石－二·二八民變を中心に』, 三一新書, 1970, 130쪽). "국민당의 수송선이 지룽항에 접안하자마자 군인들은 기관총을 난사하며 진격했다. 항구에서 짐을 기다리던 무고한 시민들도 사살됐고 하나 둘 쓰러졌다. 군인들은 마치 전장에서 적을 살육하듯 눈 앞의 모든 사람을 사살했다. (…) 당시 지룽의 선거(船渠), 만완(灣岸), 하천 어디에도 시체가 묻히지 않은 곳이 없었다. 많은 곳에는 200여구 이상의 시체가 흩어져 있었다" (張炎憲·胡慧玲·高淑媛, 『基隆雨港二二八』, 吳三連臺灣史料基金會, 2011, 8-9쪽) .

25 『경향신문』(1947년 4월 5일자)에 따르면, 박순종 외에도 2·28에 연루되어 희생된 조선인의 존재를 추측할 수 있다. 1면에 게재된 '대만 혼란 계속 / 동포 2명

협회의 간부들과 실종된 장소를 찾아 수소문해보았지만 끝내 남편의 행방을 찾을 수 없었다.

어머니는 아버지가 예전의 국어(일본어)만 할 줄 알고 새로운 국어(북경어)는 몰랐다고 했어요. 그래서 군인들이 아버지를 더 수상하게 보았을 것 같아요. 어머니는 아버지가 갖고 있던 칼이 선원들이라면 누구나 가지고 다니던 작은 칼이라고 했어요. 그런데 군인들이 오해를 해서 아버지를 끌고 가 버린거죠.[26]

박영심의 기억 속에는 아버지의 행방을 찾기 위해 매일같이 해안가를 서성이던 어머니의 모습이 뚜렷하다. '아버지가 꿈 속에 나타났다', '같은 마을의 한국 사람들이 아버지의 행방을 찾는데 발 벗고 나서주지 않았다'는 어머니의 얘기도 또렷히 기억한다[27]. 대만과 미국으로 뿔뿔히 흩어져 살게된 유족들은 1992년 천안에 위치한 '국립 망향의 동산'에 부모의 묘비를 조성했다. 아버지의 묘비문에는 '1947년 3월 11일 졸(卒)'로 각명했다.

피살' 표제의 기사 내용은 다음과 같다. "내란 상태 전개 중의 대만으로부터 철귀한 외국인은 이즘 당지에 도착하였는데 그 외인은 여좌한 사실을 기자에게 말하였다. 현재 대만에는 혼란 상태가 계속 중인데 이 상태는 거 3월 8일 중앙군이 대북(台北)에 하착하자 더욱 심각화하였던 것이다. 즉 중앙군이 도착하자 사정없이 발포하는 '테러' 행동을 감행하였던 것이다. 또 살해당한 외국인 중에는 2명의 조선인도 있었는데 이것은 작년 10월 파선으로 인하여 대만에 표착한 18명의 조선인 중의 2명이었던 것이다. 이 18명의 조선인은 조선 귀환 수속이 완료될 때까지 대만에 체재하도록 대만 당국으로부터 억류되었던 것이며 이 18명은 지룽에 채제하였었는데 그 중 3명은 조선 귀환 수속 차 타이페이에 향하였던 것이다. 그런데 중앙군은 그 중 여자 1명을 강간하고 2명의 남자는 사정없이 사살하였던 것이다."

26 2018년 3월 1일, 대만 타이베이시, 박영심과의 인터뷰에서 발췌.
27 2019년 3월 1일, 대만 타이베이시, 박영심과의 인터뷰에서 발췌.

Ⅳ. '수난자' 되기

수난 사실의 공적 승인은 사건의 법적, 제도적 해결의 필수적인 절차로, 2·28기금회의 이행기 정의 프로그램 가운데서도 가장 중요한 업무의 하나로 분류된다. '수난자' 심사는 신청주의와 문서주의 방식에 따라 이루어지는데, 신청자(당사자 혹은 유족)는 배상조례를 비롯한 일련의 법/제도와 행정 절차를 인지하고 문서를 통해 피해 사실을 소명하는 절차를 밟아야 한다. 대만 정부는 '수난자' 심사에서 적합 판정을 받은 신청자에게 배상금을 지불하는데, 구제나 원호, 보상 보다 높은 수준의 과거 청산 방식을 채택하는 만큼 신청자에게는 강도높은 입증 책임이 요구된다.

1. 류큐인 '수난자'

케이쇼의 집에 모셔져 있는 아버지의 위패에는 구전으로 전해져 온 '개 죽음'의 사유, 즉 '대만 폭동사건'이 '쇼와22년[28] 2월 28일 졸(卒)'로 새겨져 있다. 위패에 각명된 행방불명의 기록은 즈시가메(厨子甕)[29]에서도 확인할 수 있는데, 고향인 요론섬과 밀무역선의 마지막 경유지였던 이시가키섬, 그리고 국민당군에 붙잡혔던 지룽 항구 등 생전의 아버지가 거쳐 갔던 유의미한 세 장소에서 돌을 가져와 유골을 대신하여 단지 속에 넣고, 겉면에는 '1947년 (…) 대만'이라고 새겼다.

아오야마의 실종 기록은 그의 제적등본에서도 확인할 수 있다. 아버지

---

28 1947년을 의미한다.

29 세골(洗骨) 의식을 마친 유골을 보관하는 함으로 보통 유골을 함에 넣기 전에 뚜껑 안쪽이나 표면에 검정색 글씨로 망자의 이름, 사거(死去) 연월일, 세골 연월일을 적는다. 그러나 실종된 아오야마 에사키의 경우는 유족이 유골 대신 돌을 넣어 즈시가메를 만들었다.

의 행방불명 상태가 장기화되자 케이쇼는 1990년 초반 나하시(那覇市)에 위치한 가정법원에 실종 선고를 신청했는데, 몇 년 간의 소명 절차를 거쳐 1994년 9월 '1954년 3월 31일 사망한 것으로 간주한다'라는 판결을 받게 된다. 생사불명 상태가 7년 이상 지속되면 사망한 것으로 간주된다는 민법 31조(실종 선고의 효력)에 따라 실종의 기산점을 '1947년'으로 설정할 수 있게 된 것이다. 이를 토대로 아버지의 제적등본에 '1954년 3월 31일 사망한 것으로 간주한다 / 1994년 8월 30일 실종선고 재판 확정 / 같은 해 9월 9일 장남 아오야마 케이쇼 신고 제적'[30]으로 기재할 수 있게 됐다.

'대만2·28사건사건 오키나와 조사위원회'가 발표한 7명의 실종자 가운데서도 아오야마의 유족이 가장 먼저 신청 준비를 마쳤다. 부친의 행방불명을 입증하기 위해 오랜 시간 관련 자료를 모아온 아들 케이쇼는 2013년 8월, 2·28기금회에 '2·28사건 수난자 배상금 신청서'를 제출한다. '신청서'의 내용을 입증하기 위해 1946년 어머니와 함께 지룽에서 사세보로 귀환할 때 챙겨온 가족사진과 아버지로부터 우송된 엽서를 첨부했다. 또 1995년 8월 나하 가정법원이 확정한 아버지의 '실종 선고 심판서'와 호적/제적등본과 같은 공문서도 증빙자료로 제출했다. 케이쇼가 작성한 '신청서'의 요지는 아래와 같다.

> (1947년) 2월 하순 대만으로 갈 기회를 엿보던 에사키는 천재일우의 기회를 얻어 찾아낸 배를 타고 '아내와 아들이 있는' 대만으로 향하고 말았습니다. 완전히 엇갈렸던 것입니다. 이시가키를 경유하여 지룽으로 향하던 대만 선박이었다고 합니다. 배는 이시가키섬에 들러 하룻밤을 보내고 지룽으로 향했습니다. 지룽 항구에 도착. 휘몰아치는 '학살의 거리'가 될 줄 모른 채 부두에 접안하는 순간 군대에 납치됐다고 합니다.

---

30 원문은 '1954年3月31日死亡したものとして見なす / 1994年8月30日失踪宣告裁判確定 / 同年9月9日長男青山恵昭申告除籍'이다.

2·28기금회는 제출된 신청서 자료를 토대로 심사위원회와 감찰위원회의 심의를 거쳐 다음과 같이 아오야마 에사키가 2·28에 연루되어 실종된 것으로 판단했다.

실종 안건의 배상 청구를 인정하고, 60단위의 배상금을 급부한다. (⋯) 배상 조례는 인권 보호를 위한 법률이며, 외국인에게도 적용된다. 또한 본 조례 제9조에는 '본 기금회는 외부 간섭을 받지 않고 독자적으로 직권을 행사한다'라고 명기하고 있다. 따라서 '인권 보호는 국적을 따지지 않는다'는 이념에 근거하여 이 안건에 배상조례를 적용한다.[31]

기금회는 심사 결과를 곧바로 상급기관인 내정부(內政部)[32]에 보고했다. 그러나 내정부는 에사키가 배상조례의 대상자가 될 수 없다고 결정하며 기금회의 결정을 뒤집는다.

일본 법원은 같은 유형의 안건을 심리할 때 자국민에 상호보증(평등호혜의 원칙)을 적용한 판례의 유무에 따라 해당 안건을 다룬다. 법무부, 외교부, 타이베이주일경제문화대표처(台北駐日經濟文化代表処)의 자료에 따르면 일본의 국가배상법은 상호보증(평등호혜)의 원칙을 인정했는데, 일본과 국교 단절 이후 같은 유형의 판례가 없기 때문에 일본 법원이 반드시 상호보증(평등호혜)의 원칙을 우리나라 국민에게 적용한다고 볼 수 없다. 또 지금까지 우리 국민이 일본 정부에 보상금을 신청한 판례는 대만적(臺灣籍) 일본병 및 위안부 안건 밖에 없다. 그러나 이상의 두 판례를 보면 일본 법원은 우리나라 국민에게 일본국민과 동등한 권리를 부여하지 않았다. 따라서 평등호혜의 원칙에 따라 일본국민은

---

31 결정 통지서((103)228貳字第091030840號)에서 발췌.
32 한국의 행정안전부에 해당한다.

아직 배상조례의 적용 대상이라 할 수 없다.[33]

기금회는 유족측이 제출한 신청서와 증빙 자료를 토대로 아오야마 에사키가 2·28로 인한 실종자임을 판단하고 배상조례가 외국인에게도 적용할 수 있다는 유권해석까지 더하면서 유족에게 배상금을 지급해야한다고 결론 내렸다. 그러나 상급기관인 내정부는 2·28과 아오야마의 연관성 보다는 국가 간 호혜와 평등의 원칙에 더 무게를 두고, 일본 국적자인 유족에게 배상금을 지급할 수 없다는 결정을 기금회에 하달한다. 결국 상급기관의 결정에 따라 기금회는 2014년 12월 다음의 내용을 골자로 하는 '결정 통지서'를 유족 측에 송부한다.

> 1) 본 기금회는 심사위원회의 결정을 인정한다. 다만 내정부는 본 기금회의 관리기관이며, 또한 이 안건의 적용 법률에 대해 명확한 해석을 내렸다. 따라서 본 기금회는 내정부의 의견을 존중한다. 2) 내정부의 의견과 평등호혜의 원칙에 따라 일본 국민은 아직 배상조례의 적용 대상이 아니다. 법령 요건의 일부가 충족되지 않으므로 안건을 기각한다.[34]

기금회의 결정에 불응한 아오야마의 유족은 2015년 1월, '재심의 신청서'을 제출한다[35]. 그러나 기금회와 내정부의 입장에는 변함이 없었다. 같은 해 7월, 재심의 신청마저 기각되어 버린다.

---

33 결정 통지서((103)228貳字第091030840號)에서 발췌.
34 결정 통지서((103)228貳字第091030840號)에서 발췌.
35 아오야마 케이쇼가 제출한 '재심의 신청서'는 다음의 내용을 골자로 한다. "대만에 대한 일본의 전후 보상은 우리 역시 부끄럽고 거기에 공감하는 부분이 있습니다. 그러나 외람되지만 지금이야말로 평화 희구의 관점에서 대만 사회의 양식과 양심을 세계에 알리고 높은 견지에서 능동적으로 법적 문제를 해결해 주시기를 바랍니다".

아오야마의 행방불명과 2·28의 관계를 밝히고 피해 배상을 통한 정의 실현의 가능성을 타진하는 문제는 대만과 일본 간의 해결되지 못한 채 방치되어온 전후처리의 문제를 소환하고, 식민지 지배의 역사를 둘러싸고 70년 넘게 쌓여온 양국 간의 앙금을 재생산시키는 구도로 전개됐다. 재심의 신청이 기각되고 두달 여 뒤인 2015년 9월, 결국 아오야마의 유족은 대만 고등행정법원에 이 문제를 제소한다. 그리고 두 차례의 공판을 거친 끝에, 2·28추도식을 십여 일 앞둔 2016년 2월 17일, 법원은 2·28기금회가 아오야마의 유족에게 배상금을 지급해야 한다는 판결을 내리게 된다.

소원(訴願)의 각하 결정 및 각하 처분을 취소한다. 2013년 8월 2일의 배상금 신청 건에 대해 피고는 원고에게 600만 대만달러를 지불하라[36].

대만고등행정법원은 내정부의 판단에 법률적 근거가 없다는 아오야마 측의 주장을 받아들였다. 17개 항목으로 구성된 2·28배상조례에 '외국인에게 배상금을 지급하지 않는다'는 내용이 명시되어 있지 않을 뿐 아니라 '국가 간 평등호혜 원칙에 구속된다'는 내용 역시 명문화되어 있지 않은 점에 주목했다. 법원의 판결에 결국 기금회와 내정부가 항소를 포기함으로써 아오야마 에사키는 외국인 최초의 '수난자'로 인정받게 됐고, 유족에게는 배상금이 지급됐다.

2·28기금회와 내정부가 '외국인에게 배상금을 지급하지 않는다'는 주장을 굽히고 항소를 포기한 것은 배상조례의 결점을 지적한 법원의 판결을 수용했기 때문이다. 일각에서는 류큐인 '수난자'의 탄생과 일본국적자(유족)에 대한 배상이 일국 중심의 이행기 정의에 대한 반성과 성찰에서 촉발된 것이라기보다는, 아오야마의 '수난자' 신청에 대한 기금회의 기각 결정

---

36 판결문(104年度訴字第1348號)에서 발췌.

(2014년 12월, 2015년 7월)과 법원의 판결(2016년 2월) 사이에 치러진 총통선거(2016년 1월)에서 민진당이 승리하면서[37], 8년만에 이루어진 정권교체와 그에 따른 이행기 정의의 가속화, 대일(對日)관계 개선 의지와 같은 외적요인이 작용했다는 분석도 제기된다.

2. 조선인 '수난자'

대만 정부를 상대로 승소한 아오야마 에사키에게 최초의 외국인 '수난자' 자격이 부여되고 오키나와에 거주하는 일본국적의 유족에게 배상금이 지급됐다는 뉴스는 2·28 이후 대만과 미국에 흩어져 살아온 박순종의 유족들을 고무시켰다. 배상조례가 본성인 출신의 피해자만을 구제의 대상으로 한정해 왔고, 자신들과 같은 외국인은 '수난자'에서 배제될 것이라 체념해 왔기 때문이다. 그러한 상황에서 '수난자'의 국적 조항이 철폐됐다는 소식은 유족들로 하여금 대만 정부에 아버지의 실종 사유를 추궁하게 하는 계기가 됐다.

그런데 이러한 유족들의 청원은 이미 2·28배상조례가 제정되기 이전부터 제기됐었다. 박순종의 두 아들은 조례가 제정되기 2년 전인 1993년 4월, 아버지의 실종 경위와 그로 인한 가족들의 경험을 '2·28사건 무고 수난자 수난 경과 보고서'(二二八事件無辜受難者受難經過報告書)라는 제목의 문건으로 작성하여 당시 대만기독장로교회의 총간사인 고준명 목사를 통해 대만 정부에 진정하려 했다. 보고서에는 가족 성원의 인적사항 뿐 아니

---

37 민진당 후보인 차이잉원이 14대 총통으로 당선되면서 대만 역사상 세 번째 정권 교체가 이루어 졌다. 차이잉원 정부의 가장 중요한 정책 목표는 이행기 정의 실현이다(薛化元, 「二二八事件をめぐる歷史淸算問題」, 『中京法學』 51-2·3, 2017, 313-333쪽, 332쪽). 실제 이행기 정의 촉진위원회 설립, 정치문서(檔案) 공개조사, 권위주의적 상징물의 철거 등을 주요내용으로 하는 이행기 정의 촉진 조례안(促進轉型正義條例)이 2017년 12월 입법원에서 최종 통과됐다.

라, 박순종의 실종 시간과 장소, 경위, 그리고 관련 증언자까지 상세한 내용을 써 넣었다[38]. 그러나 고 목사로부터 '외국인은 자격이 되지 않을 것'이라는 답변을 듣고 포기해야 했다[39].

2016년 2월, 유족들은 1993년에 작성했던 보고서를 토대로 '2·28사건 수난자 배상금 신청서'를 작성하고 몇 가지의 추가 자료를 첨부하여 기금회에 제출했다. 실종 사실을 뒷받침할 수 있는 근거로 유족들이 제시한 것은 대만한교협회가 발행한『대만 한교 등기 명책(臺灣韓僑登記名冊)』과『대만 한교 명책 이동 조사표(臺灣韓僑名冊移動調査表)』였다. 사건 발생 직전인 1947년 2월 10일자로 발간된『대만 한교 등기 명책』에는 당시 대만 전

---

38 보고서에는 박순종이 실종된 직후의 상황이 다음과 같이 기재되어 있다. "수난자는 대만성 수산 주식유한회사(臺灣省水産株式有限會社)의 선원으로 직장에서 집으로 돌아가던 중 기륭시 군사령부 앞에서 여러 명의 군인들에게 끌려 갔다. 그날 오후 이 사실을 알게 된 수난자의 아내는 진사리(眞砂里)의 한국인 대표와 함께 사령부에 찾아가 '남편은 한국인으로 어떠한 정치 사건에 관여한 적이 없다'고 몇 번이나 설명했지만 당시의 혼란한 상황에서 또 의사소통도 제대로 이루어지지 않아 별다른 진전이 없었다. 당시 지룽에 거주하던 한국인 가운데 한국어와 일본어 외에 중국이나 대만어를 할 줄 아는 사람은 없었다. 그로부터 하루 이틀 뒤, 3월 11일에 납치된 사람들이 처형되어 사체가 바닷가에 버려졌다는 소문을 듣게 된다. 그로부터 한동안 수난자의 아내는 매일 바닷가를 떠돌며 남편의 시신을 수소문했지만 찾을 수가 없었다. 당시 대만에 거주하는 한국인들은 사건에 연루되는 것을 피하기 위해 아무도 우리를 도와주지 않았다". 대만한교협회는 1946년 말에 출범했지만 대만성 정부로부터의 정식 인가는 1948년 5월이 되어야 받을 수 있었다. 한교협회에 대한 인준이 늦어진 것은 2·28사건 등 대만지역 정세가 혼란한 가운데 국민 정부 및 대만성 정부 측이 한인들에 대해서 경계심을 늦추지 않았기 때문으로 판단된다(황선익, 「해방 후 대만한교협회 설립과 한인의 미귀환」,『한국근현대사연구』38, 2006, 158쪽). 한교협회가 대만에 잔류한 한인들의 처우를 개선하고 그들의 목소리를 대변하기 위해 출범했지만 2·28 국면에서 수세적인 자세를 취할 수밖에 없었던 상황은 충분히 예측가능하다. 박순종의 유족들 역시 실종된 가장의 행방을 찾기 위해 백방으로 도움을 청했지만 당시 한교협회로부터 별다른 도움을 받지 못했던 것으로 보여진다.

39 2019년 3월 1일, 대만 타이베이시, 박영심과의 인터뷰에서 발췌.

역에 거주하던 한인들의 인적사항이 기재되어 있다. 지룽에 거주했던 82세대 197명 가운데에는 박순종 일가의 정보도 확인되는데 원문의 한자를 한글로 바꿔 쓰면 다음의 〈표 1〉과 같다.

〈표 1〉『대만 한교 등기 명책』에 기재된 박순종 가족의 기록

성명	성별	연령	관계	직업	원적 (原籍)	현주소	래화(來華) 년월
박순종	남	35	호장 (戶長)	선원	전라남도	진사정 (眞砂町) 24	30[40], 3
윤정엽	여	33	처		동(同)	동	동
박성태	남	14	장남	구학 (求學)	동	동	동
박례자[41]	여	8	사남[42]	동	동	동	재대(在臺) 출생
박효일	남	5	차남		동	동	동
박효의	남	3	삼남	동	동	동	동

또한 사건 발생 직후인 3월 31일에 간행된 『대만 한교 명책 이동 조사표』에서도 박순종의 이름을 확인할 수 있는데, '기타이동(其他移動)' 란에 '민국 36년 3월 11일 사망(民國三六年[43]三月一一日死亡)'이라는 기록이 그 것이다. 대만 전역으로 확산되어 가는 봉기를 진압하기 위해 상해에 주둔하고 있던 국민당 정부가 47년 3월 8일 대만으로 군대를 파견하는데, 박순종은 그로부터 사흘 뒤인 11일에 '학살의 거리'로 변해버린 지룽 항구 인근에서 실종됐다. 2·28기금회에 따르면 지룽에서의 인명피해는 1947년 3월에 집중됐는데, 현재까지 '수난자'로 인정된 2324명 가운데 79명이 지룽

---

40 중화민국 30년(1941년)을 의미한다.
41 '박영심'의 오기이다.
42 '장녀'의 오기이다.
43 1947년을 의미한다.

에서 사망했고, 그 중 7명은 박순종이 실종된 3월 11일에 사망한 것으로 집계된다. 지룽에서 실종된 '수난자'는 39명으로 대만 전체에서 가장 많고, 그 중 10명이 박순종과 같은 날인 3월 11일에 실종된 것으로 확인된다[44]. 박순종의 장남(박성태)은 한교협회의 자료와 어머니의 증언을 토대로 1967년 2월 아버지의 사망신고를 통해 호적에 '1947년 3월 11일 오후 8시에 대만성 지룽시 중정3로 성창가 92호(臺灣省基隆市中正三路城昌街92號)에서 사망'한 것으로 기재했다.

기금회는 박순종의 '신청서'를 심의하는 1년여 동안 두 차례 결정을 유보했는데 그때마다 유족들에게 사실관계 여부를 확인했고, 자체적인 추적조사도 실시했다[45]. 그 과정에서 고준명 목사를 직접 만나 유족들이 1993년에 '2·28사건 무고 수난자 수난 경과 보고서'를 작성하여 대만 정부에 청원하려 했던 사실을 확인했다. 사건 발생 전후에 간행된 한교협회의 자료와 이를 토대로 기재된 호적 역시 실증 자료로 인정되어 박순종의 행방불명이 2·28과 연관성이 높다는 결론에 이르게 됐다[46]. 결국 2·28기금회는 2017년 1월 23일 박순종을 '수난자'로 인정하고 같은 달 25일 공표한다.

---

44 2·28사건기념기금회 홈페이지(https://www.228.org.tw/pages.php?sn=14)에서 인용.

45 2017년 12월 11일, 대만 타이베이시, 류자오위안(柳照遠, 2·28사건기념기금회 부집행장)과의 인터뷰에서 발췌.

46 사건 당시 지룽에서 국민당군에 체포되어 실종된 박순종과 그의 가족사가 대만 사회에 알려지게 된 건 아마에 요시히사(天江喜久)가 2014년에 발표한 논문의 영향이 컸고, 2·28기금회 역시 유족들이 제출한 '수난자 신청서'를 검증하는 과정에서 아마에의 논문을 적극 참조했다. 실제 심사과정에서는 2·28기금회의 부집행장인 류자오위안(柳照遠)이 아마에를 직접 만나 증언을 청취하기도 했다. 박순종의 가족사는 이후에 『대만한인100년사』(대만한인100년사 편찬위원회, 『대만한인100년사-이 땅에서 살아온 한인의 피와 땀 그리고 도전』, 중화민국한인회, 2019, 86-87쪽)에 소개되기도 했다.

V. '수난자' 이후

1. 배상 이후의 진실 규명

1990년대 중반 이후부터 전개되어온 2·28의 공적 해결 과정에서 외국인 '수난자'의 탄생은 획기적인 변화임에 틀림없지만, 정작 해당 유족에게 배상금이 지급된 이후에는 '놀랍도록 아무 일도' 일어나지 않았다.

> 아버지가 '수난자'로 인정됐고 (내가) 배상금을 받기는 했지만, 엄밀히 말하면 이쪽에서 기금회에 제출한 자료만으로 아버지가 국민당군에 끌려가 살해됐다는 사실을 입증하기 어렵죠. 그런데 기금회는 더 이상 이런 문제를 해결할 의지가 없는지, 돈을 지불하면 끝났다고 생각하는 건지, 그 후로는 놀랍도록 아무런 일도 일어나지 않았어요[47].

아오야마 측의 지적처럼, 배상금 지급 결정은 '수난자' 심의에 있어 절차상의 타당성이나 심사 자료의 사실 관계에 오류가 발견되지 않는 상황이 승인된 것일 뿐, 2·28과 행방불명과의 인과관계 그 자체에 대한 의문이 완전히 해소되었다고는 단정짓기 어렵다. 유족으로부터 제출된 신청 자료 가운데서도 2·28기금회가 가장 실증성 높게 판단한 자료는 신문기사와 법원의 판결문이었다[48]. 조례가 제정되고 '수난자' 심사가 시작되던 1995년보다 앞선 94년 8월에 일본의 사법부(나하 가정법원)로부터 아오야마의 실종이 정식 인정된 점, 그리고 국경을 넘나들던 그들의 가족사가 로컬미디어인 오키나와 타임스(沖繩タイムス, 1995년 6월 20일자)에 기사화되면서 객

---

47 2019년 2월 28일, 대만 타이페이시, 아오야마 케이쇼와의 인터뷰에서 발췌.
48 2017년 12월 11일, 대만 타이베이시, 류자오위안(柳照遠, 2·28사건기념기금회 부집행장)과의 인터뷰에서 발췌.

관성을 담보받았다는 점이 결정적으로 작용했다. 유족으로부터 제출된 자료들은 '구상(求償)을 위해 만들어진 것이 아니라는 점이 핵심 열쇠'[49]였던 것이다. 그러나 나하 가정법원의 실종선고와 오키나와타임스의 기사는 어디까지나 일본측에서 사후적으로 생산된 자료였고, 2·28기금회는 이러한 자료가 공공성과 객관성을 담보할 수 있다는 판단을 근거로 아오야마에게 '수난자' 자격을 부여한 것일 뿐, 엄격한 의미에서 이러한 자료들이 아오야마의 실종과 2·28 간의 연관성을 밝혀낼만한 직접적인 증거가 되지 못한다는 점은 유족도 시인하는 바이다.

박순종의 사례 역시, 2·28을 전후한 시점에 간행된 한교협회의 문건에서 1947년 3월 11일에 사망한 사실이 기재되어 있고, 이를 근거로 유족이 사망신고를 통해 한국 호적에 기록을 남겼다는 점이 2·28기금회로 하여금 박순종을 '수난자'로 판정하는데 적합한 요건으로 받아들여졌을 뿐, 가령, 언제, 어디서, 누가 이들을 납치하여 살해했는지, 이는 우발적인 것인지 아니면 조직적인 것인지, 만약 후자라면 그러한 명령은 어떠한 체계 속에서 어떠한 조직도를 따라 하달되고 보고된 것인지, 사체는 언제, 어디서, 어떻게 처리되었는지, 또 사건 이후에 누가, 어떻게 그러한 사실을 은폐하고 왜곡했는지와 같은 물음은 박순종이나 아오야마가 '수난자'로 공식 인정된 것과는 별개로 여전히 미궁 속에 남아 있다. '놀랍도록 아무런 일도 일어나지 않는다'는 아오야마 케이쇼의 지적처럼, 여전히 가해 책임에서 자유로울 수 없는 대만 정부는 행방불명의 실체를 규명하려는 일체의 시도를 하지 않는다.

---

49 許慈倩, 「二二八灣生求償案勝訴－書寫轉型正義中的新頁」, 『台北律師公會』 29, 2016, 73쪽.

2. 잔존하는 전후 처리

일본 패전 직후, 본국 혹은 출신지역으로 돌아가지 않았던 많은 수의 조선인, 일본인들이 대만에 거주했고, 류큐인들 역시 국경선이 재구획되는 애매모호한 틈을 이용하여 밀무역을 통해 대만을 드나들었다. 그리고 얼마 지나지 않아 그들도 2·28에 휘말리게 된다. 그럼에도 불구하고 배상조례와 '수난자' 프로그램은 자국민(특히 본성인)만을 구제 대상으로 상정하며 에스닉 마이너리티들의 존재를 타자화해 왔다. 그러나 아오야마의 배상 청구가 받아들여지면서 종래의 '수난자' 인정을 둘러싸고 전개되어온 갈등은 새로운 전환을 맞게 됐다. 일국사적 범주 내에서만 기능해왔던 배상조례가 국적과 민족이라는 한계를 극복하게 된 것이다.

외국인 실종자가 70여년이 지난 오늘날 대만 정부 공식의 '수난자'로 등장하면서, 과거사 청산은 단순히 국내 차원의 부정적 유산을 극복하기 위한 노력을 넘어, 대만과 일본 사이에 방치되어온 식민지 지배의 유산과 과거사 문제를 양국 혹은 동아시아 차원에서 논의할 수 있도록 새로운 장을 여는 계기를 제공했다[50]. 부정적인 과거를 극복하기 위한 노력이 새로운 갈등과 대립을 재생산시켜온 사례들과 달리, 대만은 '수난자' 범주의 일국적 규제를 개선함으로써 국가주의, 민족주의의 벽을 뛰어 넘을 수 있는 가능성을 동아시아 사회에 발신하고 있기 때문이다.

그러나 그렇다고 해서, 일본의 침략전쟁과 식민지 지배에 대한 전후 처리를 둘러싸고 양국 간의 미해결 상태로 잔존해온 문제들이 해결의 실마리를 찾게 됐다고는 할 수 없을 것이다. 아오야마의 승소 판결은 어디까지나 2·28배상조례의 허점을 지적한 원고의 주장을 사법부가 받아들였고 대만

---

50 아오야마의 승소는, 의도하지는 않았지만, '제국 일본'의 식민지 지배 실태와 전후 보상의 현상황과 불평등함을 동아시아의 국제적인 문제로 제기하는 계기가 됐다(又吉盛淸, 『大日本帝國植民地下の琉球沖繩と台灣』, 同時代社, 2018, 351쪽).

정부 역시 이를 수용할 수밖에 없었던 것이었지, 아오야마에게 '수난자' 지위가 부여되고 유족에게 배상금이 지급되었다고 해서 일련의 과정에서 제기된 미해결의 전후 처리 문제가 해소된 것이라고 보기 어렵다. 그런 의미에서 소송은 아직 끝난 것이라 할 수 없을지도 모른다[51].

이러한 상황에서 일본 정부는 자국민에 대한 배상 조치에 대해 여전히 어떠한 공식 입장도 내놓지 않고 있다. 오키나와의 여론 역시 아오야마 일가의 수난사를 전후 오키나와의 예외적 사례로 인식할 뿐, '제국 일본'의 식민자였던 류큐/오키나와인들의 경험과 당사자성을 환기시키는 성찰의 기회로 삼지는 않는다[52]. 외국인 '수난자'를 계기로 미해결의 전후 처리 문제가 다시 불거지게 됐지만, 일본/오키나와 사회가 일체의 대응을 하지 않음으로써 아오야마도 대만적(籍) 일본병 및 위안부도 여전히 양국 사이의 틈새에서 벗어나지 못하게 됐다.

한편, 박순종의 '수난자' 심사는 아오야마 소송이 일단락된 이후에 이루어졌기 때문에 제출된 자료의 사실 관계를 따지는 일 외에는 신청자의 국적 조항이 심사에 결정적인 변수로 작용하지 않았다. 그러나 1945년 이후 대만에 잔류했던 한인들과 그들의 2·28경험, 그리고 장기간 지속됐던 계엄령 하에서의 인권 침해 문제에 대해 무관심한 것은 대만과의 국교를 일방적으로 단절해 버린 한국 정부 역시 다를 바 없다.

---

51 富永悠介, 『〈あいだ〉に生きる-ある沖繩女性をめぐる經驗の歷史學』, 大阪大學出版會, 2019, 219쪽.

52 그 점에서 마타요시 세이키요의 지적은 시사적이다. 기금회와 행정원이 당초 아오야마의 배상 인정을 거부한 것은 전후 보상이 불충분하다는 것이 이유였고, 그 책임이 일본 측에 있는 것은 자명하다. 일본국에 속하여 대만 식민지 지배에 가담해 왔던 류큐/오키나와인으로서는 대만사회의 대응을 비판할 것이 아니라, 지적된 일본국의 전후 보상의 실태를 받아 들여 동아시아의 큰 과제로서 대만측의 요청에 응답하도록 힘써야 한다(又吉盛清, 『大日本帝國植民地下の琉球沖繩と台灣』, 同時代社, 2018, 351쪽).

VI. 맺음말

대만2·28사건의 공적 해결 과정에서 출현한 외국인 '수난자'로 인해 이 행기 정의 프로그램의 국가주의, 민족주의적 한계는 일정 부분 개선될 수 있게 됐다. 이는 대규모 폭력사건의 피해자를 구제하기 위해 마련된 법과 제도가 오히려 그들을 배제시키는 기제로 작동해 왔다는 대만 사회 내부에 성찰의 기회를 제공했다. 국적별, 민족별 제약에서 자유로운 넓은 범위의 피해자를 구제할 수 있게 됨으로써 배상조례의 제정 취지에도 부합할 수 있게 됐다. 이처럼 '수난자'를 둘러싼 내셔널 아이덴티티의 탈구축 움직임은 본성인에 한정되어 왔던 배상조례의 적용 대상과 범위를 확대하고 일국사에 국한되어온 2·28의 역사인식을 동아시아사로 확장시킬 수 있는 가능성을 시사한다.

그럼에도 불구하고 외국인 '수난자'가 부상되는 과정을 면밀히 검토해보면 초국가적 상상력은 부재하고 국가간 호혜 평등의 논리가 전면에 부각되는 것을 알 수 있다. 앞에서 검토한 것처럼, 외국인이 '수난자'로 공인되고 유족들에게 배상금이 지급될 수 있었던 것은 어디까지나 2·28배상조례의 결점 때문이었지 대만 정부가 고수해온 호혜 평등의 원칙은 여전히 유효하다. 아오야마 소송 과정에서 소환된 대만적 일본병과 위안부의 사례에서도 알 수 있는 것처럼, 대만 정부의 전향적인 조치에 아무런 입장을 내놓지 않는 일본 정부 역시 호혜 평등의 원칙을 고수하기는 마찬가지이다.

2·28기금회는 2018년부터 사건 당시 국민당군에 의해 요시찰 인물로 지목되거나 체포, 살해된 '2·28사건 가능 수난자 명단(二二八事件可能受難者名單)'을 공개하고 있다[53]. 이들 가운데에는 일본인, 류큐인도 8명이 포

---

53 2·28사건기념기금회 홈페이지(https://www.228.org.tw/list_announce-view.php? ID=45)에서 인용.

함되어 있는 것으로 확인된다. 대만 정부의 이행기 정의 프로그램이 진전되고 미공개 사료가 발굴되게 되면 외국인 '수난자'의 존재도 계속해서 드러날 것으로 전망된다. 그러나 폭력의 상흔을 치유하고 부정적 유산을 극복하려는 시도에 자민족, 자국민 중심주의가 개입되는 한 외국인 '수난자'는 국민국가 사이의 '틈새에 끼어 있는'[54] 존재로 위치 규정 될 뿐 설령 부상된다 할지라도 국가 간의 이해관계로 인해 불가시화 되어 버릴지 모른다.

(고성만)

---

54 野嶋剛, 『台灣とは何か』, 筑摩書房, 2016, 164-165쪽.

초출일람

김진선, 「한국 사회에서의 난민 인식의 문제」
이 글은 2020년 제주대학교 탐라문화연구원 국내학술대회 〈'쿰다'로 푸는 난민의 출현과 인식〉에서 발표한 것을 수정·보완하여 탐라문화연구원 학술지 『탐라문화』 65호(2020.10)에 게재된 논문이다. 쿰다난민연구총서에 싣기 위해 일부 문구와 표현을 다듬었다.

김준표, 「다문화 사회의 정체성 트러블과 제주의 쿰다 문화」
이 글은 2020년 제주대학교 탐라문화연구원 국내학술대회 〈'쿰다'로 푸는 난민의 출현과 인식〉에서 「혐오의 시대, 쿰다정체성을 찾아서」로 발표한 것을 토대로 수정·보완하여 2020년 12월 31일 『현상과인식』 44-4(통권 145호)에 게재한 것을 총서 편집기준에 맞추어 작성한 것이다.

김치완, 「난민의 출현과 대응에 대한 철학의 문제들」
이 글은 2020년 제주대학교 탐라문화연구원 〈'쿰다'로 푸는 난민의 출현과 인식〉 학술대회 발표 원고와 『탐라문화』 제65호(2020.10)에 게재된 원고를 깁고 보탠 것임을 밝혀둔다.

서영표, 「현대사회의 공포와 불안, 그리고 혐오: '난민'이 문제가 되는 사회」
이 글은 2020년 제주대학교 탐라문화연구원 국내학술대회 〈'쿰다'로 푸는 난민의 출현과 인식〉에서 발표한 것을 수정·보완하여 탐라문화연구원 학술지 『탐라문화』 65호(2020.10)에 게재된 논문이다. 쿰다난민연구총서에 싣기 위해 일부 문구와 표현을 다듬었다.

김동윤, 「정치적 난민과 월경(越境)의 문학: 김시종의 경우」
이 글은 2020년 제주대학교 탐라문화연구원 국내학술대회 〈'쿰다'로 푸는 난민의 출현과 인식〉에서 발표한 것을 수정·보완하여 탐라문화연구원 학술지 『탐라문화』 65호(2020.10)에 게재된 논문으로 총서 편집기준에 맞추어 수정하였다.

장창은, 「삼국시대 '難民'의 발생 배경과 동향」
이 글은 2020년 제주대학교 탐라문화연구원 국내학술대회 〈'쿰다'로 푸는 난민의 출현과 인식〉에서 발표한 것을 수정·보완하여 한국고대사탐구학회 발간 『한국고대사탐구』 36호(2020.12)에 게재된 논문으로 총서 편집기준에 맞추어 작성하였다.

전영준, 「10~12세기 고려의 渤海難民 수용과 주변국 同化政策」
이 글은 2020년 제주대학교 탐라문화연구원 국내학술대회 〈'쿰다'로 푸는 난민의 출현과 인식〉에서 발표한 것을 수정·보완하여 제주학회 발간 『제주도연구』 55집(2021.02)에 게재하였고 이를 총서 편집기준에 맞추어 작성하였다.

양정필, 「조선전기 제주도 출륙 포작인, 문명 전환기의 遺民 혹은 難民」
이 글은 2020년 제주대학교 탐라문화연구원 국내학술대회 〈'쿰다'로 푸는 난민의 출현과 인식〉에서 발표한 것을 수정·보완하여 총서 편집기준에 맞추어 작성하였다.

김치완, 「제주(濟州)·유구(琉球) 표류 난민의 신분 위장과 경계인 의식」
이 글은 원광대학교 인문학연구소 『열린정신 인문학연구』 제21집 3호에 게재된 원고를 깁고 보탠 것임을 밝혀둔다.

고성만, 「국민국가의 틈새에서-대만2·28사건의 외국인 '수난자'를 사례로」
이 글은 2020년 제주대학교 탐라문화연구원 국내학술대회 〈'쿰다'로 푸는 난민의 출현과 인식〉에서 발표한 것을 수정·보완하여 『탐라문화』 65호(2020.10)에 게재된 같은 제목의 논문을 가필·수정한 것이다.

참고문헌

김진선, 「한국 사회에서의 난민 인식의 문제」

저서

강신주, 『철학 VS 철학』, 오월의 봄, 2016.

김대근·강태경·이일, 『난민심사제도의 개선 방안에 관한 연구』, 한국형사정책연구원, 2017.

라파엘 페르버, 조국현 옮김, 『철학적 기본 개념』, 동문선, 2002.

마이클 왈쩌 지음, 정원섭 외 옮김, 『정의와 다원적 평등 – 정의의 영역들』, 철학과현실사, 2017.

슬라보예 지젝, 김희상 옮김, 『새로운 계급투쟁』, 자음과 모음, 2016.

이한우, 『한국은 난민촌인가』, 책세상, 2002.

정인섭·황필규 편, 『난민의 개념과 인정절차』, 경인문화사, 2011.

조르조 아감벤, 박진우 옮김, 『호모사케르 – 주권 권력과 벌거벗은 생명』, 새물결, 2008.

조르조 아감벤, 김상운·양창렬 옮김, 『목적없는 수단』, 난장, 2009.

제니퍼 웰시, 이재황 옮김, 『왜 나쁜 역사는 반복되는가』, 산처럼, 2017.

논문

김광식, 「삶터, 모두를 위한, 누구를 위한 것도 아닌: 난민과 국경에 대한 철학적 성찰」, 『사회와 철학』 37, 사회와철학연구회, 2019.

김미림, 「難民問題와 UNHCR의 역할 – 베트남과 캄보디아의 사례 연구」, 숙명여자대학교 석사학위논문, 1995.

김민수, 「벤하비브(S. Benhabib)의 시민권 정치에 대한 연구 – '민주적 반복'을 중심으로」, 고려대학교 석사학위논문, 2006.

김준현, 「'48체제'와 38선 이남의 내적 난민들 – 상상/실재의 국가 사이를 가로지르는 '내러티브'로서의 난민에 대하여」, 『돈암어문학』 32, 돈암어문학회, 2017.

김슬기, 「문화적 타자의 공동구성과정으로서 난민인정절차」, 서울대학교 석사학위논문, 2012.

김예림, 「'배반'으로서의 국가 혹은 '난민'으로서의 인민: 해방기 귀환의 지정학과 귀환자의 정치성」, 『상허학보』 29, 상허학회, 2010.

김희강, 「난민은 보호받아야 하는가?」, 『담론 201』 18(3), 2015.

노상학, 「월남난민들의 오늘과 내일」, 『기독교사상』 23(8), 대한기독교서회, 1979.

박경태, 「한국사회와 난민: 난민과 환대의 책임」, 『문화과학』 88, 문화과학사, 2016.

박숙자, 「해방후 고통의 재현과 병리성 – 반공체제 속 '부랑자'와 '비국민'」, 『한국문학이론과 비평』 76, 한국문학이론과 비평학회, 2017.

박영한, 「한국중세시대에 보이는 난민들」, 『다문화콘텐츠연구』 30, 중앙대학교 문화콘텐츠기술연구원, 2019.

박찬표, 「민주주의의 관점에서 본 48년 체제의 특성과 유산」, 『시민과 세계』 14, 2008.

손사라, 「예멘 난민에 대한 뉴스프레임 분석: 〈조선일보〉와 〈한겨레〉를 중심으로」, 한양대학교 석사학위논문, 2019.

오창은, 「난민의 세계화와 현대성의 파국」, 『문학과학』 88, 2016.

이상철, 「난민(難民, Refugee)」, 『제3지대』 27·28, 2011.

이용승, 「난민은 누구이고, 우리의 태도는 어떠해야 하는가?」, 『민족연구』 72, 2018.

한유석, 「'좋은' 난민, '나쁜' 난민: 태국 북부 지역의 벌거벗은 타자들」, 『동남아연구』 29-3, 2020.

Charles R. Beitz, *The Idea of Human Rights*, Oxford University Press, 2011.

Jeong Hwa Hong, Eun Hye Kim, "A Review of Refrgee Policy in South Korea – Focused on Yemeni Refugee in Jeju", *Crisisonomy* vol. 15 No. 4, 2019.

기타

유엔난민기구 한국 대표부 홈페이지(https://www.unhcr.or.kr/unhcr/main/index.jsp.)

김준표, 「다문화 사회의 정체성 트러블과 제주의 쿰다 문화」

저서

김석준·김준표, 『도박사회학—제주지역 도박 산업화 과정과 성격』, 경인문화사, 2016.

다사카 히로시, 김윤희 옮김, 『사람은 누구나 다중인격』, 인플루엔셜, 2016.

김창민, 『호적중초와 19세기 후반 제주도 마을의 사회구조』, 도서출판 역락, 2020.

김혜숙, 『제주도 가족과 궨당』, 제주대학교 출판부, 1999.

샹탈 무페, 이보경 옮김, 『정치적인 것의 귀환』, 후마니타스, 2007.

주디스 버틀러, 조현준 옮김, 『젠더 허물기』, 문학과지성사, 2015.

_____, 『젠더 트러블』, 문학동네, 2018.

주디스 버틀러·어네스토 라클라우·슬라보예 지젝, 박대신·박미선 옮김, 『우연성 헤게모니 보편성—좌파에 대한 현재적 대화들』, 도서출판 b, 2009.

제주특별자치도, 『제주어사전』, 제주문화예술재단 편, 일신옵셋인쇄사, 2009.

제주특별자치도 여성특별위원회, 『제주여성의 생애, 살암시난 살앗주』, 도서출판 각, 2006.

제주특별자치도 제주학연구센터·국가인권위원회 제주출장소, 『제주 인권활동가 이야기, 사람과 사람』, 한그루, 2020.

낸시 프레이저, 김원식 옮김, 『지구화 시대의 정의: 정치적 공간에 대한 새로운 상상』, 그린비, 2010.

논문

강봉수, 「제주정체성으로써 '제주정신'에 대한 연구 성과와 제주문화문법」, 『제주도연구』 50, 2018.

강채연, 「북한이탈주민들의 '정체성의 이주' 패러다임에 관한 연구」, 『다문화사회연구』 11-2, 2018.

금교영, 「막스 셸러의 총체인격(Gesamtperson) 소고」, 『철학논총』 65, 2011.

김남호, 「인격, 인간인격, 그리고 인격 동일성」, 『인간연구』 34, 2017.

_____, 「구성적 인격 이론과 인격적 삶의 서사적 구조성」, 『철학연구』 150, 2019.

김정숙, 「제주신화에 내재된 다문화 요소」, 『교육과학연구』 18-1, 2016.

배상식, 「다문화교육에서 아동의 자아정체성 문제: 초등 도덕교과를 통한 해결방안 모색」, 『철학연구』 122, 2012.

백은미, 「사이버 시대의 다중 정체성 형성에 대한 종교의 역할과 과제 모색」, 『기독교교육정보』 13, 2006.

신광영, 「계급과 정체성의 정치」, 『경제와사회』 35, 1997.

양승태, 「국가정체성 문제와 정치학 연구: 무엇을 어떻게: 하나의 거대 연구 기획을 위한 방법론적 시론」, 『한국정치학회보』 40-5, 2006.

임경규, 「벌거벗은 생명으로서의 아시아계 미국인: 남 리의 『더 보트』와 정체성 정치의 한계」, 『인문과학연구』 59, 2018.

조태윤, 「의식화과정과 다문화 교육」, 『다문화사회연구』 9-2, 2016.

_____, 「니콜라스 루만의 체계이론적 관점에서 본 다문화교육의 방향」, 『다문화사회연구』 10-1, 2017.

전혜선, 「다중인격 장애와 대상관계 이론 – 영화 〈23개의 인격〉(Spilt)을 중심으로」, 『스토리앤이미지텔링』 16, 2018.

진시원, 「다문화주의에 대한 이데올로기적 검토」, 『다문화사회연구』 11-1, 2018.

최종렬, 「낸시 프레이저의 정의론과 다문화주의: 동등한 참여 규범의 사용」, 『현상과 인식』 39-4, 2015.

최현, 「한국 사회 진보의 주체 : 민중, 노동자계급, 시민, 다중과 정체성 집단」, 『경제와사회』 86, 2010.

허남춘, 「제주 서사무가에 담긴 과학과 철학적 사유 일고찰 – 일반신본풀이를 중심으로」, 『국어국문학』 148, 2008.

홍태영, 「세계화와 정체성의 정치」, 『국제관계연구』 14-1, 2009.

Erikson, Erik Homburger, "The Problem of Ego Identity," *Journal of the American Psychoanalytic Association*, 4호(1956).

기타

김관모, 「제주난민대책도민연대, 난민법 전면 재검토 촉구」, 제주투데이, 2018.05.31. 기사(http://www.ijejutoday.com/news/articleView.html?idxno=209493).

김재훈, 「일부 기독교 세력의 훼방 부당…제주 양성평등조례안 개정 통과 시켜야」, 제주투데이, 2019.12.19.기사(http://www.ijejutoday.com/news/articleView.html?idxno=221477).

김정호, 「제주 양성평등기본조례안 상정 두고 찬반 기자회견」, 제주의소리, 2019.12.

19.기사(http://www.jejusori.net/news/articleView.html?idxno=309919)

김지우, 「제주 갑작스런 예멘인 '러쉬'」, 제주신문, 2018.05.03.기사(http://www.jeju press.co.kr/news/articlePrint.html?idxno=86789).

백상현, 「이태원 클럽 방문자 코로나19 확진… 동성애자들의 생각은?」, 국민일보, 2020. 05.08.기사(http://news.kmib.co.kr/article/view.asp?arcid=0014558245).

청와대 국민청원 게시판, https://www1.president.go.kr/petitions/269548.

김치완, 「난민의 출현과 대응에 대한 철학의 문제들」

저서

Emerich Coreth, 진교훈 옮김, 『철학적 인간학』, 종로서적, 1986.
Nathan Wolfe, 강주헌 옮김, 『바이러스 폭풍의 시대』, 김영사, 2015.
Moritz Schlick, 안종수 옮김, 『연관된 철학의 문제들』, 고려원, 1992.

논문

Roberto Esposito, 김상운 역, 「면역적 민주주의」, 『문화과학』 83, 문화과학사, 2015.
_____, 「면역화와 폭력」, 『진보평론』 65, 진보평론, 2015.
국민호·양연희, 「유럽의 반 난민정서 강화와 영국 비호신청자의 참상」, 『디아스포라 연구』 13-1, 전남대학교 글로벌디아스포라연구소, 2019.
김준현, 「'48체제'와 38선 이남의 내적 난민들」, 『돈암어문학』 32, 돈암어문학회, 2017.
김세서리아, 「디지털 노마드(Digital Nomad)시대, '포용(inclusion)의 정치학'을 위한 유교적 시론」, 『유학연구』 46, 충북대학교 유학연구소, 2019.
김용환, 「혐오와 관용의 관점에서 "이방인(난민)" 바라보기」, 『가톨릭철학』 31, 한국 가톨릭철학회, 2018.
김철민, 「EU 난민 위기에 대한 중동부유럽의 관점과 전략」, 『EU연구』 43, 한국외국 어대학교 EU연구소, 2016.
김춘식, 「유럽 난민 문제와 독일 극우주의의 부활」, 『독일연구』 33, 한국독일사학회, 2016.

김치완, 「문화적 형식으로 '재현'된 2010년대 근대해항도시 제주의 표상」, 『島嶼文化』 48, 목포대학교 도서문화연구원, 2016.

박경하·이석희, 「인문학의 사회적 실현: 정책과제를 중심으로」, 『제7회 인문학학술대회:사회 속의 인문학』, 이화여자대학교 인문학연구원, 2003.

박종일 외, 「난민의 발생과 국민국가의 대응: 난민수용 논란을 통해 본 한국의 이주자정책」, 『민주주의와 인권』 13-1, 전남대학교 5.18연구소, 2013.

소윤정·정은배, 「한국 교회와 국내 난민 선교」, 『성경과 신학』 87, 한국복음주의신학회, 2018.

안병억, 「유럽연합 난민정책의 대내외적 변화: 2015년 난민위기를 중심으로」, 『민족연구』 68, 한국민족연구원, 2016.

유경동, 「평화를 위한 난민 신학」, 『신학과 사회』 33-2, 21세기기독교사회문화아카데미, 2019.

이용일, 「추방, 탈출, 난민: 독일문제와 이주(1945-1998)」, 『역사와 세계』 38, 효원사학회, 2010.

임진희, 「난민문제에 대한 중국의 인식과 관련 정책 연구: 유럽 난민문제를 중심으로」, 『現代中國硏究』 20-3, 현대중국학회, 2018.

전의령, 「인터넷 반다문화담론의 우익 포퓰리즘과 배제의 정치」, 『경제와사회』 116, 비판사회학회, 2017.

_____, 「타자의 본질화 안에서의 우연한 연대: 한국의 반다문화와 난민반대의 젠더정치」, 『경제와 사회』 125, 비판사회학회, 2020.

정효숙, 「'독일문제'는 해결되었는가?-'독일문제'의 과거와 현재」, 『역사와 세계』 50, 효원사학회, 2016.

최병두, 「데이비드 하비의 지리학과 신자유주의 세계화의 공간들」, 『한국학논집』 42, 계명대학교 한국학연구원, 2011.

최진우, 「난민위기와 유럽통합」, 『문화와 정치』 3-1, 한양대학교 평화연구소, 2016.

하용삼·배윤기, 「경계의 불일치와 사이 공간에서 사유하기-G.아감벤의 국민, 인민, 난민을 중심으로」, 『대동철학』 62, 대동철학회, 2013.

홍정화·김은혜, 「한국 난민정책의 한계와 대안-제주 예멘 난민 사례를 중심으로」, 위기관리 이론과 실천, 『Crisisonomy』 15-4, 2019.

홍태영, 「4·19와 국민국가의 계기」, 『문학과 사회』 23-1, 문학과 지성사, 2010.

_____, 「타자의 윤리와 환대 그리고 권리의 정치」, 『국제·지역연구』 27-1, 서울대학교 국제학연구소, 2018.

황임경, 「자기방어와 사회안전을 넘어서 – 에스포지토, 데리다, 해러웨이를 중심으로 본 면역의 사회·정치철학」, 『의철학연구』 16, 한국의철학회, 2013.

기타

『난민법』[시행 2016. 12. 20.] [법률 제14408호, 2016. 12. 20., 일부개정]

김다영, 「獨메르켈 지지율 79% 伊콘테 71%…코로나가 그들을 띄웠다」, 중앙일보, 2020.04.16. 기사(https://news.joins.com/article/23756090).

김평화·김성휘, 「文 포스트코로나 첫발 "전국민 고용보험 기초 놓겠다"」, 머니투데이, 2020.05.11. 기사(https://news.mt.co.kr/mtview.php?no=2020051017247666651).

임철영, 「'K방역' 외교 나선 강경화… 해외 공관장과는 '포스트 코로나' 논의」, 아시아경제, 2020.05.15. 기사(https://view.asiae.co.kr/article/2020051508464791777).

조용철, 「해외 언론이 본 한국 코로나 19 방역 100일 키워드 '투명성, 열린소통, 민관협력'」, 파이낸셜뉴스, 2020.05.01. 기사(https://www.fnnews.com/news/202005011450232322).

서영표, 「현대사회의 공포와 불안, 그리고 혐오: '난민'이 문제가 되는 사회」

저서

칼 맑스, 최인호 외 옮김, "루이보나빠르뜨의 브뤼메르 18일", 『칼 맑스 – 프리드리히 엥겔스 저작선집』 2권, 박종철출판사, 1997.

에티엔 발리바르, 진태원 옮김, 『스피노자와 정치』, 그린비, 2005.

에티엔 발리바르, 배세진 옮김, 『마르크스의 철학』, 오월의 봄, 2018.

그래엄 버첼·고든 콜린·피터 밀러 편집, 이승철 외 옮김, 『푸코 효과 – 통치성에 관한 연구』, 난장, 2014.

세일라 벤하비브, 이상훈 옮김, 『타자의 권리 – 외국인, 거류민, 그리고 시민』, 철학과현실사, 2008.

참고문헌 **361**

테드 벤턴·이언 크레이브, 이기홍 옮김, 『사회과학의 철학』, 한울아카데미, 2014.

피에르 부르디외, 정일준 옮김, 『상징폭력과 문화재생산』, 새물결, 1997.

서영표, 『런던코뮌』, 이매진, 2009.

테오도르 아도르노·막스 호르크하이머, 김유동 옮김, 『계몽의 변증법 – 철학적 단상』, 문학과 지성, 2001.

한나 아렌트, 김선욱 옮김, 『예루살렘의 아이히만』, 한길그레이트북스, 2006.

지오반니 아리기, 백승욱 옮김, 『장기 20세기 – 화폐, 권력, 그리고 우리시대의 기원』, 그린비, 2014.

테리 이글턴, 황정아 옮김, 『왜 마르크스가 옳았는가 – 이토록 곡해된 사상가가 일찍이 있었던가?』, 길, 2012.

미셸 푸코, 이규현 옮김, 『성의 역사 1 – 지식의 의지』, 나남출판, 2010.

찰스 테일러, 송영배 옮김, 『불안한 현대 사회 – 자기중심적인 현대 문화의 곤경과 이상』, 이학사, 2019.

표트르 크로포트킨, 김영범 옮김, 『만물은 서로 돕는다 – 크로포트킨의 상호부조론』, 르네상스, 2005.

데이비드 하비, 황성원 옮김, 『자본의 17가지 모순 – 이 시대 자본주의의 위기와 대안』, 동녘, 2014.

악셀 호네트, 강병호 옮김, 『물화 – 인정이론적 탐구』, 나남, 2015.

악셀 호네트, 문성훈 옮김, 『사회주의 재발명』, 사월의책, 2016.

토마스 홉스, 최공웅·최진원 옮김, 『리바이어던』, 동서문화사, 2009.

Althusser, Louis, *Lenin and Philosophy and Other Essays*, New Left Books, 1977.

_____, *Politics and History*, Verso, 2007.

Bauman, Zygmunt, *Liquid Fear*, Polity, 2006.

_____, *Strangers at Our Door*, Polity, 2016.

Gramsci, Antonio, *Prison Notebooks*, Lawrence and Wishart, 1971.

논문

서영표, 「영국 신좌파논쟁에 대한 재해석: 헤게모니개념에 대한 상이한 해석」, 『경제와 사회』 80, 비판사회학회, 2008.

_____, 「소비주의 비판과 대안적 쾌락주의 – 비자본주의적 주체성 구성을 위해」, 『공간과 사회』 32, 한국공간환경학회, 2009.

_____, 「비판적 실재론과 비판적 사회이론-사회주의, 여성주의, 생태주의의 분열을 넘어서」, 급진민주주의 연구모임 데모스, 『급진민주주의리뷰 데모스 2011 No.1-민주주의의 급진화』, 데모스, 2011.

_____, 「도시적인 것, 그리고 인권」, 『마르크스주의연구』 9-4, 경상대학교 사회과학연구원, 2012.

_____, 「사회운동이론 다시 생각하기-유물론적 분석과 지식구성의 정치」, 『민주주의의 인권』 13-2, 전남대학교 5.18연구소, 2013.

_____, 「포퓰리즘의 두 가지 해석-대중영합주의와 민중 민주주의」, 『민족문화연구』 63, 고려대 민족문화연구원, 2014.

_____, 「저항적 연대와 사회변혁-'적대 없는' 연대에서 '적대를 통한' 연대로」, 『로컬리티인문학』 14, 부산대학교 민족문화연구소, 2015.

_____, 「난민을 관리하는 정치 또는 난민에 의한 '난민정치'」, 『문화/과학』 88, 2016.

_____, 「라클라우가 '말한 것'과 '말할 수 없는 것'」, 『마르크스주의연구』 13-1, 2016.

_____, 「변화를 향한 열망, 하지만 여전히 규율되고 있는 의식-2016년 촛불시위에 대한 하나의 해석」, 『마르크스주의연구』 14-1, 경상대학교 사회과학연구원, 2017.

_____, 「갑작스러운 타자의 출현, 우리를 돌아볼 수 있는 계기」, 『진보평론』 77, 2018.

_____, 「우리가 잃어버린 사회주의, 우리가 만들어야할 사회주의」, 『진보평론』 74, 2018.

정인경, 「포스트페미니즘 시대 인터넷 여성혐오」, 『페미니즘연구』 16-1, 한국여성연구소, 2016.

정정훈, 「인권의 인간학 : 상호주관성인가 관개체성인가?」, 『문화/과학』 100, 2019.

Balibar, Etienne, "The Non-Contemporaneity of Athusser," E. Ann Kaplan and Michael Sprinker eds, *The Althusserian Legacy*, Verso, 1993.

김동윤, 「정치적 난민과 월경(越境)의 문학: 김시종의 경우」

저서

김석범·김시종(문경수 엮음), 이경원·오정은 옮김, 『왜 계속 써왔는가, 왜 침묵해 왔는가』, 제주대학교출판부, 2007.

김시종, 유숙자 옮김, 『경계의 시』, 소화, 2008.

김시종, 김정례 옮김, 『광주시편』, 푸른역사, 2014.

김시종, 곽형덕 옮김, 『니이가타』, 글누림, 2014.

김시종, 윤여일 옮김, 『조선과 일본에 살다』, 돌베개, 2016.

_____, 『재일의 틈새에서』, 돌베개, 2017.

김시종, 곽형덕 옮김, 『지평선』, 소명출판, 2018.

김시종, 이진경 외 옮김, 『이카이노시집/ 계기음상/ 화석의 여름』, 도서출판b, 2019.

_____, 『잃어버린 계절』, 창비, 2019.

김응교, 『일본의 이단아: 자이니치 디아스포라 문학』, 소명출판, 2020.

송혜원, 『'재일조선인 문학사'를 위하여: 소리 없는 목소리의 폴리포니』, 소명출판, 2019.

오사카조선시인집단, 재일에스닉잡지연구회 옮김, 『진달래·가리온』 1-5, 지식과 교양, 2016,

이진경, 『김시종, 어긋남의 존재론』, 도서출판b, 2019.

재일코리안사전편집위원회, 정희선 외 옮김, 『재일코리안사전』, 선인, 2012.

호소미 가즈유키[細見和之], 동선희 옮김, 『디아스포라를 사는 시인 김시종』, 어문학사, 2013.

논문

고명철, 「식민의 내적 논리를 내파(內破)하는 경계의 언어」, 고명철 외 7인, 『김시종, 재일의 중력과 지평의 사상』, 보고사, 2020.

김시종, 「경계는 내부와 외부의 대명사」, 『4·3과 역사』, 제주4·3연구소, 2019.

남승원, 「김시종 시 연구: 탈식민적 전략으로서의 공간 탐구」, 『이화어문논집』 37, 이화어문학회, 2015.

남승원, 「김시종 시의 공간과 역사 인식: 제주에서 니이가타(新潟)까지」, 『영주어문』

32, 영주어문학회, 2016.

문경수, 「4・3과 재일 제주인 재론(再論): 분단과 배제의 논리를 넘어」, 『4・3과 역사』 19, 제주4・3연구소, 2019.

오창은, 「경계인의 정체성 연구: 재일조선인 김시종의 시 세계」, 『어문론집』 45, 중앙어문학회, 2010.

윤여일, 「4・3 이후 김시종의 '재일'에 관한 재구성」, 『역사비평』 126, 역사비평사, 2019.

이영희, 「고통의 문학적 재현: 김시종의 원폭 관련 시를 중심으로」, 『일본어문학』 77, 일본어문학회, 2017.

장인수, 「문화서클운동의 정치성과 자이니치의 아이덴티티: 1950년대 서클지 『진달래』의 성격과 그 의의」, 『한민족문화연구』 61, 한민족문화학회, 2018.

하상일, 「김시종의 '재일'과 제주4・3」, 고명철 외 7인, 『김시종, 재일의 중력과 지평의 사상』, 보고사, 2020.

_____, 「김시종과 '재일(在日)'의 시학」, 『국제한인문학연구』 42, 국제한인문학회, 2019.

한보희, 「난민의 나라, 문학의 입헌(立憲)」, 『작가들』 59, 인천작가회의, 2016.

장창은, 「삼국시대 '難民'의 발생 배경과 동향」

사료

『三國史記』『三國遺事』『後漢書』『晉書』『魏書』『周書』『隋書』『北史』 『舊唐書』『新唐書』『册府元龜』『資治通鑑』

저서

곽승훈・권덕영・권은주・박찬흥・변인석・신종원・양은경・이석현 역주, 『중국 소재 한국 고대 금석문』, 한국학중앙연구원출판부, 2015.

拜根興, 『唐代高麗百濟移民研究』, 中國社會科學出版社, 2012.

바이건싱(拜根興), 구난희・김진광 옮김, 『당으로 간 고구려・백제인』, 한국학중앙연구원출판부, 2019.

장창은, 『삼국시대 전쟁과 국경』, 온샘, 2020.

정재훈, 『돌궐 유목제국사 552~745』, 사계절, 2016.

논문

공석구, 「4~5세기 고구려에 유입된 중국계 인물의 동향-문헌자료를 중심으로-」, 『韓國古代史研究』 32, 2003.

_____, 「高句麗에 流入된 中國系人物의 動向-4~5세기의 고고학 자료를 중심으로-」, 『高句麗研究』 18, 2004.

_____, 「4세기 고구려 땅에 살았던 중국계 移住民」, 『高句麗渤海研究』 56, 2016.

김수진, 「당으로 이주한 고구려 포로와 지배층에 대한 문헌과 묘지명의 기록」, 『한국고대사 연구의 자료와 해석』(노태돈 교수 정년기념논총 2), 사계절, 2014.

_____, 『唐京 高句麗 遺民 研究』, 서울대학교 박사학위논문, 2017.

김영관, 「백제 유민들의 당 이주와 활동」, 『韓國史研究』 158, 2012.

_____, 「중국 발견 백제 유민 예씨 가족 묘지명 검토」, 『新羅史學報』 24, 2012.

_____, 「百濟 遺民 陳法子 墓誌銘 研究」, 『百濟文化』 50, 2014.

_____, 「在唐 백제 유민의 활동과 출세 배경」, 『한국고대사탐구』 35, 2020.

김창석, 「中國系 인물의 百濟 유입과 활동 양상」, 『역사문화연구』 60, 2016.

김현숙, 「中國 所在 高句麗 遺民의 動向」, 『韓國古代史研究』 23, 2001.

김희만, 「在唐 신라인의 삶과 죽음」, 『한국고대사탐구』 35, 2020.

노태돈, 「高句麗 遺民史 研究-遼東·唐內地 및 突厥方面의 집단을 중심으로-」, 『한우근박사정년기념사학논총』, 지식산업사, 1981.

_____, 『고구려 발해사 연구』, 지식산업사, 2020.

樓正豪, 「高句麗遺民 高牟에 대한 고찰」, 『韓國史學報』 53, 2013.

박세이, 「高句麗와 '三燕'의 境界」, 『高句麗渤海研究』 54, 2016.

박초롱, 「禰氏 一族의 백제 이주와 성장」, 『木簡과 文字 연구』 22, 2020.

백길남, 「4~5세기 백제의 중국계 流移民 수용과 太守號」, 『東方學志』 172, 2015.

안정준, 「4~5세기 高句麗의 中國系 流移民의 수용과 그 지배방식」, 『한국문화』 68, 2014.

안정준, 「6세기 高句麗의 北魏末 流移民 수용과 '遊人'」, 『東方學志』 170, 2015a.

_____, 「豆善富 묘지명」과 그 一家에 대한 몇 가지 검토」, 『인문학연구』 27, 2015b.

여호규, 「4세기 고구려의 낙랑·대방 경영과 중국계 망명인의 정체성 인식」, 『韓國古

代史研究』53, 2009.

여호규·拜根興, 「유민묘지명을 통해 본 唐의 동방정책과 고구려 유민의 동향」, 『東洋學』69, 2017.

이규호, 「당의 고구려 유민정책과 유민들의 동향」, 『역사와 현실』101, 2016.

이동훈, 「고구려유민 高德墓誌銘」, 『韓國史學報』31, 2008.

_____, 「위진남북조시기 중국의 코리안 디아스포라 - 고조선·고구려·부여계 이주민 집단 연구 -」, 『韓國史學報』72, 2018.

이성제, 「어느 고구려 무장의 가계와 일대기 - 새로 발견된 高乙德墓誌에 대한 譯註와 분석 -」, 『中國古中世史硏究』38, 2015.

이여름, 「4~5세기 백제 移住貴族의 정착과 활동」, 『역사와 현실』108, 2018.

이정빈, 「모용선비 前燕의 부여·고구려 質子」, 『동북아역사논총』57, 2017.

전덕재, 「한국고대사회 外來人의 존재양태와 사회적 역할」, 『東洋學』68, 2017.

정동준, 「陳法子 墓誌銘 역주」, 『木簡과 文字 연구』13, 2014.

정병준, 「唐朝의 高句麗人 軍事集團」, 『동북아역사논총』24, 2009.

정선여, 「신라로 유입된 고구려 유민의 동향 - 報德國 주민을 중심으로 -」, 『역사와 담론』56, 2010.

정운용, 「樂浪郡 滅亡 이후 遺民의 向方」, 『韓國史學報』70, 2018.

정원주, 「唐의 고구려 지배정책과 安勝의 行步」, 『한국고대사탐구』29, 2018.

정호섭, 「高句麗史에 있어서의 이주와 디아스포라」, 『先史와 古代』53, 2017.

조범환, 「在唐 고구려 流移民의 삶과 죽음」, 『한국고대사탐구』35, 2020.

최진열, 「16국시대 遼西의 인구 증감과 前燕·後燕·北燕의 대응」, 『백제와 요서지역』(백제학연구총서 쟁점백제사 7), 한성백제박물관, 2015.

허중권, 「三國時代 戰爭에서의 斬殺과 虜獲에 관한 연구」, 『文化史學』38, 2012.

전영준, 「10~12세기 고려의 渤海難民 수용과 주변국 同化政策」

사료

『高麗史』 『高麗史節要』 『益齋亂藁』
「沃溝郡大夫人濟州高氏墓誌銘並序」

저서

김명진,『고려 태조 왕건의 통일전쟁 연구』, 혜안, 2014.

김봉옥,『제주통사』, 제주발전연구원, 2013.

김일권 외,『중세 동아시아의 해양과 교류』, 경인문화사, 2019.

박옥걸,『高麗時代의 歸化人 硏究』, 國學資料院, 1996.

박용운,『고려시대 개경 연구』, 일지사, 1996.

안지원,『고려의 국가 불교의례와 문화』, 서울대출판부, 2005.

이효형,『발해 유민사 연구』, 혜안, 2007.

임상선,『발해의 지배세력 연구』, 신서원, 1999.

정병준 외,『중국의 발해 대외관계사 연구』, 동북아역사재단, 2011.

논문

고창석,「耽羅의 郡縣設置에 대한 考察－고려전기를 중심으로－」,『제주대 논문집』 14, 제주대학교, 1982.

김재명,「高麗時代 役의 收取와 戶等制」,『靑溪史學』12, 韓國精神文化硏究院, 1996.

김정위,「中世 中東文獻에 비친 韓國像」,『한국사연구』16, 한국사연구회, 1977.

김철웅,「고려와 大食의 교역과 교류」,『문화사학』25, 한국문화사학회, 2006.

김보광,「고려전기 탐라에 대한 지배방식과 인식의 변화」,『역사와 담론』85, 호서사학회, 2018.

김일우,「고려와 탐라의 관계 형성과 그 형태」,『한국학보』30(2), 일지사, 2004.

김진선,「한국 사회에서의 난민 인식의 문제」,『탐라문화』65, 제주대학교 탐라문화연구원, 2020.

김창현,「高麗의 耽羅에 대한 정책과 탐라의 동향」,『한국사학보』5, 고려사학회, 1998.

김치완,「난민의 출현과 대응에 대한 철학의 문제들」,『탐라문화』65, 제주대학교 탐라문화연구원, 2020.

남인국,「高麗前期의 投化人과 그 同化政策」,『歷史敎育論集』8, 역사교육학회, 1986.

노계현,「高麗文宗의 對宋外交再開와 多邊外交展開」,『國際法學會論叢』34-2, 大韓國際法學會, 1989.

노명호, 「동명왕편과 이규보의 다원적 천하관」, 『진단학보』 83, 진단학회, 1997.

_____, 「10~12세기 탐라와 고려 국가」, 『제주도연구』 28, 제주학회, 2005.

박옥걸, 「고려시대 귀화인의 역할과 영향」, 『白山學報』 70호, 백산학회, 2004.

방동인, 「高麗의 成長과 北方築城」, 『백산학보』 47, 백산학회, 1996.

이근우, 「탐라국 역사 소고」, 『부대사학』 30, 효원사학회, 2006.

이근화, 「高麗前期의 北方築城」, 「역사와 담론」 15, 호서사학회, 1987.

_____, 「高麗前期 女眞招諭政策」, 『백산학보』 35, 백산학회, 1988.

이재범, 「고려 태조의 대외정책 – 발해유민 포섭과 관련하여」, 『백산학보』 67, 백산학회, 2003.

이종명, 「高麗에 來投한 渤海人考」, 『白山學報』 4, 백산학회, 1968.

이진한, 「고려시대 외국인의 居留와 投化」, 『한국중세사연구』 42, 한국중세사학회, 2015.

장동익, 「高麗時代에 이루어졌던 對外政策의 諸類型」, 『한국중세사연구』 42, 한국중세사학회, 2015.

장창은, 「삼국시대 '難民'의 발생 배경과 동향」, 『한국고대사탐구』 36, 한국고대사탐구학회, 2020.

전영준, 「고려시대 팔관회의 설행과 국제문화교류」, 『다문화콘텐츠연구』 3(통권 8), 중앙대 문화콘텐츠기술연구원, 2010.

_____, 「고려시대 異民族의 귀화 유형과 諸정책」, 『다문화콘텐츠연구』 13, 문화콘텐츠기술연구원, 2012a.

_____, 「高麗時代 '編戸'의 行刑體系 적용과 사회적 활용」, 『인문과학』 13, 제주대학교 인문과학연구소, 2012b.

_____, 「동아시아의 문화교류와 재현 양상 – 고려시대를 중심으로」, 『역사와 교육』 14, 역사와 교육학회, 2012c.

_____, 「고려의 탐라 수탈과 良守의 난」, 『역사와 교육』 25, 역사교과서연구소, 2017.

_____, 「고려시대 동아시아의 해양과 국제교류 양상」, 『중세 동아시아의 해양과 교류』, 경인문화사, 2019.

정요근, 「11세기 동여진 해적의 실체와 그 침략 추이」, 『歷史硏究』 107, 한국사학회, 2012.

정병준, 「唐代 異民族 管理方式의 다양성 및 그 변용 – 羈縻府州 제도를 중심으로 – 」, 『동양사학연구』 143, 동양사학회, 2018.

진영일, 「高麗前期 耽羅國 硏究」, 『탐라문화』 16, 제주대학교 탐라문화연구원, 1996.

최규성, 「高麗初期의 女眞關係와 北方政策」, 『동국사학』 15・16, 동국사학회, 1981.

_____, 「대외관계」, 『한국사』 15, 국사편찬위원회, 1995.

최희준, 「탐라국의 대외교섭과 항로」, 『탐라문화』 58, 제주대학교 탐라문화연구원, 2018.

추명엽, 「고려전기 '번(蕃)' 인식과 동・서번의 형성」, 『역사와 현실』 43, 한국역사연구회, 2002.

_____, 「고려의 다원적 종족 구성과 '我國・我東方' 의식의 추이」, 『역사와 경계』 109, 부산경남사학회, 2018.

한규철, 「後三國時代 高麗와 契丹關係」, 『富山史叢』 1, 1986.

한항도, 「11세기 고려－여진관계와 귀화정책」, 석사학위논문, 제주대학교, 2014.

양정필, 「조선전기 제주도 출륙 포작인, 문명 전환기의 遺民 혹은 難民」

사료

『고려사』 『조선왕조실록』 『동국여지승람』

저서

고충석 외, 『이어도 깊이 읽기』, 도서출판 인간사랑, 2016.

김일우, 『고려시대 탐라사 연구』, 신서원, 2000.

이영권, 『조선시대 해양유민의 역사』, 한울, 2013.

제주시 우당도서관 편, 『제주도의 옛 紀錄 － 1878~1940년』, 1997.

논문

고창석, 「헌마 사신 김갑우의 단죄 사건」, 『제주도사연구』 3, 1996.

김나영, 「조선시대 제주지역 포작의 사회적 지위와 직역변동」, 제주대학교 석사학위논문, 2008.

민덕기, 「중·근세 동아시아의 해금정책과 경계인식－동양삼국의 해금정책을 중심으로－」, 『한일관계사연구』 39, 2011.

박찬식, 「제주 해녀의 역사적 고찰」, 『역사민속학회』 19, 2004.

송윤철, 「조선시대 제주유민의 발생과 울산지역 '두모악'」, 울산대학교 석사학위논문, 2019.

양정필, 「원 간섭기 탐라인의 해상활동과 이어도」, 『제주도연구』 49, 2018.

임영정, 「조선전기 해금정책 시행의 배경」, 『동국사학』 31, 1997.

장혜련, 「조선 중기 제주 유민의 발생과 대책」, 제주대학교 석사학위논문, 2006.

조성윤, 「조선시대 제주도 인구의 변화 추이」, 『탐라문화』 26, 2005.

_____, 「제주도 해양 문화 전통의 단절과 계승」, 『탐라문화』 42, 2013.

한영국, 「두모악고」, 『한우근박사정년기념사학논총』, 1981.

홍성구, 「청조 해금정책의 성격」, 『한·중·일의 해양인식과 해금』, 동북아역사재단, 2007.

다카하시 기미아키(高橋公明), 「중제 동아세아 해역에서의 해민과 교류」, 『탐라문화』 8, 1989.

高橋公明, 「해역세계 가운데 제주도와 고려」, 『도서문화』 20, 2002.

김치완, 「제주(濟州)·유구(琉球) 표류 난민의 신분 위장과 경계인 의식」

저서

정운경, 정민 옮김, 『탐라문견록, 바다 밖의 넓은 세상』, 휴머니스트 출판그룹, 2008.

논문

김강식, 「『표인영래등록(漂人領來謄錄)』속의 제주도(濟州島) 표류민(漂流民)과 해역(海域)」, 『탐라문화』 51, 제주대학교 탐라문화연구원, 2016.

김경옥, 「근세 동아시아 해역의 표류연구 동향과 과제」, 『명청사연구』 48, 명청사학회, 2017.

_____, 「15~19세기 琉球人의 朝鮮 漂着과 送還 실태－『朝鮮王朝實錄』을 중심으로－」,

『지방사와 지방문화』 15-1, 역사문화학회, 2012.

김나영, 「15~19세기 표류 제주인의 출신지 휘칭(諱稱) 양상에 대한 고찰」, 『지방사와 지방문화』 19-1, 역사문화학회, 2016.

＿＿＿, 「조선시대 제주인의 표류 발생 배경과 실태」, 『탐라문화』 57, 제주대학교 탐라문화연구원, 2018.

김선희, 「중심공간으로서의 한일 경계지역 연구」, 『도시연구』 12, 도시사학회, 2014.

나병철, 「식민지 근대의 공간과 탈신민적 크로노토프」, 『현대문학이론연구』 47, 현대문학이론학회, 2011.

박혜민, 「소문과 진실의 경계: 유구국세자(流球國世子) 이야기의 형성과정에 대한 일고찰」, 『淵民學志』 21, 연민학회, 2014.

방호삼, 주종광, 「해양구난역량 강화를 위한 협력 거버넌스 모색」, 『경찰학논총』 14-2, 경찰학연구소, 2019.

송진, 「商代 境界意識과 境界의 出入」, 『용봉인문논총』 43, 전남대학교 인문학연구소, 2013.

沈義燮, 「朝鮮初 對琉球 經濟와 貿易에 관한 硏究(1392-1494)」, 『조선왕조와 유규왕조의 역사와 문화 재조명』, 한국오키나와학회, 1998.

양수지, 「19세기말 琉球의 滅亡과 君主權」, 『동북아문화연구』 19, 동북아시아문화학회, 2009.

王天泉, 「朝鮮 漂流民에 대한 明의 救助體制－중국표착 제주 표류민을 中心으로－」, 『역사민속학』 40, 한국역사민속학회, 2012.

이수진, 「조선 표류민의 유구 표착과 송환」, 『열상고전연구』 48, 열상고전연구회, 2015.

이훈, 「‘漂流’를 통해서 본 근대 한일관계」, 『한국사연구』 123, 한국사연구회, 2003.

林東喆, 「海難救助法의 發展과 1989年 海難救助協約의 槪要 및 特色」, 월간 『해양한국』 196, 한국해사문제연구소, 1990.

林現圭, 「1741년 중국 臨海에 표류한 礼義의 나라 조선인 관찰기－청 齊周華의 〈高麗風俗記〉를 중심으로」, 『동북아문화연구』 18, 동북아시아문화학회, 2009.

임의영, 「‘지방생산모형’의 도출을 위한 시론적 연구－타자화논리와 내부식민지론의 통합을 중심으로」, 『지방행정연구』 20-4, 한국지방행정연구원, 2006.

장혜진, 「19세기 중반 근세 류큐왕국의 주체성과 저항－‘목지은하사건’을 중심으로」, 『동양사학회 학술대회 발표논문집』, 동양사학회, 2018.

鄭成一, 「日本人으로 僞裝한 琉球人의 濟州 漂着－1821년 恒運 등 20명의 표착 사건」,

『한일관계사연구』 37, 한일관계사학회, 2010.

河政植, 「1530년 濟州漂着 琉球民 送還의 의의」, 『동양사학연구』 63, 동양사학회, 1998.

한창훈, 「『탐라문견록』에 나타난 제주인의 동아시아 인식과 그 의미」, 『제주도연구』 38, 제주학회, 2012.

고성만, 「국민국가의 틈새에서 – 대만2·28사건의 외국인 '수난자'를 사례로」

저서

국민대학교 한국학연구소, 『대만지역 한인 귀환과 정책 10』, 역사공간, 2016.

대만한인100년사 편찬위원회, 『대만한인100년사 – 이 땅에서 살아온 한인의 피와 땀 그리고 도전』, 중화민국한인회, 2019.

高誠晩, 『〈犠牲〉のポリティクス : 済州4·3/沖縄/台灣2·28 歴史淸算をめぐる苦悩』, 京都大學學術出版會, 2017.

臺灣韓僑協會, 『臺灣韓僑登記名冊』, 1947.

_____, 『臺灣韓僑名册移動調査表』, 1947

琉球銀行調査部編, 『戰後沖繩經濟史』, 琉球銀行, 1984.

富永悠介, 『〈あいだ〉に生きる – ある沖繩女性をめぐる經驗の歴史學』, 大阪大學出版會, 2019.

野嶋剛, 『台灣とは何か』, 筑摩書房, 2016.

楊逸舟, 『台灣と蔣介石 – 二·二八民變を中心に』, 三一新書, 1970.

又吉盛淸, 『大日本帝國植民地下の琉球沖繩と台灣』, 同時代社, 2018.

張炎憲·胡慧玲·高淑媛, 『基隆雨港二二八』, 吳三連臺灣史料基金會, 2011.

川平成雄, 『沖繩 空白の一年 : 一九四五 – 一九四六』, 吉川弘文館, 2011.

河原功, 『台灣引揚·留用記錄 : 台灣協會所藏』 2, ゆまに書房, 1997.

논문

고성만, 「타자들의 2·28 – 실종자의 사후처리를 둘러싼 요나구니섬 유족들의 궁리와 실천」, 『구술사연구』 10-2, 2019.

김승일, 「臺灣 韓僑의 역사적 遷移 상황과 귀환문제」, 『한국근현대사연구』 28, 2004.

정형아·정창원, 「두 번째 중국화 – 전후초기 진의(陳儀)의 대만 '심리건설'」, 『歷史와 實學』 64, 2017.

황선익, 「해방후 대만지역의 한인사회와 귀환」, 『한국근현대사연구』 34, 2015.

_____, 「해방 후 대만한교협회 설립과 한인의 미귀환」, 『한국근현대사연구』 38, 2006.

薛化元, 「二二八事件をめぐる歷史淸算問題」 『中京法學』 51-2·3, 2017.

又吉盛淸, 「視角とアンテナ－台灣2·28事件と沖繩」, 『植民地文化硏究:資料と分析』 6, 2007.

李明峻, 「論個人的國際賠償請求權－兼論2·28 事件的琉球人受害者問題」, 『臺灣國際 法季刊』 5-2, 2008.

陳美伶, 「台灣二二八事件的〈補償〉與〈賠償〉?」, 『臺韓人權論壇論文集—政黨輪替與轉 型正義』, 二二八事件紀念基金會, 2008.

天江喜久, 「朴順宗 : 二二八事件中 朝鮮人 / 韓僑의 受難者」, 『臺灣風物』 64-3, 2014.

何義麟, 「戰後在臺琉球人之居留與認同」, 『國史館學術集刊』 18, 2008.

漢那敬子·地主園亮·根川智美, 「台灣における琉球關系史料調查報告－台灣総督府文書· 台灣省行政長官公署資料を中心に」, 『史料編集室紀要』 31, 2006.

許慈倩, 「二二八灣生求償案勝訴—書寫轉型正義中的新頁」, 『台北律師公會』 29, 2016.

찾아보기

필자소개(집필순)

김진선(金秦仙, Kim Jin-sun)/제주대학교 탐라문화연구원 학술연구교수
제주대학교 철학과와 동 대학원을 졸업하고 중국 베이징대학교 철학과에서 「郭象政治哲學研究」로 박사학위를 받았다. 제주대학교 철학과에서 강의하고 있으며, 제주대학교 탐라문화연구원 학술연구교수로 재직 중이다. 논저로는 『중국 대륙에서 부르는 타이항산 아이랑』(공저, 2014), 「원시유가 심론의 형성과 특징」(2015), 「곽상(郭象) 철학의 무위(無爲)-자연(自然) 논리구조 연구-'자위(自爲)', '자용(自用)', '자치(自治)'를 중심으로-」(2017) 등이 있다.

김준표(金埈杓, Kim, Jun-pyo)/제주대학교 탐라문화연구원 학술연구교수
1966년생으로 제주대학교에서 영문학을 공부하고 장로회신학대학교에서 신학(M.Div.와 Th.M.)을 전공한 후, 제주대학교 사회학과에서 문학박사 학위를 받았다. 2005년 이후 제주대학교 사회학과에서 종교사회학 등을 가르치고 있으며, 2019년 이후 제주대학교 탐라문화연구원 학술연구교수로 재직중이다. 도박, 종교, 여성, 소수자, 난민에 대하여 연구하고 있다. 논저로 『도박사회학』(김석준·김준표 공저, 2016), 「제주지역 여성노동의 유형별 비교 연구」(2019), 「Can a religion promise a future without anxiety?」(2019) 등이 있다.

김치완(金治完, Kim, Chi-wan)/제주대학교 철학과 교수
가톨릭대학교 신학부를 졸업하고 부산대학교 철학과 대학원에서 「주자학적 전통에서 본 다산의 인간관 연구」로 박사학위를 받았다. 학위논문으로 다산학술상을 수상했다. 제주대학교 철학과장, 제주대학교 인문대학 부학장, 제주대학교 기초교양교육원장, 제주대학교 신문방송사 주간을 거쳐 제주대학교 교육혁신본부장을 역임했다. 『제주의 로컬리티 담론 공간과 철학』(2015, 제주대학교 탐라문화연구원)을 비롯한 다수의 저서와 「제주(濟州)·유구(琉球) 표류 난민의 신분 위장과 경계인 의식」(『열린정신인문연구』, 원광대학교 인문학연구소, 2020)을 비롯한 다수의 논문을 발표했다.

서영표(徐榮杓, Young Pyo Seo)/제주대학교 사회학과 교수
영국 Essex대학에서 런던의 사회주의적 실험에 대한 연구로 박사학위를 받았다. 성

공회대학교 민주주의연구소 연구교수를 거쳐 2012년부터 제주대학교 사회학과에 재직하고 있다. 환경사회학, 도시사회학, 사회학이론을 가르치고 연구하고 있다. 저서로는『런던코뮌』(이매진, 2009),『불만의 도시와 쾌락하는 몸』(진인진, 2017) 등이 있고, 논문은「라클라우가 말한 것과 말하지 못한 것」,「기후변화 인식을 둘러싼 담론적 투쟁」, "Reading Korean society through Stuart Hall's Cultural Theory",「포스트모던 도시에 대한 사회학적 탐색－몸, 공간, 정체성」등이 있다.

김동윤(金東潤, Kim, Dong-yun)/제주대학교 국어국문학과 교수

1964년 제주도에서 태어나 제주대학교 국어국문학과를 졸업하고 같은 대학원에서「1950년대 신문소설 연구」(1999)로 박사학위를 받았다. 제주대학교 신문방송사 주간, 탐라문화연구원장을 역임했고, 현재 인문대학장이다. 저서로『문학으로 만나는 제주』(2019),『작은 섬, 큰 문학』(2017),『소통을 꿈꾸는 말들』(2010),『제주문학론』(2008),『기억의 현장과 재현의 언어』(2006),『우리 소설의 통속성과 진지성』(2004),『4·3의 진실과 문학』(2003),『신문소설의 재조명』(2001) 등이 있다.

장창은(張彰恩, Jang, Chang-eun)/제주대학교 사학과 부교수

북악사학회 회장과 신라사학회 편집이사를 역임했고, 현재 고구려발해학회·한국고대학회·한국고대사탐구학회 등의 편집위원과 탐라문화연구원 편집위원장을 맡고 있다. 개인 저서로『신라 상고기 정치변동과 고구려 관계』(신서원, 2008),『고구려 남방 진출사』(경인문화사, 2014),『한국고대사 탐색의 세 가지 시선』(역사인, 2019),『삼국시대 전쟁과 국경』(온샘, 2020)이 있고, 삼국의 대외관계와 영역사에 대한 다수의 연구 논문을 발표하였다. 고대 탐라 연구의 첫 발을 내딛고 진행 중이다.

전영준(全暎俊, Jeon, Young-joon)/제주대학교 사학과 교수

동국대학교 역사교육과를 졸업하고 동 대학원에서 박사학위를 받았다. 2011년부터 제주대학교 사학과에 재직하고 있다. 2017년부터 현재까지 제주대학교 탐라문화연구원 원장으로 있으며, 한국연구재단 인문사회연구소지원사업의 연구책임자이다. 공저로『한국 역사 속의 문화적 다양성』(2016),『중세 동아시아의 해양과 교류』(2019) 등이 있고,「제주의 역사문화원형과 문화콘텐츠의 창출」(2019),「고려~조선시기 제주 동부지역의 교통로와 普門寺址」(2020),「전근대 한국해양사의 연구경향과 성과」(2020) 등을 비롯한 다수의 논문이 있다.

양정필(梁晶弼 , Yang, Jeong-pil)/제주대학교 사학과 교수
연세대학교 대학원 사학과에서 개성상인 연구로 박사학위를 받았다. 국사편찬위원회
에서 편사연구사로 근무하였다. 2013년부터 현재까지 제주대학교 사학과에 재직하고
있다. 개성상인과 인삼에 대한 논문을 발표하였고, 지금도 후속 연구를 하고 있다. 최
근에는 제주도 역사에 관심을 갖고 연구를 진행하고 있다. 대표 논문으로는 「개성상
인과 중국 산서 상인 비교 연구」(2019), 「17-18세기 전반 인삼무역의 변동과 개성상
인의 활동」(2017), 「원 간섭기 탐라인의 해상 활동과 이어도」(2018), 「18세기 후반
김만덕의 경제활동 재고찰」(2017) 등이 있다.

고성만(高誠晩, Koh, Sung-man)/제주대학교 사회학과 조교수
제주대와 교토대에서 학위를 받았고, 오사카시립대와 리츠메이칸대, 고베학원대, 교토
대 등에서 연구와 강의를 해왔다. 대표 논저로 「타자들의 2·28 : 실종자의 사후처리를
둘러싼 요나구니섬 유족들의 궁리와 실천」(구술사연구, Vol.10, 2019), "Trans-Border
Rituals for the Dead: Experience Knowledge of Paternal Relatives after The Jeju
4.3 Incident"(Journal of Korean Religions, Vol.9, No.1, 2018), 『〈犠牲者〉のポリティ
クス：濟州4·3 / 沖繩 / 台灣2·28　歷史淸算をめぐる苦惱』(京都大學學術出版會, 2017)
등이 있다.